本书得到中国科学院海外科教基地建设计划中－非中心课题
"东非自然地理资源调查与信息平台建设"（编号：SAJC201318）和
中国科学院地理科学与资源研究所自主部署项目
"肯尼亚国家地理研究"（编号：2014SJCB001）的联合资助

National Geography
of the Republic of **Kenya**

肯尼亚国家地理

沈 镭／编著

科学出版社
北 京

内 容 简 介

　　本书系统分析肯尼亚地理区位和行政区划演进、民族与人口特征及自然地理条件，深入探讨其自然资源开发利用、生态系统与环境保护、经济与社会发展、对外贸易与投资、农业开发及其综合区划、政治体制与对外关系、军事与国防政策等多方面国情，充分描述肯尼亚国家地理现状和发展趋势，概述中肯交流与合作的基本情况，为中国制定对肯尼亚自然资源合理利用和生态环境保护策略，开展相关经济、贸易和科技合作提供重要的科学参考价值。

　　本书可供国内外的政策制定者、科研人员、外交人员、企业家，以及大专院校师生和社会各界人士参考。

审图号：GS（2019）4853 号

图书在版编目（CIP）数据

肯尼亚国家地理／沈镭编著.—北京：科学出版社，2019.10
ISBN 978-7-03-053988-5

Ⅰ.①肯…　Ⅱ.①沈…　Ⅲ.①地理–肯尼亚　Ⅳ.①K942.4

中国版本图书馆 CIP 数据核字（2017）第 173594 号

责任编辑：王　倩／责任校对：樊雅琼
责任印制：肖　兴／封面设计：无极书装

科 学 出 版 社 出版
北京东黄城根北街 16 号
邮政编码：100717
http://www.sciencep.com

北京汇瑞嘉合文化发展有限公司 印刷
科学出版社发行　各地新华书店经销

*

2019 年 10 月第　一　版　　开本：787×1092　1/16
2019 年 10 月第一次印刷　　印张：16 1/4
字数：400 000

定价：238.00 元
（如有印装质量问题，我社负责调换）

序

　　历史上中国人很早就认识了肯尼亚。公元 1430 年，航海家郑和率领船队自南京远航，七下西洋，曾三次抵达非洲东部海岸，开创了中国首次与非洲肯尼亚、索马里、坦桑尼亚和莫桑比克等国家之间的友好交往。

　　当今中国与世界展开了全方位的交流。无论是科技工作者和管理人员，还是社会公众，都非常期待了解非洲的自然条件与人文情景。肯尼亚是一个很有代表性的国家，在非洲具有独特的地位。这里既有奇特的原生态景观、南北纵切的东非大裂谷，又有丰富的自然资源和多样的文化特征，首都内罗毕被誉为"阳光下花城"，联合国环境规划署等总部设在这里。

　　在中国提出并实施"一带一路"倡议形势下，加强对肯尼亚的研究，对于深入了解和认识肯尼亚具有重要的现实意义。为此，中国科学院于 2013 年 5 月在肯尼亚成立了中-非联合研究中心，中国科学院下属的多个研究所的科研和管理人员开展了相关工作。

　　该书通过大量的地理资料与数据分析，全面展示了肯尼亚的地理概貌、资源环境和基本国情，为公众科学传播提供了非常珍贵的信息！希望此书的出版将为中非之间交流做出积极的贡献！

中国科学院原副院长、院士

2016 年 7 月

前　言

在当今世界经济全球化和中国正在实施"一带一路"倡议的战略背景下，无论是地理学或资源学者还是广大读者，非常有必要了解世界各国的地理与资源国情。作为地处东非战略要地并与中国有着悠久历史往来的肯尼亚，对其地理环境和自然条件特点进行全方位了解，意义重大。

非洲地域广阔，地区和国家之间差异大，必须从典型国别展开深入研究。自 2007年起，我们开始酝酿和策划非洲资源与环境问题的战略研究，2008 年初，在中国科学院国际合作局的大力支持和资助下，我们展开了中非资源与环境科技战略研究，出版了有关非洲整体格局的战略研究报告，之后组织召开了非洲战略研讨会和重点国家的案例研究。2013 年起，中国科学院批准成立了境外科教机构——中-非联合研究中心，下设非洲地理与遥感联合研究分中心。在国际合作局原副局长邱华盛、亚非处原处长陈维平、蒋一琪同志等指导下，分中心所有成员先后四次赴肯尼亚进行全域野外科学考察和室内学术交流，邀请了肯尼亚乔莫·肯雅塔农业技术大学（Jomo Kenytta University of Agriculture and Technology，JKUAT）和内罗毕大学的学者来华交流、培训，从而为编写肯尼亚的国别地理打下了坚实基础。

本书得到中国科学院海外科教基地建设计划中-非联合研究中心课题"东非自然地理资源调查与信息平台建设"（编号：SAJC201318）和中国科学院地理科学与资源研究所自主部署项目"肯尼亚国家地理研究"（编号：2014SJCB001）的联合资助。我们力图从中国的视角，系统地分析和刻画肯尼亚的地理国情、人口特点、自然地理概貌、自然资源开发与利用、生态系统与保护、经济社会发展、对外贸易、政治与外交格局、国防态势以及与中国的关系。参加本项目研究和专著编写的主要人员有：中国科学院地理科学与资源研究所的沈镭研究员和曹植博士，成升魁研究员、赵建安研究员、王礼茂研究员、刘爱明副研究员、刘立涛助理研究员、吴良助理研究员，孔含笑、孙艳芝、周伟、李玎、张红丽等博士研究生，以及钟帅助理研究员、胡纾寒助理研究员对大量的文献资料进行了收集和数据整理。其中，曹植、周伟、李玎对全书中图件制作做了大量工作，曹植、李玎、张红丽对全书编写、资料查阅和数据分析做出了大量贡献。肯雅塔农业技术大学的 Thomas Ngigi 博士和 Charles Mundia 博士提供了许多有益资料和建议。

　　由于本书的撰写历时较长，相关数据不能及时更新，加上相关资料和时间有限，本书的许多地方难免存在不足之处，还需各位专家和读者批评斧正。与此同时，我们所在的中国科学院地理科学与资源研究所世界地理与资源研究中心，将在未来继续关注肯尼亚的相关重大问题并展开持续的研究。我们真诚希望本书的出版能够起到抛砖引玉的作用，为后续研究和其他同仁提供有益的参考。

2019 年 7 月 9 日

目　　录

第1章 地理区位与行政区划

1.1 地 理 区 位

肯尼亚（The Republic of Kenya，全称为肯尼亚共和国）位于西印度洋非洲大陆东海岸中部，属东部非洲国家。其地理坐标为 4.5°N~4.40°S，33.83°E~41.75°E。陆域面积为 582 646 平方公里（224 960 平方英里①），其中河流、湖泊等各类水域面积为 13 468 平方公里（约合 5200 平方英里），占国土面积的 2.31%。

肯尼亚具有较为特殊的地理位置。自东向西横贯赤道，东非大裂谷纵贯南北。东南濒临西印度洋，海岸线长为 536 公里。陆域分别与 5 个国家接壤，东北部与索马里相邻，北部及西北部分别与埃塞俄比亚、南苏丹交界，西接乌干达，南连坦桑尼亚（图 1-1）。

肯尼亚与周边国家还存在一些领土争议。例如，肯尼亚与南苏丹之间的领土争端，肯尼亚政府曾长期同情和支持原苏丹南部的反政府武装，现肯方管理相当一部分为南苏丹领土，其范围包括位于肯尼亚西北部的图尔卡纳湖（2473 平方英里），以及位于与乌干达和坦桑尼亚交界处的一小部分维多利亚湖（1461 平方英里）。

1.2 行 政 区 划

肯尼亚于 2013 年举行了全国大选，对其行政区划进行了较大的变动。2013 年以前，全国共分四级行政管理体制，从中央到乡共划分为 1 个省级特区和 7 个省（province）（图 1-2），即内罗毕（Nairobi）特区、中部省（Central Province，省会涅里）、滨海省（Coast Province，省会蒙巴萨）、东部省（Eastern Province，省会恩布）、尼扬扎省（Nyanza Province、省会基苏木）、裂谷省（Rift Valley Province，省会纳库鲁）、西部省（Western Province，省会卡卡梅加）和东北省（North Eastern Province，省会加里萨）。在省以下设区（district）、乡（division）及村（location）。

---

① 1 平方英里 ≈ 2.59 平方公里。

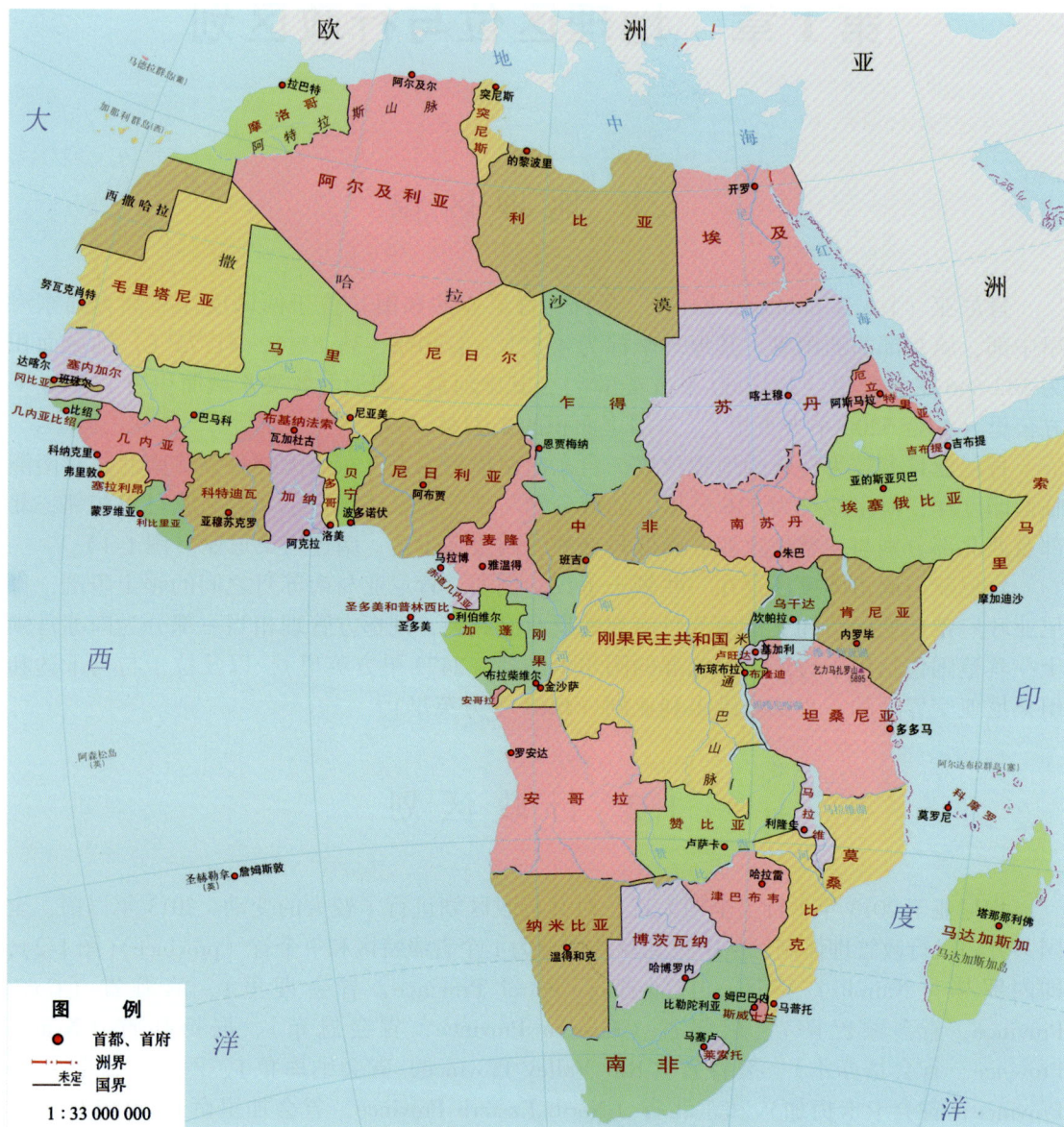

图 1-1　肯尼亚地理区位图

图 1-2　肯尼亚行政区划图（2013 年大选以前）

在 2013 年以前的 8 个省级行政区中，各省区间面积差异较大，较大的省区有 4 个。其中面积最大的是裂谷省，面积达 17.10 万平方公里（约 6.60 万平方英里）；其次是东部省，面积为 15.60 万平方公里（约 6.02 万平方英里）；再次是东北省，面积为 12.9 万平方公里（约 4.98 万平方英里）；以及滨海省，面积为 8.3 万余平方公里（约合 3.20 万平方英里）。其余 4 个省区面积比较小，其中西部省不到 1 万平方公里（0.8223 万平方公里，约 0.32 万平方英里），而首都所在地内罗毕特区仅有 684 平方公里（表 1-1）。

表 1-1　肯尼亚各省区面积及省会城市（2013 年全国大选前）

省区名	面积（万平方公里）	省会城市
裂谷省	17.10	纳库鲁
东部省	15.60	恩布
东北省	12.90	加里萨
滨海省	8.30	蒙巴萨
中部省	1.32	涅里
尼扬扎省	1.25	基苏木
西部省	0.82	卡卡梅加
内罗毕特区	0.068	—

肯尼亚的主要城市有内罗毕、蒙巴萨、基苏木和纳库鲁。除各省会城市外，全国重要城市还有位于中部省的锡卡、南纽基，位于裂谷省的基塔莱、埃多雷特，位于尼扬扎省的克里乔，位于东部省的沃伊，以及位于滨海省的马林迪等。

2013 年肯尼亚全国大选后进行了宪法修改，在行政区划方面也进行了重大变革，主要调整是将原来的四级行政体制调整、压缩为中央和县（county）两级行政体制。目前，全国共设立 47 个县（图 1-3）。

1.3　历 史 演 进

肯尼亚拥有悠久和丰富的人类文化历史，是人类的发源地和摇篮之一。在肯尼亚的考古重大发现中，将人类起源史回溯至 250 万年以前，从类人猿进化到现代人各阶段的化石都在肯尼亚被发掘。同时，考古发掘及相关研究还显示，历史上曾有多个种族都在这片土地上留下迁徙的痕迹，从而造就了肯尼亚民族的多样性。19 世纪以前，肯尼亚的沿海城邦与内陆是两个相对独立发展的社会形态，在人种、语言、宗教及历史传承上形成了较大的差异，这也是今天肯尼亚民族众多、语言繁杂、文化与宗教多元化的历史原因之一。19 世纪晚期，英国人的殖民入侵将外来文化进一步从沿海深入到内陆，沿海地带的伊斯兰文化、基督教文化等，开始持续侵入原来分割破碎的土著宗教文化之中，加之各种不同的民族语言，造就了肯尼亚今天纷繁复杂的人文环境。

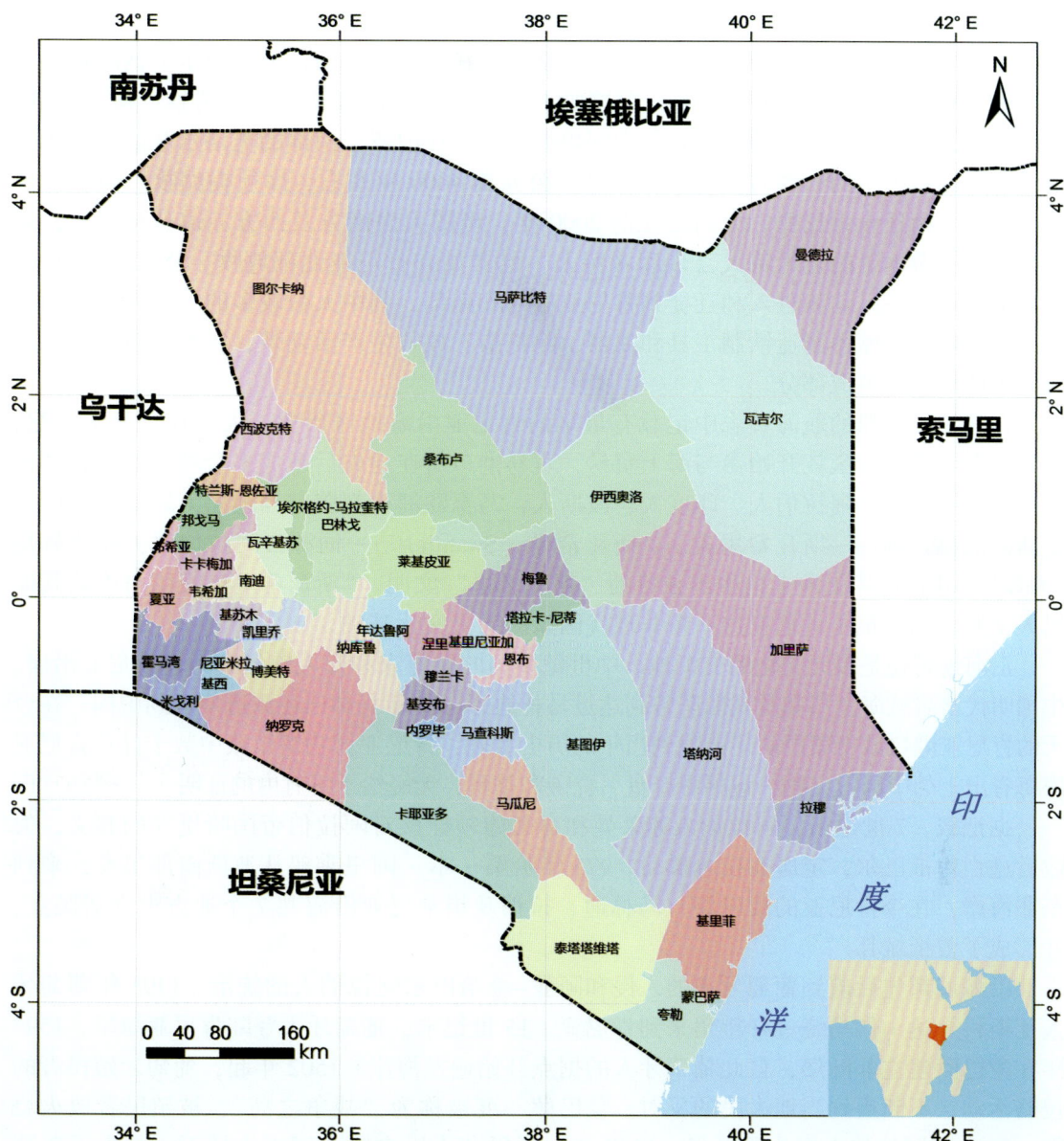

图 1-3　肯尼亚最新行政区划图（2013 年大选以后）

1.3.1　史前和古代文明

肯尼亚国家博物馆（National Museum of Kenya）在人类学、古生物学方面的研究与收藏闻名世界。馆藏古人类陈列中，依次出土的头盖骨有 2000 万年前的森林古猿、1400 万年前的腊玛古猿、300 万～400 万年前的南方古猿，以及 200 多万年前的"能人"，50 万～160 万年前的"直立人"和 20 万年前的"智人"等。史前与古代肯尼亚的人类文明和文化遗产给予现代肯尼亚人极大的民族骄傲、自信心和归属感，是凝聚各民族的精神源泉。

考古学研究表明，肯尼亚早期的人类活动发生在 250 万年前，境内图尔卡纳湖畔已有"能人"活动。在距今 2.9 万年的石窟壁画上，可推测远古人类的生活情景：羚羊成群，野马狂奔，已经完全直立的人在森林中同兽群搏斗。在内罗毕南部的奥洛尔基萨伊列还发现了依靠狩猎为生的石器时代的人类遗址。公元前 4000 年左右，库须提克牧人与农民由北方非洲之角迁入肯尼亚。大约公元前 2000 年，班图人由南方及西方赤道丛林迁入，来自尼罗河中游地区的含米特人（现库希特人）已开始在肯尼亚北部放牧。公元前 1000 年左右，班图语系人陆续进入和迁徙到肯尼亚中部和南部，其中人数较多的是吉库尤人和坎巴人，他们已经懂得制造铁制工具和武器，除狩猎、放牧生产活动外，谷类种植业也开始成为生产活动的组成部分。

在阿拉伯商船的航海日志中记载有最早的肯尼亚沿海地区历史。大约在公元 1 世纪，肯尼亚东南沿海地区就开始参与海上贸易，贸易港口所在地先后形成多个城邦小国，具备高度的物质文明。阿拉伯人、印度人、波斯人，乃至欧洲人都曾与当地黑人通婚，繁衍出了新的混血人种——斯瓦希里人。"斯瓦希里（Swahili）"一词源自阿拉伯语，原意就是"海岸"，并在这片土地上衍生出独特的"斯瓦希里"文明。"斯瓦希里"文明与内陆其他黑人文明共同构筑了肯尼亚这一东非现代国家的历史文化基础。

沿海地带还是多元文化的交汇地。中世纪中国的航海家和商人曾经到达过肯尼亚沿岸。中国明代著名航海家郑和及其船队曾到达过马林迪。1415 年马林迪还派遣使者到中国。在今天的肯尼亚港口城市蒙巴萨还能找到当年的历史足迹，肯尼亚博物馆馆藏中数十件从肯尼亚滨海省出土的中国古文物，包括青瓷盘、瓷碗和茶具，无疑给予了有力的证明。

据记载，7 世纪末，阿拉伯人苏莱曼和赛义德领导反对阿拉伯帝国哈里发的起义，失败后逃亡曾祇巴尔，定居在拉木群岛。975 年哈桑·本·阿里乘船从波斯南部出发，来到东非海岸，在今肯尼亚的蒙巴萨、马林迪、拉穆及坦桑尼亚沿海共 7 个地方设立居民点，并形成了曾祇城邦。

沿海城邦先后遭到葡萄牙人的入侵和阿曼–桑给巴尔阿拉伯人的统治。1498 年葡萄牙人瓦斯科·达·伽马绕过好望角来到肯尼亚。15 世纪末，葡萄牙人登陆肯尼亚海岸，1593 年在蒙巴萨建立耶稣堡，自此葡萄牙人的据点开始遍及海岸。1502 年起，葡萄牙殖民者的侵略活动，不断遭到当地人民的反对。蒙巴萨一度被称为"战争之岛"，被殖民者放火烧毁。1696 年阿拉伯人围攻耶稣堡，1698 年，蒙巴萨人民在阿曼国王支持下，赶走了葡萄牙人。至 1720 年葡萄牙人全部撤离肯尼亚，从而结束了葡萄牙人在非洲的统治。

1.3.2 近代文明与现代国家体制形成

直到 19 世纪后期，肯尼亚内地尚处在原始公社阶段，没有出现国家组织，但在吉库尤人中，土地私有制已经出现，原来归父权制大家庭——"姆巴里"共有的土地，已部分变为个人所有，并出现了初步的租地形式。

1886 年英、德两国在伦敦签订了瓜分东非的条约，部分肯尼亚成了英国的势力范围；1890 年英、德两国又签订了《黑尔戈兰条约》。自此，肯尼亚全境成为英国东非殖民地主要组成部分。1895 年英国正式宣布肯尼亚为英属东非保护地，由英国外交部派专员管理，其疆界东起沿海（沿海纵深 16 公里及拉木和帕特岛为桑给巴尔租借地），西迄裂谷。1902 年，还将现为乌干达的东部省划归肯尼亚保护地范围。自此，英国殖民当局向肯尼亚移民，并制定法律掠夺当地人土地。

殖民初期，英国在 1901 年 12 月建成了蒙巴萨到基苏木的"乌干达铁路"（全长 870 公里，窄轨铁路）。修筑铁路的主要目的是从东面进入乌干达，控制尼罗河源头。为收回投资（800 万英镑）和开发增收，以及最终在肥沃的肯尼亚高地建立白人领地，英国政府实施了将欧洲人向铁路沿线地区移民的政策。1901 年、1902 年和 1915 年，英国分别颁布和强化《皇家土地法令》，将肯尼亚土地宣布为英王领地，授权殖民当局以廉价出售、租赁和无偿赠予等方式"转让"给欧洲白人移民，以吸引白人移民到肯尼亚经营土地。到 1914 年，本地原住民已经丧失了约 180 万公顷的土地；到 1934 年，被划定归白人专用的土地增加到 16 700 平方英里（43 253 平方公里）。这些土地基本上属于自然条件优越的中西部高原，跨越 2013 年行政区划调整前的四个省（中部省、裂谷省、西部省和尼扬扎省）。1939 年颁布的赦令在法律上肯定了白人的这一特权。失去土地的原住民被驱赶到专门划定的保留地，或流落到城镇，或到白人建立的农场中出卖劳动力，殖民当局还实行一系列种族歧视政策。1920 年英国将整个东非保护地调整为直辖殖民地，殖民地总督成为最高行政长官。

东非保护地最初由英国驻桑给巴尔总领事馆分管。1900 年，英国行政管理中心迁移至蒙巴萨，设专员负责；1906 年设立行政会议和立法会议，1907 年内罗毕成为东非保护地的首府；同时，英国将全境划分为若干省和专区，其下则实行酋长制度。各村落按习惯法治理。其间，英国殖民当局分别在 1902 年和 1926 年，先后将其乌干达保护国的东部省和图尔卡纳湖以西地区划给东非保护地（即肯尼亚前身），并在 1925 年将大片东北地区转让给索马里（意大利所属），从而基本上确定了现代肯尼亚的疆域。

英国殖民扩张活动遭到肯尼亚各族人民的武装抵抗。南迪人的抵抗自 1895 年起坚持了 10 年，直到 1905 年发动第五次"军事讨伐"才被镇压。依莱尼的吉库尤人与恩布人的联合反抗也坚持到 1905 年，而基西人则到 1908 年才被"平定"，至此才基本上完成了对肯尼亚的"征服"。但是，当地人民的反抗和斗争并未停止。1921 年，在哈里·图库领导下，第一个民族主义组织青年吉库尤协会在内罗毕郊区成立。1922 年 3 月，为反对殖民当局逮捕协会主席哈里·图库，爆发了肯尼亚历史上第一次反殖民当局的政治示威，但遭到镇压。20 世纪 20 年代中期，另一个政治组织吉库尤中央协会成立，要求停止没收土地，原住民参加立法会议，给予平等政治权利，与欧洲职员待遇、权利平等。1929 年年初，吉库尤中央协会委派乔莫·肯雅塔赴伦敦递交请愿书，要求释放哈里·图库并解决土地问题。

第二次世界大战期间，肯尼亚作为英属殖民地为战争提供了大量物资。战后，肯尼亚人民争取独立自由的斗争逐步走向高潮。1944 年成立的肯尼亚非洲人协会，在 1946 年改名为肯尼亚非洲人联盟，构建起一个以民族资产阶级及知识分子为主、联合各阶层人民的反帝政治组织。到 1952 年，肯尼亚非洲人联盟成员已超过 10 万人，在全国各地有 50 多个基层组织。同期，工人运动也有发展。1947 年蒙巴萨、基苏木等地举行了大罢工。1952 年，肯尼亚人民还开始了"茅茅运动"，以武装斗争来争取民族解放和独立。1960 年肯尼亚非洲民族联盟和肯尼亚非洲民主联盟也相继成立。

1962年2月14日~4月6日，肯尼亚宪法会议在伦敦召开，之后在肯尼亚举行了大选，成立了一个由非洲人担任多数部长的联合政府；1963年5月肯尼亚非洲民族联盟在中央和地方立法机构的选举中获胜；1963年6月1日，肯尼亚获得内部自治；同年12月12日，肯尼亚正式宣告独立。1964年12月正式建立肯尼亚共和国，但作为英联邦①成员国，首任肯尼亚共和国总统为"肯尼亚民族之父"乔莫·肯雅塔。至此，一个由40多个民族、约800万人口、58万多平方公里国土面积的独立国家在东非中部站立起来。

独立后的肯尼亚十分重视民族经济的发展，建国后随即颁布了肯尼亚发展经济的纲领——《非洲社会主义及其在肯尼亚规划中的实施》。作为一个以农业为主的新建国家，肯尼亚政府高度重视土地问题，以赎买的办法逐步收回了白人占有的土地，然后出售给农民。重视民族工业发展，但对外资仍持开放态度，较为注意吸收和保护外资及外国技术、管理人员。目前，英国的垄断财团在肯尼亚仍有一定影响。

1978年8月，副总统丹尼尔·阿拉普·莫伊在首任总统乔莫·肯雅塔去世后顺利成为肯尼亚第二任总统，肯尼亚历史开始了长达24年的莫伊时代。20世纪90年代初随着冷战结束，在非洲迅速兴起多党民主化浪潮，堪称非洲20世纪60年代获得民族独立以来最大规模的政治变革运动。在国内外双重压力下，莫伊政府被迫于1991年12月修改宪法，正式宣布实行多党制，是肯尼亚自建国以来政治体制发生的最大变革。实行多党制后的肯尼亚先后于1992年、1997年、2002年和2007年四次如期举行全国大选。在前两次多党大选中，莫伊及执政党——肯尼亚非洲民族联盟凭借高超的领导技巧，加之反对党分裂而获胜，莫伊成为多党制竞争下的首任总统，肯尼亚非洲民族联盟继续执政。直到第三次多党大选反对党才获得了胜利。在莫伊担任总统期间，肯尼亚政治历经了从一党制国家到多党制国家的政体变化过程，并伴随了民族国家一体化建设进程。从20世纪90年代肯尼亚多党制的实践来看，肯尼亚多党制下的各政党具有明显的族群与地区背景，肯尼亚政治的现代化过程以外力推动为始，但其发展完善尚需要一个漫长的内化过程。

2002年年底，肯尼亚举行了第三次多党大选，在这次竞选中反对党实现了大联合，原执政党肯尼亚非洲民族联盟由于在总统候选人问题上的分歧而严重分裂，从而在大选中败北，非洲民族联盟总统候选人乌胡鲁·肯雅塔（Uhuru Kenyatta）落选，获胜的是新成立的全国彩虹同盟，其领袖姆瓦伊·齐贝吉当选为新任总统，从而实现了政权更替，是肯尼亚实行多党制以来的重大事件。肯尼亚政权和平交接意味着政治民主制度的进步和逐渐成熟。西方国家对这一次反对党上台的政权更替颇为满意，重新恢复了对肯尼亚的经济援助。姆瓦伊·齐贝吉上台时肯尼亚面临严峻的经济形势，新政府在西方国家和国际金融组织的帮助下进行了大张旗鼓的改革，肯尼亚经济在低迷中复苏。现任总统乌胡鲁·肯雅塔是开国总统乔莫·肯雅塔之子，2005年当选肯尼亚非洲民族联盟主席，在2012年4月退出肯尼亚非洲民族联盟，5月加入新成立的全国联盟党。2013年1月，全国联盟党与联合共和党等结成朱比利联盟，乌胡鲁·肯雅塔作为该联盟总统候选人角逐2013年大选，4月

---

① 英邦联是英国对联邦其他成员国在政治、军事、财政经济和文化上施加影响的组织，由英国和已经独立的原英帝国殖民地国家或附属国组成。

当选成为肯尼亚第四任总统。2017 年 8 月，肯尼亚举行新一届大选，2017 年 8 月，肯尼亚举行新一届大选，肯雅塔总统击败老对手奥廷加，赢得选举，但总统选举结果被肯尼亚最高法院判决无效。同年 10 月，总统大选重新举行，肯雅塔再次胜出，成功连任总统，11 月 28 日，肯雅塔宣誓就职。

　　肯尼亚首都为内罗毕，也是全国最大的城市，人口约 350 万（2019 年 7 月数据）。

第 2 章　民族与人口特征

2.1　种　族　变　迁

2.1.1　早期居民

肯尼亚的早期居民主要分属四种语言系统，即分别称为科伊桑人、库希特人、尼罗特人和班图人。他们来到肯尼亚的时间有先有后，经千百年的接触、融合、冲突、共生和同化，形成了当今肯尼亚的 42 个族群。

1）科伊桑人或科伊科伊人。早期被称为"布须曼人"，可能是肯尼亚最早的居民。根据口头传说和考古分析，科伊桑人可能是从猿人进化而来并世居于东非地区。在公元前5500 年到公元前 2500 年或更晚一些时候，"原始布须曼人"生活在肯尼亚中部高原裂谷内和卡维隆多湾周围，靠采集打猎为生，湖边居民从事捕鱼。不仅在内地，而且在沿海也有"类似布须曼人"的居民。但约在公元前 200 年，他们受库希特人、尼罗特人和班图人的驱逐而逐步向西南方退缩或被同化。如今主要生活在南部非洲，肯尼亚境内已无其踪迹。

2）库希特人。曾被称作"含米特人"或"尼罗–含米特人"，现已不用此名，分为南库希特人和东库希特人两支，均源于埃塞俄比亚高原。南库希特人大约在 3000 年前已来到肯尼亚北部和西部，可能是为寻找耕地和放牧地。他们懂得灌溉技术，但不懂炼铁。随着其扩张，大部分科伊桑人为库希特人同化或被迫南迁。到公元 1 世纪前，南库希特人主要散居在肯尼亚裂谷地区和坦桑尼亚北部，在维多利亚湖至中部高原以及印度洋沿岸也有他们的踪迹。但库希特人后来又逐渐被新来的尼罗特人和班图人同化。

东库希特人中的索马里人、伦迪尔人和博尼人的祖先来自埃塞俄比亚高原南部和图尔卡纳湖以东地区。大约在公元前 300 年至公元 200 年，该族群分布在现在的马萨比特平原周围。索马里人的祖先向东南方向迁徙直到沿海，并在此与博尼人的祖先分手；而伦迪尔人大体停留在如今的聚居地。进抵朱巴河与塔纳河之间地区的索马里人的祖先是加雷人（the Garre），他们在向南扩张过程中挡住了向北迁徙的班图人，并迫使后者退回塔纳河沿岸。16 世纪左右，另一支东库希特人即加拉人（又称奥马人或奥罗莫人）来到肯尼亚并沿着塔纳河向沿海扩张，然后又折向北方，一路打败并迫使先来的索马里人（加雷人）退缩到内地，并将已进驻沿海北部的班图人（米吉肯达人）向南推进到萨巴基河一带。也有史学家认为，加雷人到达塔纳河河谷是在公元 1200～1500 年。

3）尼罗特人。尼罗特人在几千年前已出现在现今肯尼亚–埃塞俄比亚–苏丹交界地区。按居住地域分为三支，即高原尼罗特人（南尼罗特人）、平原尼罗特人（东尼罗特人）、河湖尼罗特人（西尼罗特人）。高原尼罗特人约在公元前 1500 年前从上述交界地区进入肯尼亚西北部和北部，同已经居住在这里的南库希特人混居并相互通婚，经过近千年的发展与融合，逐步形成许多新族——统称卡伦金人。平原尼罗特人在公元初年已散居在图尔卡纳湖北部至乌干达东北边境一带。大约在公元 1000 年前他们分三支分散迁徙：一支迁徙去苏丹（即洛图科人）；一支去乌干达（即卡拉莫琼–特索人）；还有一支向东南扩张而到达肯尼亚中部至坦桑尼亚北部，他们是马赛人、图尔卡纳人、依特索人、桑布鲁人和恩根普斯人的祖先。河湖尼罗特人的发源地在苏丹南部尼罗河与加扎勒河交汇地区，他们是丁卡人、希卢克人、阿卢尔人、阿乔利人和卢奥人等苏丹、乌干达和肯尼亚一些民族的祖先。

4）班图人。班图人的发源地大致在非洲中部。大约在 2500 多年前，班图人开始向外迁徙扩张。其中的一支——东班图人于公元初先后抵达坦桑尼亚中部和东北部的坦肯边境高原。公元初几个世纪，东班图人从现在肯尼亚东南部的塔依塔山区疏散，在到达沿海后北上，其中的一股沿塔纳河上溯到中游，因遇到索马里人和加拉人而退回南方，他们是沿海民族如米吉肯达人、波科莫人和塔依塔人的祖先。另一股继续北上到达肯尼亚、索马里边境一带（即传说中的"香格瓦约"地区），在那里定居几个世纪后大约于 15 世纪前又向肯尼亚内地疏散（有的史学家估计此事发生在公元 1200～1300 年，但也有人认为要晚300 年），他们在到达中部的梅鲁山区后，于 15 世纪上半期继续南迁，一路上不断分流并吸收、同化其他早来的居民，形成了大小许多民族，如梅鲁族、吉库尤族、恩布族、萨拉加族、姆贝雷族等。大约在 15 世纪中期，还有一股东班图人从乞力马扎罗山地区进入肯尼亚南部，最后到达乌坎巴地区，他们是坎巴族的祖先。班图人的一支——西班图人是肯尼亚的卢希亚族、基西族、库里亚族的祖先。

2.1.2　阿拉伯人和沿海城邦的形成

因肯尼亚沿海地理和季风及印度洋洋流的原因，早在公元 1 世纪前后，就有阿拉伯人及波斯人、印度人到肯尼亚东海岸经商。在每年 11 月至来年 4 月，这些来自西亚、南亚的商人们驾船乘东北季风，从阿拉伯半岛来到肯尼亚（及东非）海岸，然后在 6 月至 10 月再乘西南季风回航。但这些来自西亚、南亚的商人来来往往并不在沿海定居。

公元 7 世纪，伊斯兰教兴起于阿拉伯半岛，很快席卷西亚，阿拉伯人以伊斯兰教为文化载体与旗帜，在政治和军事上，建立起地跨欧亚非（从西亚到北非，从阿拉伯半岛延伸至欧洲）的阿拉伯大帝国。阿拉伯人的崛起和扩张，对包括肯尼亚在内的东非印度洋沿岸社会产生了深远的影响。

为了躲避战争和动乱，阿拉伯人陆续迁移和移民到东非沿海。例如，公元 695 年，阿曼酋长苏勒曼和赛义德在内战中失败后，率族人乘船逃到东非海岸。至公元 8 世纪末，来自也门的一些阿拉伯部落也移居蒙巴萨和摩加迪沙一带。公元 915 年，设拉子苏丹和他的

6 个儿子率族人来到东非。此外，还有分散的普通阿拉伯人和设拉子人从祖居地纷纷迁至东非沿海。他们在这里定居后，开始与当地部落通婚，娶妻生子。经过上百年的通婚与混居，在肯尼亚沿海地带产生了新的族群和语言，即斯瓦希里人和斯瓦希里语。在肯尼亚沿海地带的少数族群中，如巴琼族极可能是阿拉伯人、设拉子人和当地人的混血种；拉木岛上至今还存续了 12 世纪迁来并早已非洲化的设拉子人后裔。

在东非沿海地带，阿拉伯人不仅传播伊斯兰教和阿拉伯文化，形成了新的族群，还促进了当地农业和商业的发展。尤其重要的是，出现了一系列由阿拉伯人主导的沿海商业城镇或城邦。到 15 世纪初，从摩加迪沙到基尔瓦的东非沿海地带，共计有 37 个大大小小的城镇。其中部分城镇建于 12 世纪，大部分则开始于 13 世纪。其中，有不少城镇如今依然伫立在肯尼亚沿海地带，如曼达、帕特、拉木、翁格瓦纳、马林迪、格迪、基勒普瓦、蒙巴萨等，其中较重要的城镇是曼达、帕特、马林迪和蒙巴萨。曼达是最早的阿拉伯移民定居居民点之一，从考古发现的陶瓷器皿测定，曼达人在公元 10 世纪前就与波斯湾等地有广泛的商业联系和往来，并较为富裕，当地居民有"穿戴黄金的人"之称，后因利益争夺与当地渔民发生冲突，于 13 世纪被帕特王攻陷。曼达城邦中大部分居民被掠往帕特岛，少数人逃到了拉木，而帕特岛在其后又被来自大陆的巴琼人重新占据。

2.2 人口与空间分布

2.2.1 人口增长与规模

截至 2015 年 7 月，根据联合国经济社会事务处人口署的估计数据显示，肯尼亚人口总量达到 4605 万人，列世界各国人口总量第 31 位，位居南美国家哥伦比亚之后。虽然肯尼亚在人口总量与规模尚不显庞大，2014 年年末人口密度近 79 人/公里^2，但却是世界人口增长较快的国家之一，属于世界人口高增长率国家。

自 20 世纪 50 年代以来，肯尼亚人口呈现出不同的增长态势（表 2-1）。

表 2-1 肯尼亚人口数量变化（1950～2015 年） （单位：万人）

年份	人口	年份	人口
1950	607.7	1985	1966.1
1955	698.0	1990	2344.6
1960	810.5	1995	2737.3
1965	950.6	2000	3106.6
1970	1125.2	2005	3534.9
1975	1348.6	2010	4032.8
1980	1626.8	2015	4605.0

资料来源：联合国经济社会事务处人口署（United Nations Department of Economic and Social Affairs Population Division）。

2015 年，肯尼亚总人口比独立时（1964 年，890.8 万人）增长了 4.2 倍，比 1989 年人口统计时（2266.8 万人）增长了约一倍左右。肯尼亚人口增长率在 1969 ~ 1979 年曾高达 4%，1979 ~ 1989 年仍达 3.3%，在世界上名列前茅（表 2-2）。而 1990 ~ 1995 年的人口增长率已降为 2.9%。20 世纪 90 年代以来人口增长率下降的主要原因：一是政府对节制生育的宣传和采取有关措施；二是艾滋病的影响。根据联合国经济社会事务处人口署报告，1965 ~ 1970 年，肯尼亚总和生育率为 8.11，1985 ~ 1990 年降为 6.54，2010 ~ 2015 年降为 4.44。

表 2-2　肯尼亚人口自然增长率和总和生育率

时段	人口自然增长率/‰	总和生育率/‰	时段	人口自然增长率/‰	总和生育率/‰
1950 ~ 1955 年	27.7	7.48	1985 ~ 1990 年	35.1	6.54
1955 ~ 1960 年	29.8	7.79	1990 ~ 1995 年	29.2	5.57
1960 ~ 1965 年	32.2	8.07	1995 ~ 2000 年	25.4	5.07
1965 ~ 1970 年	34.1	8.11	2000 ~ 2005 年	25.6	5.00
1970 ~ 1975 年	36.4	7.99	2005 ~ 2010 年	27.3	4.80
1975 ~ 1980 年	37.4	7.64	2010 ~ 2015 年	26.7	4.44
1980 ~ 1985 年	37.7	7.22			

资料来源：联合国经济社会事务处人口署（United Nations Department of Economic and Social Affairs Population Division）。

2.2.2　人口分布

从肯尼亚现今人口的空间分布状态看，全国人口约 80% 集中在中部高原、西部湖滨和东南部沿海地带，而国土面积占到 3/4 的北部、东北部荒漠和半荒漠地区却人烟稀少（图 2-1）。

从分省区看，裂谷省人口数量最多，高达 1000 万以上，而东北省人口最少，只有 230 多万人。从人口密度看，最高的三省分别是内罗毕、西部省和尼扬扎省，每平方公里的人口密度在 2000 年就分别是 3079 人、406 人和 350 人；人口密度最低的东北省，每平方公里仅 8 人，但该省在 1990 年以来的 10 年中人口增长率最高（9.5‰）。比较而言，同期中部省人口增长率只有 1.8‰，低于同期全国年增长率（2.9‰）。据肯尼亚计划部人口普查统计结果，肯尼亚全国人口在 1999 ~ 2009 年，增幅达 35‰，人口总量净增长总数约为 1000 万，在 2009 年年末达到 3861 万人。

肯尼亚人口增长迅速。在 2009 年时任肯尼亚计划部长威克利夫·奥帕拉尼亚表示，肯尼亚人口普查期间，计划部对全国人口进行了行政区域、性别、年龄、文化程度和社会经济水平的分类统计，结果显示，相对于肯尼亚全国面积及社会经济发展水平，本次人口普查结果已高出预计增幅，如果不对人口加以计划性限制，将会对未来肯尼亚社会经济发展带来挑战。据统计，肯尼亚妇女平均每人生育 5 名子女，在 15 ~ 19 岁的女性中，四分之一的妇女已有一个孩子，每年肯尼亚还约 100 万孩子因母亲意外怀孕出生。这样发展

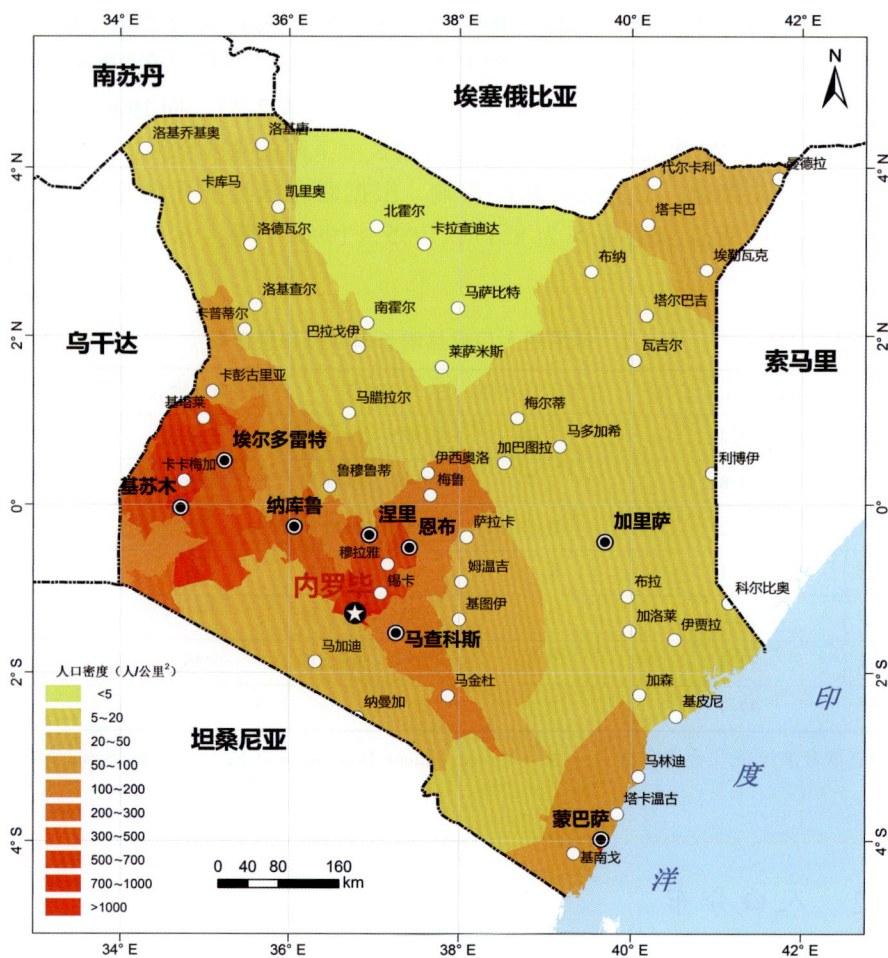

图 2-1　肯尼亚人口空间分布图

下去，再过 30 年，预计肯尼亚的人口总数将比现在翻一番。2009 年 7 月，为改善目前人口增长过快的状况，促进国家经济和社会的健康发展，肯尼亚政府决定恢复实施计划生育政策。

此外，肯尼亚城市人口增长很快。1999 年的人口统计表明，生活在 2000 人以上城镇的居民共 990 万人，也就是说城市人口占总人口的百分比（城市化程度）已由 1980 年的16% 增至 1999 年的 32%。肯尼亚目前最大的 4 个城市仍是内罗毕（231 万人）、蒙巴萨（69.1 万人）、基苏木（18.5 万人）和纳库鲁（31.8 万人）。

肯尼亚的人口分布与所在省区的社会经济贫富状况相关联。肯尼亚政府有关部门发布的《2014 年人口及健康调查》报告显示，首都内罗毕为贫穷比例最低的地区，约为 10%，而东北部地区最为贫穷，70% 的人仍为满足生活基本需求而挣扎。该调查共取样40 300 户家庭，综合考察生活饮用水来源、卫生设施类型、住房类型等因素。调查指出，生活在城市地区的家庭比农村地区的家庭富裕。根据调查，2014 年全国 64% 的居民无电可用；86% 的居民拥有手机；56% 的城市家庭拥有电视，农村家庭为 19%；12% 的城市家庭拥有电冰箱，农村家庭为 2%。

2.2.3 人口构成

根据 2009 年人口统计，全国人口中男性有 1919 万人，占 49.70%，女性有 1941 万人，占 50.30%。女性稍多于男性。但各省情况不一，中部省、东部省、尼扬扎省和西部省女性略多于男性，内罗毕特区和其余三省则是男性多于或稍多于女性。2014 年 11 月肯尼亚人口总量增长到 4512 万人，其中男性 2254 万人，女性 2258 万人，性别比例调整为 49.95∶50.05。

根据联合国经济社会事务处人口署的 1950~2015 年人口结构数据，1950 年，肯尼亚 15 岁以下的人口占 39.8%，15~64 岁的人口占 56.3%，65 岁以上的人口占 3.9%；1965 年独立之初，肯尼亚 15 岁以下的人口占 48.4%，15~64 岁的人口占 48.0%，65 岁以上的人口占 3.6%；2015 年，15 岁以下的人口占 41.9%，15~64 岁的人口占 55.3%，65 岁以上人口占 2.8%，这说明肯尼亚人口的年龄结构总体上仍较年轻。

2.3 民族构成与区域分布

2.3.1 民族构成

肯尼亚是多族群（ethnic groups，部族）国家。如不算分支，计有大小 42 个原住族群。其中人口在百万以上的大族或较大族 8 个，它们是基库尤族、卢希亚族、卡伦金族、卢奥族、坎巴族、基西族、梅鲁族和米吉肯达族。另外，有些族的人口虽不多但分布地域较广或影响不小，如索马里族、马塞族、图尔卡纳族等。此外，肯尼亚还有一些亚裔和欧裔居民。

根据 2009 年的肯尼亚部族人口统计，基库尤族为肯尼亚最大部族，人口达 660 万，卢希亚族和卡伦金族分别位列第二和第三。2013 年肯尼亚全国总人口达到 4400 万人，人口增长率为 2.7%，其中民族构成如下：基库尤族占 17%、卢希亚族为 14%、卡伦金族 13%、卢奥族 10% 和坎巴族 10% 等。此外，还有少数印巴人、阿拉伯人和欧洲人。

2.3.2 主要民族及其分布

肯尼亚八大民族（分别是基库尤族、卢希亚族、卢奥族、卡伦金族、坎巴族、基西族、梅鲁族和米吉肯达族）的空间分布如图 2-2 所示。

（1）基库尤族

基库尤族有 594 万人（1995 年），占全国人口 21%，2013 年达到 748 万人，占 17%，比例有所下降，但仍为国内第一大民族，在国内政治和经济生活中起着重要作用。基库尤

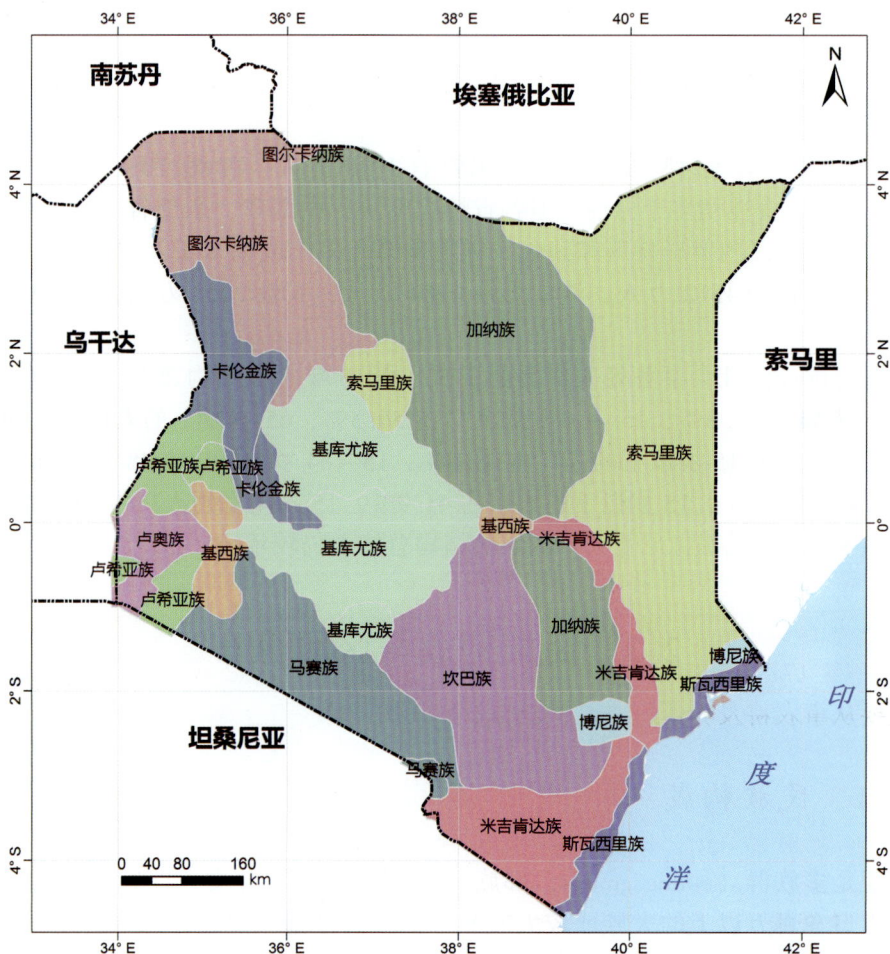

图 2-2　肯尼亚的主要民族分布图

人多信仰非洲传统宗教，分为 9 个支系。主要聚居在中央省，体质特征属尼格罗人种班图类型。使用基库尤语，属尼日尔·科尔多凡语系，有用拉丁字母拼写的文字。

基库尤人历史悠久。19 世纪末受英国殖民统治。1921 年基库尤地区出现了反对殖民统治的组织。20 世纪 50 年代期间，基库尤人揭竿而起，发动了针对欧洲人的"茅茅运动"，反对欧洲殖民主义者，是争取肯尼亚独立的先锋军。肯尼亚共和国的第一任总理（1963～1964 年）和第一任总统（1964～1978 年）乔莫·肯雅塔（Jomo Kenyatta）就是基库尤人。今天基库尤人的传统社会结构已大为削弱，农村虽还保存着部落组织，但以家族为基本社会单位。一般为父系继承制和一夫多妻制，流行兄终弟及的习俗。男女均行割礼。男子有年龄等级组织。传统经济为农牧业，有铁器、陶器、皮革、编筐等手工业，已出现定期集市。近代资本主义商品经济得到发展，部分农民开始种植咖啡、甘蔗、棉花、烟草、除虫菊等经济作物。除边远地区的基库尤人仍过半农半牧生活外，城市中上层家庭生活多已欧化。

（2）卢希亚族

卢希亚族 1989 年有人口 308.4 万，占总人口的 14.4%，1993 年人口增至 350 万，占总人口的 13%，2002 年估计占总人口的 14%，2013 年人口增长到近 620 万人，为肯尼亚第二大族。主要聚居于西部省（班果马、布西亚和卡卡梅加等专区）。该族祖先来自由东、西方向迁入的操班图语、高原与平原尼罗特语及卢奥语的人群，共有 17 个部落或群体，代表了多种文化传统，包括不同的方言，但已形成共同语言即卢西亚语，属班图语系。这 17 个部落或群体中较大的是布库苏（又名基托希）、马拉果利和布尼奥雷，其余还有塔佐尼、卡巴拉西、卡克勒瓦、佐楚、伊苏卡、依托霍、蒂里基、万噶、马拉马、基萨、卡约、马拉奇、萨米亚和马亚拉。卢希亚人以务农为主，养畜为副。传统手工艺有木雕、木椅、制陶、编筐等。肯尼亚恢复民主论坛前领导人基加纳·瓦马尔瓦就是卢希亚人。

（3）卢奥族

卢奥族位于基库尤人和卢希亚人之后，在 20 世纪 90 年代为肯尼亚第三大族，1994 年的卢奥族人口大约为 219 万，约占肯尼亚总人口 13%，但人口近年来增长相对较慢，2013 年人口总数约 440 万，占 10% 左右，下降为第四大人口部族。卢奥族和基库尤人在肯尼亚独立后，继承了大部分的政治权力。

卢奥族属于尼罗特语族，相传其祖先居住在苏丹加扎勒河与尼罗河汇合处以南地区，于 16 世纪初至 17 世纪中叶逐渐经乌干达迁移至今肯尼亚的卡维隆多湾（维南湾）沿岸。卢奥人主要从事农耕及养畜、捕鱼，也有不少人从事自由职业和商业。卢奥人以适应力强著称，在文化教育和技术素养等方面有较高水平。以奥京加·奥廷加、汤姆·姆博亚为代表的卢奥人在肯尼亚争取独立的斗争中做出了突出贡献。卢奥人由约 40 个群体和氏族组成，其聚居区通常也是政治自治单位，有较强的凝聚力。现卢奥人聚居地在尼扬扎省，但有不少卢奥人散布在其他城市（如内罗毕、蒙巴萨）。

（4）卡伦金族

卡伦金族 1989 年人口统计为 254.8 万，1993 年已增至约 270 万，2013 年增长到 547 万人，约占总人口的 13%，已上升成为肯尼亚第三大族。主要聚居在裂谷省和西部省高原地区。由若干大大小小的部落或族群组成，主要有基普西吉斯、南迪、图根、埃尔格约、马拉奎特和波科特 6 个较大族群，以及萨鲍特或萨佩等较小部落。他们有各自的聚居区，既有共性，又各有特点。共性是其主要经济活动是从事农牧业，特别重视养牛（但普遍是羊多牛少）。社会组织几乎都实行年龄等级制和年龄集团制，这与传统习俗——青少年的割礼和成人仪式有密切关系。饮食方式方面，一般主食是小米、玉米、高粱，肉食以羊肉为主。此外，各族群几乎都分为多个氏族，并实行族外婚。而不同的是各族群又有不同的特点，如南迪人以勇武和团结著称，20 世纪初他们对入侵的英国殖民军进行了顽强抵抗，英国殖民当局经过多年"讨伐"后才将他们压服。图根人在北部以农耕为主，南部以饲养牛羊为主，他们一般体形较小，性格随和，其杰出的人物当推前总统莫伊。埃尔格约人对牛特别珍视，殖民地时期当兵当警察的人很多。马拉奎特人有由几个家族轮流负责牧牛的习俗，他们生性自豪，但被其北部邻居波科特人蔑视为"穷小子"。波科特人又称苏克人，大部分从事放牧，仅约 1/4 人务农，务农者有割礼习俗，而牧人则没有，他们的文化习俗与乌干达的卡拉莫琼–特索人相似。各族群聚居相对集中，基普西吉斯人聚居在肯尼亚西南部尼安多河谷以南、马乌悬崖以西和马拉地区以北地区，行政中心克里乔；南迪人聚居在基普西吉斯人的北部（裂谷省与西部省交界处），行政中心卡普萨伯特；图根人主要聚居在裂谷省克里奥河以东的低地和丘陵地带，行政中心卡巴内特；埃尔格约人和马拉奎特人聚居在克里奥河谷及其以西山区，现为埃尔格约–马拉奎特专区；波科特人为卡伦金族最北的部落，聚居在裂谷省的巴林戈和西波科特两个专区；而萨鲍特人聚居在肯、乌两国边境的埃尔贡山附近（地处西部省）。

（5）坎巴族

坎巴族1989年人口统计为244.8万人，1993年增至约280万人，2013年增长到近440万，约占全国总人口的10%，为肯尼亚第五大族。相传坎巴人作为班图人的一支在数百年前由坦桑尼亚的乞力马扎罗山区迁移而来。现主要聚居在东部省的基图依和马恰科斯两个专区。这两个专区面积广大，但大部分是灌木覆盖的沙地，可耕地仅约1/10。坎巴人以务农和经商为主，也养牛；当兵的很多（殖民地时期就如此）。独立后至少有两任军队总参谋长由坎巴人担任。坎巴人长于制作木雕、木制器具包括乐器，还善于编织和制陶等手工艺，其传统舞蹈也很有名。坎巴人内部分为约25个父系氏族，崇拜不同的图腾，盛行割礼习俗。著名人物有前部长保尔·恩盖、前军队总参谋长杰克逊·穆林吉等。

（6）基西族（也称古西族）

基西族1989年人口统计为近132万人，占全国总人口6.5%左右，聚居在尼扬扎省的基西专区。基西专区是肯尼亚人口密度最高的地区之一。基西人主要从事农耕和养畜，生产小米、玉米、木薯、香蕉等多种作物，高原地区盛产除虫菊和茶叶，编筐、制陶和制造乐器等手工艺盛行，尤其以石雕和饰有彩珠的"基西凳子"闻名遐迩。青少年有割礼习俗。

（7）梅鲁族

梅鲁族1989年人口统计为109万人，占全国总人口的5%（估计2002年仍占总人口的5%），聚居于中部省梅鲁专区。该地区处在南部的塔纳河与北部的瓦索尼罗河之间，东面是干燥的沙漠和灌木地，西面是雄伟的肯尼亚山。相传梅鲁人的祖先来自沿海。该族现由7个分支组成：即依根贝、蒂加尼亚、缪蒂尼、依果吉、姆温比、依门蒂和穆萨姆比。实行氏族族外婚和年龄等级制。少年行割礼后才算成人，少女不行割礼不得结婚。主要经济活动是农耕和养畜，养蜂采蜜也很重要。主要农作物有玉米、咖啡、小麦、土豆等，还有一种受索马里人爱好的刺激性植物——"米拉"。主食为玉米。梅鲁人与基库尤人有亲缘关系，20世纪50年代部分梅鲁人曾参加以基库尤人为主的反殖武装斗争（"茅茅"起义）。独立后又与基库尤人、恩布人联合成立有势力的"盖马协会"（Gikuyu, Embu and Meru Association，GEMA）。

（8）米吉肯达族

米吉肯达族1989年人口统计为100.7万人（缺最近数据），占当年肯尼亚总人口的4.7%。聚居在滨海省由加拉纳河北岸向南延伸到坦桑尼亚边境的一条宽30~40公里的狭长丘陵地带，紧靠阿拉伯人和斯瓦希里人定居的沿海平原。"米吉肯达"原是斯瓦希里语"九个村庄"的意思。实际上该族的确由9个群体或分支组成，他们是吉里亚马人、卡乌马人、乔尼人、吉巴纳人、坎贝人、里贝人、拉巴依人、迪果人和杜拉马人。他们有共同语言，但操不同的方言，并有各自的氏族结构。经济上主要靠务农，种植玉米（19 世纪引进）、高粱、谷子、薯类、芝麻等，经济作物有椰子和腰果。吉里亚马人、拉巴依人和迪果人还有经商传统。19 世纪末米吉肯达人的年龄集团制已逐渐消失，但男性少年至今仍实行割礼。

　　除以上八大族和较大族以外，其余 30 多个族的人口都只有几十万甚至几万人。其中不少是活动地域较广的游牧民族，而其中影响较大的有 3 个，分别是索马里族、图尔卡纳族和马塞族。

（1）索马里族

　　索马里族有人口 30 万~40 万（1979 年人口统计约 28 万）。他们分为奥加登、德戈迪亚、古雷、阿朱兰、哈维亚等多个部落。绝大部分住在东北省，不少人同邻国索马里居民有亲属关系。主要经济活动是放牧骆驼，也养少量牛羊。这些牲畜是索马里族人财富和地位的象征，也是其生活来源。主食为骆驼肉或牛羊奶、肉及谷物。不吃鱼、禽肉和蛋。此外，有少数人从商、从政或从军。例如，马哈茂德·穆哈默德将军在莫伊时代先后曾任陆军司令和军队总参谋长。一些索马里族人在内地城镇经商。

（2）图尔卡纳族

　　图尔卡纳族是肯尼亚第二大游牧民族，属平原尼罗特语族。1979 年有人口 20 余万，主要散居在西北部图尔卡纳湖以西广袤的图尔卡纳专区及邻近地区。他们的祖先同波科特人一样来自乌干达的卡拉莫琼地区。主要从事放牧牲畜——牛、骆驼、羊、驴，也兼种地、打鱼、打猎和采集。主食为骆驼奶和牛奶。由于生活条件恶劣，为了生存不断四处寻找牧地，越来越多的图尔卡纳族人进入了桑布鲁专区，在马萨比特、依西奥洛、莱克比亚、巴林戈、西波科特和特兰士恩佐亚等专区都有他们的踪迹，有时甚至越境袭击邻国的村庄。他们享有东非这部分地区 "最无畏的战士" 的名声。有很少一部分人已过上定居生活，从事农耕或捕鱼。图尔卡纳人无割礼习俗，也无年龄等级和氏族制。但实行一种松散的交替团队制，男性成员一出生就属于豹子队或石头队，父子交替，主要是利于组织掠牛队伍。

（3）马赛族

　　马赛族也属平原尼罗特语族，因操马阿语而得名，1979 年人口统计有约 16 万。绝大多数人仍过游牧生活，放牧牛羊和驴；极少数人开始兼事农耕。马赛人大约于 500 年前由肯尼亚西北方向迁徙到裂谷地区并扩张到肯尼亚南部和坦桑尼亚北部，他们以勇武剽悍著称，曾经是东非历史舞台上的主角之一，但人数不多。有人估计在其势力巅峰的 19 世纪，总人口不过 5 万。在殖民时期，马赛人失去了许多地盘（包括肥沃的裂谷中部高原），现散居在肯尼亚南部约 4.12 万平方公里（1.6 万平方英里）的地区，行政中心有纳罗克、卡加多、纳曼加等。马赛人男子实行 4 级年龄集团制，即初级斗士、高级斗士、初级长者、高级长者。男孩在行割礼后便成为初级斗士，之后每隔 12~15 年上升一级，各有职守。行政管理权属初级长者和高级长者。马赛人没有传统的酋长或头人，但有祭司式的领袖，各年龄集团也推举各自的首领以代表其成员的意见和主持集会。对马赛人来说最神圣的是牛群。牛是他们的衣食来源。婚姻仪式、罚款、典礼等也都要用牛。独立后一些马赛人的精英加入了政府。

类似马赛人的游牧民族还有桑布鲁、伦迪尔、博拉、加布拉等族，各族人数都只有几万。除索马里族、图尔卡纳族、马赛族外，其他民族还有伊特索族（人口有几十万）、斯瓦希里族、塔依塔族、塔韦塔族、恩加穆西（或恩杰穆西）族、阿苏族、狄戈族、巴朱尼族、博尼族、恩多罗博族、恩布族、加拉（或奥罗莫）族、孔索族、科尼（或埃尔果尼）族、库里亚族、穆果果多族、尼卡族、帕克族、帕克莫族、帕克特（苏克）族、桑耶族、塞格朱族、托帕萨族以及萨拉卡族和姆贝雷族（最后两个民族也被视为基库尤族的分支）等。

2.4　语言与官方用语

肯尼亚最重要的语言是斯瓦希里语和英语；斯瓦希里语是国语，英语是官方语言。此外，以语言为主要划分标准的肯尼亚民族群体中，42 个民族中还使用 40 种民族语言或方言。

英语是 19 世纪末肯尼亚成为英国殖民地后推行的官方语言，1974 年通过的一项宪法修正案曾规定，将国民议会的正式（或官方）语言由英语改为斯瓦希里语，但第二年又改为斯瓦希里语和英语可以在议会事务中同时使用。议会候选人必须通过这两种语言的考试才有资格当选。实际上，政府主要文件仍用英语书写（包括共和国宪法、政府公报、每年的经济概览等）。它也是大中学校和小学三年级以上的教学用语。肯尼亚的几大报刊包括前执政党的党报也用英文出版。

斯瓦希里语是几百年来东非地区居民（最初是沿海居民）广泛使用的一种通用语。它是以班图语为基础，吸收阿拉伯语及波斯语词汇逐渐形成，初始借用阿拉伯字母书写，20 世纪初改用拉丁字母。肯尼亚独立后政府重视推广斯瓦希里语，借以促进国民的团结和认同，培养民族意识。70 年代初，政府宣布斯瓦希里语为国语，并规定斯瓦希里语为全国中小学校的必修课程，它也是政府内外和公私各部门中人们进行交流的重要工具。肯尼亚有多种报刊用斯瓦希里文出版，广播电视也有较多时数的斯瓦希里语节目。鉴于斯瓦希里语也是坦桑尼亚与乌干达的国语，并为其他东非和中非国家广泛使用，它也是联结东、中非和推进东、中非合作的重要纽带。

除斯瓦希里语和英语外，较大的语种还有吉库尤语、卢奥语、卢西亚语、卡伦金语等，前两种语言已有文字。实际上，各民族（部族）都有自己的语言。

肯尼亚政府对各族的语言或方言给予一定的重视。各地小学的前三年级用各地通行的方言教学。肯尼亚广播电台的地方节目用十多种方言播放。

2.5　宗　教　信　仰

肯尼亚宪法规定宗教信仰自由。当今肯尼亚主要有三大宗教：基督教、伊斯兰教和非洲传统宗教，此外还有一部分人信印度教和其他宗教。据 2002 年统计，肯尼亚基督徒占总人口的 66%，其中新教徒占 38%，天主教徒占 28%；非洲传统宗教信徒占 26%；伊斯兰教徒占 7%；其他教的信徒占 1%。2013 年肯尼亚 4400 万总人口中，大约 2/3 是基督徒，只有约 6% 是穆斯林。按照具体来划分，全国人口的 38% 信奉基督教新教，28% 信奉天主教，6% 信奉伊斯兰教，其余信奉原始宗教和印度教。

基督教有新教、天主教、东正教三大派。它们内部又分为众多的教派和各种名称的传教团，在肯尼亚的基督教基本为新教和天主教两大派，主要教派有长老会（Presbyterians）、卫理公会（Methodists）、英国圣公会（Anglicans）、浸礼教会（Baptist）、天主教圣父会（Roman Cathortic Fathers）等。肯尼亚基督教源于欧洲，最早将基督教传到肯尼亚的是受雇于英国圣公会传教社的德国传教士克拉普夫（J. K. Krapf）。他于 1844 年来蒙巴萨传教，后来还去过坎巴人地区（主要在今东部省）。1883 年又有欧洲人约瑟夫·汤姆森深入内地马赛人地区并到达中部的肯尼亚高原，但他的目的是寻找由沿海前往乌干达的新路线。1895 年 6 月肯尼亚沦为英国的"东非保护国"后，尤其在建成从蒙巴萨到乌干达的铁路后，基督教随之由沿海（以及它较早立足的乌干达）向肯尼亚内地传播，并在现今的中部省、西部省、尼扬扎省和裂谷省各地建立了传教站。这些传教机构中有来自英国的苏格兰教会（Church of Scotland Mission）、教会传教社（Church Missionary Society），有英国联合教派组织的非洲内地传教会（Africa Inland Mission），有来自美国的非洲教友传教会（Friends Africa Mission）、尼洛特独立传教会（Nilotic Independent Mission）、依阿华使徒信仰传教会（Apostolic Faith Mission of Iowa）和上帝教会（Church of God），有加拿大的第七日耶稣再生教会（Seventh Day Adventists），以及意大利和法国的罗马天主教传导社（Roman Cathorlic Societies）等。

殖民地时期肯尼亚的长老会传教士有一半来自北美，而大多数天主教传教士来自意大利、荷兰和爱尔兰等国。20 世纪基督教在肯尼亚发展很快。30 年代，肯尼亚一部分非洲人教徒为对抗外国教会的控制，在成立非洲人独立学校和学校协会的同时，创立了独立的非洲人教会，如非洲人独立圣灵降临教会（The African Independent Pentecostal Church），并由非洲人担任圣职。

肯尼亚独立后，基督教继续保持发展势头。许多政府部长、助理部长、议员加入了基督教。前总统莫伊就是一位虔诚的教徒，他早年即加入了非洲内地教会。肯尼亚独立后，本地人的基督教会如雨后春笋般发展起来，现在全国有 180 ~ 200 个这类教会。非洲一些民族（如卢奥族）的独立教派不仅同西方教会脱离了关系，而且在教义中通常融入本族人传统信仰的许多因素。20 世纪 70 年代初，几十个教会成立了全国性组织——肯尼亚全国教会理事会（National Council of Churches of Kenya，NCCK），它现在是肯尼亚最大和最有影响的非政府组织。此外，较大的教会组织还有肯尼亚福音教友会和肯尼亚天主教会等。肯尼亚天主教会在 20 世纪 70 年代开始由本地非洲人取代欧洲人担任大主教，首任非洲人大主教是莫利斯·奥通加，现任大主教是姆瓦纳·阿恩择基。教会在发展教育、消除贫困和疾病等方面与政府合作。20 世纪 70 年代初发生旱灾时，NCCK 曾代表政府在北部边境地区赈灾。教会还向边远地区的政府医院派出教会医生。1974 年 2 月，时任副总统的莫伊曾称教会是"政府的重要组成部分"。1999 年 9 月，天主教徒在内罗毕举行天主教传入肯尼亚 100 周年庆典时，副总统赛托蒂出席并代表政府赞扬了天主教会在传播福音和开办医疗机构与学校方面的努力。不过，自 20 世纪 80 年代末 90 年代初起，部分基督教神职人员和教会组织（首先是 NCCK）积极参与政治，批评政府和执政党，主张实行多党制和召开修宪会议，同政府和执政党产生尖锐矛盾以至对立。较著名的教会人士除阿泽基大主教等人外，还有东非长老会教士蒂莫西·恩乔亚、肯尼亚圣公会南马塞洛教区主教亨利·奥库鲁（1999 年去世）、埃多雷特教区主教亚历山大·穆格（1990 年去世）、肯尼亚东部教区主教（现为肯尼亚圣公会大主教）大卫·吉塔里、罗马天主教卡卡梅加主教菲利普·苏鲁麦蒂等。1998 年 2 月，即肯尼亚举行第二次多党大选后不久，包括圣公会和天主教在内的"主流教会"的一批主教们突然发表声明，列举社会危机，强烈谴责政府，要求召开多党会议讨论修宪和发展民主问题，甚至要求美、英干预。此举受到总统的严词驳斥和各界人士的抵制。1999 年年末，一些教会领导人又与部分反对派一起组织了以会址命名的"乌风加马诺集团"，从事修宪活动，与政府支持的议会修宪机构唱对台戏。但许多教会上层并不愿与莫伊政府对立。

　　肯尼亚的伊斯兰教徒现占总人口的 7% 左右（1985 年占 7.3%，如仍按该比例计算，伊斯兰信教人口在近年已超过 300 万人）。他们主要居住在沿海地区（滨海省），内地城镇也有少量分布。就信仰伊斯兰教的民族构成来看，伊斯兰教徒主要是阿拉伯人、斯瓦希里人、索马里人、一部分亚洲人以及沿海和东北部的一些土著居民，如北部沿海拉木地区和帕提岛的居民，东北部塔纳河流域的布库姆人，南部沿海米吉肯达族中的吉巴那部落和蒙巴萨以南的迪果族等。

　　伊斯兰教是 11 世纪初由阿拉伯人和波斯人传入东非沿海的。11～14 世纪，阿拉伯人占据了东非沿海的许多港口和城镇，其中包括肯尼亚的拉木、马林迪、蒙巴萨、帕提等，他们带来了伊斯兰文化。16～17 世纪中叶包括现肯尼亚在内的东非沿海是葡萄人的天下，阿拉伯人受挫，直到 17 世纪末阿拉伯人及其宗教才重新恢复对东非沿海的统治。特别是在 1840 年阿曼苏丹（君主）赛义德将首都迁到桑给巴尔后，伊斯兰教以桑给巴尔和蒙巴萨等沿海城市为基地，随着穆斯林商人从事的奴隶贸易和象牙贸易活动向周围地区和内地渗透和传播。前面提到的肯尼亚的一些非洲部落就是在 19 世纪接受伊斯兰化的。不过，阿拉伯人着重于经商牟利没有花费大力气传教，也没有像西方基督那样有那么多的传教机构，所以伊斯兰教虽然在肯尼亚等东非国家立足较早，其影响却远逊于基督教。此外，阿拉伯人的统治力量较弱以及他们从事的奴隶贸易受到非洲人的疑惧，也是影响伊斯兰教向内地传播的重要因素。西方殖民主义侵入肯尼亚后，伊斯兰教传播在肯尼亚受到抑制，但传教活动并未停止。早在第一次世界大战期间，巴基斯坦人也加入了传教队伍并在内罗毕、蒙巴萨等地建立了自己的清真寺。肯尼亚沿海至今仍是伊斯兰教占主导。蒙巴萨一地至少有 29 座清真寺，北部的拉木岛则是斯瓦希里伊斯兰文化的中心。

　　在肯尼亚的伊斯兰教主要是什叶派（十二伊玛目派）和伊斯玛仪派（尼查尔派和巴赫尔派），也有苏非派的活动。著名的富豪阿迦汗（Agakhan）就是伊斯玛仪派在肯尼亚的首领。肯尼亚穆斯林现有两个参与政治的全国性组织穆斯林协商委员会和肯尼亚穆斯林最高理事会（The Supreme Council of Kenya Muslims，SUPKEM），后者现任主席是阿尔·布赛伊迪教授。20 世纪 90 年代中期，滨海省的伊斯兰势力试图建立伊斯兰政党，但被政府依法禁止。

　　非洲传统宗教是指肯尼亚土著居民或部落的宗教信仰。它们并无确定的名称，西方人统称它们为"泛神教"（pantheism）或"精灵崇拜"（animism），但未必确切；称它们为"原始宗教"，则当地信众更难接受，因为带有歧视含义。因此不妨统称为非洲传统宗教。据 2002 年的统计，其信徒约占全国总人口的 26%。肯尼亚的非洲传统宗教就像是它的民族或部落一样众多。

　　总的来说，非洲传统宗教有两个共同点，崇拜上帝和祖先的灵魂。由于各族语言不同，它们的上帝有不同名称，如吉库尤人和梅鲁人的上帝称"恩盖"，卢希亚人的上帝称"纳萨耶"，基普西吉斯人的上帝称"切普塔利尔"，南迪人的上帝称"阿西斯"（意为"日光"），坎巴人的上帝称"蒙比"，卢奥人的上帝称"尼西亚"，等等。上帝在何处？许多非洲传统宗教似不大明确，可以理解为无处不在，或者在天上；而吉库尤人的上帝"恩盖"则被认为是住在肯尼亚山——"神秘之山"上，所以在祭祀上帝时要面对肯尼亚山。上帝是无所不能的，他能给世人降福，保佑庄稼、牲畜，也能在震怒时降灾，所以要每年举行祭祀。不过，有些族的上帝是世人不能直接通达而要经过媒介的。例如，埃尔吉约人（卡伦金族的一支）祈祷上帝时要通过太阳神（也叫"阿西斯"），他们在大树下举行祭祀仪式，祝告上帝，分食祭品（绵羊肉），然后在黎明前将羊骨和羊内脏放在事先准备好的专用树枝堆上焚烧，其浓烟直升高空，给太阳神捎去信息，由它传达给上帝。而南迪人认为世人要通过死者的灵魂才能接近上帝。

　　为数不多的肯尼亚居民中的印度裔人多数信仰印度教，教徒约数万人。印度教徒限于印度裔居民，建有肯尼亚印度教徒理事会。

2.6　劳动力状况

2.6.1　劳动力概况

　　肯尼亚劳动力总量逐年增长（表 2-3）。2015 年，肯尼亚劳动力增长到 1516 万人，较 2014 年增幅为 5.9%。其中非正式部门劳动人口约为 1256 万人，较上年增幅为 6%，约占总劳动力的 82.8%。现代部门劳动力为 260.12 万（包括 12.32 万人的个体经营者和 247.8 万人的工资劳动力），增幅为 5.2%。现代部门中，公共部门的劳动力人口由 2014 年的 70.08 万人增长至 2015 年的 71.84 万人。2015 年新增劳动力为 84.16 万，其中 12.8 万为现代部门劳动力，非正式部门贡献了大部分新增劳动力（71.36 万）。

表 2-3　肯尼亚劳动力概况　　　　　　　　　　（单位：10^3 人）

项目	2011 年	2012 年	2013 年	2014 年	2015 年
工资劳动力	2 084.1	2 155.8	2 283.1	2 370.2	2 478.0
个体经营	73.8	76.9	83.8	103.0	123.2

续表

项目	2011 年	2012 年	2013 年	2014 年	2015 年
小计	2 157.9	2 232.7	2 366.9	2 473.2	2 601.2
非正式部门	9 958.3	10 548.4	11 150.1	11 846.0	12 559.6
总计	12 116.2	12 781.1	13 517.0	14 319.2	15 160.8

肯尼亚的劳动力总报酬由 2014 年的 13 111 亿肯尼亚先令（简称肯先令）增长至 2015 年的 14 973 亿肯先令，增幅为 14.2%。名义年平均工资已增长至 604 255.8 肯先令，较上年增长 9.2%。若考虑通货膨胀的影响，以 2009 年为基期，年平均工资则是由 2014 年的 368 979.9 肯先令涨至 2015 年的 376 577.2 肯先令。

2.6.2　分部门劳动力情况

2015 年，现代部门中的工资劳动力为 247.8 万人，新增注册工资劳动力 10.78 万人，较 2014 年的 8.71 万人略有增加。现代部门中各部门的工资劳动力详情见表 2-4。由表中可以看出，私有部门的劳动力比重较大，2015 年现代部门中私有部门劳动力占 71.0%。现代部门的新增劳动力中私有部门也占较大比例，2015 年，私有部门新增劳动力 9.02 万人，与 2014 年的 6.96 万人相比增幅较大。私有部门中劳动力占比较大的几个部门为农林渔业（16.7%），制造业（15.3%），零售业、维修业（13.1%）和教育业（10.7%）。农林渔业的劳动力数量经过 2013～2014 年的下降后，2015 年又略有回升。教育部门的劳动力增长最为显著，制造业和建筑业的劳动力增长也较为迅猛。

表 2-4　肯尼亚的现代部门分部门工资劳动力情况 　　　（单位：10^3 人）

	部门	2011 年	2012 年	2013 年	2014 年	2015 年
私有部门	农林渔业	289.0	295.5	299.9	290.6	294.0
	采矿业	8.0	8.3	8.7	12.2	13.8
	制造业	245.2	245.4	253.4	261.3	269.0
	电气热供应业	1.1	1.1	1.1	0.9	0.9
	水供应、水处理业	1.3	1.3	1.4	1.4	1.4
	建筑业	88.8	98.7	111.6	125.4	140.2
	零售业、维修业	189.6	197.1	210.9	218.9	230.7
	运输与仓储业	56.1	58.1	58.8	62.1	64.8
	餐饮旅馆业	64.2	67.6	72.1	71.7	74.7
	通信业	78.8	83.9	90.6	97.3	103.8
	金融保险业	48.5	51.3	56.3	58.1	62.7
	房地产业	3.6	3.7	3.8	3.9	4.0
	科学研究、技术服务	55.6	56.9	59.4	60.7	62.6

续表

部门		2011 年	2012 年	2013 年	2014 年	2015 年
私有部门	行政服务业	4.2	4.5	4.8	4.9	5.2
	公共管理、国防、社会保障	—	—	—	—	—
	教育	100.9	106.9	142.5	166.7	189.1
	卫生和社会工作	68.9	73.8	80.1	85.2	91.3
	文化、体育和娱乐业	3.9	4	4.3	4.3	4.5
	其他服务业	27.3	28.2	29.2	30.5	31.7
	以家庭为雇主	104.8	106.3	109.8	112.1	114.1
	国际组织	1	1	1.1	1.1	1.1
	小计	1440.8	1493.6	1599.8	1669.3	1759.6
公共部门	农林渔业	41.4	42.2	42.6	42.7	42.9
	采矿业	0.7	0.7	0.7	0.6	0.6
	制造业	25	25.6	26	26.1	26.4
	电气热供应业	10.3	13.2	13.5	14.4	16.0
	水供应、水处理业	6.3	7.2	8.1	9	10.1
	建筑业	6.8	7.3	7.5	7.7	7.9
	零售业、维修业	0.8	0.9	1.3	1.3	1.6
	运输与仓储业	16.8	17.1	17.2	17.6	17.8
	餐饮旅馆业	1.4	1.3	1.4	1.4	1.4
	通信业	1.7	1.8	1.8	1.8	1.9
	金融保险业	7.9	8.6	9	9.4	10.0
	房地产业	—	—	—	—	—
	科学研究、技术服务	5.7	5.8	5.8	5.9	5.9
	行政服务业	—	—	—	—	—
	公共管理、国防、社会保障	206	208.2	222.4	226.9	222.0
	教育	281.2	289.5	293	302.3	318.6
	卫生和社会工作	29	30.4	30.7	31.1	32.7
	文化、体育和娱乐业	2.2	2.4	2.4	2.4	2.5
	其他服务业	—	—	—	—	—
	以家庭为雇主	—	—	—	—	—
	国际组织	—	—	—	—	—
	小计	643.3	662.2	683.4	700.6	718.3
总计		2084	2155.8	2283.2	2369.9	2477.9

注："—"表示无数据，后同。

肯尼亚的现代部门中公共部门的劳动力正不断地缓慢增长。2014~2015 年由 70.08 万人增长至 71.84 万人，相比 2011 ~ 2014 年，公共部门的劳动力增长率已呈现下降趋势，这主要是因为肯尼亚政府采取较为紧缩的财政政策，为削减政府开支，肯尼亚政府逐渐减少一些部门公职人员的聘用。尽管如此，肯尼亚政府并未对教育、卫生和社会服务等与民生相关的部门采取类似措施，这些部门的劳动力仍保持较高的增长趋势。

肯尼亚公共部门的劳动力若按所属单位性质进行划分，见表 2-5。由表中可以看出，2012 ~ 2013 年中央政府部门和县级政府部门的劳动力结构波动较大，这是由于 2013 年肯尼亚行政体系发生了重大调整，原来的 4 级行政体制调整压缩为中央和县两级行政体制。公共部门中，教师为最大的劳动力群体，其增长趋势也最为显著。

表 2-5　肯尼亚按所属单位性质划分公共部门劳动力情况　（单位：10^3 人）

公共部门	2011 年	2012 年	2013 年	2014 年	2015 年
中央政府部门	219.9	222.6	179.0	180.9	177.7
教师	258.7	267.6	272.5	281.7	290.7
国有企业	86.0	90.6	92.5	93.5	94.2
混合所有制企业	41.4	43.6	44.5	45.0	45.3
县级政府部门	37.3	37.7	94.7	99.6	110.5
总计	643.3	662.1	683.2	700.7	718.4

肯尼亚现代部门劳动力按照行业和性别进行划分的情况见表 2-6。2015 年，现代部门中男性劳动力占 62.9%。男性劳动力从事教育业、制造业和农林渔业的居多，分别占总男性劳动力的 17.2%、15.8% 和 14.3%。大部分女性从事教育业（26.1%）、公共管理、国防与社会保障业（15.5%）和农林渔业（12.4%）。另外，临时雇用的劳动力也占有一定比例，2015 年，临时雇用的劳动力为 54.02 万人，相比 2014 年增长了 9.6%。

表 2-6　肯尼亚现代部门各行业分性别劳动力情况　（单位：10^3 人）

行业	男性		女性		总计	
	2014 年	2015 年	2014 年	2015 年	2014 年	2015 年
农林渔业	220.6	222.6	112.7	114.4	333.3	337.0
采矿业	10.9	12.2	2.0	2.2	12.9	14.4
制造业	234.5	246.4	53.0	49.0	287.5	295.4
电气热供应业	11.1	12.6	4.2	4.3	15.3	16.9
水供应、水处理业	8.0	9.2	2.4	2.4	10.4	11.6
建筑业	88.7	103.6	44.3	44.4	133.0	148.0
零售业、维修业	164.6	179.3	55.4	52.7	220.0	232.0
运输与仓储业	58.3	62.5	21.4	20.1	79.7	82.6
餐饮旅馆业	49.1	53.7	24.1	22.4	73.2	76.1
通信业	62.0	69.9	37.2	35.7	99.2	105.6
金融保险业	40.5	46.3	27.1	26.4	67.6	72.7
房地产业	2.9	3.1	1.0	0.9	3.9	4.0
科学研究、技术服务	46.4	49.7	20.2	18.9	66.6	68.6
行政服务业	4.3	4.7	0.6	0.5	4.9	5.2

续表

行业	男性		女性		总计	
	2014 年	2015 年	2014 年	2015 年	2014 年	2015 年
公共管理、国防、社会保障	60.8	79.6	166.1	142.4	226.9	222.0
教育	251.5	267.9	217.6	240.2	469.1	508.1
卫生和社会工作	50.0	59.9	66.3	64.1	116.3	124.0
文化、体育和娱乐业	4.6	4.9	2.1	2.0	6.7	6.9
其他服务业	18.6	21.0	11.9	10.7	30.5	31.7
以家庭为雇主	40.3	48.4	71.8	65.7	112.1	114.1
国际组织	0.8	0.8	0.3	0.3	1.1	1.1
总计	1428.5	1558.3	941.7	919.7	2370.2	2478.0
正式雇员	1115.6	1197.6	761.9	740.2	1877.5	1937.8
临时雇员	312.9	360.7	179.8	179.5	492.7	540.2

2.6.3　分部门工资情况

表 2-7 中反映的是 2011~2015 年肯尼亚现代部门分行业年总工资情况（名义价格）。2014~2015 年，名义总工资由 13 111 万肯先令增加至 14 973 万肯先令，增幅为 14.2%。其中，私有部门的总工资由 2014 年的 8977 万肯先令增长至 2015 年的 10 473 万肯先令，公共部门的总工资占比由 2014 年的 31.5% 降至 30.1%，这从另一个侧面反映了政府的紧缩财政政策。

表 2-7　肯尼亚现代部门分行业年总工资情况（名义价格）　　　（单位：100 肯先令）

部门		2011 年	2012 年	2013 年	2014 年	2015 年
私有部门	农林渔业	49 961.9	53 822.1	65 576.7	67 038.5	74 769.2
	采矿业	1 834.7	2 045.5	2 587.9	4 196.5	5 412.9
	制造业	62 243.9	66 360.9	81 131.6	91 470.6	105 013.8
	电气热供应业	983.6	1 041.4	1 256.2	1 151.2	1 255.4
	水供应、水处理业	164.7	167.0	196.6	246.0	289.4
	建筑业	35 866.7	40 594.9	52 893.3	68 809.2	87 022.4
	零售业、维修业	78 959.9	83 667.5	103 613.3	113 726.5	130 920.7
	运输与仓储业	43 358.6	47 686.0	57 024.4	65 458.0	76 319.4
	餐饮旅馆业	21 031.3	21 488.0	25 185.1	25 933.9	28 955.8
	通信业	50 310.7	53 804.0	65 920.7	72 710.6	83 234.7
	金融保险业	59 896.1	64 563.4	82 242.8	87 451.4	101 893.5
	房地产业	685.3	728.0	870.2	926.7	1 040.8
	科学研究、技术服务	36 175.2	39 023.4	48 444.5	52 317.9	58 897.7

续表

部门		2011 年	2012 年	2013 年	2014 年	2015 年
私有部门	行政服务业	3 862.4	4 383.8	5 712.1	6 056.6	7 057.5
	公共管理、国防、社会保障	—	—	—	—	—
	教育	67 769.7	74 530.1	116 483.5	138 368.5	167 352.3
	卫生和社会工作	37 381.0	40 130.0	49 486.4	55 701.6	65 323.5
	文化、体育和娱乐业	1 634.7	1 767.2	2 194.7	2 290.4	2 575.8
	其他服务业	12 834.5	13 801.1	16 903.3	19 993.6	23 446.0
	以家庭为雇主	15 567.2	16 166.1	19 464.2	20 853.2	23 219.8
	国际组织	2 327.7	2 398.4	2 804.2	2 973.8	3 309.8
	小计	582 849.8	628 168.8	799 991.7	897 674.7	1 047 310.0
公共部门	农林渔业	11 968.1	13 268.2	14 810.1	15 704.8	16 533.2
	采矿业	179.4	197.3	224.8	223.9	231.7
	制造业	16 440.5	17 819.9	19 570.6	20 840.0	21 764.0
	电气热供应业	11 108.7	15 080.1	16 570.2	18 115.4	20 597.7
	水供应、水处理业	2 779.0	3 663.0	4 754.9	5 939.8	6 227.0
	建筑业	3 212.1	3 757.0	4 344.9	4 733.6	5 135.4
	零售业、维修业	624.1	748.9	931.3	1 065.0	1 402.7
	运输与仓储业	17 688.0	19 927.8	22 381.6	24 304.8	26 026.1
	餐饮旅馆业	996.9	1 113.2	1 342.0	1 599.9	1 801.1
	通信业	953.2	1 064.0	1 174.9	1 276.5	1 332.0
	金融保险业	10 801.8	12 353.4	13 996.6	15 158.1	16 386.4
	房地产业	—	—	—	—	—
	科学研究、技术服务	2 696.3	2 946.1	3 274.3	3 482.5	3 646.1
	行政服务业	—	—	—	—	—
	公共管理、国防、社会保障	73 126.4	83 730.8	102 526.7	109 243.1	113 348.8
	教育	103 423.0	119 428.5	139 401.7	158 762.1	178 134.6
	卫生和社会工作	20 945.7	24 547.5	28 068.5	31 270.9	35 657.4
	文化、体育和娱乐业	1 295.3	1 502.2	1 571.5	1 723.4	1 784.8
	其他服务业	—	—	—	—	—
	以家庭为雇主	—	—	—	—	—
	国际组织	—	—	—	—	—
	小计	278 238.5	321 147.9	374 944.6	413 443.8	450 009.0
总计		861 088.3	949 316.7	1 174 936.0	1311119.0	1 497 319.0

按所属单位性质进行划分，肯尼亚公共部门的年总工资情况见表 2-8（名义价格）。2015 年，公共部门的年总工资为 4500.09 亿肯先令，增长率为 8.8%。其中，教师行业的总工资所占比例最大，达到了 1607 亿肯先令；其次为中央政府雇员，占总工资的 20.1%；县级政府部门雇员的总工资则增加最快，由 2014 年的 619.7 亿肯先令增长到 2015 年的 711.7 亿肯先令；由政府控制企业的总工资则占到 5.6% 的比例。

表 2-8　肯尼亚按所属单位性质划分公共部门的工资情况（名义价格）

（单位：10^6 肯先令）

公共部门	2011 年	2012 年	2013 年	2014 年	2015 年
中央政府部门	73 171.9	88 728.8	79 009.4	84 981.0	90 275.2
教师	101 859.7	115 276.7	130 427.4	145 407.0	160 720.4
国有企业	55 975.6	63 971.4	66 217.9	74 013.5	78 143.9
混合所有制企业	35 601.4	40 686.8	42 115.6	47 073.7	49 700.7
县级政府部门	11 630.0	12 484.5	57 174.0	61 968.3	71 168.7
总计	278 238.6	321 148.2	374 944.3	413 443.5	450 008.9

表 2-9 中列出的是 2011～2105 年肯尼亚的人均年工资。2014～2015 年，人均年工资水平由 55 313 770 肯先令提升至 60 425 580 肯先令，增长率为 9.2%。其中，私有部门的工资水平增长率为 10.7%，高于公有部门的人均年工资增长水平（6.2%）。私有部门中工资水平最高的部门为国际组织部门，而水供应、水处理业的工资水平最低。公共部门中工资水平最高的部门为金融与保险业，工资水平最低的部门为采矿业。表中同时还列出了按实际价格水平来计算的各行业的人均工资水平。私有部门的人均工资由 2014 年的 35 866 210 肯先令增长至 37 094 080 肯先令。然而，公共部门则出现下降趋势。

2.6.4　非正规部门劳动力情况

非正规部门即当地人所称"烈日"行业。它包括主要由个体户和雇用少量工人的业主所从事的除农耕和放牧外的不规范的小规模经营活动。从业者有工匠、商贩、出租汽车司机、裁缝和其他使用简单技术的工人。这个部门因能吸收大量劳动力和增加收入而受到政府的重视与支持。鉴于非正规部门在就业与减贫方面的重要作用，肯尼亚政府计划在《1999～2015 年全国脱贫计划》中拨出至少 10% 的预算作为帮助其发展的基金。

肯尼亚非正规部门从业人数从 2011 年的 994.86 万人增长到 2015 年的 1255.96 万人，年均增长率达到 6%（表 2-10）。2015 年的新增从业人数为 71.36 万人，而 2014 年的新增从业人数为 69.59 万人。另外，2015 年从事非正规部门的劳动力占 64.5%。

表 2-9　肯尼亚各行业人均工资水平(基于 2009 年价格)

（单位：100 肯先令）

部门	2011 年（名义价格）	2011 年（实际价格）	2012 年（名义价格）	2012 年（实际价格）	2013 年（名义价格）	2013 年（实际价格）	2014 年（名义价格）	2014 年（实际价格）	2015 年（名义价格）	2015 年（实际价格）
农林渔业	172 761.8	142 884.6	182 148.4	136 891.9	218 637.7	156 628.5	230 717.7	153 904.1	254 274.7	158 466.1
采矿业	229 388.6	189 718.5	245 938.1	184 832.5	297 797.2	213 337.1	343 893.9	229 400.2	392 039.5	244 322.3
制造业	254 032.0	210 100.1	270 630.0	203 389.4	320 187.1	229 376.8	349 733.7	233 295.8	390 406.1	243 304.3
电气热供应业	920 934.0	761 669.0	957 190.0	719 367.2	1 125 666.0	806 408.8	1 247 238.0	831 991.2	1 399 604.0	872 244.8
水供应、水处理业	126 514.0	104 634.9	126 042.0	94 725.7	142 540.0	102 113.3	176 322.0	117 618.6	201 136.0	125 349.6
建筑业	403 945.0	334 087.3	411 200.3	309 033.7	473 758.8	339 393.1	548 910.1	366 159.8	620 879.3	386 937.1
零售业、维修业	416 527.8	344 494.1	424 598.2	319 102.8	491 409.9	352 038.0	519 429.6	346 494.3	567 591.9	353 728.0
运输与仓储业	772 632.2	639 014.3	821 081.5	617 076.1	969 506.0	694 538.3	1 053 344.1	702 651.0	1 177 969.1	734 120.1
餐饮旅馆业	327 437.3	270 810.8	317 897.6	238 913.0	349 259.4	250 203.7	361 473.9	241 127.3	387 737.5	241 641.2
通信业	638 834.0	528 355.0	640 989.8	481 729.9	727 472.8	521 149.7	747 113.9	498 375.0	802 169.8	499 918.9
私有部门 金融保险业	1 234 259.4	1 020 808.4	1 257 786.3	945 277.5	1 461 808.8	1 047 216.0	1 504 281.5	1 003 456.4	1 624 448.0	1 012 369.4
房地产业	191 800.7	158 631.0	196 717.0	147 840.8	228 154.6	163 446.2	238 649.9	159 195.5	260 652.5	162 440.8
科学研究、技术服务	650 903.0	538 336.8	685 631.1	515 279.6	816 100.0	584 640.7	861 867.2	574 923.1	940 331.7	586 022.5
行政服务业	921 367.5	762 027.5	980 710.6	737 043.9	1 181 397.3	846 333.8	1 236 542.6	824 856.6	1 363 245.9	849 586.1
公共管理、国防、社会保障	—	—	—	—	—	—	—	—	—	—
教育	671 895.7	555 699.0	696 882.1	523 735.2	817 809.1	585 865.1	830 085.0	553 722.2	885 101.5	551 602.6
卫生和社会工作	542 170.4	448 408.2	544 017.3	408 851.1	617 576.4	442 421.7	654 012.7	436 270.2	715 536.5	445 928.3
文化、体育和娱乐业	420 772.4	348 004.6	437 107.1	328 503.8	513 856.2	368 118.2	530 300.4	353 745.8	575 076.5	358 392.4
其他服务业	473 239.2	391 397.9	491 653.2	369 497.4	577 929.2	414 019.1	655 765.5	437 439.5	739 900.7	461 112.2
以家庭为雇主	149 167.8	123 370.9	152 874.1	114 891.4	177 267.8	126 991.8	186 011.9	124 082.4	203 473.4	126 806.3
国际组织	2 313 842.0	1 913 689.5	2 299 566.0	1 728 217.3	2 613 378.0	1 872 181.4	2 683 940.0	1 790 367.6	2 883 096.0	1 796 769.3
私有部门平均水平	407 477.7	337 009.1	425 142.6	319 511.9	500 065.8	358 239.0	537 670.4	358 662.1	595 211.6	370 940.8

续表

部门	2011 年（名义价格）	2011 年（实际价格）	2012 年（名义价格）	2012 年（实际价格）	2013 年（名义价格）	2013 年（实际价格）	2014 年（名义价格）	2014 年（实际价格）	2015 年（名义价格）	2015 年（实际价格）
农林渔业	288 952.9	238 981.8	314 367.0	236 259.6	347 891.6	249 223.9	367 655.6	245 250.9	385 120.9	240 010.5
采矿业	266 242.0	220 198.5	288 412.0	216 753.3	323 896.0	232 033.8	346 104.0	230 874.5	364 856.0	227 381.3
制造业	657 911.1	544 132.9	696 606.4	523 528.0	752 483.8	539 067.1	797 183.7	531 774.9	823 363.0	513 126.6
电气热应供应业	1 079 352.0	892 690.4	1 145 472.0	860 868.8	1 231 708.0	882 375.5	1 261 782.0	841 693.0	1 285 110.0	800 891.2
水供应,水处理业	442 240.0	365 759.7	505 386.0	379 818.1	590 152.0	422 775.3	658 438.0	439 222.2	615 198.0	383 396.5
建筑业	471 816.0	390 220.8	517 850.0	389 185.3	577 088.0	413 416.4	617 720.0	412 060.6	653 192.0	407 074.7
零售业,维修业	742 117.5	613 776.8	813 112.3	611 087.0	910 344.7	652 156.1	1 018 154.2	679 177.0	1 057 082.4	658 782.5
运输与仓储业	1 050 104.3	868 500.8	1 168 579.8	878 235.2	1 298 010.1	929 873.3	1 382 681.1	922 340.8	146 186.5	913 116.4
餐饮旅馆业	721 856.0	597 019.3	839 516.0	630 930.4	991 838.0	710 536.6	1 126 668.0	751 562.9	1 263 076.0	787 159.4
通信业	551 596.6	456 204.3	595 433.3	447 492.3	645 169.5	462 188.9	693 358.3	462 516.4	711 933.6	443 682.9
金融保险业	1 370 259.2	1 133 288.6	1 433 106.7	1 077 038.0	1 552 072.0	1 111 879.1	1 604 205.8	1 070 112.6	1 637 334.1	1 020 400.2
房地产业	—	—	—	—	—	—	—	—	—	—
科学研究,技术服务	472 378.2	390 685.8	447 526.0	336 334.0	560 096.4	401 243.9	590 358.0	393 808.3	613 928.8	382 605.5
行政服务业	—	—	—	—	—	—	—	—	—	—
公共管理,国防,社会保障	354 924.0	293 544.0	402 229.2	302 291.6	461 100.8	330 325.1	481 382.8	321 114.5	510 596.0	318 207.7
教育	367 889.6	304 267.3	412 570.8	310 063.7	475 306.4	340 501.8	524 732.9	350 032.0	558 580.1	348 111.7
卫生和社会工作	721 245.4	596 514.3	806 449.3	606 079.4	915 027.2	655 510.6	1 005 817.6	670 947.6	1 090 439.6	679 571.0
文化,体育和娱乐业	577 500.0	477 628.0	621 776.0	467 289.9	665 322.0	476 625.8	715 992.0	477 614.6	727 882.0	453 622.1
其他服务业	—	—	—	—	—	—	—	—	—	—
以家庭为雇主	—	—	—	—	—	—	—	—	—	—
国际组织	—	—	—	—	—	—	—	—	—	—
公共部门平均水平	432 521.6	357 721.9	485 016.0	364 509.2	548 731.4	393 102.2	589 984.8	393 559.3	626 409.0	390 383.3
全国平均水平	415 148.8	343 353.6	443 322.1	333 174.6	514 630.7	368 673.0	553 137.7	368 979.9	604 255.8	376 577.2

（注：行政服务业、其他服务业、以家庭为雇主、国际组织等行左侧标注"公共部门"）

表 2-10　肯尼亚分部门的非正规劳动力情况　　　　（单位：10^3 人）

部门	2011 年	2012 年	2013 年	2014 年	2015 年
制造业	1 893.0	1 956.4	2 124.1	2 364.9	2 544.7
建筑业	251.7	270.4	277.9	307.3	320.5
零售、娱乐业	5 787.6	6 130.9	6 364.9	7 120.4	7 509.3
交通运输业	651.6	747.4	875.5	369.5	392.5
社区、社会和个人服务业	932.1	985.2	1 031.0	1 152.1	1 219.2
其他	432.6	438.2	476.7	531.8	573.4
总计	9 948.6	10 528.5	11 150.1	11 846.0	12 559.6
城市	3 245.3	3 405.5	3 973.7	4 208.1	4 458.0
乡村	6 703.3	7 123.0	7 176.4	7 637.9	8 101.6

第3章 自然地理特征

3.1 地质构造概况

肯尼亚的大地构造属于东非裂谷高原区，位处东非裂谷带高原区的中部。

东非裂谷高原区是非洲古地台的一部分，基底岩系由古老的前寒武系结晶岩组成，形成坚硬的结晶岩地块，从古地台的形成到古生代末期一直没有受到显著的造山运动的影响，虽然经过数亿年的侵蚀夷平作用，但它仍然保持在海平面之上。因此，在肯尼亚未出现古生代沉积岩的踪迹（图3-1）。

中生代初期，大部分地区下沉，向东倾入今天的印度洋，海水淹没了东半部，在结晶岩地块上沉积了三叠系砂岩，这是本自然区最早的沉积岩。

到侏罗纪时，海侵范围更广，海水更深，在三叠系岩层之上沉积了石灰岩。白垩纪时海水开始逐渐后退，在一些地区有砂岩的沉积，而在东部地区则有石灰岩和石膏的沉积。

古近纪是本地区的大变动时期，整个区域发生抬升作用，与此同时，地壳发生大断裂，巨量的玄武岩熔岩通过裂隙和火山不断涌出地面。熔岩喷发作用从北部的埃塞俄比亚一直延伸到南部的马拉维。由于抬升作用不断进行，地壳的断裂和熔岩的涌出不断继续，玄武岩流大面积覆盖在中生界沉积岩之上，厚度达几百米至几公里，形成了高大的岩溶高原。高原上孤立的火山则形成许多较高的山峰。与此相对应，断裂下陷地带则构成著名的东非大裂谷带。大裂谷下陷作用开始于渐新世，主要大断裂产生在中新世，一直延续到第四纪。

如今，东非大裂谷带也是地球上不稳定地带，火山、地震及地壳本身都在继续活动。在高原边缘地带和裂谷内，沉积了大面积的第四纪地层，形成了洼地和平原地形。

大裂谷带的东支地势高峻，像一条宽阔的脊柱南北延伸，形成"中央高地"，高度一般在1500米以上，肯尼亚境内的阿伯戴尔山与马乌断块山一带往往超过3000米。中央高地是主要由古老、坚硬的岩石组成的高原，经过断层作用和火山活动等地壳运动，构造十分复杂，中间分布着一系列雁行排列的断层线，形成深而窄的陷落凹地，构成一连串的湖泊。中央高地是一个大分水岭，由此向东流的河流属于印度洋水系，多为较长的常流河，如塔纳河、萨巴基河；向西流的河流较为紊乱，属于西部高原水系，分别注入一些湖泊。

由东非大裂谷的东支一直向东南方向延伸，是一个南北狭长的海岸平原，大部分由沉积岩与河流沉积物构成。因此，肯尼亚地区没有像西非和中非的尼日尔河与刚果河那样发

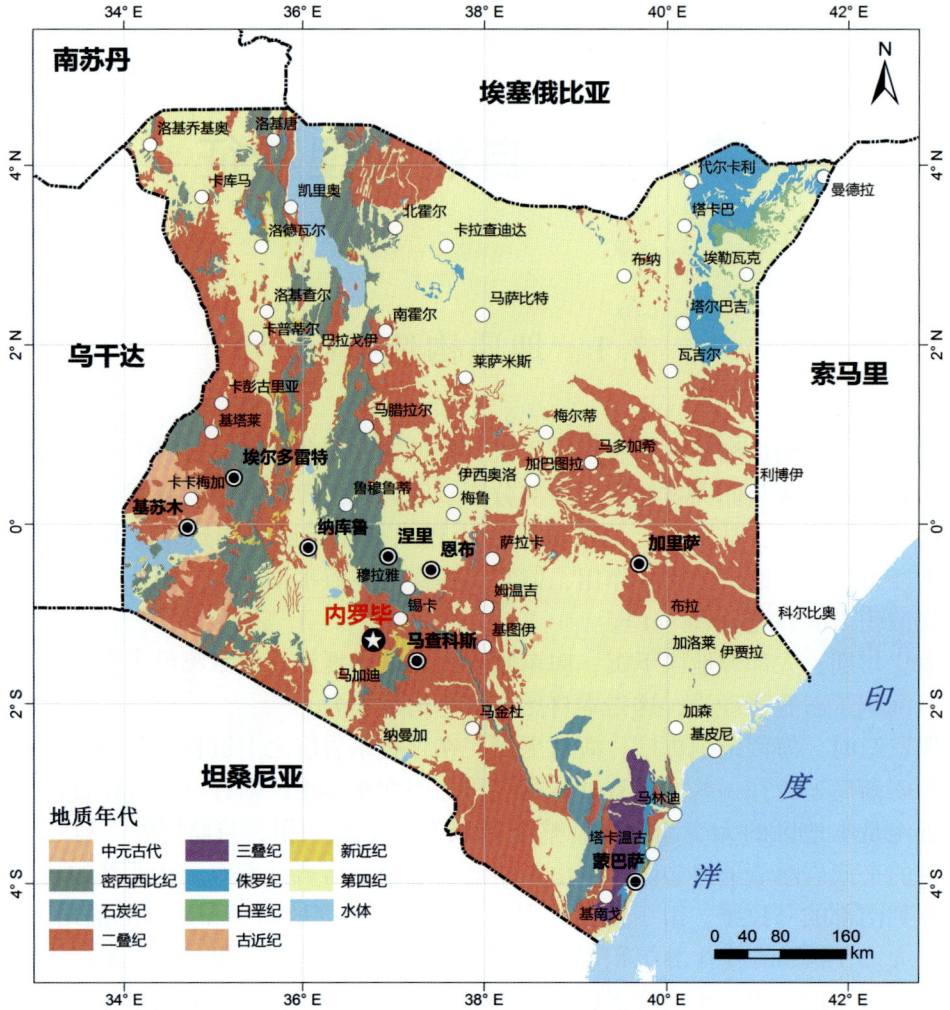

图 3-1　肯尼亚地质年代分布图

育较大的河流，也没有宽阔的河口与三角洲。海岸平原地势向内地逐渐增高，但最高不超过 200 米，最低洼处则形成沼泽。一般海岸线较平直，只是在局部沉降的地方有些优良港湾，如蒙巴萨。在沿海分布着一长串的珊瑚礁，与海岸间形成平静的浅水水域，有的地方已成为潟湖，这是沿海平原的一个显著特征。

中央高地与海岸平原之间，是由一系列不同高度的地形组成的高原地区。高原的高度在东部为 180 余米，向西一般增至 1500 余米。这些高原从海岸平原向内陆逐步升高为宽阔的"梯级"，每一层高原、梯级面代表一个古老的侵蚀、沉积面，从一个高原面到另一个高原面的坡度比较陡峻，形成一系列的瀑布、急流，高原的一些地方，基底岩系被厚层的沉积岩所覆盖，基岩露出部分便形成了小山、小片高原山地或孤山，如塔伊塔山高达 2149 米。

3.2　地形地貌分区

肯尼亚地形地貌复杂多样（图 3-2），但同时也具有鲜明特点，大体上可分为以下四个地区。

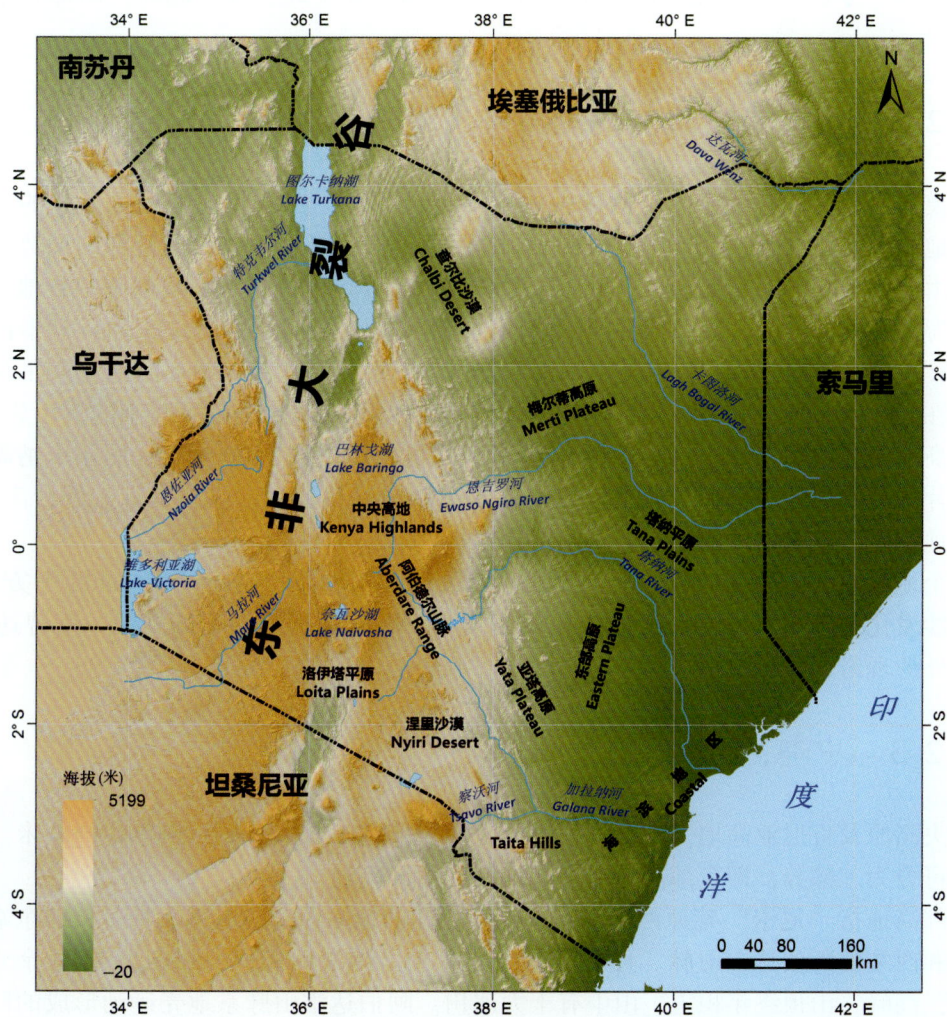

图 3-2　肯尼亚地形地貌分布图

3.2.1　沿海平原区

从索马里边境向南延伸经肯尼亚再到坦桑尼亚边境的印度洋沿岸是一条狭长平原，长500 公里左右，宽度自北向南为 50～30 公里（北部宽）。沿海平原大多由水成岩和河道淤积而成，地势平坦低洼，随着向内地伸展而逐渐升高，一般海拔不超过 180 米。但蒙巴萨的内地地势一下升得较高，其西南有一组从内地高原延伸出的小山脉（夸莱和姆威莱山脉），海拔约为 300 米。蒙巴萨以南还有辛巴山脉和海拔 470 米的琼博山。

肯尼亚海岸线较直，一般在离海岸线 1 公里以内的印度洋中绵延着珊瑚礁，形成潟湖和浅港湾。蒙巴萨是唯一天然深水港。此外，还有不少弯度较小的小港湾，如福萨港、马林迪港、谢沙尔港和靠近坦桑尼亚的加齐湾、奋齐湾，以及北部的基韦湖湾。重要沿海岛屿除蒙巴萨外，北部还有拉木岛、帕提岛、曼德岛、基韦湖岛，南部有丰齐岛和瓦辛岛。

3.2.2　北部和东北部荒漠与半荒漠地区

荒漠与半荒漠是肯尼亚国土构成中的重要组成部分，占据肯尼亚国土面积的一半以上，当地非洲人称它为"尼卡"（Nyika），即荒原。从滨海地区向西北延伸的地势呈阶梯形逐步由海拔 180 米上升到 600 多米。这个地区大部分是由沉积岩形成的平坦台地，但也有多处海拔较高的山脉，如东南部沃伊以西的塔伊塔山脉（最高峰 2185 米）和卡西古峰（1600 米）等。再往西的亚塔台地平均海拔为 1200 米。而中部与北部的地势较平坦，平均海拔在 600 米左右，一直延伸到北部的埃塞俄比亚边境。这里有一些小的火山岩台地，并有较高的山脉，如马萨比特山高约 1698 米，胡里山脉高约 1200 米。在图尔卡纳湖以西也有一片较高的火成岩台地。该湖以东有查尔比沙漠和科罗利沙漠，是真正的沙漠地区，但有些地方也散布着沼泽地。

这个地区最引人注目的特色之一是西北部的图尔卡纳湖，总面积为 6406 平方公里。由于受沙漠化的影响，该湖面积可能一直在缩小，因有证据表明它的湖岸一度曾达到 60 公里以外的现洛德瓦尔山脉。

3.2.3　中部高原区

中央高原及肯尼亚高地，占据肯尼亚国土面积的约 1/5，海拔在 1000～3000 米。它在地形上可分为三部分，即东部高地、裂谷地区、西部高地。

东部高地指"尼卡"荒原西缘至裂谷以东之间的地区。这里有两大特色，即东端的肯尼亚山和西端的阿伯达雷山脉。肯尼亚山为古时火山爆发后形成，峰高为 5160 余米，为非洲第二高峰。山顶终年积雪，山中有十大冰川。阿伯达雷山脉系地壳运动形成的巨大断层地块，其西部面向裂谷的一面山势陡峭，海拔为 3640～4000 米，其东面坡势较缓，海拔逐渐降至 2780 米。

裂谷地区的裂谷是肯尼亚的奇景。肯尼亚高地在这里被贯穿南北的一条大裂谷一分为二。东部高地和西部高地。这条裂谷是东非大裂谷的组成部分，东非大裂谷由亚丁湾的吉布提经埃塞俄比亚、肯尼亚、坦桑尼亚、马拉维到莫桑比克的贝拉港入印度洋，全长为 6000 公里。在肯尼亚境内的裂谷长为 750 公里，东西宽约 60 公里。两边悬崖对峙，由崖顶至谷底一般深达 1200～1800 米，有些地方如阿伯达雷山脉和马乌山悬崖深达 3000 米以上。在坦桑尼亚的裂谷深度较浅，有些地方与平地无异。肯尼亚裂谷由北部图尔卡纳湖起一路南下直到坦桑尼亚边境（纳特隆湖周围），中间经过许多湖泊：斯特法尼湖、巴林戈湖、哈宁顿湖、埃尔门泰塔湖、纳库鲁湖、内瓦沙湖和马加迪湖等。裂谷内还散布着一些由火山喷发形成的山体，如苏斯瓦山（2356 米）、隆戈诺特山（2777 米）和梅嫩盖火山（2134 米）等。有些重要城镇也在裂谷内，如纳库鲁、吉尔吉尔、内瓦沙等。

西部高地处于裂谷西部，裂谷西部南北耸起两条由断层地块形成的悬崖，即埃尔加约悬崖和马乌悬崖。最高处在切兰加尼山脉（3444 米）和马乌山峰（3049 米）。这两片高地的西部海拔平均为 2134 米，其地势缓缓向西下降，直抵维多利亚湖滨。但在肯尼亚、乌干达两国边境又有一高耸的山——埃尔贡山，形如椎体，高度达 4321 米。

3.2.4　湖滨地区

肯尼亚是东非地区湖群分布最为密集的高原地带，又称为东非高原，是非洲大裂谷带中段地势最为雄伟的地区。区域轮廓略呈椭圆形，南北稍长，周围被东、西两支裂谷带的湖群环抱，中间为辽阔而平坦的高原面，偏北分布着非洲最大的淡水湖——维多利亚湖。

维多利亚湖是世界第三大湖、非洲最大的淡水湖，位于坦桑尼亚、乌干达、肯尼亚三国交界处。肯尼亚仅拥有 33.9°E 以东的一块湖区。肯尼亚湖滨地区基本上是平坦和起伏不大的平原，海拔在 1120～1510 米，仅东南方有较高的台地。主要城镇基苏木和卡卡梅加海拔分别为 1130 米和 1550 米。有少数地区受火山活动影响，形成海拔近 2000 米的山脉（如瓜西山脉和根巴山脉）。

湖滨地区最突出的地貌是维南湾（旧称卡维隆多湾）切入内陆。它由自东至西的地块断层形成，像条小裂谷，南北两岸相距 24～40 公里。维南湾水很浅，沿岸很不规则，有许多小港湾，在面向维多利亚湖的湖滨还有更多的小湾。

3.3　河流和湖泊

3.3.1　河流

肯尼亚拥有数量不少的河流，但长度超过 200 公里的河流却屈指可数。按河流源头和流向可分为三类：一类是源头在裂谷以东的河流，注入印度洋（有些河流在中途消失）；另一类是源头在裂谷以西的河流，注入维多利亚湖；还有一类是源头在裂谷以内的河流，注入谷内湖泊。不少河流是季节性河流，雨季有水，旱季干枯。较大的常年河流有两条，即塔纳河和加拉纳河（图 3-3）。

塔纳河发源于肯尼亚中部高地（阿伯达雷山脉东麓），全长为 708 公里，下游 300 多公里可通航；流经中部省、东部省、东北省和滨海省，于基皮尼注入印度洋。塔纳河源自

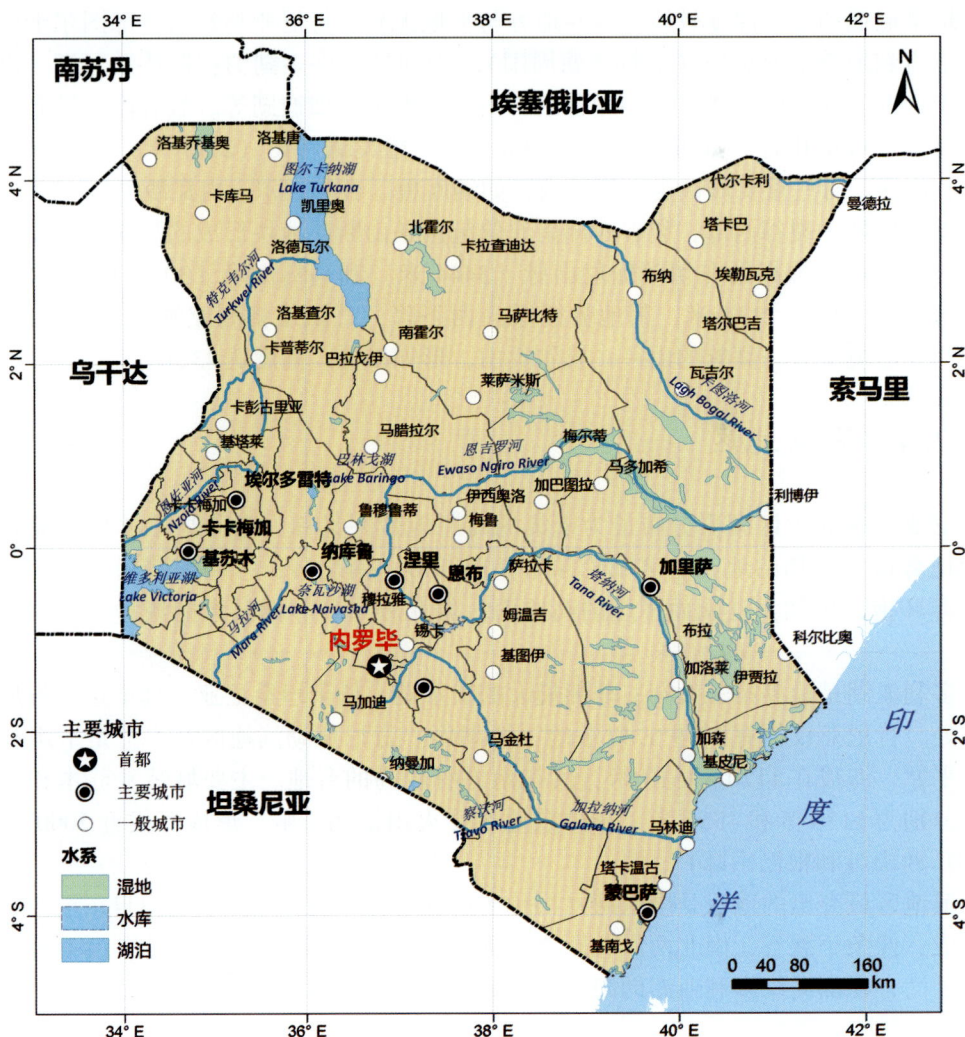

图 3-3　肯尼亚水系分布图

肯尼亚山的冰川融雪和高地雨水，沿河有灌溉和发电工程，具有很大的开发潜力。上游有锡卡河等支流。

加拉纳河发源于阿伯达雷山脉东麓，上游叫阿蒂河，下游也称萨巴基河，全长约为547 公里，向东流经中部省、东部省和滨海省，部分地段可行木船，在曼布鲁伊以南入海。

此外，注入印度洋的还有几条小河，如沃伊河、拉姆西河、拉雷河等。另有一些发源于东部高原的河流，其中有些到达印度洋前便消失在流经的"荒原"中。其中较重要的是肯尼亚山以北的瓦索恩吉罗河，它在流到梅尔蒂台地后便成涓涓细流。

发源于裂谷以西高山悬崖的较大河流有恩佐亚河（258 公里）、尼扬多河、松杜河、亚拉河、库加河等。它们在向西流入维多利亚湖（维南湾）前，有许多支流加入主河道。不过亚拉河和尼杨多河在到达维多利亚湖前便消失于大沼泽了。发源于马乌山的马拉河向西南流入坦桑尼亚境内后在木索马附近注入维多利亚湖的马拉湾。

此外，发源于埃尔贡山北麓的图尔克韦尔河是北部一条较大的河流，但经常断流，丰水时流向东北注入图尔卡纳湖。肯尼亚西部的克里奥河也由西南方流入该湖。

3.3.2　湖泊

肯尼亚境内主要有两大湖泊，即维多利亚湖和图尔卡纳湖。此外，在大裂谷内还散布着一些面积不大的湖泊，如巴林戈湖、内瓦沙湖和马加迪湖等。

维多利亚湖是尼罗河源头。1860 年被英国探险家约翰·史皮克"发现"，以当时英国女王名字命名。面积为 6.75 万平方公里，长为 282 公里，深约为 46 米，平均海拔为 1134 米，为非洲最大和世界第二大淡水湖泊。它周围有坦桑尼亚、乌干达和肯尼亚三国，属于肯尼亚的水域仅占 5% 左右。湖东有一条东西向由断层形成的鸿沟，即维南湾。湾内多小湾，这是该湖不规则湖滨线的一大特色。湖内有许多岛屿，较大的有姆方加努岛和卡辛吉里岛。

图尔卡纳湖曾称鲁道夫湖，地处肯尼亚西北部肯埃（埃塞俄比亚）边境。南北长约为 247 公里，东西宽为 16 ~ 32 公里，面积为 6406 平方公里。周围为沙漠地，湖面不断在缓慢下降。湖中有南岛和中岛两大岛屿。湖内有上万条鳄鱼栖息，其密度堪称世界之最。

巴林戈湖是位于非洲东部的一个以赏鸟活动著名的大淡水湖，详细的位置在肯尼亚首都内罗毕的北方 280 公里处，也是东非大裂谷区最北边的一个淡水湖，面积约有 130 平方公里，有两条河流流入（额尔莫洛河和奥尔阿拉贝尔河），但没有明显的河流流出。巴林戈湖因提供新鲜的淡水，而且在过去人迹罕至，有很多鸟类栖息在湖边，数量超过 470 多种。包括了观光客都慕名而来的非洲红鹤，但目前因观光的原因，鸟类数量稍微受到了影响。巴林戈湖中间最大的奥尔卡克威尔岛目前设有露营区。

3.4　气候条件

3.4.1　综合气候特征

肯尼亚地跨赤道，属热带国家。总体上，大部分地区干燥少雨，但因地形、地势、气团、大陆度不同，各地区气候差别较大，大致可划分为四大类气候区，其年均降雨量、温度与湿度分布见图 3-4 ~ 图 3-6。

滨海地区全年平均气温超过 26.7℃，暖热潮湿，而海风和暴雨又有一定的缓解功效，且有季节变化。降雨量同季节风有密切关系。一般来说，12 ~ 2 月雨量较少，3 ~ 5 月刮东南风时雨量多，形成"长雨季"，尤其是 5 月大雨倾盆；之后雨量减弱。10 ~ 11 月，印度洋盛行东北季风，又带来降雨小高峰，为"短雨季"。在这两个雨季中，太阳运行在赤道中天，它形成的低气压使印度洋上的东南风和东北风旋转着扑向海岸形成暴雨，而在其余月份刮东南季风时，雨量较小。

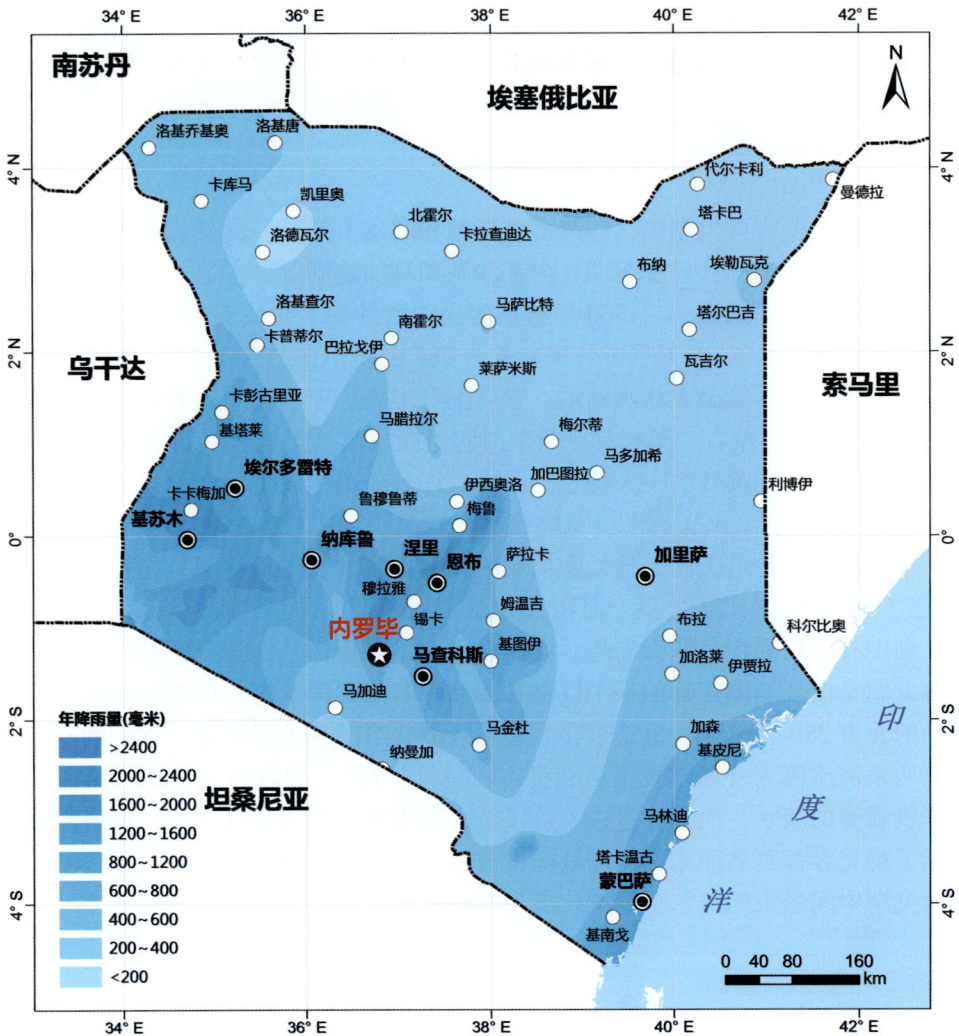

图 3-4　肯尼亚年均降雨量分布图

　　滨海地区各地平均雨量分布也有差别。蒙巴萨以南雨量较大，而其以北则递减，如蒙巴萨年平均降水量为 1206 毫米，它南面肯坦边境的万加周围为 1270 毫米，而它北面的马林迪为 1034 毫米，肯索边境的拉木仅 900 多毫米。同时，沿海地区雨量又比内地多，前者平均降雨量在 762～1270 毫米，而后者最低时仅为 508 毫米左右。东南和东北季风对内地影响不大。

　　肯尼亚高地的三个组成部分在气候特征上有所不同。就气温而言（图 3-5），裂谷两边即东部和西部高地昼夜温差较大，白天气温在 15.6～19.4℃，夜晚更凉爽。东部的锡卡地区气温虽然稍高，年均也不过 20℃。内罗毕昼夜温度分别为 19.5℃和 13.3℃。其北部的南纽基分别为 16.2℃和 8.7℃。肯尼亚山顶终年积雪，气温可降至零下 6.7℃。而裂谷内的气温高低不一：南部马加迪湖周围气温常高达 34℃以上（年均约 29.4℃，与北部的洛德瓦尔相似），但纳库鲁–内瓦沙地区平均仅 15.6℃。

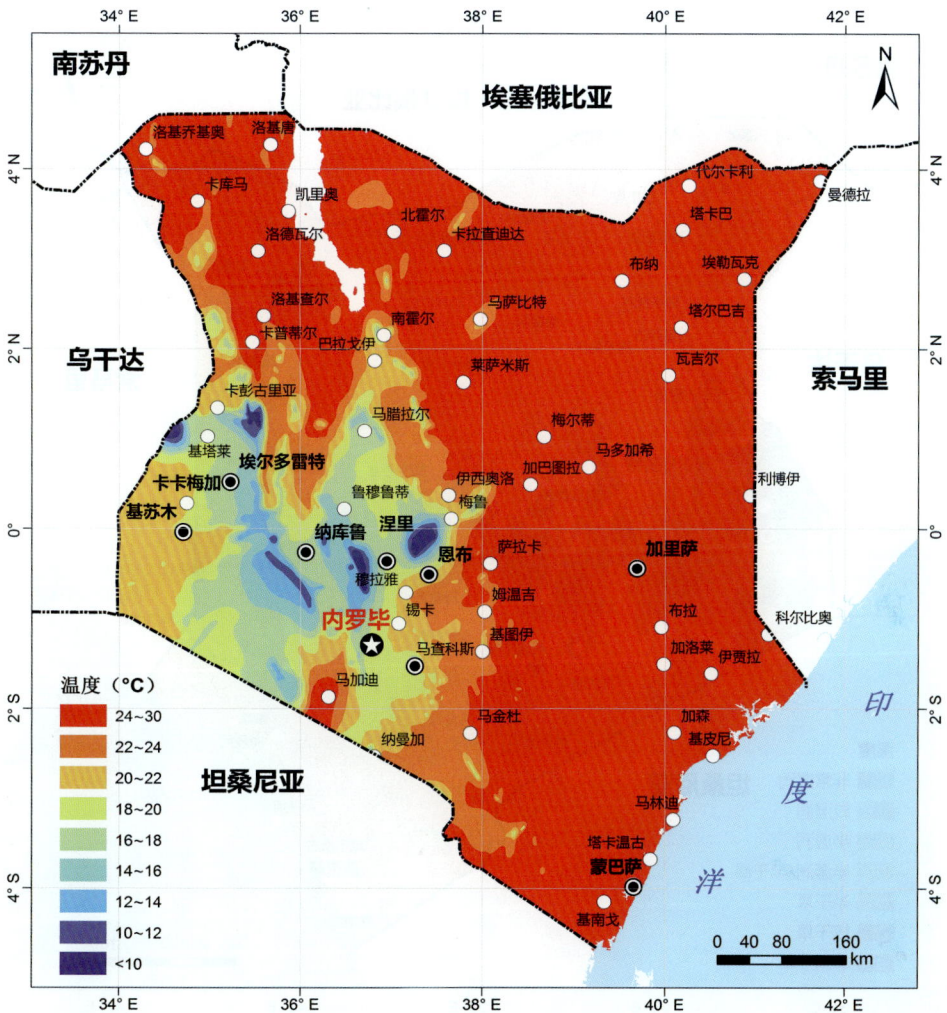

图 3-5　肯尼亚年均温度分布图

　　降雨量方面也有差别。东部高地一年分两个雨季：一个在 3 ～ 5 月，另一个在 10 ～ 12 月，年降雨量自 762 ～ 1524 毫米不等。阿伯达雷山区、肯尼亚山区和尼亚姆贝尼的年降雨量超过 1524 毫米。裂谷地区除纳库鲁–内瓦沙一带降雨量与内罗毕差不多外，纳库鲁以南和以北地区因受谷壁的影响，降雨较少，年降雨量在 508 ～ 762 毫米。西部高地受维多利亚湖影响，空气潮湿，全年降雨大部分集中在 4 ～ 8 月，形成一个长雨季，而 12 ～ 2 月较干燥，年均降雨量为 1016 ～ 1270 毫米。最潮湿的克里乔地区降雨量超过 1778 毫米。基塔莱和埃多雷特一带为 1040 ～ 1067 毫米。

　　荒漠与半荒漠地区高温少雨，大部分地区年平均气温在 26.7℃ 以上，而降雨量少于 508 毫米。但各地也有差别，大体上说地势低的地方气温高、雨量少。例如，东部的加里萨有时气温高达 37.8 ～ 46℃，昼夜温差大。而莫亚莱和靠近高地边缘的地区气温较低。东北部的曼德拉、加里萨和北部三角地带等年降雨量仅 230 ～ 254 毫米。西部的洛德瓦尔更少，仅约 145 毫米。地势较高的莫亚莱和伊西奥洛降雨量可达 690 毫米（一般为 670 毫米

南苏丹　　　　　埃塞俄比亚

乌干达

索马里

坦桑尼亚

印度洋

洛基乔基奥　洛基唐　代尔卡利　曼德拉

卡库马　凯里奥　北霍尔　塔卡巴　埃勒瓦克

洛德瓦尔　卡拉查迪达　布纳　塔尔巴吉

洛基查尔　南霍尔　马萨比特　瓦吉尔

卡普蒂尔　巴拉戈伊　莱萨米斯

卡彭古里亚　梅尔蒂　马多加希

基塔莱　马腊拉尔　利博伊

埃尔多雷特　伊西奥洛　加巴图拉

卡卡梅加　鲁穆鲁蒂　梅鲁

基苏木　纳库鲁　涅里　恩布　萨拉卡　加里萨

穆拉雅　科尔比奥

内罗毕　锡卡　姆温吉　布拉

马查科斯　基图伊　加洛莱　伊贾拉

马加迪　加森

纳曼加　马金戈　基皮尼

马金杜

马林迪

塔卡温古

蒙巴萨

基南戈

湿度
- 非常湿润
- 较湿润
- 半湿润
- 半湿润/半干旱
- 半干旱
- 较干旱
- 非常干旱

0　40　80　160 km

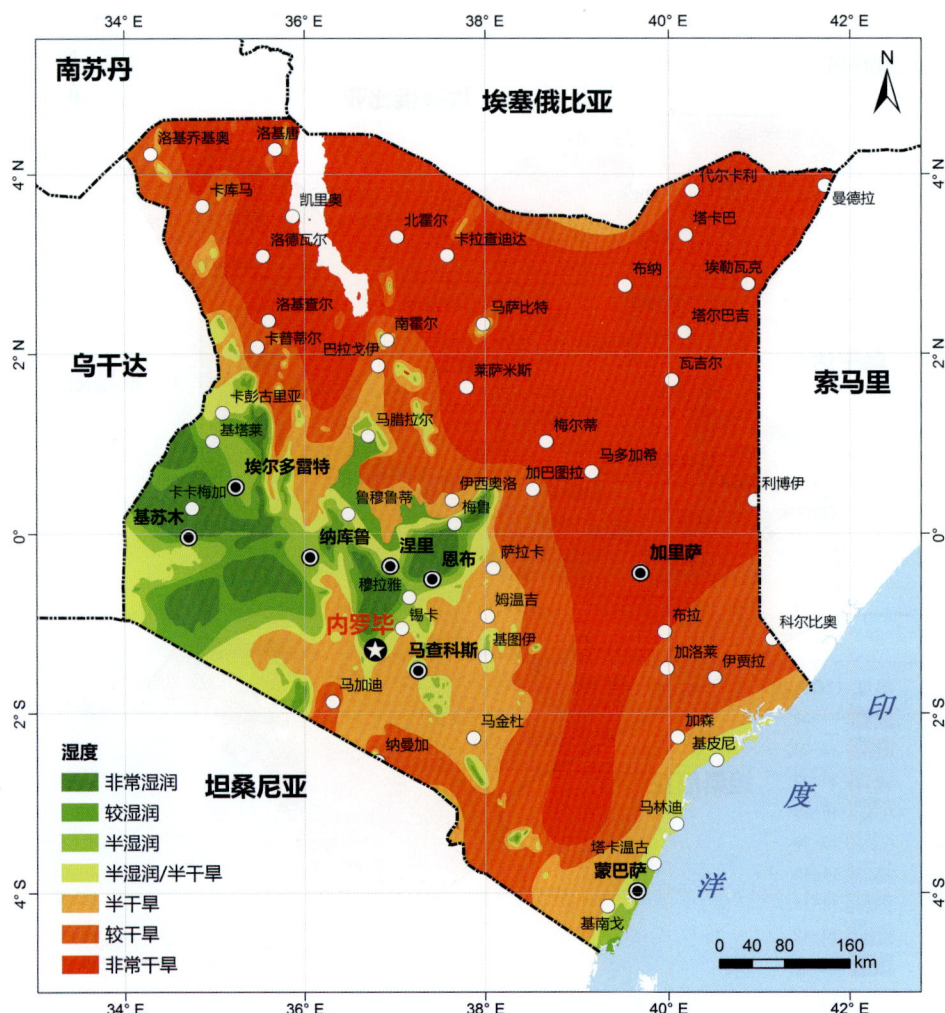

图 3-6　肯尼亚年均湿度分布图

和 558 毫米），马萨比特更达到 810 毫米以上。全年雨量分布不均，雨季通常在 3～5 月和 10～11 月或 12 月。

维多利亚湖盆地因紧靠维多利亚湖地区空气湿度大，下午常下雷雨。基苏木地区年均降雨量约 1120 毫米，全年无旱季，雨季在 3～6 月最大。在基苏木以北、以东和以南地势升高处，年降雨量可达 1524 毫米。气温也随地势高低而不同。基苏木年均温度为 23.3℃，最高温度在 35～36.9℃。其东部和南部离湖较远和地势较高的地区，气温则较低（图 3-6）。

3.4.2　气候变化对肯尼亚农业的影响

气候变化对非洲的影响比较独特，其变化很可能导致非洲大陆比其他地区受到的影响更为严重，主要原因是经济活动造成的，且将严重影响非洲地区的农业生产。非洲大陆除赤道附近的一些地区降雨量较多外，大陆大多数地区年均降雨量都在 500 毫米以下，其中 1/3 的地区年降雨量不足 250 毫米，降雨量低的地区则形成了荒漠或半荒漠地带，因此非洲大陆又被誉为"干旱大陆"，是世界上干旱面积最大的一个洲。

但非洲大陆并非所有地区降雨都匮缺，也有降雨较充沛的地区，如包括肯尼亚在内的赤道附近年降雨量可以达到 2000 毫米，有的甚至超过 10 000 毫米。然而，近年来，非洲东部国家包括肯尼亚却在经历着较为严重的干旱。最明显的表现为连续的降雨量大幅度降低，导致作物歉收、放牧资源减少及牲畜的高死亡率。由于季节性干旱和肯尼亚农业基本依赖自然气候条件，肯尼亚许多地区居民也面临着粮食短缺问题。干旱导致的死亡人数也在逐年增长，并且近十年来由于气候变化，越来越多的肯尼亚民众需要救济，可见应对气候变化问题迫在眉睫。

肯尼亚受气候变化的影响与非洲大陆其他地区比较更为严重，全球变暖产生的不良后果对于肯尼亚来说这种不良影响已经非常明显。首先，肯尼亚气候变暖速度较快，已超过全球平均水平，并且还呈现继续变暖的趋势。其次，温度升高使得肯尼亚有些地区，尤其是北部和东北部荒漠、半荒漠地区变得更干燥，这将加速荒漠化进程，也会使有些地区面临洪涝的灾害。最后，农业是肯尼亚最大而又较为单一的支柱性产业，不当的经济行为已经达到了植物耐受的极限。因此，气候改变将直接影响农作物的生长。气候变暖导致了干旱、水灾和其他极端天气的发生，使肯尼亚的种植业受到了很大的影响，因此也直接影响到肯尼亚经济，尤其是农业产业的发展，致使肯尼亚部分地区的饥荒现象呈现加剧态势。主要原因是干旱和半干旱的土地逐渐增加，以及水资源耗尽，粮食作物减产，农民收益低下，自给自足的传统农业生产经济模式很难满足农民日常生活开销，导致肯尼亚部分乡村地区贫困人数日益增加。相关数据还显示，肯尼亚大部分地区的主要农作物小麦已经面临高温的胁迫，随着气候变化加剧，肯尼亚南部地区也会受到影响。

3.5　土壤和植被

从土壤、植被的发育、发展过程来看，气候是肯尼亚土壤和植被形成的主要制约因素。气候对土壤的风化淋溶和植被群落的分布产生直接影响，而植被对土壤的成土过程及化学特征也存在直接影响。肯尼亚的大部分地区，土壤中最为缺乏的化学元素有 N、P、K。尤其在干旱地区，土壤的有机质往往较低，这是因为干旱区的降雨少且不均衡。

3.5.1　土壤质地类型及其分布

受地质条件（成土母质）、地形起伏和气候变化等因素影响，肯尼亚境内分布着不同类型的土壤带，按照不同的土壤分类方法，有不同砂质的黏土、不同厚度深浅的土壤层及不同肥力的土壤类型。受到盐碱度、土壤酸度、肥力和排水等因素的影响，适合于农业生产的土壤类型有铁铝土（ferralsols）、变性土（vertisols）、强淋溶土（acrisols）、淋洗土（lixisols）、淋溶土（luvisols）、黏绨土（luvisols）。

　　土壤由岩石风化而成的矿物质，动植物、微生物残体腐解产生的有机质，土壤生物（固相物质），以及水分（液相物质），空气（气相物质），氧化的腐殖质等组成。固体物质包括土壤矿物质、有机质和微生物通过光照抑菌灭菌后得到的养料等。液体物质主要指土壤水分。气体是存在于土壤孔隙中的空气。土壤中这三类物质构成了一个矛盾的统一体。它们互相联系，互相制约，为作物提供必需的生存条件，是土壤肥力的物质基础。

　　一般来说，自然成土因素包括气候、母质、生物、地形和时间。

　　（1）气候

　　气候通常被认为是影响土壤形成最重要的因素之一。气候对土壤形成的作用是十分复杂的，它直接影响在土壤形成过程中起重要作用的热量和水分条件。在大多数森林地区，它直接控制着土壤的形成过程，在很大程度上决定着各种植被类型的分布，从而影响土壤矿物和土壤有机质的分解和合成。温度直接影响着土壤形成过程的强度和方向。在寒冷地带，土壤中的化学风化作用较弱，植物生长也较缓慢，有机质形成少，土壤生物活动不旺盛，因而土壤中养分的转化也很缓慢。相反，在热带地区，土壤中的矿物质除石英外大部分都被分解，植物生长迅速，有机质形成多，微生物活动旺盛，生物小循环较寒冷地区快。降水量对土壤形成的影响也很显著，在干旱气候条件下，盐分不断累积起来，使土壤形成的影响也很显著，在干旱气候条件下，盐分不断累积起来，使土壤发生盐渍化现象。在潮湿的气候条件下，盐基离子不断被淋洗，使土壤胶体呈不饱和状态。

　　（2）母质

　　母质对土壤肥力的产生和发展起着巨大作用。母质虽然有各种不同的类型，但它们归根结底都是岩石风化的产物，是自然土壤形成的物质基础。母质对土壤的物理性质和化学性质的影响极为明显。例如，花岗岩中的长石、云母极易风化，并富含钾素，而石英则不易风化，经常呈砂粒残留在土壤中。因此在花岗岩母质上发育的土壤，往往砂粒比例适中。而在富含黏土物质的页岩上发育的土壤，质地较黏重。石英砂岩主要是由石英颗粒组成的，因此在其风化产物上形成的土壤，往往砂性较强，养分较少，并含有较多的石砾。

　　（3）生物

　　植物着生于母质后，土壤的形成就开始了。植物及其残体通过其产生的物理作用和化学作用，不断地改善着土壤的肥力性状。例如，高等绿色植物通过选择吸收养分，合成有机质并在死亡后积累在土壤中；土壤中的许多动物和微生物可对有机质进行分解、迁移、转化等，从而提高土壤中的养分，改善土壤的结构。森林枯落物还可明显减少土壤的侵蚀，改变土壤的温度及其水分，增加土壤的通气性。在大多数针叶林中，土壤灰化作用主要就是因为枯落物难以分解，盐基被淋洗造成的。由此可见，生物在土壤形成过程中起着极大的作用。

　　（4）地形

　　地形在土壤形成过程中起着多方面的作用。首先地形影响热量的重新分配，不同的坡位和坡度，接受太阳的热量情况不同。肯尼亚地处赤道地区，阳光对其影响并没有南北回归线以北或以南那么显著。但地形会影响土壤的水分、养分和机械组成的分配状况，造成坡地上部的土壤排水状况良好，土层薄，土壤质地较粗，养分较少。而在坡地的下部及低平的地区，因水分集中，故土壤含水量较大，甚至有的地方经常处于过于潮湿的状况，具有较高的地下水位，土层也较厚，土壤质地较细，养分较多。地形的影响还可以通过海拔的变化表现出来。一般随着海拔的增加，气候变得更为湿冷，土壤的水热调节和植被都会因此而发生变化，所以山区土壤的分布和形成过程与海拔的变化有着很密切的关系。

（5）时间

土壤的形成过程随着时间的进展而不断加深。任何一个成土因素对土壤的影响，也都随时间的延长而不断加深。土壤形成过程的程度是以时间为转移的，随着土壤形成过程持续时间的不同，土壤中的物质淋洗与聚积的程度也不同，因此土壤形成过程必然受到当地地质年龄的影响。在其他成土条件相同的情况下，具有发育年龄不同的土壤，其肥力性状也是不同的。

除上述五种因素外，人类的生产活动也直接影响土壤的肥力性状，而且也会对自然土壤成土因素有所影响。长期以来，不少自然土壤为人类开垦利用，为了提高土壤生产力，人类积极地控制自然成土因素，使之向着对生产力有利的方向发展。例如，通过精细耕作、合理施肥、灌溉排水等各种土壤改良措施，来改善土壤的肥力性状。

自然土壤的剖面是在母质、气候、生物、地形和时间五种主要成土因素的共同影响之下形成的。土壤剖面是指从地面向下挖掘直至母质层所裸露的一段垂直切面，这段垂直切面的深度一般在 2 米以内。土壤剖面构造就是指土壤剖面从上到下不同土层的排列方式。一般情况下，这些土层在颜色、结构、紧实度和其他形态特征上是不同的。各个土层的特征是与该层的组成和性质相一致的。土壤剖面特征是土壤内在性状的外在表现，是在土壤长期发育过程中形成的。

3.5.2　主要土壤类型

按照联合国粮食及农业组织的分类标准及上述影响土壤的五种因素，肯尼亚的土壤可以分为火山灰土（andosols）、黏绵土（nitisols）、淋溶土（alisols）、铁铝土（ferralsols）、黏磐土（planosols）和变性土（vertisols）五大类（图 3-7）。

（1）火山灰土

火山灰土常形成于坡度陡峭且降雨量大的地区，年降雨量超过 1000 毫米时，火山灰土容易淋洗过度。火山灰土是一种单位体积重量较低、多孔易渗水的土壤，它的含水能力较强。受淋溶作用及土壤中铝元素的含量过高影响，火山灰土 pH 较低，多呈酸性。火山灰土对磷有固定作用，若要用于农作物种植，必须使用石灰和肥料对土壤进行改良。在肯尼亚，火山灰土壤主要用于种植茶和除虫菊等温带作物或乳牛养殖业。

（2）黏绵土

黏绵土常见于肯尼亚高原或陡峭的火山岩地区，如肯尼亚的中部高原以及肯尼亚山的周边地区。黏绵土也是由火山岩形成，但其相较于其他热带地区土壤具有更优良化学和物理性质。黏绵土的含水性以及通气性都十分不错。黏绵土的有机质、阳离子交换能力以及盐基饱和度变化较大，没有固定的范围，但其固磷能力较强。受淋溶作用影响，黏绵土的pH 一般小于 5.5。其黏土含量较高，约为 35% 以上。在肯尼亚地区，黏绵土是最适合于农业种植的土壤，主要种植香蕉、茶和咖啡等。若要提高产量，需要进行施肥，包括牲畜

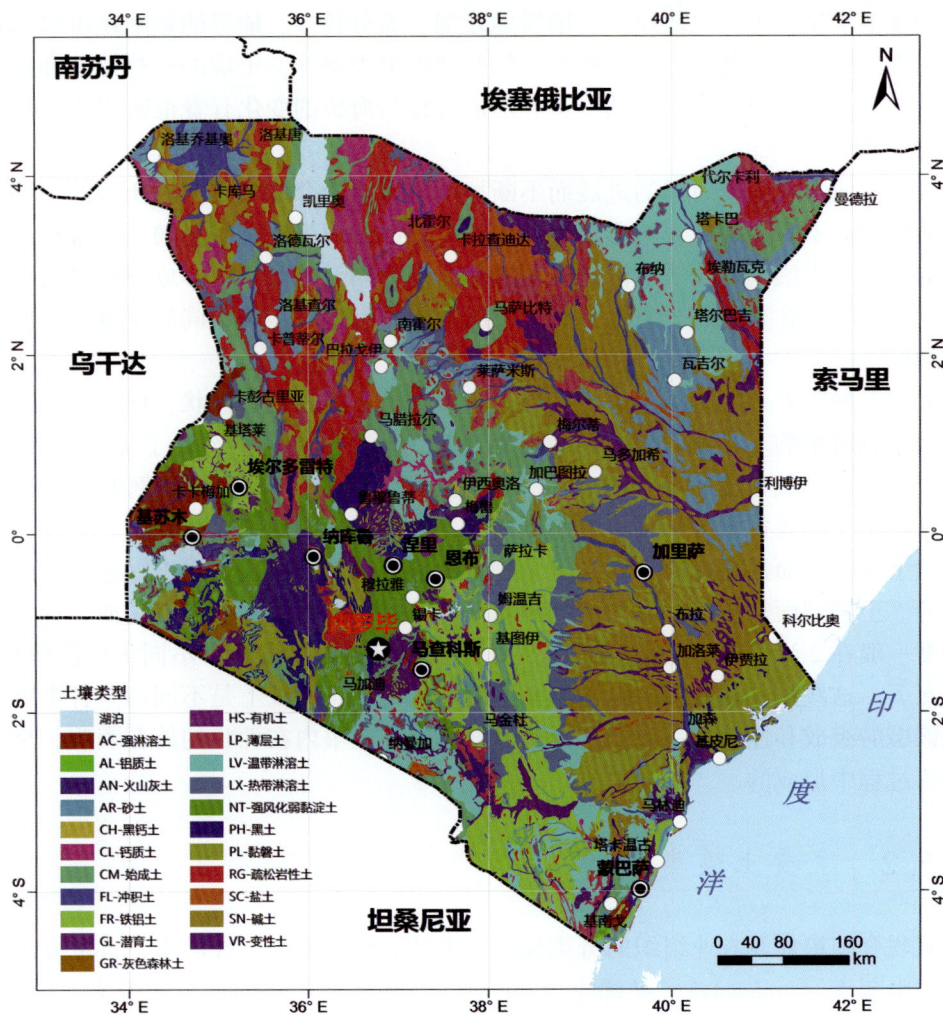

图 3-7　肯尼亚土壤类型分布图

粪肥和无机肥。同时，也要注意采取保护措施以防止土壤受侵蚀。

（3）淋溶土

这一类土壤常见于肯尼亚半湿润气候的咖啡种植区，这一地区地形起伏较大。淋溶土的 B 层黏土含量较高，但可渗透性较差，因此会阻碍作物的根部生长。相较于黏绵土来说，淋溶土的含水能力较差。在潮湿地区，它的 pH 较低，呈酸性。淋溶土的肥力较低，需要进行施肥，尤其是氮、磷和钾肥非常有助于提高土壤的肥力。

（4）铁铝土

这一类土壤常见于丘陵起伏地带，这类土壤形成年代较久远，风化与淋洗程度较高，因此其肥力较弱。表层土较薄，底土的阳离子交换能力较差。其土壤中磷和氮的含量较低，但铝和铁的含量较高。铁铝土的肥力受农业活动影响较大，若要保持其肥力，必须施加磷酸盐肥、绿肥和农家肥。铁铝土吸收水分的能力较强。适合于种植一年生作物或多年生作物，尤其是木本作物，如油棕榈树、橡胶树和咖啡树。

（5）黏磐土和变性土

这一类土壤常见于地势较为平坦的半干旱或半湿润地区，绝大部分位于克林雅加（Krinyaga）地区的梅韦尔（Mwea）和尼安萨省的尼杨扎省的卡诺（Kano）平原的大米种植区。黏磐土呈深黑色，由于其 B 层土的黏土含量较高，因此其渗水性较弱，较易发生龟裂。

3.5.3 土壤与耕地保护

由于肯尼亚人口以每年略高于3%的速度高速增长，因此，肯尼亚需要在有限的土地资源上扩大农业生产以保证农业对国民经济的有效支持。通过保护水土资源，可确保肯尼亚农业和国民经济的健康发展。

肯尼亚土壤保持的历史悠久。早在 20 世纪二三十年代，国家档案记录表明隶属农业部的土木工程处负责侵蚀控制和土壤保持。那时，主要问题是过度放牧所造成的严重土地退化。这是因为当地人习惯认为饲养牲畜的人是最富裕的。人们饲养牲畜的竞争导致了过多的牲畜存栏和过度放牧，进一步出现了大片裸地。在强侵蚀性暴雨的作用下，发生了土壤侵蚀。土木工程处不得不采取生物和工程措施来控制侵蚀。土壤侵蚀现象最为严重的地区位于半干旱地带，通常包含肯尼亚东部省份，这里是环境保护的重点。东部省政府鼓励农民通过集体协作以实行对侵蚀的控制，历史记录表明，这种做法的效果极佳。进入 20 世纪中叶后，独立建国后的肯尼亚政府也开始重视农业生产的机械化问题，肯尼亚农业部提倡实行机械化。于是拖拉机开始被用于建筑梯田。农业部还开发了新的土地以迁移人口密集区和过度放牧区的人口。鼓励移民的措施还包括，为那些同意搬迁的人在新迁的土地上免费提供清地和犁耕服务。

肯尼亚独立时，殖民当局在土壤保持方面已经做了较多富有成效的工作。首先，使农民意识到了土壤侵蚀的危害和防治重要性；其次，给农民传授水土保持的相关基础知识；另外，向农民传授布设和维护工程措施及生物措施的技术。然而，在 1963 年肯尼亚独立以后，由于进行土壤保持需要投入较多的劳动力和时间，大部分农民认为土壤保持是殖民者强迫他们进行的，既然已经获得解放，就开始忽视了土壤保持工作。到了大约 20 世纪 70 年代中期，侵蚀增长导致大量土地难以继续种植农作物。在沿河地带的农业耕作区，侵蚀等现象也越来越严重。为此，肯尼亚中央及地方政府已经制定一系列策略以解决这一问题。

1988 年，肯尼亚农业部专门制定并开始实施以流域为基本单元的土壤治理计划，计划按照如下程序实施。

1）培训土地官员，接受土壤保持的新观念。将所有的省级高级土地官员召集起来，参加为期一周的水土保持培训班，向他们简单介绍有关流域的详细资料收集、野外调查和措施配置的重要性。

2）树立土壤保持意识。省级培训结束以后，土地官员们回到各自的单位，将这些新想法传递给当地的官员和农民。

3）在各流域内的次一级流域中建立示范性土壤保持案例。

4）在各流域内开展野外调查，收集流域的详细资料，并根据收集的资料设计详细的土壤治理规划。

5）通过省级行政部门的介入，动员整个社会的力量，尤其是流域内的农牧民。

6）提供手工工具等劳动物品以鼓励流域内农民加快小流域的土壤治理工作。

7）由土地部门维持后续的管理监督工作。

8）将示范性流域的土壤治理经验推广到其他流域。

在土壤治理的实施过程中，瑞典国际发展合作署（SIDA）和丹麦国际发展机构（DANIDA）是两个最为主要的外国资助机构。

3.5.4 主要植被类型

肯尼亚的植被大体可分为森林、草原或草地、荒漠或半荒漠三类群落（图3-8）。

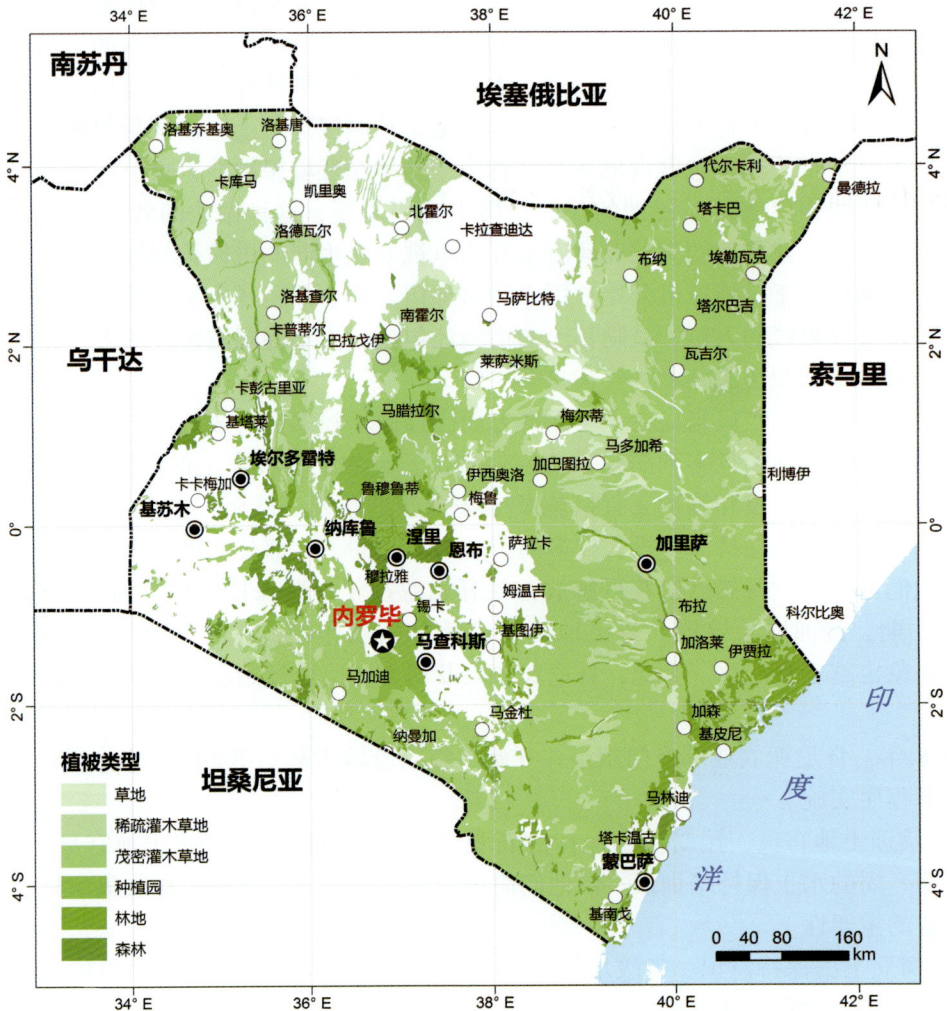

图3-8 肯尼亚植被类型分布图

（1）森林群落

肯尼亚森林覆盖面积约 2.95 万平方公里，约占国土面积的 5.2%（1967 年数字）。其中 41.6% 没有归类；其余的 58.4% 中 31.7% 为封闭森林，12.4% 为林地（woodland），5.5% 为竹林，7.4% 为草原森林，1.4% 为红树林。由于连年砍伐，到 1990 年天然森林面积只剩 1 万多平方公里。肯尼亚森林群落的分布地主要在大裂谷两侧的高原，尤其是其东侧，此外在沿海和西部也散布着一块块林地。据此，肯尼亚的森林主要有高原森林、高山森林和沿海森林三类。

高原森林大体分布在海拔 1976 ~ 2736 米的肯尼亚中部高原，这里有分隔成片的常绿森林，其年降雨量在 889 ~ 2286 毫米。在海拔较高和降雨量较大处，有大范围的竹林区，还有樟树和松树。而在湿度较低的森林下缘，主要生长雪松和罗汉松及各种橄榄树。

高山森林主要分布在肯尼亚高原，高原上拔地而起的肯尼亚山、阿伯达雷山、马乌山和切兰加尼山，以及西部的埃尔贡山等高山上，都有森林覆盖。它们主要是一些阔叶硬木树，如樟树，还有某些针叶树，如雪松、罗汉松等，有些树高达 6 米。肯尼亚山等山上还生长着许多巨大的草本植物。

肯尼亚沿海地带分布着多块大面积的沿海森林，北部有博尼森林和维图森林，中部有米达格-迪森林、贡戈尼森林、马林迪森林和萨巴基河沿岸森林；南部有乔尼-拉巴伊-杰巴那森林、欣巴山森林、拉米西河谷及温巴河谷森林。这些都属于热带低地雨林，许多地方因被采伐而面积大大缩小了。此外，沿海岸还散布着多处低地干燥森林。沿海森林多椰树、啸松、埃及棕榈、栲树等。

（2）草原或草地群落

肯尼亚的草原或草地群落大体也可分为三类。

第一类是高原草地，即与高原森林共生的草地，这些起伏的草原上生长的主要是红色的燕麦草属植物，有些放牧过密的地区长起了狗尾草等杂草。在少数雨量较多、管理较好的地区，在清理森林地区后生长出茂密的肯尼亚白丁香和吉库尤草。有些原来的森林地已变成草地。高原草地与邻近的植被群落之间是生长其他草属的过渡性植被带。

第二类是带着树木的草原，多见于维多利亚湖盆地和肯尼亚山以东和以南地区，海拔在 912 ~ 1824 米，年降雨量为 889 ~ 1624 毫米，一般树高 3 ~ 5 米，周围的草地可长到 1.5 ~ 2.4 米高。另外，在西南部的马拉和索蒂克地区，海拔为 1824 米，年降雨量为 1270 毫米，地势较高处生长树林，各种树木可长到 6 ~ 15 米高。在树林与灌木丛之间生长着一簇簇杂草，主要是红色燕麦草属植物，低洼处则有茂密的基古图草和其他杂草。

第三类是开阔草原，主要分布于大裂谷的中部和南部，尤其是原湖床地区。这里海拔为 1216 ~ 1976 米，年降雨量为 508 ~ 762 毫米，较易受旱。覆盖的草高约 1 米，主要是红色燕麦草属植物及狗尾草属等杂草，而原湖床地区较多星形花草本植物。草原上也有树木，像平顶而高耸的刺槐（2 米左右）及灌木丛。

此外，在高山区的高原沼地上到处有草丛，有蜡菊属、巨大的金色千里光等杂草和灌木丛；在较高的地方有的草长得像树一样，还有各种管茅和蜡菊属等草类。在肯尼亚山的峰顶经风化的多数岩石上覆盖着苔藓。

（3）荒漠和半荒漠群落

该群落占肯尼亚国土面积的约 70%，常年呈灰色状态，但在短促的雨季因草木生长会转呈绿色。由于雨水、土壤和气候的关系，这片地区可分为三类。

第一类是年降雨量达254~380毫米的南部等雨量稍多的地区。这里有稀稀落落的各种灌木，高度达3~4.6米，有些地方还散布着高9~12米的猴面包树、刺槐等。而大部分地方是一丛丛几乎已枯萎的多年生杂草和无生气的矮灌木丛。还有一些地方寸草不生。

第二类是在雨量低于254毫米的地方，如图尔卡纳湖周围，可称沙漠灌木丛区。由于气候干燥，地面裸露之处很多。这里也有前一类群落中的树木和草丛，但要矮小稀疏得多（高1.2~3米），而且几乎没有什么多年生草类，多数树木都不长叶子。

第三类是沙漠植被群落。通常出现在前一类群落中间，是真正的沙漠地区。这里也有大片光秃秃的小沙石。在干枯的河道或沙漠水道边可能找到一些沙漠草，特别是偶尔有一场大雨会促使多种一年生草类迅速生长，出现一片生机。

第4章 自然资源开发利用

4.1 土地资源

土地资源是指已经被人类所利用和可预见的未来能被人类利用的土地，既包括自然范畴，即土地的自然属性，也包括经济范畴，即土地的社会属性，是人类的生产资料和劳动对象。土地资源是一种"综合"的自然资源，具有一切农业自然资源的属性，是人类社会最基本的生产资料与劳动对象，是经济社会发展不可缺少的战略性资源。

土地资源是可供农、林、牧业或其他各种行业利用的土地，是人类生存的基本资料和劳动对象，具有质和量两个土地资源内容。在其利用过程中，可能需要采取不同类别和不同程度的改造措施。土地资源具有一定的时空性，即在不同地区和不同历史时期的技术经济条件下，所包含的内容可能不一致。例如，大面积沼泽因渍水难以治理，在小农经济的历史时期，不适宜农业利用，不能视为农业土地资源。但在已具备治理和开发技术条件的今天，即为农业土地资源。由此，有的学者认为土地资源包括土地的自然属性和经济属性两个方面。

4.1.1 土地资源利用类型划分

土地资源的分类有多种方法，较普遍的是采用地形分类和土地利用类型分类。按地形分，土地资源可分为高原、山地、丘陵、平原、盆地，这种分类展示了土地利用的自然基础。一般而言，山地宜发展林牧业，平原、盆地宜发展耕作业。按土地利用类型，已利用土地可分为耕地、林地、草地、工矿交通居民点用地等；宜开发利用土地包括宜垦荒地、宜林荒地、宜牧荒地、沼泽滩涂水域等；暂时难利用土地包括戈壁、沙漠、高寒山地等。这种分类着眼于土地的开发、利用，着重研究土地利用所带来的社会效益、经济效益和生态环境效益。评价已利用土地资源的方式、生产潜力，调查分析宜利用土地资源的数量、质量、分布以及进一步开发利用的方向途径，查明暂不能利用土地资源的数量、分布，探讨今后改造利用的可能性，可为深入挖掘土地资源的生产潜力，合理安排生产布局，提供基本的科学依据。

在宏观尺度上看，肯尼亚土地分为三种类型：公共土地（public land）、集体土地（community land）、私有土地（private land）。公共土地包括未开发土地、国有机关用地、国有土地、无人继承土地、矿产、森林、资源储备、保护区、未被识别为集体土地和私人土地的用地等。集体土地为特定社区所有的土地、合法信托给村镇政府的土地，或者根据议会法案被宣布为社区所有的土地。私有土地包括私人拥有永久所有权（freehold）的土地，也包括私人拥有长期土地使用权（leasehold）的土地。

从粮食安全、农业可持续发展角度出发，可将土地利用分为四大类：农业用地、林地、内陆水域和其他用地。

农业用地包括耕地、永久性农用地与永久性牧草地。耕地主要有临时农作物用地（用于种植少于一年生长周期的农作物，这些作物收获之后需进行新一轮的播种和种植）、休耕地（指不播种时间超过一个或者多个生长周期的耕地；最长休耕期不超过5年。）、菜园地以及临时牧草地（用于临时种植草料以放牧和作饲料；生长周期较短，一般小于5年）。永久性农用地主要用于种植多年生木本和草本农作物（如可可、咖啡等）、生产花卉的树木及灌木（如玫瑰和茉莉）和一些苗圃（不包括森林树木）；永久性农用地几年内不需要重新种植。永久性牧草地长期用于种植草料，一般种植周期超过5年，包括人工种植与自然生长的牧草地。

林地主要包括面积大于0.5公顷，树木高度大于5米，树木郁闭度大于10%的林业用地或者树木能够达到这些阈值的林地。林地不包括农业用地和城市用地系统内的林地。由于人为或者自然原因可再造的林地虽然没有达到郁闭度10%，树木高度5米，但预期能够满足条件的也包含在内，主要包括竹林、棕榈林、林道、防火林和其他开放性区域；国家公园、自然保护区和其他保护区域内的林地，如用于特定的科学、历史、文化或宗教目的的林地，廊道面积大于0.5公顷、宽度大于20米的防护林；以林业生产和保护为目的的林地，如橡胶林、用于制造软木塞的橡木林等。但林地不包括处于农业生产系统中的树林，如水果种植和农林业系统，以及在城市公园和花园中的林地。

内陆水域主要包括河流、湖泊、水库及湿地。其他用地是指除农业用地、林地和内陆水域以外的土地，主要包括城市建设用地及其他相关用地、裸地和其他用地。

根据肯尼亚土地资源利用性质，将其进行归类（表4-1）。肯尼亚土地资源总量约为58 264平方公里，其中灌木地面积最大，占54.3%；其次是一年生作物，比例为15.4%；内陆水域面积占总面积的2.2%；城市建设用地的面积最小，占总土地面积的0.1%。

在各类型土地资源中，林地面积最大，为411 930平方公里，约占总土地面积的70.7%。其中，森林冠层占地面积约12 200平方公里；种植园约为1600平方公里。肯尼亚主要森林资源分布及其面积见表4-2。

表4-1 肯尼亚土地资源分类 （单位:%）

大类	土地利用类型	百分比	小计
农业用地	一年生作物	15.4	23.9
	灌溉地	0.3	
	草地	6.4	
	多年生作物	1.7	
	水稻	0.1	

续表

大类	土地利用类型	百分比	小计
林地	灌木地	54.3	70.7
	林地	13.8	
	天然林	2.2	
	人工林	0.3	
	红树林	0.1	
内陆水域	湿地	2.8	5
	内陆水域	2.2	
其他用地	城市建设用地	0.1	0.5
	裸地	0.4	

表 4-2　肯尼亚主要森林资源分布及其面积　　　（单位：公顷）

名称	分布	面积
肯尼亚山	肯尼亚山保护区	199 500
	艾蒙蒂和桑古鲁山区中上游	213 000
阿伯德尔	基库尤、基加贝、基皮皮里、基利玛、尼亚姆韦鲁等地	103 000
	阿伯德尔	148 000
西南马乌拉	特朗斯玛拉、隆迪亚尼、马基马祖利、提恩德瑞特、提姆博罗阿、纳伯克伊、梅特克伊、兰博巴斯、切莫洛戈克	320 000
卡卡梅加森林	卡卡梅加	45 000
其他	小于 100 公顷的林地	1 475 250
合计		2 458 750

4.1.2　土地资源分布及土地利用变化

肯尼亚国土面积约为 58 万平方公里，赤道横贯中部，东非大裂谷纵贯南北。东邻索马里，南接坦桑尼亚，西连乌干达，北与埃塞俄比亚、苏丹交界，东南濒临印度洋，海岸线长 536 公里。沿海为平原地带，境内多高原，平均海拔为 1500 米。东非大裂谷东支纵切高原南北，将高地分成东、西两部分。北部为沙漠和半沙漠地带，约占全国总面积的 56%。森林面积约为 8.7 万平方公里，森林覆盖率约为 15%。肯尼亚 18% 的国土面积为可耕地，其余主要适于畜牧业。境内河流、湖泊众多，较大的河流有塔纳河、加拉纳河等。

土地是肯尼亚重要的资源，80% 的国土面积由干旱和半干旱土地构成，其农业生产条件有限。一般而言，肯尼亚干旱、半干旱及半湿润地带为牧区，湿润地带为种植区；具备高农业生产潜力的区域仅占土地总面积的 1/5，同时却支撑着全国约 4/5 的人口。再考虑到始终在 3% 以上徘徊的世界上最高的人口年增长率，可以想象高潜力土地所承受的巨大压力；同时，土地退化对肯尼亚农民的生存也构成了严重的威胁。近年来，虽然农业生产总值所占比例不断下降，但是农业仍然是主要的国民经济部门，维持了近80%以上人口的生计；同时农业部门还吸收了70%的劳动力，超过1000万人。在肯尼亚的所有土地资源内，大约10%的土地上有高降雨量，可以支持茶叶、咖啡的生产，此外还有除虫菊、园艺和花卉以及粮食作物（如玉米、小麦、马铃薯、豆类）与乳制品农业。半干旱地区占了30%的土地面积，该地区处于平均降雨量水平，承载了最大产量的作物和畜牧业生长。

在肯尼亚，超过60%的土地为干旱地区，严重缺水；在这种情况下，广阔的干旱土地只能适用于大规模的畜牧业发展。另外，肯尼亚的一些山谷、河谷地区、一些特别的草原生态系统被保护起来，作为森林、野生动物、集水区、海洋生物以及纪念碑、文化遗址的安置地；其中大部分保护的地区现已是旅游景点。

土地利用会随着社会、经济各种因子的流动、变化而发生改变。2006～2009年，肯尼亚的土地利用格局发生了一些变化，耕地、草地面积有所增加，林地、水域、建设用地以及其他用地减少，变动幅度不大。在所有类型的土地中，面积变化较大的是林地，2006年为202 254平方公里，2009年为180 964平方公里；其次是耕地，2006年为148 725平方公里，2009年为154 982平方公里；最少的是建设用地，2006年为637平方公里，2009年为569平方公里。

4.1.3　耕地资源与粮食安全

耕地是由自然土壤发育而成的，但并非任何土壤都可以发育成为耕地。能够形成耕地的土地需要具备可供农作物生长、发育、成熟的自然环境条件，包括：①必须有平坦的地形，或者在坡度较大的条件下，能够修筑梯田，而又不至于引起水土流失，一般超过25°以上的陡地不宜发展成耕地；②必须有相当深厚的土壤，以满足储藏水分、养分，供作物根系生长发育之需；③必须有适宜的温度和水分，以保证农作物生长发育成熟对热量和水量的要求；④必须有一定的抗拒自然灾害的能力；⑤必须达到在选择种植最佳农作物后，所获得的劳动产品收益，能够大于劳动投入，取得一定的经济效益。凡具备上述条件的土地，经过人们的劳动可以发展成为耕地，这类土地称为耕地资源。耕地资源包括两种类型：一是已开发利用的土地，即耕地；二是尚未开发利用的土地，即荒地。

肯尼亚耕地资源为10.48万平方公里（约占国土面积的16%），全国80%以上人口从事农牧业，已耕地占可耕地面积的73%，主要集中在西南部（图4-1）。耕地资源支持着肯尼亚农业的发展。农业是肯尼亚国民经济的支柱，承载了肯尼亚80%的人口，不仅如此，53%的国内生产总值直接或间接地来自于农业部门。2007年肯尼亚农业增长率为2.3%，产值约占国内生产总值的24%，其出口占肯尼亚总出口一半以上。肯尼亚主要粮食作物为玉米、小麦和水稻。正常年景玉米基本自给，小麦和水稻严重依赖进口。肯尼亚是非洲目前最大的鲜花出口国，占据欧洲联盟（简称欧盟）31%～36%的市场份额。肯尼亚还是世界上除虫菊的主产国，产量占世界总产量的80%。肯尼亚可耕土地的面积在1997～2012年呈上升趋势，但由于人口激增，人均可耕土地面积呈下降趋势，2012年人均可耕面积为0.14公顷（表4-3）。

图 4-1　肯尼亚耕地资源分布图

表 4-3　肯尼亚人均可利用耕地变化情况　　　　　（单位：公顷）

类型	1997 年	2002 年	2007 年	2012 年
总人口	0.18	0.17	0.15	0.14
农业人口	0.53	0.49	0.46	0.44

　　肯尼亚的耕地资源存在质量的差异，这主要跟肯尼亚的地理位置及气候条件有关。肯尼亚境内受东南信风和西北信风的影响，大部分地区属于热带草原气候。西北部高原地区气候温和，平均气温为 14～19℃，年降雨量为 750～1000 毫米，属于热带森林气候。东南沿海地区炎热湿润，年平均温度为 24℃，年降雨量为 500～1200 毫米，主要集中在 5 月。北部和东部地区为沙漠或半沙漠气候，干热少雨，年降雨量为 250～500 毫米。由于地理位置以及降雨等气候条件的差异，肯尼亚耕地资源存在质量的差异，主要分为高生产潜力

土地、中生产潜力土地和低生产潜力土地；其中，高生产潜力的土地比例仅为13%，6%为中生产潜力，低生产潜力的土地最多，为81%。表中反映了各类型耕地在各个省的分布。裂谷省高生产潜力的耕地资源最多，为302.5万公顷；其次是尼扬扎省，为121.8万公顷；最少的为内罗毕特区，为1.6万公顷（表4-4）。

表4-4　肯尼亚各省区农业用地的主要分类　　　　（单位：10^3公顷）

省份	高生产潜力	中生产潜力	低生产潜力	合计	其他用地	总面积
中部省	909	15	41	965	353	1 318
滨海省	373	796	5 663	6 832	1 472	8 304
东部省	503	2 189	11 453	14 145	1 431	15 576
内罗毕特区	16	—	38	54	14	68
东北省	—	—	12 690	12 690	—	12 690
尼扬扎省	1 218	34	—	1 252	—	1 252
裂谷省	3 025	123	12 220	15 368	1 515	16 883
西部省	741	—	—	741	82	823
合计	6 785	3 157	42 105	52 047	4 867	56 914

　　肯尼亚的粮食安全状况不容乐观。按照联合国粮食及农业组织的定义，粮食是指谷物，包括小麦、粗粮和稻谷等；此外，广义的粮食通常也指谷物、豆类和薯类。粮食安全是指保障人类社会和经济获得足够多的安全且有营养的食品，满足所有人的需求和食物偏好，倡导积极、健康的生活。政府的基本责任就是要确保食品安全，因为这直接影响一个国家的社会和经济稳定。粮食安全，顾名思义，就是能确保所有的人在任何时候既买得到又买得起他们所需的基本食品，这个概念包括：一是确保生产足够数量的粮食；二是最大限度地稳定粮食供应；三是确保所有需要粮食的人都能获得粮食。

　　据联合国粮食及农业组织报告，非洲是世界上人均粮食产量正在减少的唯一地区。生活在撒哈拉以南非洲地区的6亿人的粮食生产的情况一直不好。据世界银行1994年的一份报告说，这个地区到2020年时将缺粮约9000万吨。儿童营养不良的状况已达到最严重的程度，近三分之一的儿童患有营养不良症。许多非洲国家，其中一些国家是世界最穷的国家，正在丧失养活他们国民的能力。

　　目前全球温度普遍上升，大范围冰雪融化和海平面上升都支持了这一事实。很多海洋观测数据表明，越来越多的地区受到了温度升高的影响。气候变化对非洲的影响尤其独特，它的变化很可能导致非洲地区比其他地区受到的影响更为严重，其主要原因是经济活动造成的，并且这将严重影响非洲地区的农业生产。然而，近几年来，非洲东部国家肯尼亚却在经历着较为严重的干旱。最明显的表现为连续的降雨量大幅度降低，低于平均水平导致作物歉收、放牧资源减少以及牲畜的高死亡率。由于干旱，大量肯尼亚人口面临粮食短缺问题。干旱导致的死亡人数也在逐年增长，并且近十年来由于气候变化，致使越来越多的肯尼亚民众需要救济，可见应对气候变化问题迫在眉睫。

　　受气候变化的影响，肯尼亚农业发展也受到很大的威胁，可能将导致更严重的饥荒以及干旱加剧。肯尼亚粮食安全存在很大隐患，肯尼亚粮食安全的危机是由人口增长迅速、干旱以及农业发展落后等许多相互关联的因素引起的，其中干旱是导致粮食不安全的最主要原因。肯尼亚大部分地区降雨量逐年递减，这使得受干旱影响的地区大大增加，干旱是导致粮食短缺的最常见的主要原因，并且还可引发营养不良和饥荒。干旱对于农业的影响途径多样，范围广泛，主要分为粮食减产、牲畜高死亡率以及种植业和畜牧业产量降低等。从而从四个方面影响粮食安全，主要是粮食供应、稳定性等获取途径和利用方式。

与其他地区比较，肯尼亚受气候变化的影响更为严重，全球变暖产生的不良后果对别的地区来说可能很小，但是对肯尼亚来说这种不良影响已经非常明显。首先，肯尼亚气候变暖速度较快，已超过全球平均水平，并且还会继续变暖。其次，温度升高会使有些地区面临洪涝的灾害。最后，农业是肯尼亚最大而又单一的经济支柱，一些经济行业已经到达了植物耐受的极限，因此气候的改变将直接影响农作物的生长。肯尼亚地区的饥荒越来越严重，主要原因是干旱和半干旱的土地逐渐增加以及水资源耗尽，粮食作物减产，农民收益低下，自给自足的经济模式很难满足农民日常生活开销，导致贫困人数日益增加。相关数据显示，在肯尼亚的大部分地区主要农作物小麦已经面临高温的胁迫，随着气候的变化这种情况将加剧，并且将继续向南延伸。

在肯尼亚，玉米是主要的食物，其他的食物还有大米、小麦、豆类、红薯和传统的食品（如高粱、谷子、木薯、箭头和山药根等），另外还有鱼和畜牧生产等一起构成了肯尼亚食品安全的主要内容。

2007 年，《农业经济评论》显示，51% 的肯尼亚人缺乏足够的食物，影响了经济发展，使得较多地区陷入贫穷状态。粮食既是关系国计民生和国家经济安全的重要战略物资，也是人民群众最基本的生活资料。粮食安全与社会的和谐、政治的稳定、经济的持续发展息息相关。完善粮食应急储备体系，确保粮食市场供应，最大限度地减少紧急状态时期的粮食安全风险，是政府的职责，也是粮食安全保障体系的重要组成部分。

因产能不足、流通不畅、病虫害、持续干旱和气候变化等原因，东非面临着严重的食品安全问题。东非共同体（East African Community）虽已加强农业方面的工作，但该地区各国对即将发生的饥荒仍感忧虑。近期，预计将有 160 万肯尼亚人会遭遇饥荒，卢旺达、乌干达等地区形势也不容乐观。据肯尼亚政府官员称，肯尼亚农业部计划提高稻米产量，遏制粮食供应短缺，提高粮食安全。农业部称，肯尼亚必须提高稻米产量，确保国内日益增长的需求。

肯尼亚粮食进口量历年变化波动较大（图 4-2）。从 2002 年开始不断增加，进口额占肯尼亚总出口额的比例持续上升，2009 ~ 2011 年均比重为 29%，对外部的依赖程度增加，也说明国内生产已经满足不了需求。

肯尼亚的谷物进口量不断有增加趋势（图 4-3）。在粮食进口中，谷物进口是最主要的部分。从 2002 年起，肯尼亚谷物进口依存度持续增加。由于进口商品面临较大风险以及各种不确定因素的影响，肯尼亚对于谷物的消费存在较大的安全隐患。

从人均食物供给变化趋势来看（图 4-4），肯尼亚的食物供给日益减少。1992 ~ 1997年供给是持续增加的，1999 ~ 2000 年供给量最少，年均仅为 18.5 千卡/(人·天)，之后供给量有所增加。2007 年至今，肯尼亚的食物供给呈减少趋势，使得肯尼亚居民面临严重的粮食安全问题。

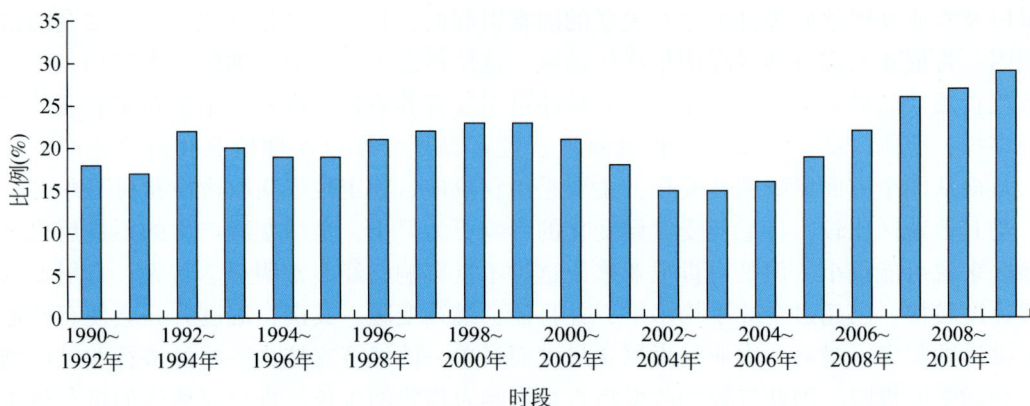

图 4-2　肯尼亚 1990~2011 年粮食进口额占总出口额的比例变化

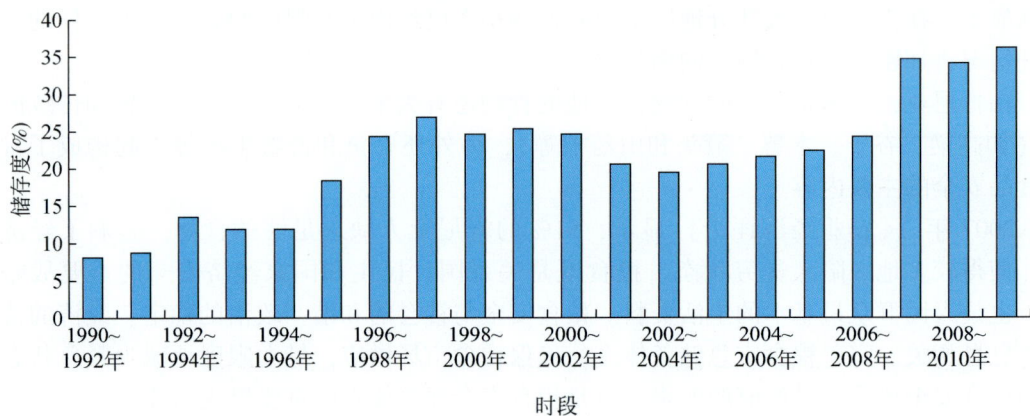

图 4-3　肯尼亚 1990~2011 年谷物进口依存度变化趋势

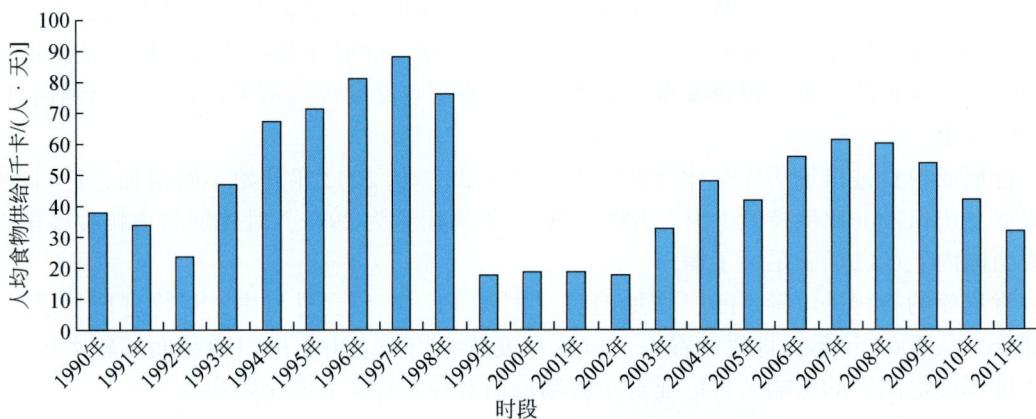

图 4-4　肯尼亚 1990~2011 年人均食物供给变化趋势

　　肯尼亚人均粮食供给比较低，造成了其营养不良的人口维持在一个较高的水平，从 1990 年至今稳定在 1000 万人左右（图 4-5）。为解决人均粮食少、营养不良等问题，需加强国内农业生产，扩大进口量，满足人们对食物的需求。2008 年，肯尼亚人口估计为 37 953 840 人。平均寿命为 56 岁，婴儿死亡率为 5.6%。年龄介于 15～29 岁的男性几乎刚好占到肯尼亚人口的 30%，而失业人口中，几乎 70% 的人年龄都在 30 岁以下。

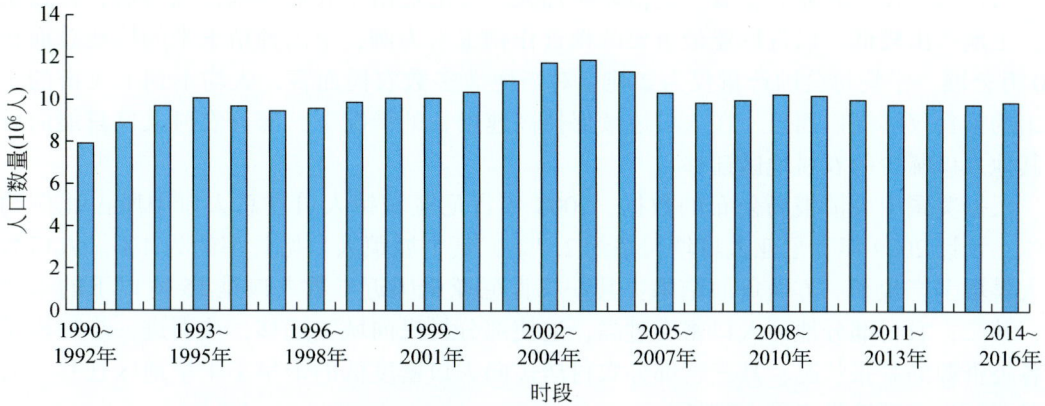

图 4-5　肯尼亚 1990～2016 年每三年年均营养不良的人口变化

2017 年，肯尼亚遭遇了有史以来最为严重的干旱，粮食供应不足以及获取途径难等问题，导致该地区出现了世界上最严重的粮食安全紧急情况。目前肯尼亚大部分地区出现作物歉收、放牧资源减少速度惊人及牲畜大量死亡等情况，都是由于连续两季的降雨量低于平均水平。另外，引起肯尼亚粮食不安全的主要原因是人口大幅度增加。目前肯尼亚人口增长较快，而且多数人在农村，农业发展缓慢，农副产品在国内外市场所占比重较低。并且缺少向农民传授农业科学知识的农业科研和服务相关的专家，严重缺乏培训能够解决肯尼亚农业生产的各种复杂问题的高素质科学家的能力等。肯尼亚农业发展还面临较多不利因素，其中包括交通设施极差、农业生产所需要的投入品严重短缺。为了保证肯尼亚较多的粮食生产和粮食安全问题得以解决，其农业需要在未来几十年中加大生产。因此目前已经建立了很多中肯合作项目，支援肯尼亚农业发展。

4.1.4　土地资源利用中出现的问题

（1）土地资源分布不公

作为撒哈拉以南非洲地区人均 GDP 不到 800 美元的国家，肯尼亚城市化发展速度较快，由此带来了土地分配不公、贫困率居高不下等诸多问题，由于这些因素的共同作用，该国农村发展严重滞后、城市贫民窟不断扩大、失业人口有增无减及犯罪率持续上升。

肯尼亚的土地高度集中在少部分私人手中。据当地媒体报道，肯尼亚全国 73% 的可耕地集中在 10% 的人手中，23% 的人口没有土地，另有 67% 的人拥有的土地人均不到 1 英亩（约合 0.4 公顷）。

殖民统治是造成这一状况的主要根源。在英国殖民统治时期，殖民当局将肯尼亚中部高原地带大部分的肥沃土地分给了白人殖民者。1963 年肯尼亚独立后，首任总统乔莫·肯雅塔没有对这部分土地实行没收政策。为解决肯尼亚人对土地的需求，肯尼亚政府当时出台了一些政策，允许人们以市场价购买土地，由于大多数穷人无力支付高额购置金，大量土地被新上台的权贵控制。此后数十年间，肯尼亚政府多次出台土地分配方案，但由于官员腐败严重，大多数土地最终还是成为极少数人的资产。

人口增长快，农业产量低，贫富差距加大。肯尼亚由于农业基础设施落后、科技水平低，土地产出较低。以肯尼亚最重要的粮食作物玉米为例，全国种植玉米的耕地总面积为160万公顷，平均每公顷产量仅为2吨。对当地大多数农民而言，人均不到1英亩的土地产出的粮食仅够糊口而已。在人口继续保持高速增长的情况下，部分农村人口只能向城镇和其他人口稀少的农村地区迁移。

根据美国中央情报局公布的数据，2008年肯尼亚城镇人口在总人口中所占比例约为22%，预计2009年肯尼亚人口增长率约2.7%，其中城镇人口增长率约为4%。人口数量的大量增多产生了三方面负面结果：其一，肯尼亚全国近半数人口是15岁以下的未成年人；其二，农村部分地区人口密度过高，迫使部分村民向城镇迁移，从而进一步加剧了城镇各类资源的紧张状况；其三，部分农村居民向人口密度低的干旱半干旱地区迁移，对当地脆弱的生态环境带来更大破坏。

城市贫民窟问题难以解决。由于就业机会少、生育率高，平均每个有固定收入的肯尼亚人要供养至少8名亲人。而受经济不发达等因素制约，肯尼亚城镇基础设施发展缓慢。在农村居民大量向城市迁移、人口增速居高不下、城市化速度超过工业化速度的情况下，内罗毕、蒙巴萨、基苏木等大城市不堪重负。贫民窟不断蔓延，已成为各大城市难以解决的问题。在首都内罗毕，近半数人口居住在大大小小数十个贫民窟里，其中，离市中心仅4公里的基贝拉贫民窟，3平方公里左右的面积内居住着70万～100万人，是世界上最大贫民窟之一。

（2）荒漠化

从表4-5可以看出，2001～2010年，肯尼亚的荒漠化土地面积总体略有减少，轻度、中度和重度荒漠化面积变化趋势不同。其中，轻度荒漠化从48.94%减小到47.49%，增长率为-1.45%。中度荒漠化从12.41%增加到14.78%，增长率为2.37%。重度荒漠化从5.25%减小到3.53%，增长率为-1.72%。

表4-5　肯尼亚2001年和2010年荒漠化程度比例　　　　　　（单位:%）

类型	2001年	2010年	增长率
非荒漠化	33.4	34.2	0.8
轻度荒漠化	48.94	47.49	−1.45
中度荒漠化	12.41	14.78	2.37
重度荒漠化	5.25	3.53	−1.72

从表4-6中还可以发现，各省区的荒漠化变化趋势不尽相同。其中，荒漠化程度变化较大的省份有：中部省荒漠化总体上有所改善，非荒漠化面积增加了221.1平方公里，轻度荒漠化面积减少了221.1平方公里；裂谷省的轻度荒漠化面积增加了7340.96平方公里，重度荒漠化面积减少了8238.8平方公里；东部省轻度荒漠化面积减少了12 657.7平方公里，中度荒漠化面积增加了11 712平方公里；东北省荒漠化程度加重，非荒漠化面积

减少了 3057.3 平方公里。

表 4-6 肯尼亚各省区 2001 ~ 2010 年土地荒漠化程度比例 （单位：%）

省区	非荒漠化		轻度荒漠化		中度荒漠化		重度荒漠化	
	2000 年	2010 年	2000 年	2010 年	2000 年	2010 年	2000 年	2010 年
中部省	95.89	97.55	4.06	2.4	0.05	0.05	0	0
裂谷省	43.98	44.32	32.79	36.96	12.86	13.03	10.37	5.69
尼扬扎省	99.31	99.47	0.69	0.53	0	0	0	0
西部省	98.85	99.62	1.15	0.38	0	0	0	0
东部省	21.28	22.86	48.23	40.2	20.18	27.61	7.48	6.51
东北省	11.61	9.19	76.26	76.64	11.68	13.91	0.4	0.21
滨海省	31.84	37.04	64.52	60.5	3.64	2.46	0	0
内罗毕特区	73.92	65.24	25.21	34.15	0.39	0.14	0	0

（3）生物资源减少

如今肯尼亚土地利用面临的问题主要有：缺乏适合的国家土地利用政策、空气污染越来越严重、水系统体积以及质量不断恶化、土地沙漠化的严重、土壤侵蚀以及湖泊海洋不断受到沉积影响。此外，森林面积正在减少，草原遭受过度放牧的威胁等都对土地利用方式造成影响。土地恶化的根本原因在于不合理的土地利用活动（表 4-7），特别是森林砍伐、较落后的灌溉技术、过度放牧等，还有一些有污染的农业，都在一定程度上造成了土地的恶化。

肯尼亚经常发生干旱灾害，并有 30% ~ 40% 的野生动物和家畜受灾，作物收益率也会下降 30% ~ 40%，河岸的森林等都会受到影响；干旱可以毁坏草原 50% 的自然萌发能力。肯尼亚每年都会有数百万公顷的森林损失，主要原因是森林火灾，更多通常是由闪电引起的。在森林火灾中，多达 20% 的动植物物种消失，出现不可再生的情况。针对这些现象，肯尼亚并没有出台相应的综合策略或者采取有效的行动来抑制对森林、土壤、野生动物以及水资源的破坏，未来需要关注这些方面。环境管理部门应该制定一个环境管理的立法框架，配合一系列的制度政策，实现环境的可持续发展。

表 4-7 肯尼亚受破坏的森林资源

林区	主要威胁
北南迪（North Nandi）	农业土地利用压力
南南迪（South Nandi）	农业土地利用压力
戈瓦希（Gwasi）山脉	退化森林利用
阿拉布科·索科凯（Arabuko Sokoke）	退化森林利用
卡卡梅加（Kakamega）	偷猎、侵占、居民聚落
恩达乌（Endau）	过伐
马阿乌（Mau）	居民聚落和农业土地利用

续表

林区	主要威胁
西奈高原（Sinai Plateau）	侵占
克卡亚森林公园	高强度的传统活动

（4）生产力下降

2000 年，肯尼亚的农作物以及畜牧产业在国内面临巨大失败，导致国内的农作物生产能力不断下降，急需对产业结构进行升级改造。2000 年，肯尼亚中部和东部干旱地区的农业生产产量下降了 36%，供给远远满足不了需求。这是肯尼亚的整体情况，如果对局部地区进行分析，情况更令人担忧。在海拔较低的比较干旱的地区，玉米产量从 15 000 吨减少到 2430 吨。在同一年，饲料产量下降了 60%；牛的数量从 27 220 头下降到 13 570 头。1999 ~ 2000 年，鲜奶产量从 6000 万升下降到 1600 万升。此外，肯尼亚每 2 ~ 3 年都会发生一次干旱灾害，8 ~ 10 年发生一次比较严重的旱灾，频率较高。

肯尼亚经常受到食品短缺的威胁，高达 16%（约 500 万）的人口依靠食品救济，有些人一天吃不到一顿饭，导致严重营养不良。在肯尼亚的干旱地区，营养不良等问题影响了 25% ~ 30% 的人口。在巴林戈区，35% 的人口受到营养不良的影响，这 35% 的人口中主要是儿童，儿童的免疫力比较弱，容易受到食品短缺的威胁。

土地生产力的下降主要表现在土壤侵蚀等方面。土壤侵蚀主要与降雨、地貌、土壤类型密切相关；侵蚀发生的时间较多出现在雨季，大量的雨水冲刷土地，带走土地有营养的部分，导致土地生产力下降。肯尼亚地区放牧区面积较大，由于过度放牧，土壤裸露在外，大量土壤被侵蚀，细沟侵蚀是最主要的侵蚀类型。

在干旱和半干旱地区，另一个引起土壤侵蚀原因是该区的土壤为碱性。这些土壤类型的结构本质上稳定性很差，当植被减少时，土壤暴露在外部，雨水打到上面，使得土壤粒子更易分离，加速了土壤流失，迅速形成沟。土地上形成的沟，在风力侵蚀的作用下，不断愈演愈烈，很难恢复。水土流失的后果造成土地生产力下降，进一步影响农作物生产，威胁粮食供给安全。

4.1.5　土地资源利用政策

土地利用政策是指政府为了土地资源合理和有效利用，根据法律规定调整土地利用方向、利用结构、利用方式和利用强度所采取的行政的、经济的、技术的（如计划和规划）手段的综合。由于存在殖民地问题，肯尼亚土地利用政策变革道路艰巨且漫长，如今已经形成较有效的土地利用管理系统及规章制度。

（1）传统土地所有权的形成与发展

世代生活在肯尼亚的非洲人对土地维持着一种强烈的情感和心理上的寄托，因为土地维系着他们与祖先之间重要的联系，同时也是许多非洲部族赖以生存的最重要的生活资料。肯尼亚非洲人传统土地所有权的形成大致如下。

最初的土地所有权形成于非洲人早期的迁徙过程。最早到达肯尼亚地区的黑人移民以个体和小规模宗族为单位沿着周围的山脊狩猎和采集，有些迁徙人群最终在某一地区定居并形成部落。"先到先得"是这一阶段土地占有的基本原则，任何一个狩猎者或者从事农业的人可以用木头围成一个固定的区域，这类区域被用于狩猎和耕作，同时这些狩猎者或从事农业的人可宣称这块土地归其所有。在定居初期，土地基本属于个人或一小群近亲。随着人口数量的扩大，人们形成了以血亲关系为基础的氏族或宗族，它在方便抵御野兽和其他敌人的同时也满足了农业生产的需要。这种生活在祖先给予的土地上的氏族或宗族，祖先往往成为他们崇拜的对象，人们会将大量的时间投入到对祖先的祈祷之中，祈求他们保佑家族的安宁。肯尼亚的民族领袖乔莫·肯雅塔曾经说过："土地是肯尼亚人民最为宝贵的财富，是从祖先那里继承来的。我们只有依赖土地才能生存并获得拯救。"因此这种以祖先崇拜为基础的土地占有模式促成了氏族或宗族式的土地所有权。这种土地所有权反对公共或者个人的土地所有，而公共权力仅限于对放牧活动的管辖以及对道路和对木柴的使用权。这种传统的土地所有权在欧洲殖民者的殖民掠夺和商品经济的输入过程中遭到破坏。

（2）土地改革

肯尼亚从 1895 年沦为英国"东非保护地"时起，肥沃土地逐渐被欧洲殖民者霸占，黑人被赶到荒芜贫瘠的"土著保留地"。许多失去土地的黑人被迫到白人种植园和农场当劳工。1952 ~ 1956 年开展的"茅茅运动"就是反映黑人土地要求的反英武装斗争。殖民地政府为了缓和土地问题上的矛盾，1954 年由农业部长的高级助手斯温纳顿提出一项方案，推行土地个人占有制，实现土地商品化，旨在鼓励小农户的分散土地合并为较大规模的经营单位，以利于发展出口作物和粮食作物，即"斯温纳顿计划"。其具体措施是对土地普遍进行登记，承认个人的土地所有权，改变原有的土地村社集体所有制。这项方案没有从根本上满足广大农民对土地的需求，理所当然地遭到农民的反抗，难以得到推行。1961 年又开始执行一项"土地转让计划"，由政府出钱从欧洲移民手中赎买土地，然后转卖给当地黑人。由于没有动摇和改变殖民主义的土地制度，也不可能解决尖锐的土地问题。肯尼亚独立时，占国土面积 18% 的优等可耕地，仍有约 1/4 为欧洲人所占有，而他们只占肯尼亚总人口不到 1%。这些耕地主要分布在内罗毕以北的高原地带，被称为"白人高地"。

肯尼亚人民于 1963 年 12 月摆脱殖民地统治，宣布独立。新政府着手对土地问题采取了一系列政策措施。一是扩大耕地面积，大力发展农业。为了解决迫切的土地问题，加快农业生产发展，政府采取了一些速效的做法：①在比较肥沃的地区扩大耕地面积，鼓励开发闲置的土地，到 20 世纪 70 年代中期耕地面积增加了约 20%；②取消殖民地时代限制黑人种植出口作物的禁令；③引进先进的生产技术，特别是优良作物品种。二是改革土地制度，进行大规模的重新分配土地计划，提出"耕者有其田"的口号。除赎买欧洲人土地之外，还将他们的闲置土地加以没收卖给非洲人；推行"土地整顿和所有权登记计划"，确定个人土地所有权。

政府在推行上述计划时坚持以下的原则：第一，尽可能地保留欧洲移民发展起来的高生产能力的农业；第二，尽可能地维持农业部门已有的基本合理的格局；第三，土地转让应当产生个人拥有的农场而不是集体占有，其规模应能生产经济作物供应出口，以及提供粮食作物供应市场；第四，提供土地买卖的自由市场，使经营不善的农场被生产效率高的农场所取代；第五，争取国际援助，大力兴办各类农场。

肯雅塔政府在稳妥地处理土地的基础上确立农业为国民经济的支柱，实行了以大农场、大种植园为核心的大农业为主，小农户的小农业为补充的农业发展战略，其效果相当显著。独立后的前九年（1964～1972年），肯尼亚农业部门的年均增长率达到4.6%，农产品出口额占出口总额的60%以上。农业的健康发展也促进了其他行业的良性发展，1964～1973年肯尼亚的国内生产总值年均增长率达到了6.6%，在东非三国的经济发展中最为出色。到1984年大约有670万公顷的土地完成了个人所有权登记，面积几乎为殖民地时代"白人高地"的一倍，包括全国大部分优质可耕地。得到地契的农民约200万户，约为独立初期"安置计划"受益户数的50倍。政府强调通过土地私有化鼓励土地私有者对农田的开发投资，地契可以抵押借款，促进了农业投资的发展。总之，独立后的肯尼亚政府采取了一系列有效新政策、新措施，重新合理配置土地，安置农民就业，大大促进了农业生产的发展，促进社会稳定，使农业成为国民经济主要支柱产业。

独立前，肯尼亚的经济命脉掌握在欧洲人手里，出口农产品的生产完全由欧洲人种植园所垄断。独立后，政府不断从欧洲种植园主手里购买土地，卖给本国人民，同时兴办国营农场，逐步改变外国人控制经济的状况。与此同时，大力鼓励个体农民组成各种形式的合作社，依靠集体力量发展生产。为了扶植和促进合作社的发展，政府给予合作社各种照顾，如规定合作社有优先购买土地的权利、优先得到贷款的权利等。这样，大大提高了本国人民在国民经济中的地位。独立以来，合作社组织蓬勃发展，已成为国家经济的重要形式。

此外，肯尼亚土地存在土壤流失严重问题，造成对现有耕地的毁坏，为了保护耕地，尽管农田缺少，政府仍然严禁在河岸垦荒，不准随便破坏土壤植被。

（3）相关的土地法律制度与管理现状

肯尼亚土地法的渊源是《土地法案2012》（*Land Act* 2012）《土地登记法案2012》（*Land Registration Act* 2012）及《国家土地委员会法案2012》（*National Land Commission Act* 2012）。肯尼亚法律规定，不动产指土地及附着于土地上的建筑物，但不延及土地下的矿产资源。

肯尼亚土地的监管机构为国家土地委员会（National Land Commission）及土地住房和城市发展部（Ministry of Land, Housing and Urban Development），肯尼亚的土地主管部门是土地和住房部，负责土地的政策、规划、交易、登记、调查和测绘、土地纠纷的裁决、移民安置、评估和管理国有及托管土地。

根据2012年颁布的《国家土地委员会法案2012》，为了在全国范围内重新确立土地权利的合法性和可查询性，肯尼亚政府授权国家土地委员会重新审查所有现有公用土地的使用和处置情况。该委员会有权进行调查、听证；如有发现以往的出让存在非法行为，（在经过特定的听证程序后）该委员会有权指示土地登记官（land registrar）取消原土地权利登记。当然，相关当事人有权就国家土地委员会的决定向肯尼亚环境和土地法院（Environment and Land Court）提起诉讼。

肯尼亚城市的土地分国家所有、社区土地托管和私有（即个人或机构以自有或租赁的方式占有）三种形式。在城市周围的农村地区快速城市化的进程中，自有和租赁这两种传统的土地私有方式不断地被扩展和更新，以满足占城市人口大多数的城市贫民的需要。从20 世纪 90 年代中期开始，肯尼亚中等城市的社区就开始试行社区土地托管，以获得住房及其他相关用地。这种方式将土地公有制和以市场为导向的土地私有制的优点结合起来，即仍保留集体对土地的所有权，但允许集体成员租用。这种方式不但可以控制土地转让，而且还减少了投机行为。

在 2010 年前，非肯尼亚国籍自然人可以拥有土地的永久所有权。但根据新的法规，非肯尼亚国籍自然人无法获得土地的永久所有权（freehold），最多只可以获得 99 年的土地使用权（leasehold）。外国人原来拥有的土地的永久所有权，或者超过 99 年的使用权自动转为 99 年土地使用权。对于在肯尼亚注册成立的法人来说，除非该法人由肯尼亚自然人 100% 控股，否则该法人会被视为非肯尼亚国籍自然人。即外资在肯尼亚注册成立的公司，只要有外资成分，就无法拥有肯尼亚土地的永久所有权。当然，实务中如果现在进行土地权利检索（registry search），仍然会有外国人或外资公司拥有永久所有权，这是因为新制度的实施需要时间，但依赖外资公司获取土地永久所有权的项目未来必然面临重大风险。

肯尼亚的《土地注册法》（Land Registration Law）规定所有农业用地不允许与外籍人士及非居民企业（包括非居民独资企业或有非居民持股的企业）交易，包括买卖、转让、租赁、抵押等；总统特许例外。外籍人士及非居民企业进行不动产交易需要获得政府的审批。如果土地的用途明确为农用土地时，外国投资无法直接拥有该类土地的所有权，除非通过成立一家肯尼亚外商投资公共公司（public company）作为持有土地的载体。

4.2　水　资　源

4.2.1　水资源总量

肯尼亚多年平均降水量为 630 毫米，理论总降水量为 3660 亿立方米，最干旱的北部地区降水量少于 200 毫米，但肯尼亚山的降水量大于 1800 毫米。肯尼亚大部分地区一年有两个雨季，即 3 ~ 6 月和 11 ~ 12 月。肯尼亚位于热带辐合带地区，受南北半球信风影响，气候分布地带间的差异较大。海拔 4600 米左右的肯尼亚山峰常年冰雪覆盖，北部则是干旱荒漠地区。肯尼亚的 17% 的国土为农业高产区，承载了全国 75% 的人口，但仍有80% 的土地属于干旱或半干旱地区。另外，约有 3% 的国土覆盖森林。

水资源总量多年平均值为 307 亿立方米，其中境内地表水资源量多年平均值为 202 亿立方米，境内地下水资源量多年平均值为 35 亿立方米，地表水和地下水资源重复计算量为 30 亿立方米，由境外流入水资源量约为 100 亿立方米。

肯尼亚的大中型水坝（高于 15 米）的蓄水总量为 41 亿立方米，为扩大水资源供给，肯尼亚先后建造了 1782 个小水坝和 669 个小型蓄水池。肯尼亚源自于地下水的安全饮用水约为 6 亿立方米，其中约 4 亿立方米来自浅水井，2 亿立方米来自钻孔水井。另外，在海岸地区有很小部分的水源来自海水淡化。

肯尼亚每公顷土地水资源量为 5289.73 立方米，人均占有水资源量为 947 立方米，低于国际公认的维持一个地区社会经济发展所必需的人均水资源量 1000 立方米的临界值。现状条件下肯尼亚正常年份的供水保证率仅为 32.6%，由此看出，肯尼亚水资源短缺问题十分突出，已成为肯尼亚经济社会发展的瓶颈因素。随着社会经济的发展，水资源供需矛盾日益尖锐，资源型缺水是肯尼亚的基本国情。

4.2.2 水资源分布

肯尼亚有五大主要流域，分别是：①维多利亚湖流域，覆盖 8% 的国土面积；②裂谷内湖流域，覆盖 22.5% 的国土面积；③阿诗（Athi）河流域，覆盖 11.5% 的国土面积；④塔纳河流域，覆盖 21.7% 的国土面积；⑤埃瓦索恩吉罗（Ewaso Ngiro）河流域，覆盖 36.3% 的国土面积。各流域的地表水资源分布及利用情况见表 4-8。

表 4-8　肯尼亚五大流域的地表水资源统计

流域	面积 （平方公里）	年平均降水量 （毫米）	年平均地表水资源量 （亿立方米）	利用程度 （%）
维多利亚湖	46 000	1 368	117	2.2
裂谷	130 000	562	33	1.7
阿诗河	67 000	739	13	11.6
塔纳河	127 000	697	37	15.9
埃瓦索恩吉罗河	210 000	411	3.4	12.4
全国	574 000	500	203.4	5.3

维多利亚湖流域包括西裂谷地区，流域内水系皆流入维多利亚湖。该流域内有恩佐亚（Nzoia）河、雅拉（Yala）河、尼扬多（Nyando）河、桑度（Sondu）河和库贾（Kuja）河，在该流域内的土地不仅农业生产潜力较高且人口密度较高，肯尼亚的几个人口较多的城市皆位于该流域。由于过多农药、肥料的使用及未处理生活废水的排放，该流域水质已大为恶化。维多利亚湖毗邻乌干达和坦桑尼亚，该流域的生态改善有赖于各国之间的合作，目前，三国已建立三方管理规章制度，并开始进行维多利亚湖的生态修复工作。

裂谷内湖流域由众多内流盆地组成，包括北部的图尔卡纳（Turkana）湖、南部的纳特隆（Natron）湖、巴林戈（Baringo）湖、博戈里亚（Bogoria）湖、纳库鲁（Nakuru）湖、埃乐门特塔（Elementeita）湖、奈瓦莎（Naivasha）湖和马甘蒂（Magandi）湖。这些湖泊星罗棋布于东非大裂谷之间，各湖泊水质也各不相同，如奈瓦莎湖和巴林戈湖为淡水湖，图尔卡纳湖为半咸湖，马甘蒂湖为咸水湖。与维多利亚湖流域不同的是，该流域人口较稀疏、城市化和工业化程度较前者落后，且农业生产力较低。该流域最长的河流为切诺（Kerio）河，全长为 354 公里，平均河宽为 5.7 米，平均河深为 0.21 米，平均径流量为 4.47 米³/秒。

几乎所有主要湖泊都位于该流域，其中奈瓦莎湖为国际重要湿地，奈瓦莎湖附近区域园林业和渔业较为发达，该湖不仅是重要饮水源，也是畜牧业重要用水源。另外，该湖水也用于奥卡瑞（OI Karia）地热发电站，该地热电站大约提供 20% 的国内电力。奈瓦莎湖周围生态多样性极为丰富，因此旅游业也较为发达。但由于不加限制地开发，奈瓦莎湖地区的生态可持续性受到严重影响。例如，世界上最大的玫瑰花销售商谢尔代理商（Sher Agencies）在奈瓦莎湖附近经营一座占地超过 200 公顷的花卉种植园，大规模的开发导致土地富营养化、农药污染和生活垃圾排放。为解决这些问题，当地社区与政府成立了奈瓦莎湖管理委员会，委员会于 2004 年 10 月 1 日发布了《奈瓦莎管理方案》，同时委员会还与肯尼亚野生动物协会（Kenya Wildlife Service，KWS）和国际自然保护联盟（International Union for the Conservation of Nature，IUCN）进行密切合作。

纳库鲁湖是该流域内另外一处属于《拉姆萨公约》保护范围内的湿地，是世界著名的火烈鸟栖息地。纳库鲁湖 1984 年被划为国家公园，受肯尼亚野生动物协会管辖，每年接受大量游客来访。受极度干旱影响，纳库鲁湖水位过低、淤泥过多，同时，也面临富营养化和农药污染的影响。为解决这些问题，世界野生动物基金会和肯尼亚野生动物协会开始植树造林以控制水土流失。同时，政府部门和一些非政府组织也组织了一些认知生态保护重要性的宣传运动。此外，在日本国际合作署的支持下，纳库鲁镇建立一座污水处理厂。

阿诗河流域包括东裂谷地区的南部和阿伯德尔山脉的南部，该流域工农业较发达，城市化程度也较高。整个阿诗河流经该流域，全长为 591 公里，平均河宽为 44.76 米，平均水深为 0.29 米，平均径流量为 6.76 米³/秒。阿诗河的支流经过锡卡市和内罗毕市，因城市污水和垃圾排放，水质较差，干流由西至东，汇入印度洋。

塔纳河流域包括阿伯德尔山脉的东部、肯尼亚山的南部和尼扬宾（Nyambene）山的南部，同阿诗河一样，塔纳河最终汇入印度洋，该流域的工农业也较为发达。塔纳河全长为 1050 公里，平均河宽为 39.3 米，平均深度为 2.5 米，平均径流量为 41.98 米³/秒，入海口在加里萨（Garissa），入海口处径流量约为 5 亿立方米。塔纳河流经四个省份，约 127 000 平方公里的流域面积。流域内约有 580 万人口，是国内最大的咖啡和茶叶生产区，产量分别占国内总产量的 62% 和 53%。流域内种植大量的粮食作物和花卉园艺作物，同时还发展畜牧业。塔纳河是肯尼亚主要水电来源之一，水电潜力约为 960 兆瓦，已开发利用的水电载荷量约为 480 兆瓦。值得注意的是，该流域有 80% 的地区处于干旱或半干旱状态，因此需要进行灌溉以保证农业生产。由于上游咖啡和茶树种植业的灌溉消耗了大量的水，下游种植业和畜牧业的水源短缺。此外，工农业活动也对塔纳河的水质产生了恶劣的影响。为此，肯尼亚政府建立了水资源统筹管理机构，协调整个流域的用水争端和水质问题。

埃瓦索恩吉罗流域位于肯尼亚北部地区，包括阿伯德尔山脉的北部和肯尼亚的北部。该流域的水资源较缺乏，甚至在雨季，埃瓦索恩吉罗河在罗里安（Lorian）沼泽处就会断流。

五大流域内有 12 条主要河流，各河流的形态特征和流域内人口农业概况如下。

1）恩佐亚（Nzoia）河。集水面积为 12 696 平方公里，全长为 315 公里，集水区范围内年平均降水量为 1350 毫米。0~20 公里的河段位于布希亚（Busia）地区和夏亚

（Siaya）地区，该河段经过一处河漫滩和雅拉（Yala）沼泽，最终汇入维多利亚湖，其中，在卢旺布瓦（Luambwa）桥的下游有一段 16 公里的河堤。该河段存在大规模农业活动，尤其是在邦雅拉（Bunyala）试点水稻灌溉区，同时还存在一定规模的畜牧业和渔业，河段附近还有许多居民区。20～135 公里的河段位于夏亚地区、卡卡梅加地区和邦戈马地区，经过丘陵地带的一处狭窄河谷，这个河段的人类活动较少，仅有少量自给型农牧业。135～257公里的河段位于卡卡梅加地区、邦戈马地区、特兰斯-恩佐亚地区和瓦辛基苏地区，经过高原地区，这个河段人类活动也较少，主要农业类型是牧业。

2）雅拉（Yala）河。集水面积为 3262 平方公里，全长为 261 公里，集水区范围内年平均降水量为 1500 毫米。0～25 公里的河段位于夏亚地区，该河段沿山地南部经过雅拉沼泽，汇入维多利亚湖。该河段农业较发达，但仅有少量居民区。25～125 公里的河段位于夏亚地区和卡卡梅加地区，有一处河段的右岸有河堤。该河段仅有少量居民区，农牧业是自给自足型。125～190 公里的河段位于南迪地区和瓦辛基苏地区，该河段经过丘陵地带。主要农业是畜牧业，居民较少。

3）尼扬多（Nyando）河。集水面积为 3450 平方公里，全长为 153 公里，集水区范围内年平均降水量为 1400 毫米。0～45 公里的河段位于基苏木地区，经过河漫滩和沼泽地，汇入维多利亚湖，阿赫诺（Ahero）桥下游有一段 2 公里的河堤。阿赫诺试点灌溉渠的农业较为发达，且有大量居民区。45～75 公里河段位于基苏木地区和南尼扬扎地区，经过丘陵地带的狭窄河谷。存在少量自给自足型的农牧业，居民较少。75～109 公里的河段较为平直，位于南尼扬扎地区，经过隆迪亚尼（Londiani）山区，存在少量自给自足型的农业和林业，居民较少。

4）桑度（Sondu）河。集水面积为 3489 平方公里，全长为 176 公里，集水区范围内年平均降水量为 1480 毫米。0～15 公里的河段位于基苏木地区和南尼扬扎地区，该段河流较弯曲，所经过地区为人口密集区，存在自给型农牧渔业。15～25 公里河段较直，河谷狭窄，河流纵向坡度较大，水流湍急，河流两岸的人口也较少。25～121 公里河段位于基苏木地区、南尼扬扎地区、基西地区和凯里乔地区，形状略曲折且较为狭窄，河流两岸的人口较少，存在自给型农牧业。

5）库贾（Kuja）河。流域面积为 6868 平方公里，全长为 180 公里，流域内年平均降水量为 1340 毫米。0～20 公里河段经过南尼扬扎地区，该河段较蜿蜒，经过一片沼泽区域后汇入维多利亚湖，流域内人口密集，农业类型大都为自给型。20～80 公里河段位于南尼扬扎地区和基西地区的交界处，河流较蜿蜒狭窄，人口较少，农业类型为自给型。80～128 公里河段经过基西地区，河流较蜿蜒，在高地地带形成了"V"字形河谷，存在少量居民点。

6）马拉（Mara）河。流域面积为 9574 平方公里，全长为 198 公里，流域内年平均降水量为 980 毫米。0～125 公里河段经过纳罗克地区，该流域为干旱-半干旱地区，存在少量游牧业。125～138 公里河段经过凯里乔地区，河流略蜿蜒，在高地地带形成"V"字形河谷，人口密度较低。

7）特克韦尔（Turkwel）河。流域面积为 20 283 平方公里，全长为 390 公里，流域内年平均降水量为 530 毫米。0～212 公里河段流经图尔卡纳地区汇入图尔卡纳湖，该河段支流繁多且河流两岸存在稀疏的树林，在卡蒂罗（Katilo）、居鲁克（Juluk）和那卡沃莫卢（Nakawomoru）等灌溉区存在一些种植业，其余地区皆为放牧业。212～338 公里河段流经图尔卡纳地区和西波克特地区，该河段存在一些小型水力发电设施，但人口密度较低。

8）Kerio 河。流域面积为 14 172 平方公里，全长为 403 公里，流域内年平均降水量为 450 毫米。0～130 公里河段经过图尔卡纳地区汇入图尔卡纳湖，两岸植被较稀疏，存在少量游牧业。130～354 公里河段经过西波克特地区、埃尔格约-马拉奎特地区和巴林戈地区，该段河流较浅且宽阔，该流域人口密度较低，主要以游牧业为生。

9）南埃瓦索恩吉罗（Ewaso Ngiro）河。流域面积为 8534 平方公里，全长为 213 公里，流域内年平均降水量为 760 毫米。0～60 公里河段经过卡耶亚多（Kajiado）地区，流入坦桑尼亚国境，居民点较少且以游牧业为主。60～90 公里河段河流较为湍急，河谷底部河面较窄，人类活动较少。90～80 公里河段河流经过纳罗克（Narok）地区，在高地地带形成 "V" 字形河谷，存在少量自给型农牧业。

10）阿诗（Athi）河。流域面积为 36 905 平方公里，全长为 631 公里，流域内年平均降水量为 610 毫米。0～150 公里河段经过基里菲（Kilifi）地区，在高地地带河流分支较多，汇入印度洋，河口处泥沙淤塞现象较严重，该流域大部分居民从事游牧业。150～598 公里河段经过泰塔塔维塔（Taita Taveta）地区、基图伊（Kitui）地区、马查科斯（Machakos）地区、基安布（Kiambu）地区和内罗毕地区，在高地地带较蜿蜒河谷呈 "U" 字形，沿途有几处瀑布，附近居民大部分从事游牧业。

11）塔纳（Tana）河。流域面积为 95 430 平方公里，全长为 1050 公里，流域内年平均降水量为 600 毫米。0～150 公里河段的河流形状十分蜿蜒，形成了许多冲击地带，最终汇入印度洋，该河段建有一处灌溉设施，即塔纳河三角洲灌溉工程，主要是为当地水稻种植所用。150～650 公里河段经过加里萨冲积平原地区，河流形状十分蜿蜒，沿途形成了许多弓形湖，泥沙沉积现象较为严重，有两处灌溉设施，在河堤附近有少量居民点。650～960 公里河段经过伊西奥洛地区、基图伊地区、梅鲁地区、恩布地区和马查科斯加地区，该段河流十分蜿蜒，水电站附近有居民点。960～1015 公里河段经过穆兰卡地区、基里尼亚加地区和涅里地区，该处河段有几处堤坝，主要是供发电使用，存在少量自给型农牧业。

12）北埃瓦索恩吉罗（EwasoNgiro）河。流域面积为 91 428 平方公里，全长为 740 公里，流域内年平均降水量为 370 毫米。0～225 公里河段经过加里萨地区和瓦吉尔地区，该段流域属于季节性河流，流域内广泛分布着较多湿地，最为著名一处湿地为罗里安沼泽，存在少量游牧业。225～350 公里河段经过伊西奥洛地区，为季节性河流，以农牧业经济为主。350～580 公里河段经过伊西奥洛地区和桑布卢地区的交界处，河流形状略蜿蜒，在山地地带形成了一段河谷，存在少量自给型农牧业。580～704 公里河段经过莱基皮亚地区，河流形状较蜿蜒，在山地地区形成 "V" 字形的河谷，存在少量自给型农牧业。

从水资源地区分布来看，不同流域之间的水资源量极不平衡，维多利亚湖流域的面积最小但地表水资源量占比超过 50%。从水资源利用的角度来看，维多利亚湖流域的水资源开发比例非常低，仅有 2.2%。

五个流域内的地表水资源是肯尼亚区域发展的关键。2005 年 1 月以前，五大流域的水资源由不同机构管理，但不同机构之间存在管理不协调等问题，2005 年 1 月五大流域的水资源开始由水资源管理局统筹管理。一个国家在进行资源利用规划前，若缺乏足够维护的水流监测系统，会导致规划目标与现实的偏差。在 20 世纪 90 年代，由于缺乏资金支持，肯尼亚的水流监测站的运行状态较差，到 2001 年，78% 的监测站未运行，见表 4-9。

表 4-9　肯尼亚水流监测站的运营状态

流域	注册监测站（个）	年均地下水资源量（亿立方米）	1990 年运营状态（个）	2001 年运营状态（个）
维多利亚湖	229	1.157	114	45
裂谷	153	1.257	50	33
阿诗河	223	0.867	74	31
塔纳河	205	1.473	116	66
埃瓦索恩吉罗河	113	1.424	45	29
全国	923	6.178	399	204

4.2.3　水资源利用

肯尼亚总用水量为 27 亿立方米（2003 年），2008 年，肯尼亚可利用的淡水总量为 210 亿立方米，人均年用水量仅为 647 立方米；到 2025 年，肯尼亚人均年用水量将下降到 235 立方米。目前肯尼亚有 1800 项居民用水工程，其中 700 项由肯尼亚水资源利用与发展部门管理，其余由各地社区管理。另外，肯尼亚还有 9000 口钻孔水井，但大多数需要进行修缮才可使用。

肯尼亚目前水资源总体利用率不高，水资源的浪费现象依然比较严重。肯尼亚的经济以农业为主，农业用水量占全国用水总量的 80% 以上，其余皆为居民与商业用水。但其用水效率较低。工业用水设备十分落后，节水性能差，企业用水水平低，浪费现象严重；城市生活用水浪费现象也较严重。

肯尼亚年均地下水可利用量为 6.323 亿立方米，年均利用量为 0.572 立方米，利用率为 9%。地下水利用情况一般用钻井量来衡量，根据肯尼亚水务局 2003 年 12 月的记录，肯尼亚约有 14 000 个钻井，但仍在使用的钻井有 9462 个，地下水开采情况见表 4-10。

表 4-10　肯尼亚地下水开采情况　　　　　　　　（单位：亿立方米）

地下水开采	年地下水用水量
农业	0.1175
公共给水	0.1113
家庭	0.0346

续表

地下水开采	年地下水用水量
畜牧业	0.0107
勘探	0.001
监测	0.0008
其他	0.0789
未知	0.1965

资料来源：2003 年《肯尼亚水资源发展报告》（*Kenya National Water Development Report*）。

在肯尼亚，各流域的大中型水坝分布情况见表 4-11，小型水坝分布情况见表 4-12。大中型水坝的容量一般大于 1 万立方米，水坝高度大于 10 米，小型水坝容量则小于 1 万立方米，高度小于 10 米。大城市如内罗毕和埃多雷特的供水系统都依靠水坝，塔纳河流域内有一些水坝用于发电。因此，水坝在用水供给、发电和灌溉等方面，有着重要作用，同时还有一定的防洪功能。

表 4-11　肯尼亚大中型水坝分布情况

流域	水坝个数（个）	水坝总容量（亿立方米）
维多利亚湖	7	0.06
裂谷	6	16.71
阿诗河	9	0.08
塔纳河	7	24.169
埃瓦索恩吉罗河	无	
全国	26	41.019

表 4-12　肯尼亚小型水坝分布情况

省份	水坝个数	水坝总容量（立方米）
裂谷省	1 333	52 735 878
中部省	277	191 537 171
东部省	1 345	27 488 604
西部省	90	9 166 740
滨海省	408	5 858 290
东北省	230	5 038 395
尼安萨省	419	9 546 330
内罗毕特区	29	2 538 330
全国	4 131	303 909 738

沉积作用会减少水坝容量，导致全国性的水供给短缺，增加工程供水能力及合理用水、需水管理、节水措施的配合，能保持区域内水供给能力。下面介绍一些主要水坝的基本情况。

（1）马辛加（Masinga）水坝

水坝的集水区面积约 7355 平方公里，设计容量为 15.6 亿立方米，设计年均淤积量为 0.03 亿立方米，是塔纳河上最大容量的水利设施，该水坝调控下游的四个水电站水流。根据 1988 年的调查，由于沉积作用，水坝的容量减少了 5.57%，年淤积量约为 1.75 吨/公里^2。到 2001 年 12 月，水坝的容量约为 11 亿立方米，从 1981 年投入使用到 2001 年，淤积量约为 4.6 亿立方米。

（2）鲁伊鲁（Ruiru）水坝

该水坝位于鲁伊鲁河，设计容量为 0.298 亿立方米，1950 年开始投入使用，集水区约为 66.8 平方公里，为内罗毕市供水。根据 2001 年的调查，水坝的容量为 23 496 762 立方米，1950 ~ 2001 年，淤积量约为 483 238 立方米，年均淤积量为 180 吨/公里^2。

（3）锡卡（Thika）水坝

该水坝位于锡卡河，设计容量为 0.7 亿立方米，集水区面积为 71 平方公里，为内罗毕市供水。

（4）萨苏穆亚（Sasumua）水坝

该水坝位于干尼亚河，设计容量为 0.0757 亿立方米，集水区面积为 12 800 公顷，1956 年投入使用，1965 ~ 1968 年进行扩建，容量增加到 0.1325 亿立方米，为内罗毕市供水。

（5）内罗毕水坝

该水坝深约 15 米，于 1953 年投入使用，原本是内罗毕市的主要饮用水源地，但由于库区内淤积和周围人口过度膨胀，水库内储存了大量城市污水，水面也被疯狂生长的风信子草覆盖。2001 年联合国环境署组织人力对内罗毕水库内的风信子进行了清理，并在今后几年内斥资 800 多万美元对该水库进行彻底治理。

肯尼亚最重要的流域内部水资源调度案例是内罗毕市的水资源供给系统。内罗毕市位于阿诗流域的上游，通过公共供水系统调度流域内的地表水和地下水，也有一部分私人用水使用钻井。内罗毕市的调度水分别来自于纳达凯伊尼（Ndakaini）大坝、萨苏穆亚大坝、鲁伊鲁（Ruiru）大坝和基库尤（Kikuyu）瀑布，日均调度水量分别为 36 万立方米、6 万立方米、2 万立方米和 0.45 万立方米。其中，纳达凯伊尼大坝全长为 59.9 公里，调度能力为 1.13 米^3/秒，主要供应居民和农牧业，有 0.991 立方米的水定量供应于农牧业，灌溉面积大约为 808 公顷。萨苏穆亚大坝的调度水大约供应给 18 万人口，主要是中小学、专科学校和政府机构，其中马图乌（Matuu）镇的水供应量约为 0.04 米^3/秒。另外，主水渠的 11 公里外有一条较小的调度水渠，以 0.05 米^3/秒的供应量为大概 3000 人提供生活和灌溉用水。

肯尼亚与周边国家有一些跨国界河流，如与坦桑尼亚共享温巴（Umba）河、马拉（Mara）河和潘加尼（Pangani）河，与乌干达共享希欧（Sio）河、马拉巴（Malaba）河和马拉基西（Malakisi）河，与埃塞俄比亚共享奥莫（Omo）河和达乌阿（Daua）河，与其他 9 个国家共享尼罗 (Nile) 河。跨国家的水资源分配可能引发了国家与民众间的冲突，跨国界河流问题主要集中在水环境污染与保护、水资源分配与开发利用等方面。跨国界河流问题的产生与发展将对肯尼亚周边关系的良性发展造成消极影响，但并没有一个统一的框架协调这些跨国界的水资源冲突与问题。因此，肯尼亚政府应在主动与周边国家开展国际航道开发利用、水情预报与信息共享等合作的同时，在战略层面上，推动与周边国家的区域合作；在组织层面上，加强跨界河流水资源管理的组织建设；在机制构建层面上，联合周边国家建立一套涉及管理、开发、预防、应急内容在内的合作与协商机制，增进同周边国家的安全互信，推动跨国界河流问题的解决与预防，构建和谐的周边安全环境。

据联合国粮食及农业组织统计，肯尼亚五大流域可灌溉土地面积总计约 353 060 公顷，分别为 180 000 公顷 (维多利亚湖流域)、52 500 公顷 (裂谷流域)、111 100 公顷 (塔纳河流域和阿诗河流域) 和 9460 公顷 (埃瓦索恩吉罗流域)。

肯尼亚使用灌溉系统进行农业生产的历史十分悠久，早在 16 世纪，有记录显示沿海岸地带和切诺 (Kerio) 地区存在农业灌溉设施。传统的灌溉设施设计巧妙，河渠长度可达 15 公里，在山区崎岖不平地带也可正常工作，同时，这些灌溉设施具有轮水作用，解决了各个部落的农业用水问题。到了第一次世界大战和第二次世界大战时期，随着肯尼亚—乌干达铁路的修建，肯尼亚的灌溉系统得到较大发展。为了提供沿途驻扎士兵和工人的用水，殖民当局修建了大量的灌溉设施，此外，在殖民活动较为频繁的地区，水利灌溉设施也被殖民当局视作较为重要的一项工作，这一时期修建的水力灌溉设施至今仍可在肯尼亚山、塔贝塔 (Tabetta) 地区、基布兹 (Kibwwzi) 地区和维多利亚湖地区发现，有些设施甚至仍可正常运转，肯尼亚的灌溉发展格局基本由该时期修建的工程设施确定。20 世纪 60 年代，联合国粮食及农业组织等机构在切诺、图尔奎 (Turkwel) 和埃瓦索恩吉罗流域的干旱–半干旱地带组织修建了一批灌溉设施，这些工程项目主要是为保障这些地区的粮食安全。另外，1966 年肯尼亚政府也主持修建了几项灌溉水利工程。

4.2.4　水资源安全格局

肯尼亚总体水资源安全状况不容乐观，各流域的水资源质量差别不一，具体情况如下。

(1) 维多利亚湖流域

该流域内湖泊一般是淡水湖，流域内的河流上游水质较好，在雨季河水则较为浑浊，超过 90% 的钻井水质是淡水。

(2) 裂谷内湖流域

流域内仅奈瓦莎湖是淡水湖，其他皆为咸水湖，流域内的河流上游水质较好，但下游水质较浑浊，且受农药污染的影响较严重。大部分钻井水质是淡水，但超过 50% 的测试钻井含氟量超过 1.5ppm (百万分之一)。

(3) 阿诗河流域

阿诗河的上游在旱季水质较好，但雨季时较浑浊，下游则因市政垃圾和污水水质变得较差。超过 50% 的钻井是硬碱水，受污水和海水侵蚀的影响，流域内各地水质差异较大，有些地区地下水含氟量较高，或是铁锰含量较高。

（4）塔纳河流域

塔纳河水质较好，但从上游到下游，水质逐渐变差，部分地区的地下水含氟量较高。

（5）埃瓦索恩吉罗河流域

流域内河流的水质较浑浊，地下水的硝酸化作用较严重。

肯尼亚的水质监测点一般位于河流的上游、污染源和河流的下游，肯尼亚水污染的主要来源是咖啡厂、制革厂、重化工工厂、制糖厂和纺织厂。

4.3 能源资源

4.3.1 常规能源总量及分布

（1）煤炭、原油和天然气

肯尼亚地区几乎没有天然气和煤炭资源，但肯尼亚对煤炭的相关勘探从未停止过，主要在文基（Mwingi）和基图伊（Kitui）区的穆伊（Mui）和穆提托（Mutito）地带。

肯尼亚境内仍未发现任何大规模的石油储备，但政府依然在石油勘测工作上投入了大量人力和财力，这些都是在政府部门与商业公司的合作下完成的，尤其是在石油行业进行相关活动时，政府的监督力度很大，划定了一定的勘探范围，保证石油勘探不会影响自然保护区的生态环境。

但据 2013 年报告，继在乌干达、坦桑尼亚和莫桑比克发现巨大天然气蕴藏和部分石油蕴藏后，英国塔洛（Tullow）石油公司宣布其在肯尼亚北部图尔卡纳地区发现了石油。该公司称，该地块含有的石油蕴藏超过 3 亿桶。预计整个肯尼亚的石油蕴藏将超过同样位于东非的乌干达；相比乌干达，肯尼亚的石油开采速度将会快于预期。公司对肯尼亚成为东非第一个石油出口地区非常期待。

根据 2014 年报告，在过去两年，在洛基查（Lokichar）盆地发现了超过 17 亿桶的石油。各方对其蕴藏量的测算不尽相同，最多的测算达到 200 亿桶。如果上述测算属实，肯尼亚将成为非洲石油资源最丰富的国家，仅次于拥有 370 亿桶探明石油储量的尼日利亚。肯尼亚的近邻乌干达已经发现了 35 亿桶的石油储量，坦桑尼亚则发现了大量天然气储量。肯尼亚必须尽力避免"资源诅咒"，"资源诅咒"在过去一再发生，因为能源资源带来的收入增长，将导致政局动荡以及权力寻租、腐败的发生，同时刺激实际利率升值和工资增长，破坏其他部门的竞争力。摆脱"资源诅咒"的关键，在于牢牢控制石油收入并进行合理投资，从而将这些地下资产转换为能刺激经济发展的地上资产。在肯尼亚，石油的开采大多由外国公司负责。因此，只有设计好税收制度，才能确保东道国合理地留住利润份额。表面上看，对利润课税是个不错的选择，实际上，这只会鼓励石油生产者将利润转移到避税港。而特许费，即对每一桶生产出来的石油征税，是更行之有效的税收方式。石油价格容易出现巨大波动，因此，税收机制必须确保政府和石油公司分担价格波动时的成本和收益。

肯尼亚的下一个挑战，是如何将税收投资于急需建设的基础设施项目，包括公路、医院和学校。在挪威等高收入国家，可以通过借款为这些项目融资，从而将石油财富节省下来投入主权基金。肯尼亚则相反，借钱融资的代价太大。因此，石油资源提供了夯实经济增长和改善基础设施的重要机会。当然，基础设施就像一场马拉松，起始阶段最好不要跑得太快，新公路必须与已有公路连接起来。因此，投资必须是渐进的，这意味着暂时要把一些石油收入储存在国外。在这个过程中，肯尼亚必须避免重蹈邻近国家——加纳的覆辙。2007 年，加纳沿海发现了 40 亿桶石油，并于 2010 年投产。2011 年，根据全球经济学家的建议，《石油收入管理法案》（*Petroleum Revenue Management Act*）将这笔财富按照消费、投资和离岸储蓄等进行了分割。但是，在去年的总统选举中，加纳的经济局面开始恶化。随着选战进行，燃料补贴支出巨大，公共部门员工薪酬也增加了 47%，加纳经常项目赤字节节攀升。在发现巨量石油资源的发展中国家，这种情况极其常见。但加纳也有好消息，尽管政府支出大增，其中央银行仍然稳定了通货膨胀，控制住了商品和服务的价格。强调价格稳定在非洲是很罕见的，事实上，这也是肯尼亚缺少的。确保价格稳定正变得前所未有地重要。2000 年以来，肯尼亚和东非共同体便开始追求货币联盟。但肯尼亚和其他地区新近发现的巨量自然资源储备，应该让官员们重新思考这一目标。各国中央银行需要一定的灵活度，以适应快速变化的经济结构，避免选举导致的动荡。

在肯尼亚，石油的开采、生产、提纯、储存工作，主要由肯尼亚国家石油公司负责，而肯尼亚管道公司（KPC）则主要负责将所有石油燃料分配到主要的存储设施。在石油分配子行业中，个体部门的参与十分频繁，如私人经营的加油站和私人运营的石油产品零售商。尽管肯尼亚境内大部分石油公司都是跨国公司，但最近几年它们已经将大部分的股份卖给了当地公司，这样更有助于这些公司对当地能源的控制。

肯尼亚地区有超过 15 家不同的石油零售公司，其中包括美孚石油公司（MOBIL）、英国石油公司（BP）、美国德士古石油公司（CALTEX）、荷兰皇家壳牌石油公司（SHELL）、法国道达尔公司（TOTAL）、法国埃尔夫公司（ELF）、法国菲纳石油公司（FINA）、肯尼亚石油公司（KOBIL）及意大利阿吉普石油有限公司（AGIP）。一些新的石油公司最近也进入了该地区的石油市场，而且正在拓宽它们的销售网络，争取覆盖整个国家。石油的精炼产品包括柴油和汽油（运输行业的燃料）及煤油（农村地区和城市中低收入人群的主要照明能源）。

（2）水电

水电是肯尼亚地区重要的能源之一，是发展工业的主要驱动力。如同石油一样，它们对政府来说是重要的战略能源。石油由国外进口，不需要任何特殊的发展计划，但水电主要是在本国发展，因此需要制定详细的生产规划，包括水电资源在农村能源供给战略中的潜在重要性。

肯尼亚的水电能源主要依靠塔纳河（表 4-13），5 个发电站凭借塔纳河的七岔系统连接在一起。塔纳河的潜力并没有被完全开发出来，木同伽大瀑布、亚当森大瀑布和戈拉大瀑布将来都会得到进一步的开发。然而，塔纳河所流经的地区人口密度相对较小，电力需经过长距离输送，才能到达一些大城市，如基苏木、蒙巴萨和首都内罗毕。除了塔纳河，还有许多较小的河流，它们发源于东非大裂谷的西部边缘，流入维多利亚湖，这些河流上可以建造中小型的水力发电站。例如，麦右河、来休塔河和欧德瑞口河上的麦格瓦格瓦、松都麦右以及埃瓦索恩吉河上的欧来图瑞特都已被肯尼亚电力生产公司确立为开发目标。另外，还有100多处地方可以建造更小型的水电站，如亚拉、阿西、马拉和塔克韦尔水系。事实上，在凯里乔高地，一些小河流已经建立了水电站，该区域通过水力发电，实现了电力自给自足。

表 4-13　肯尼亚大型水力发电站的发电情况

发电站	位置（区/河流）	发电能力（兆瓦）	投入使用时间	蓄水能力
马辛加水电站	塔纳湖	40	1981 年	156 000 立方米
坎布鲁水电站	塔纳湖	94.2	1974 年	地下发电站，由马辛加水坝供水
吉达鲁水电站	塔纳湖	225	1999 年	水流通过 2.9 公里地下管道从坎布鲁水电站导入
达鲁马水电站	塔纳湖	44	1968 年	水流通过 5 公里地下管道从吉达鲁水电站导入
凯姆贝尔水电站	塔纳湖	144	1988 年	58 500 立方米（由坎布鲁水电站供水）
特克韦尔河发电站	西波克	106	1991 年	160 000 立方米
总装机容量	—	653.2	—	—

在肯尼亚，电力主要通过水能、地热能和燃料发电机产生。目前，肯尼亚的发电能力大约为 1085 兆瓦，但大部分设备的实际发电量低于这一水平——有效发电功率仅为 1032 兆瓦。这可能是由于长期干旱所导致的水能不足，一年内的降雨量如果小于预期值，也会造成水能不足，但如果雨水过多也会造成水坝被淤泥堵塞，导致发电量达不到预期值。

肯尼亚的一大半水力发电设备容量都是安装在塔纳湖流域，依靠塔纳湖进行发电的主要发电站包括马辛加水电站、坎布鲁水电站、吉达鲁水电站、达鲁马水电站及凯姆贝尔水电站，它们一起被称为七岔口水力发电站，发电总量可达 563 兆瓦，占肯尼亚发电总量的60% 左右。这几个发电站不仅仅是沿着一条河排列开来，它们同样与临近的水库相互串联起来，这样每个水库就可以利用其他水库事先产生的水压进行发电。在干旱季节，马辛加水电站的水坝可以为其他水电站提供水资源。

七岔口水力发电系统的建筑成本非常低，除了能将水流从一个发电站引导到另一个发电站外，所产生的电力有时候也可以传输到另一个发电站，然后传输到肯尼亚的首都内罗毕。例如，马辛加水电站产生的电力可以首先传输到坎布鲁水电站，接着再传输到内罗毕；类似地，吉达鲁水电站产生的电力也可以先传输到坎布鲁水电站。由七岔口水力发电系统产生的电力，要传输到内罗毕，需要经过坎布鲁、达鲁马及凯姆贝尔这三个水电站。

这种几个水电站串联在一起的形式，以及它们仅仅依靠一条河流发电，大大降低了肯尼亚水电行业抗干旱的能力，当这条河流及流域经历干旱期时，整个国家很可能面临间歇的电力短缺，即使其他地区的雨量充裕，也不能弥补这一地区的水量。事实上，肯尼亚的水电公司也经历了好几次电力短缺的情况，不得不与私人电力厂商协商紧急供电。为了降低电力短缺的风险，2018 年，肯尼亚开始建设东非最大的太阳能发电厂，该电厂的发电总量预计为 54.6 兆瓦，这将使肯尼亚的装机容量超过 2352 兆瓦。

除了七岔口水力发电站和特克韦尔河发电站外，肯尼亚还有一些小型水力发电站（表 4-14），其中一些已有 50 年历史，至今仍然在使用中。在 20 世纪前叶和中叶，一些欧洲的移民曾向肯尼亚引进许多小型的水力发电机。表 4-14 详细介绍了现在仍在使用的水力发电站。相比其他类型的发电技术，肯尼亚在水电发电设备的零件维护方面相当出色。

表 4-14　肯尼亚小型水力发电站的发电情况

发电站	位置（区/河流）	发电能力（兆瓦）	投入使用时间
梅斯克发电站	马拉瓜	0.38	1919 年
恩杜拉（Ndula）发电站	锡卡	2	1924 年
塔纳湖发电站	塔纳湖上游	14.4	1940 年（3 机组） 1953 年（新增 2 机组）
萨加纳发电站	塔纳湖上游	1.5	1952 年
戈高（Gogo）发电站	米戈利（Migori）湖	2	1952 年
索希阿尼（Sossiani）发电站	索希阿那（Sosiana）湖	0.4	1955 年
万基伊（Wanjii）发电站	马拉瓜	7.4	1955 年
总装机容量		28.08	

各小型水力发电系统的发电能力大概在 400～800 千瓦，主要分布在一些种植茶叶的高地，一些欧洲裔定居者在这些地方经营农场。位于这一地区的提恩韦克（Tenwek）医院，也在使用 400 千瓦的小型水力发电设备以供照明。

4.3.2　新能源开发潜力及现状

(1) 太阳能和风能资源的现状

肯尼亚地区恰好位于赤道两侧，因而全年都有充足的光照可以用于太阳能转换，这里同样有一定的地理和气候特征，保证其风能也能转换成有用的能源。然而，这些能源都没有得到充分开发，其主要原因是，目前的国家能源政策和所实施的战略没能给予这些能源应有的关注。有关能源政策的文件都涵盖了这些领域，但是相关的战略实施仅限于减少相关能源的税率，或仅是政治口号。

在过去的几年，肯尼亚制造太阳能热水器的能力得到了很大的提升，在东非地区，肯尼亚的太阳能热水器以及光伏电池板的使用数量处于领先地位，一些大型太阳能设备用于医院、学校和宾馆，而小型的太阳能设备则主要用于服务城市附近或农村家庭。还有些地区安装了光伏太阳能系统用于发电，一些风力机也用在了农村地区的抽水工程上。

据统计，肯尼亚目前安装并使用着超过 5 万台光伏电池板，一些大型国有企业，如邮政和电信企业还会将太阳能光伏电池板用于它们自己的通信系统，以提高其通信服务的覆盖率，甚至可以覆盖到那些国家电网无法供应电力的地区；负责野生动物保护的国家组织同样也会使用太阳能光伏电池板，它们主要用在给防护栏加电上，进而将动物限制在规定的狩猎区。肯尼亚的市场非常适合发展此类设备，但同样的问题，政府的支持仍然仅限于税收优惠。

在肯尼亚，目前有两个风力发电机生产商，它们生产的大部分涡轮机都只用于抽水。而在肯尼亚电力公司运行着的两个风力涡轮机则是在欧洲国家的帮助下从国外进口的，它们为内罗毕附近的恩冈地区提供了 350 千瓦的电力。这两个风力发电机的成功运行证明了该地区确实有充足的风力可以用于发电。第三个风力发电机位于马萨比特地区北部偏远的城镇，它是肯尼亚唯一一个混合动力/风力涡轮系统发电机，其功率可达 200 千瓦。这些都只是肯尼亚用于发电的风力发电机中比较有名的几个。

肯尼亚具有大量使用风力发电机的潜力，风速普遍较高，有 50% 以上的地区每年平均风速可以达到 3 米/秒。肯尼亚有两个本土的风力发电机生产商，信誉可靠，而且可以提供包括零部件在内的一系列售后服务，这两个生产商已经在当地生产并销售了许多风力发电机，而这些风力发电机主要用于本国不同地区的抽水工作。

（2）太阳能和风能资源的潜力

1）太阳能。受 20 世纪 70 年代的能源危机影响，东非地区开始寻找替代能源，在此过程中，太阳能转化为电能的技术被引入东非。由于肯尼亚的大部分城市家庭和几乎全部农村家庭都不能用到国家的电力，所以太阳能资源在国内能源供应中扮演重要角色，尤其是在照明方面。

太阳能潜力巨大，但太阳能资源的发展没有得到足够重视。肯尼亚地区的平均日照量为 21 兆焦耳/（米^2·天），最小日照量为 15 兆焦耳/（米^2·天），最大日照量为 25 兆焦耳/（米^2·天）（图 4-6）。如果人们足够重视并能正确了解和认识太阳能设备的使用和维修方法，太阳能设备在农村地区将会受到欢迎。如果能够得到国家支持，太阳能的利用率将会得到很大幅度的提升。

在光伏市场发展的初期阶段，太阳能设备的零部件主要依靠进口以及其他国家的捐赠。20 世纪 80 年代，肯尼亚国内太阳能转化技术日臻成熟，同时生产光伏材料的研究也在当地各大高校开展起来。尽管由于缺乏组织和世界级先进技术的支持，肯尼亚在太阳能领域的成就并不显著，但这些研究还是大大降低了光伏组件的成本。

光伏系统在肯尼亚还是很有潜在市场的，但是受到农村地区信息资源的缺乏和太阳能分布点稀少的影响，想要进行设备的投入和使用，还是受到很多限制的。2010 年肯尼亚的人口已经达到 4100 万，而且还在稳步增长。这些人中的大多数都需要用电，尤其是家庭照明，太阳能可以为他们解决这些需求。但重要的是，肯尼亚的太阳能公司应当提高太阳能的安装技术以及售后维修服务质量，这样才能让用户放心使用太阳能设备（包括光伏系统、太阳能炊具、太阳能热水器、太阳能烘干机及太阳能灯等）。如果政府能够采取适当的推动措施，如鼓励和对购买太阳能装置的居民进行补贴，太阳能能源还是很有可能解决农村的用电问题的，光伏发电也能吸引一些私人的电力生产商。

经过估算，100 瓦的光伏电池板提供的电力能供 4 个人使用，2400 兆瓦的太阳能电力就能满足全国所有的家用照明，按 3 美元/瓦的价格来算，成本约为 7.2 亿美元。肯尼亚

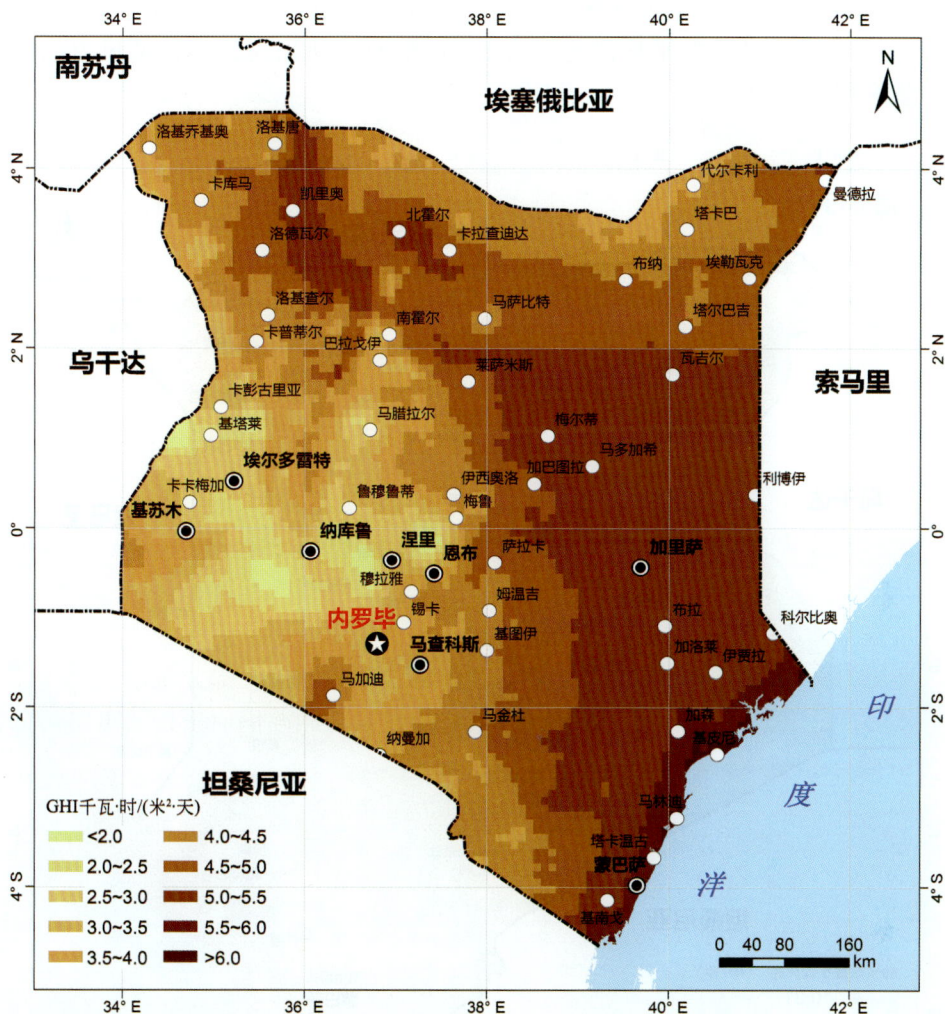

图 4-6　肯尼亚水平面总辐射量（GHI）分布图

在电力输送设施的投资已经达到了几百亿美元，肯尼亚的发电量已经达到 1200 兆瓦，但是超过 90% 的人都还无法获得电力供应。据 2003 年的统计数据显示，肯尼亚有 14 万平方米的太阳能集热器，用于生活用水的加热，但只有 10% 用于个人家庭，剩余的都用于宾馆、医院和大学之类的机构。

　　2）风能。肯尼亚高原、维多利亚湖盆地和山地区域的平均风速都可以用来发电或抽水。已经安装并投入使用的风力发电机运行良好，产电量水平也较为合适，这证明了肯尼亚的风能应用有很大的潜力。在肯尼亚，有两家当地的风力设备厂家，一个靠近内罗毕，另一个位于滨海省，肯尼亚境内已安装的 350 台风力抽水机，大部分都是由这两家厂家生产的。风力发电不用燃料，发电设施相对便宜，对那些偏远农村地区而言，这是一个更为合适的选择。

　　图 4-7 中显示了肯尼亚一些地区的平均风速分布情况。显然，东部沿海一些地区的平均风速总体超过了 4 米/秒。马林迪和基皮尼这两个地区尽管相隔 100 公里，平均风速却

几乎相同，因为它们都位于沿海区域。此外，东部内陆地区也遍布着许多平均风速超过 4 米/秒的地方，如马萨比特的平均风速约为 11.5 米/秒，所以说该地区的风力能源还是有很大的开发利用潜力的。

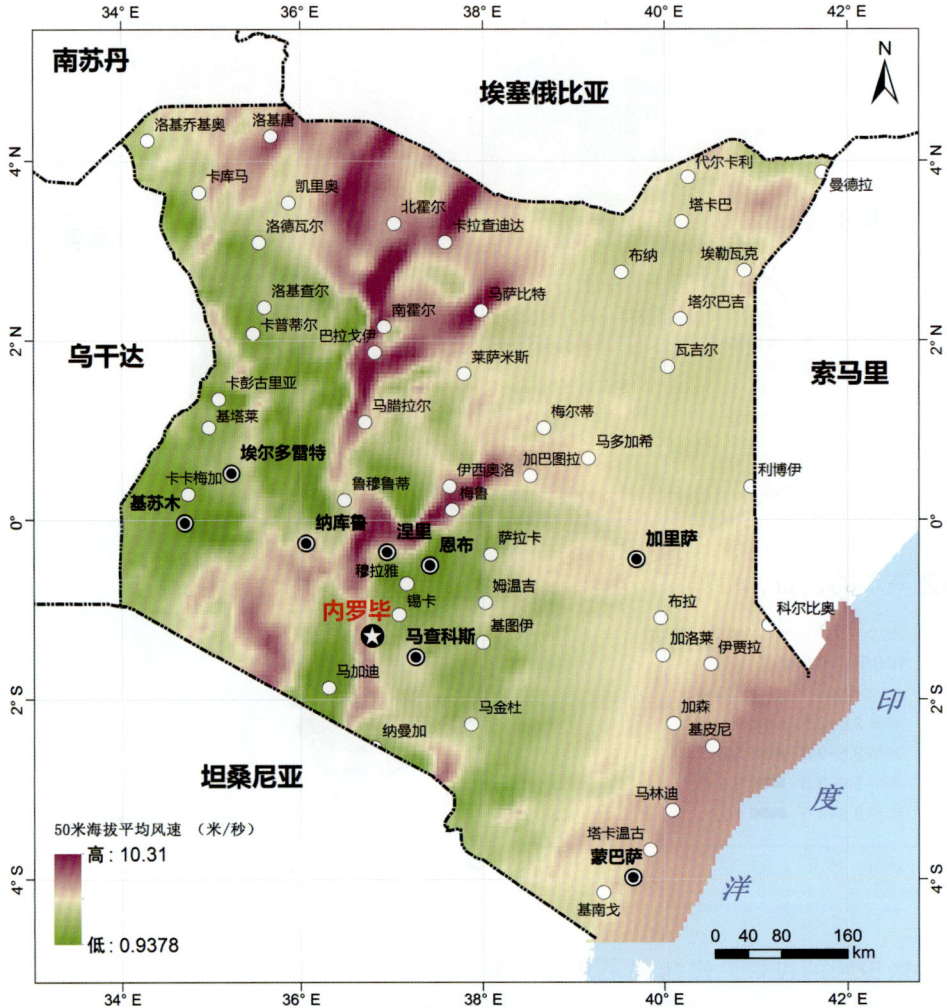

图 4-7　肯尼亚风能资源分布图（风速）

（3）地热资源的现状和潜力

地热能是肯尼亚地区迅速发展的一项能源，此类能源主要是由存储在地壳中的岩石与水资源中的自然能源获得。由于此类能源是通过钻井的方式从地下加压热水和储气池中获取，所以钻井的深度必须足够浅，保证生产此类能源的经济效益。钻井的蒸汽通过管道传输，带动涡轮机转动，由此带动发电机生产电力。

肯尼亚多为平均海拔在 1000 米左右的熔岩高原，著名的东非大裂谷纵贯南北，是世界上三大断裂带之一，这种地质结构决定了其地层中不同的活动板块边缘比较靠近地壳，沿着断层带的地壳较薄，热质较接近地球表面。经历了数百年形成的沉积矿床和地震引起的地壳弯曲也形成了受地心岩浆加热的地下热水和蒸汽储层。

肯尼亚是东非地区首个使用地热能的国家，主要位于奈瓦夏湖南岸的奥卡瑞地区，距离肯尼亚首都内罗毕 120 公里，面积 100 多平方公里。从 20 世纪 50 年代起，肯尼亚已在该地区进行地热资源勘探工作。开发地热和钻探石油的方法有类似之处，就是向地层深处钻井，井深 900～1600 米不等。在这个地区，渗入地下数公里的奈瓦沙湖湖水的水温可达 200℃，高温的水转化为水蒸气。

直到 20 世纪 70 年代，肯尼亚才钻出具有实用价值的热水和蒸汽储层。早期建成的奥卡瑞地热工程有 3 个蒸汽机，功率共计 45 兆瓦。其中，第一台蒸汽机于 1981 年开始运行，最后一台于 1985 年投入使用，共计钻了 33 个钻井为这些设备提供蒸汽。在地热能发展的第二个阶段，即在奥卡瑞 Ⅱ 竣工时，会增加 64 兆瓦的功率。第三个地热能站——奥卡瑞 Ⅲ 则完全由一家私人发电公司拥有并运营，在其竣工时会再提供 64 兆瓦的功率。到 2003 年年初为止，奥卡瑞 Ⅲ 已经有 13.5 兆瓦功率的设备投入使用，而在 2005 年奥卡瑞 Ⅲ 竣工时，整个奥卡瑞地区所产生的功率已达 109 兆瓦，在奥卡瑞 Ⅱ 完全投入使用后将有望增加至 173 兆瓦。

拥有奥卡瑞 Ⅲ 的私人能源生产公司是肯尼亚地区第一个使用空气冷却转换器来保证表面零放电的公司。目前，该技术是肯尼亚地区最先进及最环保的发电技术。该公司主要负责把其生产的电力销售给肯尼亚电力与照明公司（KPLC），用于全国的电力分配。尽管建造了如此高端的设备，肯尼亚的地热能发展仍然达不到估计地热潜力的 10%。据估计，肯尼亚地热能的发展潜力可达到 2000 兆瓦，当所有规划的发电设备投入使用时，地热发电将占全国电力供给总量的 16%～20%。

东非大裂谷将肯尼亚分成了两个几乎完全独立的部分，在大裂谷两侧十分适合发展地热能。因此，肯尼亚政府在这里积极选址，以建立更多的地热能发电站，另外，还会有私人的能源生产商参与到地热能发电的过程中。

目前，肯尼亚电力生产公司和其他私人的电力生产商正在继续努力寻找更多的地热地点，已经挖掘了许多勘探井，如巴林戈湖附近（因为那里有温泉）、欧凯瑞尔和卡比如附近，但仍然没有任何实质性的进展。据估计，肯尼亚已开发利用的地热资源超过 1000 兆瓦。

地热资源除了可供发电外，还可以提供少量的酸性水，用以灌溉碱性土壤，也可以利用地热能源熔炼金属等。

（4）生物质能资源的现状

生物质能包含一系列广泛的气态、液态和固态材料，如沼气、发生炉煤气、酒精、木炭和木材。在肯尼亚的城市贫民窟、半城市化地区及农村地区，木材是主要的能源。长期以来，人们可以从居住的环境周围获得木材，因此很难想象会有人购买木材作燃料。但当下，木材数量急剧下降，很多木材燃料也开始作为一种商品在当地市场进行销售，即使在农村地区也不例外。然而，与其他能源相比，木材燃料的价格仍然很低，而且很多人仍然可以不通过购买的形式获得它。所以说，木材作为生物质能的一种，仍然非常值得研究。但以现在的技术，想要知道以木材作为能源的具体数量，是十分困难的。因此无法定义一个标准来确定木材的具体能源性质，木材也没有固定的种类。木材的品种多种多样，每一种木材根据它的含水量，所拥有的能量也是不同的。因为木材中的水虽然没有热量值，但却会减少每单位重量的木材的净热能值。表 4-15 列举了不同含水量的木材能量值。

表 4-15　肯尼亚木材和木材产品的能值情况

类型	水含量	热值含量（兆焦/千克）
木材	50%~60%	8.3
	15%~20%	16.4
	8%~10%	19.3
木炭	5%~10%	29.0
木煤气	—	7.0

不仅如此，含水量不同，重量也会不同。木材的运输成本普遍较高，木炭则稍具经济效益。木炭由木材加工而来，虽然仅含有原木材大约 50% 的能量，但却只有原木材 25% 左右的重量。而且与木材相比，木炭存储的时间更长，它的发热值甚至可以与某些工业级的煤炭相媲美。由于各种因素，木炭成了城市低收入人口最常使用的一种能源形式。他们的存储和烹饪空间较少，如果使用木材则会十分困难，木炭在燃烧时不会产生太多的火焰，不会给使用者带来危险和不适。

在肯尼亚，生物质能源在全国能源消耗中所占的比例已经从 20 世纪 80 年代的 80% 降到目前的 72%，其生物质能源消耗量较东非地区其他国家低，这是因为肯尼亚农村贸易中心的数量迅速增加，这里的小型贸易者都会出售煤油，而居住在贸易中心的居民则开始倾向于使用煤油进行烹饪和照明。随着贸易中心的发展，国家电网也会将电力网络扩展到这些地区，一些收入较高的人则开始使用电力和液化石油气。另外，肯尼亚的城市化水平较其他国家较高，更多年轻人在城市里工作，所以肯尼亚具有较高的人均清洁能源消耗和较低的生物质能源使用率。

肯尼亚的农村人口对生物质能源的依赖程度依然相当高，随着人口的增长，生物质能源的消耗开始增加，许多人开始意识到它作为能源的关键作用，并开始种植大量树木，使用这些植物废弃物作为能源。农场中木材的数量在不断增加，种植的主要树木品种包括银桦、桉树、柏树以及各类水果树。

（5）生物质能资源的潜力

生物质能是指各种植物燃烧所产生的能源（木头、草、灌木、农业废弃物、锯末和甘蔗渣等），包括它们的气态、液态和固态产品，像甲烷（沼气）、生物柴油、炉煤气、乙醇（能源酒精）、牛粪和木炭。有些热力发电机就是直接利用生物质能产生的蒸汽来带动涡轮机的旋转。热电联产就是直接利用生物质燃烧所产生的热力。一些生物原料，如甘蔗、就能通过发酵转变成乙醇（也叫做能源酒精），反过来可以用来调节以石油为基础的燃料的使用量，降低石油的消耗，尤其是交通运输的附属行业的石油消耗。这样也可以减少国家进口石油的外汇花费，更长远地说，乙醇可以用于发展工业中的各个行业。

由于石油生产国的政治动荡，石油价格的突然上涨，肯尼亚在石油进口经费上已不堪重负，因此，已经开始尝试把从生甘蔗和蜜糖中产出的乙醇混入石油，用作机器和交通工具的动力燃料。

生物质能源容易得到并且可以控制产量，除了作为能源，生物质还有其他的用处，如建筑材料、家具原料，所以总体上来说，生物质的需求量是很大的。生物质作为非能源用途时，需要的是高品质的木材，而用作能源时，只需要一些树木枯枝和木材废料，木头燃料只需从活树上取得，而不需要把整棵树砍掉。

使用这些生物质能源也并不需要太复杂的烹饪工具，通常只需要一个简单的由三个石头围成的简易炉灶，在中间放入木头点燃，或者挖出一个椭圆形的洞穴用以燃烧木材等生物质。最近一种便携式的木材燃料炉灶，在一些农村和学校传播开来。另外，由于木炭便于储存和运输，木炭的消耗量也相当大。

生物质能源发电的潜力很大，同时，生物质能源设施（用来燃烧各种原料，如煤饼、锯末、木炭渣、枯叶、稻米壳和咖啡壳的炉灶）也有很大的开发潜力。鉴于以生物质为能源来源的人口数量如此之多，生物质能源在任何农村能源发展计划中的地位都不可忽视。考虑农村的现状——简陋的茅草棚、困苦的生活以及他们的饮食习惯——在短期内都不会有太大的改观，作为能源系统的一个重要组成部分，生物质能源的发展必须认真对待。

生物质能源不仅可以转化为普通的能源形式（热力和电力），而且可转化为气体和液体能源，如沼气、炉煤气和乙醇。目前在肯尼亚，这种转化技术还很落后，但有很大的提升空间。此外，木炭作为一种高温生物燃料，它的生产和利用已经普及，但仍需提高木头转化为木炭的技术。

从整体上看，整个大环境很适合发展生物质再生产项目。例如，从甘蔗中提取乙醇，然后混入进口的石油中，甚至不用改装发动机，如果石油、乙醇混合的比例恰当，可以减少 20% 的石油进口。为此，肯尼亚研究了两种方法：一种是运用肯尼亚西部糖厂的糖浆来生产乙醇，另一种则是直接从甘蔗里面提取乙醇。前一种方法更为经济可行，这是因为有许多糖厂可以为乙醇生产厂家提供糖浆。在西部的糖厂集中区域，新建了两个工厂，一个是莫赫鲁尼的农业化学和食品公司，另一个是基苏木蜜糖厂。

要进一步提升乙醇的生产效率，就必须把糖浆生产、乙醇生产和电力生产结合起来，这样才可以显著降低生产乙醇的成本。另外，肯尼亚地区有许多尚未开发的农作物，也没有任何运用生物柴油的例子，因此，对生物质能源的研究和发展计划需要做长远的考虑和打算。

4.3.3 能源的开发及利用

肯尼亚缺乏天然气和煤炭，在东非三国中，肯尼亚的工业、农业部门相对发达，对这两个部门的能源投入也相对较多。肯尼亚在 2000 年的能源消费总量约为 1500 万吨石油当量，其中生物质能源占 79%。家庭部门能源消费占总量的 68%，交通、工业、农业部门能源消费分别占总能源消费的 12%、11% 和 7%。从能源消费类型来看，水电仅占约 1.8%，进口的化石能源相对较多，达到 19%。可以看出，肯尼亚对生物质能源具有高度依赖性，政府也未对能源开发给予足够的重视，这也许是肯尼亚地区发展速度缓慢的原因之一。由于对生物质燃料的持续使用会对土壤肥力以及环境造成不利影响，因此，除政府外，这一现象也应引起环保工作者的高度重视。

由于缺乏石油、天然气等资源，这两种能源的使用只能依赖进口，而在目前阶段，肯尼亚的经济发展不确定性较大，进口所需的外汇储备不足，需要考虑可行的其他可替代能源。

（1）民用能源

能源利用途径及来源可以从两方面讨论。

关于能源的利用，人们会遵循某种先后顺序，尤其是在家庭使用方面，人们会把烹饪放在最重要的地位，接着就是照明，除此之外，对能源的使用取决于每个家庭收入的高低，由于商业能源都会进行精心管理，所以家庭能源的需求和使用则更加复杂，而且经常会被一些超出政府控制的因素所影响。在肯尼亚，家庭能源需求大约占全国能源总需求的80%，所以对家庭能源应用和来源进行全面的理解则变得至关重要。东非国家所在地区所呈现的地理、人文风格各有千秋，其收入水平和自然资源也参差不齐。由于家庭收入水平的高低和传统饮食习惯的不同，有些家庭可能每天需要烹饪四顿饭，这些主要包括茶、粥以及其他快餐。然而有些食物的烹饪可能需要四个小时，但有些仅需极短的时间。大约有95%的农村人口完全依赖于木材进行烹饪，而他们主要使用的是传统的三石壁炉，还有一些家庭使用的是改良的三石壁炉，这些壁炉燃烧时用泥土隔离，以减少热量的损失；一小部分家庭使用更高效的陶土炉灶，这些主要是近20年由非政府组织引入和传播的。木柴是这些炉灶中的主要燃料，当然在木材紧缺时，人们也会使用牛粪和农产品废弃物来代替。木炭则是第二种用于烹饪的重要燃料，它主要用于城市贫困家庭，不过最近农村地区使用木炭的频率也有所见长，尤其是在那些木材供给量远不如需求量的地区。木炭主要是在简单的金属炉或改良的陶瓷炉中燃烧，可以实现更高的燃烧效率。对于这两种炉灶，当地工匠都会制作。煤油的应用比较广，但是由于它比生物质燃料的价格高出许多，而且需要更昂贵的灯芯炉，所以人们只会在需要快速完成食物时才会使用它。同时，即使那些承担得起煤油燃料价格的人也很少使用它，因为煤油的使用会带来极大的安全隐患，而且用煤油炉烹饪食物时可能产生大量的烟被食物吸收，这样极大地损坏了食物原有的鲜美。液化石油气的使用也非常有限，一方面是由于它的成本很高，另一方面是由于它在农村地区的供给相当不充分。电力同样也在家庭烹饪用能上扮演着微不足道的角色，这主要由于它的高成本和有限的可利用性。肯尼亚境内几乎没有任何煤炭储量，但仍会进口一定数量的煤炭用于工业。

生活照明是能源需求中第二大使用方向。尽管可满足此类需求的能源大多都很昂贵，但农村家庭仍然是有能力支付其中一小部分的，而且照明时间普遍都较短。大部分家庭每天所需的平均照明时间大约为3小时。除此之外，使用木柴进行烹饪时也可以为烹饪区域附近提供少量的光照，这样，如果整个家庭都围坐在火焰周围的话，基本上就不需要额外的照明了。在有月光照射的夜晚，烹饪可以在室外完成，这样也减少了对光照的需求。大部分家庭都会使用煤油来作为照明能源，然后使用不加挡风玻璃的灯芯油灯来燃烧。这类灯油对煤油的消耗量极低，因此得到了大部分农村家庭的青睐，其中有超过95%的农村人口都会使用此类煤油灯，尽管煤油本身价格可能对他们来说过于昂贵。同时，使用更加昂贵的干电池也非常普遍，但是对干电池的使用仅限于人们在想要找东西时对手电筒的使用上。一些铅酸干电池可以用于照明和娱乐，但它们的使用同时受到高成本和缺乏充电设备的限制。类似地，太阳能光伏系统还没有给农村照明能源的形式带来任何影响，原因有很多，其中自然包括最初成本过高。所有其他的家庭能源需求，如收音机使用、空间取暖和水加热等，都会受到贫困的限制，因此都不会进入大部分低收入家庭的考虑范围。

总体来看，肯尼亚对不同能源的使用大部分都会受到贫困的限制。大约有 45% 的人口日收入还不足 1 美元，而大约 90% 的人口日收入不足 3 美元。这就意味着大部分居民收入都无法满足他们最基本的生活需求，如像样的饭菜、体面的穿着、正当的医疗保健、充足的能源和清洁的居住环境。他们不得不挣扎着尽可能地满足以上需求，既需要利用自己的生产策略，同时也需要极大地利用自然产物，尤其在能源和医疗保健方面（对生物质能和草药的使用）。这就是为什么木材、牛粪和农产品废弃物等补充燃料，成为肯尼亚农村地区最为重要的烹饪能源，而同时木炭则成为农村贫困人口尤为重要的能源形式的原因。

肯尼亚的大部分农村家庭（大约 90%）都会从周边地区收集木材，不需支付任何费用，部分家庭可能既收集木材又购买木材。城市家庭也会购买木炭和少量木材，两者都是由农村运输到城镇，在城镇会有很多批发商从事木炭和木材的销售工作，他们主要分布在居民区内。木炭和木材的价格可能各不相同，但都会维持在低收入家庭可支付的范围内。

农作物残渣和动物粪便仅用于农村，尤其是在它们产生的地方，这样可以直接用于自家农田和宅地里。它们都是免费获得的，因而也不会被考虑作为商品出售。在某些部落的习俗中，销售牛粪和农产品废物甚至被认为是一种禁忌。

据统计，2015 年，肯尼亚基本家庭能源消费包括木材约 410 万吨，木炭 60 万吨，煤油 30 万吨。

（2）商业能源的利用和管理

石油燃料和电力是两大重要的能源，它们都与商业和政治利益相关。石油燃料涵盖了柴油、汽油、煤油、航空燃料和液化石油气，是一种多功能的能源形式，还可以用于产生其他形式的能源，如进行发电。到 2005 年为止，在肯尼亚还没有发现任何可开采的石油储备，但有关石油勘测的工作将会一如既往地进行下去。这些工作在多个跨国石油公司与政府的协议下进行。肯尼亚是原油净进口国，所进口的石油基本上都来自中东阿拉伯联合酋长国。1988 年，一家石油公司在肯尼亚伊西奥洛地区地深 4000 米的地方发现了石油，但其开采工作在经济上是不可行的。

为满足商业和工业目的的能源使用，肯尼亚通过有组织的供求系统进行全面管理。这个系统主要由政府和主要利益相关方控制。在对石油进行市场化销售之前，石油在以原油的形式进口至国内后，首先要在蒙巴萨进行提纯。进口工作主要由国家的石油公司控制，它们既负责石油的进口工作，又负责其分配工作。肯尼亚的石油精炼厂每天可以加工 9 万桶石油，本国每天消耗约 6 万桶石油，还需供应东非地区的其他国家。肯尼亚对石油的进口金额约占进口总金额的 20%，石油进口给经济发展带来了极大压力。

20 世纪 80 年代以来，从总体上来讲，石油产品和商业能源的价格有显著提高，这同时导致了其他商品价格的上涨。这给社会也带来了一定的问题，因为越来越多的中等收入家庭不得不退回到贫困线以下。

煤油是低收入家庭使用的主要能源形式，而煤油价格自 1980 年开始已经上升了 170%，而木炭的价格也上升了 60%，这不得不迫使低收入家庭重新回到了贫困线底层。与此同时，液化石油气和电力的价格也分别上涨了 75% 和 70%。有关石油的价格波动在所有商业能源中最为明显，因为国际市场和国内政治都会给其带来一定影响。能源产品价格的上涨，很可能成为国内石油危机的开端。

20 世纪 90 年代，石油的价格急剧上涨。一方面，政府认为这可能是跨国公司暗中勾结，肆意抬高价格，以提高它们的利润率；另一方面，石油公司认为这是政府试图将公众的注意力由它们不完善的经济管理转向经济行业本身的一种手段。这种矛盾直接导致了肯尼亚政府建立当地监管委员会，用以监管整个行业。

为了评估该监管体系的工作效率，举一个 2005 年的案例，当时肯尼亚政府重新安排了进口石油支付税费的方式，同时又保持税费水平不变。这种新的税费支付方式要求石油公司提前支付税费，石油公司当然不会支持这一政策，所以立即提高了石油产品的零售价格，开车的居民需要花更多的钱在日常汽油的消耗上，这样就抵消了石油公司提前支付的税费。从该案例可以看出，石油公司的垄断联盟为实现利益最大化，利用自身的力量对抗政府的监管制度，这样的监管制度效率是十分低下的。之所以发生这种现象，主要是因为国内有限的石油存储能力无法长时间供应石油，政府的监管机构根本不可能促使石油公司降低石油进口。相反，政府很可能会被石油公司的垄断联盟所威胁，因此，能源行业的监管机制应重新制定，以保证不会在困难时期发生社会经济混乱现象。

尽管政府和石油公司在关于自身利益方面常会发生矛盾，但它们一直在加工和分配石油相关产品上紧密合作着。肯尼亚炼油公司（KPRL）由肯尼亚政府控制着 50% 的股权，其余股权则由石油公司控制（壳牌石油公司和英国石油公司分别控制着 17.1% 和 17.1%，雪佛龙公司控制着 15.8%）。2005 年，政府宣布投放 2 亿美元用来提升石油的提炼技术，其中使用到了加氢技术，以生产大量的低热值燃油产品和少量高热值燃油产品。当时所提到的加强技术将有助于工厂生产更多的无铅燃料。显然，这其中的一部分费用将通过涨价而转嫁到消费者身上，这一转移将进一步恶化经济困难。

肯尼亚国内对石油产品的消耗量大约维持在平均每年 260 万吨的水平，所有的消耗量都依赖进口。对石油的进口数量控制主要掌握在肯尼亚炼油公司手中。这个炼油公司位于蒙巴萨，主要由壳牌石油公司和英国石油公司于 1960 年合并而来，但真正投入市场是在 1963 年。之后越来越多的公司开始购买此公司的股份，1971 年，肯尼亚政府收购了该公司 50% 的股份。这个炼油公司所使用的技术可以生产大量低热值燃油及数量相对较少的高热值燃油。这些产品从炼油公司生产，首先运输到大约 500 公里外的内罗毕，这主要通过直径为 35.55 厘米的输油管道来实现；之后再运输到肯尼亚西部的基苏木和埃多雷特，从内罗毕到其他这些地区的输油管道则更细。所有输油管道将运输大约 60% 的石油产品，而肯尼亚铁路和一些公路则负责其余石油产品的运输。而石油产品最终的销售则通过加油站网络来实现。其中还有一部分石油产品会出口至邻国。

在进行所谓的能源部门市场化之前，石油产品的价格都是由财政部门在能源部门的指导下制定的，之后再下达至石油公司执行。在制定价格时，会考虑一系列因素，如采购成本、加工成本、税费、运输成本以及利润率。整个定价系统被市场认为是不透明的，而且未对各类经济因素给予全面考虑，因而被视作是政府操控需求以实现供需平衡的一种手段。这可能给政府和石油交易者之间带来大量矛盾，因此，肯尼亚有必要发展一种长期的定价机制，促使石油公司获得充足的回报，以用于进一步的投资和扩张。正是这些问题才迫使石油公司呼吁加强该行业的市场化改革，由市场供求关系来决定石油的市场价格。这些改革在 20 世纪 90 年代中期完成，政府规定，石油公司在国内存储的石油数量可以持续供给 30 天，液化石油气可以持续供给 10 天，石油公司可以自行选择从国外进口已加工的石油，或是在国内提纯石油。这项政策鼓励新的投资者参与到石油工业中。尽管一些资格老的公司仍然控制着大约 75% 的国内石油产品零售市场，但至少已经有 10 家新公司进驻该行业，并活跃于石油产品的进口和销售贸易。当然，市场化的改革加大了供给的不稳定性，也降低了政府对该行业的控制。

（3）电力部门的管理

电力部门的管理工作与石油部门的管理工作或多或少有些不同。在肯尼亚独立之前，肯尼亚的电力能源都是由位于乌干达金贾市的水力发电站提供。在这几个国家获得独立时，有一项协议要求乌干达必须继续为肯尼亚提供至少 5% 的电力，即使在肯尼亚发展到可以独立生产电力时也继续提供。到目前为止，随着乌干达本国电力需求量的增加，已有迹象表明乌干达考虑终止供应电力，但肯尼亚仍会从金贾的水力发电站获得少量的电力。除水力发电之外，肯尼亚还从坐落在裂谷省的地热发电设备获得部分电力。有相当一部分电力来自大型移动式发电机，获得能源部门许可后，这些发电机由私人电力商运营，这是能源部门市场化的一种方式。还有一些应急电力商，主要是在长期干旱后，国家出现临时供电危机时进行供电，它们主要使用化石燃料带动发电机。这类私人发电商大部分都是在 1997 年的严重干旱时期出现的，当时肯尼亚迅速引进应急电力生产商来补充供电。

国家电网的电力分配都是通过一个由政府部分控股的电力公司实施的。在肯尼亚，主要是由肯尼亚电力与照明公司来管理电力的销售和分配工作。该公司是国有企业，过去曾面临严峻的管理和财政问题，其中主要的原因：一方面是政府的干扰，尤其是政府对电力公司向非能源发展提供资金支持进行干预；另一方面，政府的草率政治决定，对能源行业的管理带来了负面影响，包括过度就业和对非称职人员的雇用。这些问题主要是由政府在政治方面对某一群体的倾向所引起，同时，肯尼亚电力与照明公司的垄断状态也会给其他私人电力公司的发展带来负面影响。

近期，肯尼亚能源部门进行了市场化改革，从肯尼亚电力与照明公司分离出肯尼亚电力生产公司，独立处理肯尼亚的电力生产问题。然而，不同于石油行业，国家仍然希望能控制电力行业，一些电力设备之所以能建立起来，主要是因为政府参与了贷款和规划工作。因此，无论电力部门如何调整，政府仍然会在电力行业中扮演重要角色。关于这一点，最有力的证据就是，商业能源的监管工作长期由政府部门控制。

（4）肯尼亚能源部门所面临的挑战

肯尼亚大约有 80% 的人口还居住在农村地区，这些地区中存在一些面积狭小但人口众多的集市或贸易中心，最终有望发展为城镇，这些集市和贸易中心集中在主要公路网络附近，由于这些集市和贸易中心没有任何完善的服务供应体制，满足如对水、卫生和基础设施的需求，所以被认为这是农村组织中的一部分。不仅如此，这里居民的生活方式基本上也属于农村性质。

通常情况下，国家供电网络更倾向于紧随主要道路网络，这样更方便维护，并且可以保证电网设备的安全。尽管这使集市的居民更容易获得电力，但他们中大部分家庭仍没有能力支付电力。如果人们根本无能力支付，要关心是否容易获得能源的问题就根本毫无意义。

在农村地区，由于基础设施差，农村地区的人口太过分散，人口密度可以低到每平方公里20人，甚至更低，要将电力系统网络铺设到这些地区的代价太过高昂，农村地区的复杂地形也大大增加了电网的铺设成本。不仅如此，汽油、柴油、煤油和液化石油气的分配同样也受到基础设施的限制。

从传统上来讲，在农村地区，为家庭提供能源是妇女的责任，她们至多可以让自己的孩子一起帮忙，之所以会这样是因为主要的能源形式都是生物质材料，如木材、牛粪和农产品废弃物，它们大部分都是免费获得。这些材料通常都是立即可用，人们只需收集起来，带回家使用。正是收集木柴、打水、为家庭准备食物、照顾孩子、打扫房间、清洗衣服等这些简单的家务活动，给女人们带来了过多的负担，以至于在一定程度上她们根本无法参与社会经济发展活动，如教育。这样导致的结果就是，尽管妇女在处理家庭琐事上承担相当重的责任，她们仍然挣扎于社会的最底层，没有任何社会福利。其中，花费在收集能源材料上的时间是造成这一切结果的主要因素。

尽管政府实施了一系列有关促进经济发展和保障两性平等的政策，但在农村地区，有关能源使用的局面并没有得到丝毫改善。在农村地区，农村电力化的覆盖率不到2%，如果将肯尼亚所有城市和农村人口都考虑在内，那也只有10%的人口有机会使用电力。随着生物质能源数量的日益减少，该地区可能即将面对一次严重的能源危机。

几十年以前，大量的森林资源为人们提供了木材燃料，基本可以满足所有家庭的能源需求。随着人口的增长，人们对土地的需求量也开始增长，与此同时，粮食需求量也会增长，这样自然森林的覆盖率开始下滑。妇女们只能从更远的地方获得木材，甚至有人开始意识到有必要为满足家庭的能源需求而专门种树。因此关于木材的供给与保护问题引起了广泛的关注，在各种机构的大力支持下，出现了许多有关农林间作的推广服务，还包括提高木材燃料和木炭炉的效率，如设计出新颖且效率更高的炉灶。经过上述努力，农村地区对木炭炉的使用效率有了明显提高。

4.4 矿 产 资 源

4.4.1 矿产资源地质分布

肯尼亚矿产资源主要分布在西部（图4-8）。西部主要地层为新近纪高原熔岩及前寒武系基岩。早期为裂谷性溢出的席状高原玄武岩流，属中新世，部分为渐新世，分布于从图尔卡纳湖至纳特龙湖南北向的大裂谷带两侧；晚期为火山喷发性熔岩，多成火山锥，有的延续到更新世。

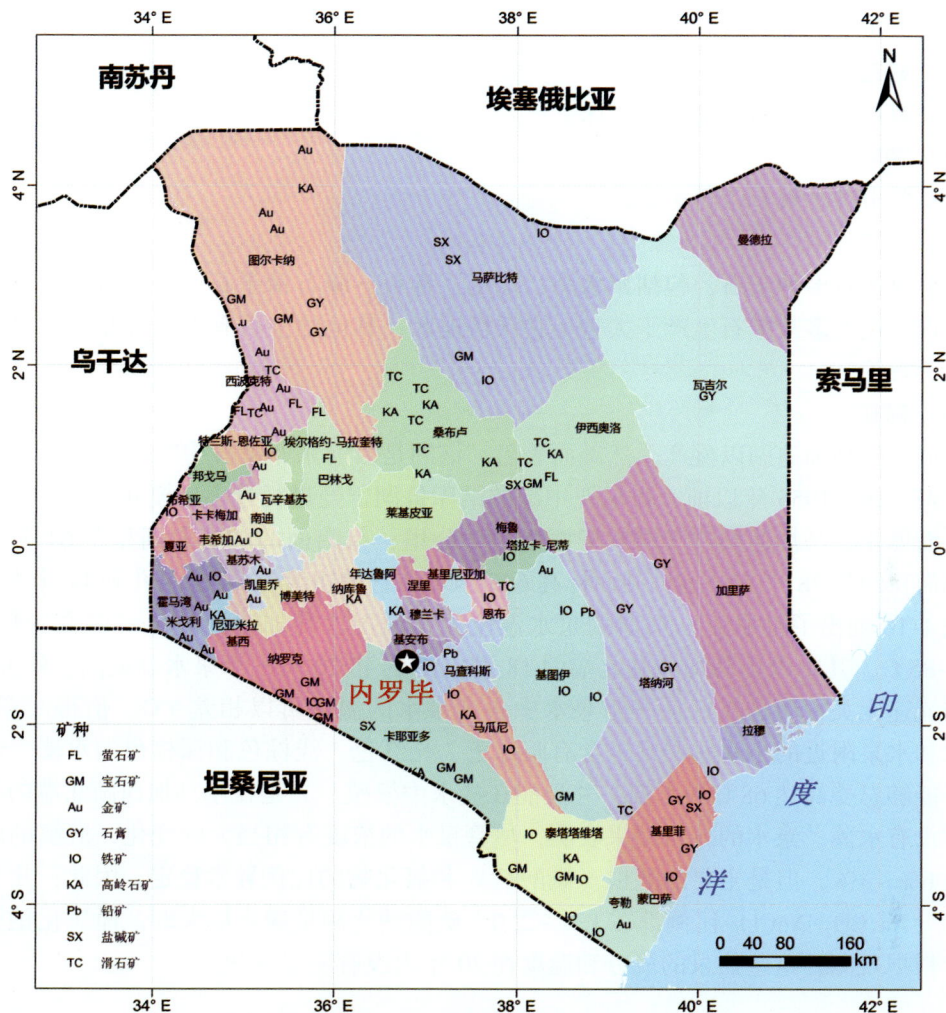

图 4-8 肯尼亚矿产资源分布图

东北部与埃塞俄比亚和索马里三国交界区称朱巴盆地，向北与谢贝利盆地相连。印度洋沿岸的肯尼亚海岸盆地，除蒙巴萨以西出露部分地层外，全部被现代冲积层所覆盖，东北方向与索马里的摩加迪沙拗陷相连。

4.4.2 主要矿产资源特点

肯尼亚的主要矿产资源有金、各类宝石、萤石、盐、重晶石、硅藻土、长石、石膏、石灰、硅酸盐、蛭石等。

（1）金

肯尼亚有很多金矿床，包括国家西部的绿石地带。

（2）钛和锆

丰富的矿砂矿床位于肯尼亚东南部，有钛铁矿、金红石、锆石。主要矿床有科里非、夸勒、马姆布里、维平勾矿床。

（3）硅藻土

在大裂谷有很丰富的硅藻土矿床。

（4）萤石

在科罗山谷发现有萤石矿床。

（5）宝石

肯尼亚产有多种宝石，包括紫水晶、绿玉、青石、绿石榴子石、红宝石、蓝宝石、电气石。肯尼亚大多数宝石生产于太它·它沃塔地区，其他的宝石有大裂谷北部的玛瑙、大河石、萤石等。

（6）碱矿

肯尼亚的马加迪湖以盛产天然碱而著名。该湖是目前东非裂谷中唯一进行大规模开采的天然碱矿床。1955年以前，肯尼亚中部的纳库鲁湖曾经进行过小规模开采，后因河流水位上升而停止。马加迪湖位于内罗毕西南112公里，与南面的纳特龙湖相距64公里。马加迪湖面积约为78平方公里，湖面标高605米。在它的边缘有24个泉孔和11个潟湖。

表4-16列出了肯尼亚马加迪湖泉水温度测试情况。马加迪湖的泉水温度变化颇大，从33~85℃，其中以小马加迪湖北端的18号、19号和20号三个泉水温最高。研究表明，水温与流速无关，而且在任何一组泉水中各个泉水的温度可以相差5℃。值得注意的是，在湖水和水泉附近的小水坑中常常含有暗绿色、亮红色、浅棕色和深棕色的水藻。这种水藻似乎能够忍受高达68℃的水温，并且能在盐水中繁殖。只是在小马加迪湖北端的高温热泉中才没有水藻。泉水的分析结果表明，尽管泉水的浓度有相当大的变化，溶解的固体物质为0.6%~3%，但是主要的酸根（碳酸盐）和氯化物的比例异常稳定。因此，几乎所有泉水的（Na_2CO_3/NaCl）比例都在1.9~2.0。硫酸钠比例是变化最大的，而氯化钠则比较稳定。根据观测，这些热泉的成分和温度在20年内没有明显变化。

表4-16　肯尼亚马加迪湖泉水温度和溶解的固体物质含量测试情况

泉号	温度（℃）	Na_2CO_3	$NaHCO_3$	NaCl	Na_2SO_4	NaF	固体总量	比重[*]
1	35.5	0.878	1.037	0.768	0.013	0.022	2.349	1.017
2	37	0.476	0.862	0.513	0.013	0.015	1.561	1.014
3	39	0.336	1.302	0.610	0.022	0.014	1.824	1.016
4	45.5	0.265	1.673	0.708	0.029	0.015	2.092	1.019
5	44	0.255	1.690	0.699	0.029	0.016	2.082	1.0185
6	48	0.338	1.661	0.728	0.031	0.017	2.176	1.0195
7	38	0.780	0.699	0.566	0.021	0.022	1.844	1.0155
8	39	1.181	1.272	1.042	0.027	0.022	3.093	1.0275
9	37	0.203	0.522	0.247	0.019	0.007	0.820	1.006
10	37.5	0.560	0.705	0.476	0.028	0.016	1.537	1.013
11	38.5	0.539	0.655	0.462	0.027	0.016	1.470	1.0125

续表

泉号	温度（℃）	Na_2CO_3	$NaHCO_3$	$NaCl$	Na_2SO_4	NaF	固体总量	比重 *
12	38.5	0.817	0.898	0.714	0.034	0.019	2.160	1.019
13	42.8	1.067	1.203	0.969	0.032	0.023	2.864	1.026
14	44.2	1.173	1.250	1.035	0.033	0.025	3.068	1.0275
15	40	1.538	0.630	1.025	0.029	0.024	3.021	1.0265
16	40	1.548	0.630	1.025	0.028	0.024	3.035	1.0265
17	35	0.111	0.381	0.217	0.028	0.004	0.617	1.004
18	85	0.345	2.076	0.838	0.026	0.027	2.564	1.024
19	81.5	0.595	1.695	0.842	0.024	0.028	2.569	1.0235
20	81	0.590	2.055	0.955	0.025	0.033	2.913	1.026
21	67	0.487	2.065	0.912	0.022	0.028	2.763	1.025
22	33	0.492	0.438	0.378	0.010	0.009	1.174	1.010
23	34	0.419	0.442	0.338	0.009	0.009	1.063	1.009
24	36	0.822	0.581	0.597	0.009	0.012	1.817	1.015

* 比重也称相对密度，液体的比重是该液体（完全密实状态）的密度与在标准大气压，3.98℃时纯水下的密度（999.972kg/m³）的比值。

潟湖是马加迪湖天然碱的边界。大多数潟湖都很浅，而且靠近泉水的涌出点。潟湖底部由熔岩、砾石或黑色黏土组成。湖中的液体是浑浊的，从浅绿色至黄色和棕色。不同颜色是由微小的有机体造成的。由于蒸发量很大，所以在湖底产生快速的沉淀作用，形成暗褐色天然碱晶体；在潟湖边缘和马加迪湖的表面现有干燥的天然碱硬壳，潟湖液体的化学分析见表 4-17。

表 4-17　肯尼亚马加迪湖潟湖的化学含量　（单位：克/100 克液体）

分析项目 ＼ 潟湖名称	Ⅰ	Ⅱ	Ⅲ	Ⅳ	Ⅴ	Ⅵ	Ⅶ	Ⅷ
Na_2CO_3	6.7	1.31	2.1	9.57	10.20	4.68	9.8	11.4
$NaHCO_3$	2.1	0.46	0.48	2.17	2.16	1.11	3.2	3.1
$NaCl$	3.6	0.76	1.87	6.53	6.15	1.94	6.2	7.7
NaF	0.01	0.075	0.020	—	—	0.02	0.21	0.27

注：Ⅰ、Ⅱ、Ⅲ为工厂断崖潟湖；Ⅳ为西断崖潟湖南端；Ⅴ为南西断崖中部；Ⅵ为鸟岩潟湖；Ⅶ、Ⅷ为小马加迪湖。

根据泉水每天流入潟湖的总流量可计算出每天带入湖中的 Na_2CO_3 吨数，测算结果见表 4-18。输入到湖中的 Na_2CO_3 总量为 4300 吨，是目前马加迪苏打公司开采量的 5 倍多。据现场介绍，马加迪采场的挖盐船挖一圈回到原处，在湖中被采过的部分又长出新的天然碱。因此，人们认为这里的天然碱是世界少有的再生矿床，堪称取之不尽用之不竭的可再生资源。

表 4-18　肯尼亚马加迪湖潟湖的流量统计

潟湖	总流量（米³/天）	输入 Na_2CO_3（吨/天）
鱼泉	10 760	106
工厂断崖	7 646	90
格雷厄姆	15 716	278
鸟岩	8 920	166
南西	70 509	1 175
西部断崖	11 044	141
西北	44 174	564
北	20 388	360
东北	5 097	90
小马加迪	79 853	1 330
总计	274 107	4 300

4.5　野生动物资源

4.5.1　野生动物类型

肯尼亚的野生动物举世闻名。许多野生动物为世界珍稀动物，是肯尼亚发展旅游业的宝贵资源。在肯尼亚可发现多种野生动物，主要分类如下。

（1）土豚或称大食蚁兽

其长着有力的趾爪，没有门牙，但舌长 50 厘米，与尾巴相仿，身长 1.3 米（不算尾巴），以夜间捕食白蚁为生，白天藏于土穴。

（2）偶蹄目动物

非洲水牛，它可长到 1.5 米高（至肩部），重达 1000 千克；大羚羊，它也可长到 1.4 米高和 900 千克；灰斑栗色羚羊，它可长到 1.4 米高；貂羚，它以长而有曲线的角著称，生长在南部地区；直角羚主要见于干燥的北部地区；条纹羚羊，它长有螺旋形的角，身上有白色垂直条纹；水羚羊，它爱好在早晨到河边或沼泽里觅食；角马，这是一种身躯像马而头角像黄牛的动物；狷羚，它身高约 1 米，长有斗拱形的奇怪的角，头长身短，其肉受非洲人喜爱。此外还有许多不同种类的羚羊，如黑斑羚、托庇羚、灌木羚、芦苇羚、南非小鹿等，特别值得提到的是瞪羚和小羚羊，瞪羚皮毛呈淡棕色，瞪着又大又黑而闪闪发光的眼睛，长相雅致，性情温和腼腆，常被诗人比喻为"理想心上人"的象征；小羚羊，为各种羚羊中形体最小的，但在东非民间传说中最受喜爱，据说它会帮助孩子们发财致富、心想事成和与王子公主婚配云云。

长颈鹿。肯尼亚的长颈鹿分为两种：一种称网状长颈鹿，仅见于北部的马萨比特周围地区。另一种称鹿豹属长颈鹿，它又有三种：一种是马赛长颈鹿，它分布最广；一种是巴林戈长颈鹿，雄性长大后有 5 个角；还有一种叫牛形长颈鹿，体重达 1 吨，身高 4 米，加上长颈可高达近 6 米，为世上最高步行动物。

河马。其长为 4.2 米，重达 4~5 吨，爱群居，昼藏于河泊，夜出觅食芦苇和草，可见于阿蒂河、瓦索恩基罗河和察沃河，但仅存几十头。

野猪。其分为巨型森林猪、肯尼亚野猪和疣猪三种，分别可重达 135 千克、77 千克和 95 千克。

（3）奇蹄目动物

黑犀牛。平均 1.7 米高，前角有时可长达 1 米，后角半米，听觉灵敏而视力差，以食树枝、植物嫩芽、带刺植物和草为生。由于繁殖缓慢（雌牛约 3 年怀孕一次且妊娠期长达 1 年），并遭滥肆捕猎，它已濒临灭绝。

斑马。图尔卡纳湖以东开阔的荒漠地区有善于奔跑的格雷维斑马，它肩身可高达 1.4 米，黑白纹较窄，被认为是斑马中最漂亮者。

（4）食肉目动物

狮。其是非洲最大的食肉兽，肩高 1 米，重约 180 千克，饱餐后可加重 45 千克。不分昼夜猎食羚羊、斑马和角马，饿极时也会袭击牛，但一般不攻击人，不过也有例外。

豹或黑豹。在肯尼亚已不多见，它生活在森林中，可重达 50 千克。常居树上，猎取野猪、猴子和狒狒，并将猎物藏于树枝上享用，但很少袭击人。豹为非洲皇家象征，过去只有国王才可穿豹皮服。

猎豹。它昼夜出没于开阔平原，捕食各种羚羊。它长相像豹，但较瘦，体重较轻，而腿较长。在 100 米内它的奔跃速度可达每小时 100 公里，为世上奔跑最快的动物。猎豹经驯养后能助人打猎。

鬣狗。肯尼亚有两种鬣狗，即斑点鬣狗和条纹鬣狗。前者形体较大，如同大狗，长着圆形耳朵和黑脸。它的巨牙足以断骨吸髓；经常三五成群猎食斑马和大羚羊，夜间也敢攻击孤身人，甚至袭食病老的狮子。条纹鬣狗要小得多，常在夜间活动，完全靠食腐肉为生，对人类没有危险。

土狼。其长约 1 米，在夜间出没。主要靠猎食啮齿类动物和昆虫为生。

野狗或非洲猎狗。它与一般狗不同，没有一般狗的第 5 脚趾即悬蹄。它全身长满深色斑点，耳朵又大又圆，常三四十头成群活动，为其他兽类所惧怕。因身带奇臭，被穆斯林认为是不能碰的不洁之物。

野猫。其主要有香猫和塔依塔灰野猫两种。香猫长着毛茸茸的长尾巴，圆形耳朵，黑色脸颊，腰腿上有黑线条，其香腺可抽取用于制造香水，具浓烈麝香味。塔依塔灰野猫像普通斑猫，尾较短。它与家猫交配繁殖的半夜猫是捕鼠能手。

獴。其常在夜间活动，有时可见它们成群结队穿越道路，好捕食蛇。

豺。豺有银背、黑背和灰背三种，长着黄眼大耳，常跟随狮子后面等吃残剩骨肉，或觅食蜥蜴、老鼠、鸟蛋，常在夜间活动，生性机灵。

（5）灵长目动物

猴子。最常见的是长尾黑颚猴；还有学名为丛猴的小猿，在肯尼亚沿海很多，甚至出现在蒙巴萨郊区，有闪闪发光的大眼睛，常在夜间戏要于椰林或屋顶。

狒狒。有橄榄色和黄色两种，常由一雄狒王率领群居于热带草原、山岩或树林中，食物有水果、根茎、昆虫、蛆蚌及蝎子，尤爱食玉米、香蕉、花生，故患害庄稼。

此外，在其他地方的森林中存在的黑猩猩和大猩猩，在肯尼亚似已少见。

（6）象目动物

非洲象。它比亚洲象大，体重可达 6 吨以上，身高 3 米；象牙最长可达 3.45 米，每根可达 100 多千克，质量优于亚洲象，故自古以来就被大量猎取并运销亚洲用于牙雕。非洲象在东非国家曾有成千上万头，在肯尼亚较多见于南尼扬扎地区，现已濒危。肯尼亚政府为制止偷猎，保护物种，曾于 20 世纪 90 年代初将截获的大批象牙公开烧毁。

（7）兔形目动物

非洲野兔。体形较欧洲兔小，一般于夜间活动。

（8）啮齿目动物

松鼠。在肯尼亚有六个亚种。最常见的是灰松鼠，蒙巴萨郊区的花园中可见到，大松鼠四肢和下腹呈暗红色，胸部呈白色，主要活动于森林。地松鼠为砂褐色，有一白条，常生活在旷野的地穴中。

巨鼠。它体长（不算尾巴）达 40 厘米，是夜间活动的森林动物。

沿海港口和市镇中有许多大小鼠类。有些非洲人食用丛林鼠。

（9）翼手目动物

蝙蝠。在沿海城乡十分普遍，也见于森林、山洞和大草原的灌木森林中。

（10）食虫目动物

刺猬。较常见，但体形略小于欧洲刺猬。

箭猪。各地都有，但它只在夜间活动，在静夜中它身上的刺（俗称箭）能发出奇怪的响声。它在奔逃时会突然后退将箭刺入追逐者的面部，其箭端有毒，能让被刺入的皮下发炎、溃烂，甚至可使狮子丧命。

（11）鸟类

鸵鸟。它是肯尼亚也是世界上最大的鸟类，在肯尼亚有三个亚种，即北方鸵鸟、索马里鸵鸟和马赛鸵鸟。前两种主要生活在肯尼亚北部，后者常见于南部平原。食草，但也吃小动物。它奔跑的时速可达 60 多公里。

鹈鹕。生活在肯尼亚湖泊中，有时在塔纳河三角洲也可见到。在飞鸟中体形较大，体重可达 11 千克，翼展 2.7 米。

与鹈鹕相似的捕鱼能手还有鸬鹚和苍鹭。

非洲大鹳或秃鹳。它秃顶黑羽，长着白色"胡子"，食腐肉，常似有所思地凝视天空，被人比喻为"穆斯林隐士"。

鹮。其包括黑鹮、灵鹮，可见于大多数湖泊和河流三角洲。在较浅的河流、湖泊中还有东南部非洲特有的非洲鹮，它的脑后有一簇尖头羽毛。

火烈鸟。最常见于内瓦沙湖等湖泊，也可见于塔纳河三角洲，常成百上千地聚集在一起，受惊飞腾时像一大片粉红色云彩，蔚为奇观。

肯尼亚的猛禽中最常见的是秃鹰和褐鸢，都吃腐肉，被当地人视为不洁之鸟。

此外，肯尼亚的野禽中还有（白头）鱼鹰、非洲大鹰、鹲（一种著名海鸟）、猫头鹰（最多的是仓鸮）、各种鸽子、珍珠鸟、鹤、鸻、麻鹬、海鸥、鹦鹉、杜鹃、织巢鸟、夜莺、燕子、非洲啄木鸟（它们常在水牛、长颈鹿等食草动物身上啄食昆虫）和花斑鸦等。

（12）爬行动物

鳄鱼。属尼罗河鳄，由于人类的捕杀，数量已大减。但图尔卡纳湖的鳄鱼因湖水呈碱性，其皮不适于做装饰品而有较大生存机会。

巨蜥。只要有绿色植物之处便有这种蜥蜴。它可长到 1 米多，全身碧绿，爬行敏捷，会游泳，觅食鳄鱼蛋和小动物。

蟒和蛇。维多利亚湖附近的沼泽地盛产无毒蟒蛇，该湖周围和湖中岛屿上多蛇。

壁虎。沿海地区特多，能捕食蚊虫。

此外，肯尼亚还有变色龙等。

（13）水生动物

水生动物可分海洋水生动物和内陆河流湖泊水生动物两种。

肯尼亚沿海的水生动物包括各种鱼类和贝壳类。沿海渔民所捕的鱼类中有鲨鱼（其鱼翅远销新加坡和中国香港）和鹞鱼，有属软甲亚门的龙虾和蟹，有属双壳纲软体动物的蛤、蚝和各种形状色彩的贝壳（如大大小小的玛瑙贝），有乌贼、鱿鱼等头足纲动物，还有属棘皮动物的海胆、海星以及海参等。肯尼亚沿海的珊瑚中还有多种鱼类：刺尾鱼、蝴蝶鱼、辐乌鲂等。在珊瑚礁的洞穴中则生活着海鳝和各种岩鳕，还有各种鹦嘴鱼和龙虾。在海峡中有鲛鱼。在珊瑚礁外可发现大马林鱼、鲨鱼、东方旗鱼、鹞鱼以及洄游的海豚、金枪鱼、王鱼和来自大洋的东方狐鲣。

肯尼亚内陆湖泊河流中有各种鱼类。最重要的产地是维多利亚湖，那里的主要鱼种（包括引进的）有罗非鱼和尼罗河鲈鱼、肺鱼、鲇鱼等。图尔卡纳湖湖水呈碱性，以出产特大鱼——尼罗河罗非鱼和尼罗河鲈鱼闻名，前者长 0.5 米多，后者可达 1.3 米多长和 90千克重；该湖还产虎鱼等鱼种。大裂谷内的内瓦沙湖、巴林戈湖等淡水湖中也出产尼罗河罗非鱼、黑鲈鱼和其他各种名称的鱼。裂谷内不少碱性大的湖如马加迪湖、汉宁顿湖、纳库鲁湖和埃尔门泰塔湖，出产鱼类较少，个头也不大。

根据肯尼亚资源调查与遥感委员会的历年抽样调查数据（表 4-19），2011～2015 年，大部分野生动物的数量呈明显下降趋势，如大羚羊、非洲象、瞪羚、长颈鹿、东非狷羚、剑羚、转角牛羚，跨界迁徙和非法捕猎是导致这些野生动物减少的主要原因。而草原斑马和角马的数量则呈明显上升趋势，其他种类野生动物数量波动较小，物种规模基本保持不变。

表 4-19　肯尼亚野生动物调查情况（2011～2015 年）　　　　（单位：头）

动物种类	2011 年	2012 年	2013 年	2014 年	2015 年	动物种类	2011 年	2012 年	2013 年	2014 年	2015 年
野牛	16.2	15.2	13.0	15.6	15.8	东非狷羚	7.8	6.9	5.0	4.9	4.9
草原斑马	101.7	100.0	100.3	149.1	150.0	条纹羚	11.2	11.1	11.0	11.0	11.0

续表

动物种类	2011 年	2012 年	2013 年	2014 年	2015 年	动物种类	2011 年	2012 年	2013 年	2014 年	2015 年
大羚羊	7.4	6.8	5.8	4.7	5.0	剑羚	16.4	15.2	14.5	14.0	13.0
非洲象	20.5	18.5	16.0	15.9	15.8	鸵鸟	28.0	28.2	28.5	27.8	27.7
瞪羚	19.8	18.0	16.0	15.8	15.5	汤普森瞪羚	46.0	43.5	42.0	43.4	44.0
长颈鹿	23.0	23.1	19.0	18.9	18.5	转角牛羚	21.0	20.0	20.5	15.3	15.3
格兰特瞪羚	112.7	112.0	111.7	111.9	111.9	疣猪	17.0	18.0	18.4	17.0	17.1
格纹斑马	3.4	3.1	3.0	3.0	3.0	水羚羊	3.0	2.9	3.5	2.9	2.8
猎羚	0.8	0.8	0.7	0.3	0.3	角马	295.0	288.0	276.0	449.4	440.0
黑斑羚	61.0	60.5	61.8	59.9	60.0						

4.5.2　肯尼亚的野生动物保护

肯尼亚的野生动物保护采取基于地域特征的国家公园管理体制。自 19 世纪 90 年代英国殖民政府在肯尼亚建立了第一个野生动物保护区到现在，肯尼亚已有近 8% 的国土用于保护野生动物。目前，肯尼亚仍在为保护野生动物进行着不懈的努力。

（1）肯尼亚早期野生动物的猎杀与资源保护

在肯尼亚，保护地（protected areas）体系与野生动物保护计划密切相关。19 世纪末肯尼亚的野生动物计划始于殖民国家对肯尼亚资源的控制。而后，野生动物的保护逐渐成为肯尼亚经济增长的一个重要方面，因为它给旅游业注入了蓬勃生机。同时，将肯尼亚野生动物视为人类遗产的自然资源保护者们，积极参与推动了肯尼亚野生动物保护政策的制定与实施。

19 世纪，人们通过猎杀野生动物获取食物，这是肯尼亚人与野生动物共存的较为原始的方式。这种早期的共存方式对于野生动物的组成、数量和生存环境的影响在今天依然富有争议。1820 年，随着亚洲、欧洲和美国对东非产品需求量的增长，使国际贸易网络迅速遍布东非。而东非的主要出口商品是象牙、犀牛角、河马牙、柯巴脂、橡胶、干椰肉和红树林木桩等。这种出口贸易影响了东非社会与自然的关系，加剧了区域的资源开发。1843～1878 年，随着象牙出口量的逐年增加，肯尼亚沿海地带的象群数量锐减，几近消失。1890 年《柏林条约》（the Treaty of Berlin）将肯尼亚纳入英国政府管辖。1901 年，随着蒙巴萨至乌干达铁路的建成，大批的西方旅行者涌入新创建的大英东非保护国（British East Africa Protectorate）展开浩大的游猎之旅，野生动物因此遭到了大规模屠杀，而最初的屠杀是用来提供战利品。英国人想要保护殖民地土地和自然资源以便能继续他们的游猎之旅，而本地人则是充当向导、搬运工和仆人。这一时期肯尼亚的土地对英国人来说充满自由，白人猎杀野生动物几乎没有限制。

1896 年殖民政府发表声明要建立野生动物保护区（wildlife game reserves）。随后，南部野生动物保护区（Southern Game Reserve）和北部野生动物保护区（Northern Game

Reserve）建立，总面积约 7 万平方公里。肯尼亚对荒野和自然资源的官方保护由此开始。自此以后，英国通过法律来控制和迎合他们的娱乐需求——进行狩猎活动。英国在东非保护国的统治利益，导致了建立更多保护区的需求增加，这便促使了 1902 年森林保护部门以及 1907 年动物保护部门在肯尼亚的建立。随后的几十年里，肯尼亚大部分的森林系统受到政府的保护。1932 年，卡卡梅加（Kakamega）雨林因其独特的物种和在肯尼亚生态系统中的重要作用而受到保护，1985 年正式被确立为国家自然保护区。1963 年，肯尼亚获得独立，开始了自主保护野生动物之路。

（2）肯尼亚国家公园建设的发展历程

野生动物保护的传统方法就是建立保护区，禁止或控制人类活动，以维护特定的物种或物种的栖息地。1945 年，英国保护国通过了《国家公园条例》，这也是肯尼亚自然保护立法的开始，推动了日后更多的国家公园和保护区的建立。1946 年，内罗毕皇家公园（Nairobi Royal Park）建立并开放（后更名为内罗毕国家公园）。其距市中心东南 7 公里，面积为 117 平方公里。它成为了世界上第一个位于首都城市的国家公园。内罗毕国家公园位于阿斯平原西侧边缘，是典型的大草原公园，拥有惊人的非洲旱地景观。公园里包含两个主要的生态系统，即高原干燥森林和热带草原，并被发现其特有的植物物种。内罗毕国家公园同时也是著名的犀牛保护区，成为犀牛繁育栖息地。内罗毕作为城市，拥有超过110 年的历史，为非洲第三大城市和东部非洲的区域性核心，国家公园与城市发展密切相关。1899 年，内罗毕作为一个铁路建设营地而建立，是蒙巴萨至维多利亚湖铁路的终点。铁路带来了繁荣，政府首府很快迁移到内罗毕铁路中心。当时阿斯平原的大部分土地都被出售并居住，只有西南部一大片区域被保留建立了内罗毕人共有地。共有地内不允许任何人获得土地，而是把它作为与城市联系在一起的放牧地。第一次世界大战和第二次世界大战间，灾难性的战争造成大量野生动物及大型哺乳动物大规模的迁徙。期间，共有地甚至被用作武器靶场和空军轰炸地面目标，大量野生动物被袭击射杀，甚至作为士兵和战俘的充饥品。第二次世界大战结束后，土地在新城市中变得尤为珍贵，并且内罗毕作为东非内陆第一个现代城市中心而迅速扩张。当时的首席狩猎监督官默文·考伊意识到内罗毕共有地所面临的问题。他主张应该有不受人类干扰的野生动物生存的特殊区域存在，并设想建立国家公园和有效地运行系统来保护野生动物。而当时英国殖民地区的政府反对建立国家公园。考伊对政府在这些问题上缺乏行动而感到失望，他想出了利用公众舆论促使政府有所作为的策略。他在给报社寄出的匿名信中提出了屠杀和消灭肯尼亚野生动物的建议。正如预测，公众强烈抗议反对这个建议，这件事引起了广泛的关注，政府被迫采取了行动。最终建立了以考伊为主席的国家公园委员会。内罗毕国家公园也成为肯尼亚第一个刊登在宪报上的国家公园，并于 1946 年开放。现在内罗毕已经成为拥有 500 万人口的城市，国家公园包围着城市。内罗毕国家公园和它的城市形成了镶嵌在大地上的一块神奇珠宝。阿斯平原上壮观的野生动物在这块生态地中自由栖息。

随后是 1948 年建立的察沃国家公园（Tsavo Natiaonal Park），其分成东察沃国家公园（Tsavo East National Park）和西察沃国家公园（Tsavo West National Park）两部分。而国家公园建设的另一个高潮则发生在 20 世纪 60 年代和 70 年代的转变时期（表4-20）。安博塞利国家公园（Amboseli National Park）1968 年作为保护区建立，1974 年正式成为国家公园。

表 4-20 肯尼亚主要国家公园和保护区名单

序号	名称	开放年份	序号	名称	开放年份
1	Nairobi National Park 内罗毕国家公园	1946	28	South Turkana National Reserve 南图尔卡纳国家保护区	1979
2	Tsavo East National Park 东察沃国家公园	1948	29	South Kitui National Reserve 南基图伊国家保护区	1979
3	Tsavo West National Park 西察沃国家公园	1948	30	Kiunga Marine National Reserve 基温加海洋国家保护区	1979
4	Amboseli National Park 安博塞利国家公园	1947	31	Mount Longonot National Park 隆戈诺特山国家公园	1983
5	Mount Kenya National Park 肯尼亚山国家公园	1949	32	Lake Kamnarok National Reserve 卡姆纳洛克湖国家保护区	1983
6	Aberdare National Park 阿伯德尔国家公园	1950	33	Kerio Valley National Reserve 克里奥峡谷国家保护区	1983
7	Ruma National Park 鲁马国家公园	1966	34	South Island National Park 南岛国家公园	1983
8	Ol Donyo Sabuk National Park Ol Donyo 沙巴克国家公园	1967	35	Chyulu Hills National Park 凯乌鲁山国家公园	1983
9	Marsabit National Reserve 马萨比特国家保护区	1967	36	The Hell's Gate National Park 地狱之门国家公园	1984
10	Lake Nakuru National Park 纳库鲁湖国家公园	1968	37	Kakamega Forest National Reserve 卡卡梅加森林国家保护区	1985
11	Mount Elgon National Park 埃尔贡山国家公园	1986	38	Samburu National Reserve 桑布鲁国家保护区	1985
12	Meru National Park 梅鲁国家公园	—	39	Buffalo Springs National Reserve 水牛泉国家保护区	1985
13	Shimba Hills National Reserve 辛巴山国家保护区	—	40	Central Island National Park 中央岛国家公园	1985
14	Malindi Ocean Park and Protected Areas 马林迪海洋公园和保护区	1968	41	Ndere Island National Park 恩代雷岛国家公园	1986
15	Lake Bogoria National Reserve 博格利亚湖国家保护区	1973	42	Mombasa National Park and Reserve 蒙巴萨国家公园和保护区	1986
16	Sibiloi National Park 希比罗依国家公园	1973	43	Kora National Reserve 科拉国家保护区	1973
17	Masai Mara National Reserve 马赛马拉国家保护区	1961	44	Malkamari National Park 马尔卡马里国家公园	1989
18	Saiwa Swamp National Park 塞瓦沼泽国家公园	1974	45	Laikipia Game Sanctuary 莱基皮亚禁猎区	—
19	Shaba National Reserve 沙巴国家保护区	—	46	Kisumu Impala Sanctuary 基苏木黑斑羚禁猎区	1992
20	Arewale National Reserve 阿勒瓦勒国家保护区	1974	47	Diani/Chale Marine National Park and Reserve 迪亚尼/查莱海洋国家公园和保护区	1995
21	Mwea National Reserve 姆韦阿国家保护区	1976	48	Rahole National Reserve 拉霍尔国家保护区	—
22	Losai National Reserve 洛萨国家保护区	1976	49	Mwingi National Reserve 姆温吉国家保护区	—
23	Dodori National Reserve 多多里国家保护区	1976	50	Maralal Game Sanctuary 马腊拉尔禁猎区	—
24	Tana River Primate Reserve 塔纳河灵长类动物保护区	1976	51	Nasalot National Reserve 那萨洛特国家保护区	—
25	Arabuko Sokoke Forest Reserve 阿拉布口索口科森林保护区	1976	52	Mpunguti Marine National Park and Reserve 姆潘古迪海洋国家公园和保护区	—
26	Kisite Marine National Park 基斯特海洋国家公园	1978	53	Watamu Marine Park and Reserve 瓦塔穆海洋公园和保护区	—
27	Bisanadi National Reserve 比桑那迪国家保护区	1979	54	Boni National Reserve 博尼国家保护区	—

同在 1974 年，历史上一直被用作放牧地的马赛马拉被划定为国家自然保护区（Masai Mara National Reserve）。1977 年，肯尼亚政府开始禁止对野生动物的射猎捕杀，狩猎野生动物被定为非法行为。之后，来肯尼亚的游客能带走的唯一合法的战利品只有动物的照片和录像资料。20 世纪 80 年代后肯尼亚的国家公园增加了官方保护站的数量。1985 年桑布鲁国家保护区（Samburu National Reserve）建立，这里有肯尼亚难得一见的特殊野生动物种群。今天，所有这些受保护的区域都归属肯尼亚野生动物管理局（Kenyan Wildlife Service）管辖。其负责野生动物监控、保护、旅游、反偷猎和解决保护区及其周边地区野生动物与人类的冲突问题。随着野生动物保护的不断进展和旅游业的发展。2005 年，肯尼亚国家公园开启通过品牌建设来提升自身形象的野生动物保护计划，完善自身体系，并更好地促进和推动生态旅游的发展。

（3）肯尼亚国家公园建设的相关立法

肯尼亚国家公园初期的立法并不完善。1945 年《国家公园条例》和 1953 年《野生动物保护条例》的颁布和实施并不是十分有效。1976 年，肯尼亚制定《野生动物和管理法》取代了之前的《野生动物保护条例》，开始了肯尼亚保护野生动物新的立法时代，但时间表明，这个法案依然没有实现有效的野生动物资源保护。这一阶段针对政策和立法的改革，都没有对实际产生重大影响。1989 年，由于之前立法的不足，新的立法颁布，而肯尼亚野生动物管理局也因此成立。管理局取代了之前所有以保护目的成立的机构，并且在野生动物保护领域获得稳固而独立的位置。1994 年，随着野生动物与人类冲突问题的加剧，管理局成立 5 人调查小组来解决公众舆论关于野生动物与人类冲突的问题。该小组的报告以及其他 4 项技术方面的研究促进了 1996 年新的野生动物政策策略的生成。新策略提出了保护生物多样性，同时也表明需要引入更多的角色参与评估保护区的使用和管理。2013 年年底，肯尼亚新的《野生动物保护和管理法》获准实施。新法案允许更多的角色参与野生动物保护和生态旅游，并且继续由国家行使监管权。

（4）肯尼亚保护地类型及野生动物保护

肯尼亚拥有着巨大的生态系统多样性和野生生物物种多样性。丰富的生物多样性在一定程度上归因于风景、生态系统、栖息地和生态地理单元聚合的多样性。地质、地貌、气候和土壤之间的相互作用，对肯尼亚栖息地的类型、生态系统和生物生命的类型有着深度的影响。因此许多风景以独特的气候因素为特征，而不同的地理区域也产生了不同的野生生物生命形态和植物群落。

肯尼亚有各种类型的生态系统保护区，包括森林、湿地、草原、海洋、干旱和半干旱地带。肯尼亚遍布全国的野生动物聚居区基本都已建立了野生动物保护区。保护区的建立是由肯尼亚野生动物管理局提议后经过国家相关调研才被最终确定为国家公园或国家保护区，这其中包括陆地保护区和海洋保护区。目前肯尼亚的保护区大致由 23 个国家公园、28 个国家保护区、4 个海洋国家公园、6 个海洋国家保护区和 4 个野生动物禁猎区构成。肯尼亚全国的保护区分布较为分散，目前肯尼亚野生动物管理局监管下有 60 多个国家公园和保护区。

在肯尼亚，保护区被分为国家公园和国家保护区两种类型，另外还有一种为野生动物禁猎区。这种分类是针对野生动物保护区的所有权和管理权设置的。国家公园土地归国家所有，公园有完整保护的自然资源。国家公园内唯一允许的人类活动只有游览和研究。而限制活动包括任何形式的狩猎；砍伐、损伤或放火焚烧任何植被；收集或试图收集任何蜂蜜和蜂蜡；对任何地质、史前、考古、历史、海洋或有科学价值对象的故意破坏或损毁；引入任何动物或植被；土地的清理和耕作；故意扰乱动物；未经授权捕捉或试图捕捉任何鱼类。而在国家保护区内则允许特定的人类活动存在，如在海洋保护区捕鱼和在陆地自然保护区采集木材。

肯尼亚国家公园的建立始于人类与野生动物的冲突和对野生动物的保护活动。从早期殖民时代满足皇家狩猎目的的土地保护，到1946年第一个国家公园的宣布成立，再到今天遍布肯尼亚全国的国家公园、保护区和禁猎区，肯尼亚为野生动物的保存、保护和可持续发展不懈努力着，很好地诠释了人类与动物的和谐共处。肯尼亚国家公园和自然保护区为野生动物创造了可持续生存的条件，组织管理日趋完善。肯尼亚政府对野生动物的管理与保护政策的不断调整，保护与管理越来越有效，使生物多样性和特异性在人类与环境的互动过程中可以被保留。肯尼亚政府在大部分保护区进行了深入全面的资源调查，不断改善保护措施。在保护区内也都开展相应的科学研究，保护、研究与生态旅游并行。

（5）肯尼亚野生动物保护的管理机构及其工作

肯尼亚国家公园由政府设立，由地方政府负责经营。肯尼亚野生动物管理局（Kenyan Wildlife Service）于1990年成立，负责管理肯尼亚国家公园和保护区。肯尼亚野生动物管理局的主要任务是保护、管理和研究。其职责包括制定保护政策；管理动植物区系；建议政府建立国家公园、国家保护区和其他野生动物禁猎区；保护区的筹备工作和实施管理计划；指挥和协调对野生动物保护和管理的研究活动；以及管理和协调国际野生动物协议、公约和条约。目前，肯尼亚野生动物管理局在全国建立了八大保护区域，分区管理野生生物资源和人类活动。每个区域由一名助理局长负责，区域内的国家公园和保护区的情况由区长负责向助理局长报告。这加强了管理局行使广泛的管理权力，有效地提高了管理效率和效果。管理局还管理超过100个保护区外围的实验站和哨站。通过管理权的下放与合作确保遍布全国所有的保护区实现有效管理。

由于经济利益的驱使，肯尼亚偷猎现象依然存在，但肯尼亚人对保护野生动物的意识不断提高。近20年来，越来越多的个人和社区组织参与到肯尼亚野生动物的保护中。野生动物与人类的冲突问题，也一直是肯尼亚野生动物管理局亟待解决的问题。在肯尼亚，因为大多数保护区并没有完全隔离，因此野生动物的活动范围会随特定的时期改变。很多肯尼亚野生动物生活在保护区之外。当它们离开保护区就会与人类私有和社区的土地发生冲突。肯尼亚野生动物管理局为解决这种冲突，加强了内部和外围保护区的野生动物保护和管理，与保护区外围社区形成战略伙伴，共同保护野生动物。肯尼亚野生动物管理局设有野生动物和社区管理部门（wildlife & community service division），公园和保护区部门负责野生动物保护区的保护和管理，社区野生动物管理部门负责野生动物保护区以外的保护和管理。这也增加了管理局在保护区之外的影响。肯尼亚野生动物管理局有效的管理组织中吸纳了更多的参与者，除了与社区居民共同管理外围保护区，同时也建立了地方、国家、国际等不同层次的伙伴关系。

4.6　旅　游　资　源

4.6.1　旅游资源概况

肯尼亚拥有非常丰富的自然景观和人文景观，在所有景点中最吸引人的是蒙巴萨海滩和野生动物园。美丽的海滩在世界上很多地方都可以看到，而野生动物之丰富却是肯尼亚特有的，这是其他国家缺乏的旅游资源。肯尼亚被称为野生动物的天堂，这里栖息着许多大型野生动物，并建有动物保护区，狮子、猎豹、大象、长颈鹿、斑马等野生动物在肯尼亚都能看到。马赛马拉国家野生动物保护区是世界上最大的野生动物保护区，这里是动物最集中的栖息地。特别是被誉为"人生必须见证的 50 个景观"的"动物大迁徙"，每年都会在东非大草原上演，其中最惊心动魄的"马拉河之渡"就在马赛马拉国家野生动物保护区。数不尽的野生动物和草木繁盛的非洲大草原，对热爱大自然的旅客具有非常强烈的诱惑力，许多国家的电视台播放的野生动物节目都是在肯尼亚拍摄的。显然，野生动物也成为肯尼亚旅游业重要的旅游资源。

肯尼亚的旅游类型是以生态旅游为主。肯尼亚是非洲乃至世界生态旅游发展较早的国家。生态旅游兴起于 20 世纪 70 年代，一般认为其发端地是东非的肯尼亚等欠发达国家。生态旅游的特点是突出自然本色，注重对自然环境的保护，强调人与自然的和谐。肯尼亚有良好的生态旅游资源，宜人的气候，美丽的海滩，繁茂的森林，茫茫的草原，成群的动物，游客置身于相对古朴和原始的自然环境中，可以尽享旖旎风光，体会人、自然和动物的和谐相处。几十年来，肯尼亚的生态旅游也取得了显著成就，1990 年，肯尼亚召开了生态旅游的区域性工作会议；1993 年，全非洲第一个生态旅游协会（ESOK）在肯尼亚诞生；1997 年，肯尼亚主办了关于生态旅游的国际研讨会，可以看出，肯尼亚政府对生态旅游的重视。至今，肯尼亚一直是生态旅游发展较好的国家。

肯尼亚的旅游发展模式属于先国际、后国内，以国际为主，这主要是因为肯尼亚经济发展水平落后，经济发展所需要的大量资金无法从国内筹集，发展国际旅游业可以较快地汇集资金，这种投资少、见效快的创汇方式非常适合于发展中国家。肯尼亚在独立之初，为了获得外汇，政府非常重视国际旅游业的发展，采取各种措施吸引外国游客，到肯尼亚的外国游客也逐年增多，境外游客是肯尼亚旅游业的主要客源市场。由于肯尼亚客源市场相对单一，国际环境对旅游市场影响非常大。为了保证旅游业的稳定发展，肯尼亚政府在1980 年才开始重视国内市场，并采取降低门票价格等措施促进国内旅游业的发展。虽然国内旅游有了很大的发展，但由于国民生活水平不高，对旅游业的需求不旺盛，至今国内旅游所占的比例不大。

从旅客来源上来讲，肯尼亚的主要旅客来源于欧美地区。肯尼亚独立后，在经济、政治、文化等各方面都与欧美地区保持着密切的关系，每年肯尼亚都与英、美、德等西方国家进行双边交流。内罗毕是国际化城市，许多国际组织在内罗毕落户，许多国家会议在内罗毕举行，从某种程度上说，肯尼亚是欧美地区了解非洲的窗口。1977 年以来，欧美地区是肯尼亚的主要客源市场，在欧美地区中，德国是最大的游客来源国。

4.6.2　旅游资源分布

肯尼亚拥有发展旅游业的优越的自然和人文条件。它的沿海以蒙巴萨为中心，有风光秀丽的海滩、清澈的海水，沿海还有不少历史古迹，如古代城邦遗迹和中世纪葡萄牙人的城堡等。在马林迪和马塔姆还能观赏美丽的珊瑚礁和各种热带鱼类、水产的水上公园。肯尼亚地处赤道，但却属高原气候，并且有冰雪覆盖的高山——非洲第二高山肯尼亚山和林木茂盛、溪流不息的山脉；有辽阔浩渺的大湖——世界第二大淡水湖、尼罗河源头之一的维多利亚湖；世界上最大的碱性湖、别号"玉海"的图尔卡纳湖；举世闻名的地理奇景——东非大裂谷由北向南贯穿全境，谷内散布着许多美丽的湖泊。著名的纳库鲁湖可是观赏鸟类尤其是火烈鸟的最佳胜地。离首都内罗毕较近（85 公里）的内瓦沙湖为全国最秀美的淡水湖，可从事扬帆、游泳、垂钓、观鸟等活动。特别吸引人的是肯尼亚有 50 多个辽阔的野生动物保护区和国家公园，其占地面积达国土面积的 11%，在那里可看到狮子、大象、犀牛、猎豹、角马（又称牛羚）、鸵鸟、羚羊、火烈鸟等各种热带的珍禽异兽。例如，察沃国家公园，占地 21 000 平方公里，系全国最大的国家公园，亦是全世界最大的象群保护区，大象数量估计有 2 万头，这里野兽众多，还有鸵鸟、鹭、红隼等 500 多种鸟类。安波塞里野生动物保护区面积 3270 平方公里，地处坦桑尼亚一侧的非洲最高山——乞力马扎罗山山脚下，从这里可远眺高山雪峰，下望广阔草原，景色壮丽，还可看到几十种大大小小的动物。马赛马拉野生动物保护区拥有为数众多的各种野兽，电影《走出非洲》的主要场景就是在这里拍摄的。最为壮观的是每年 6 月底开始的上百万头角马（又称牛羚）、斑马、羚羊从坦桑尼亚的塞伦盖蒂天然公园迁徙到马赛马拉草原的奇景。这里的鸟类多达 450 余种。

被肯尼亚政府保护的野生动物吸引了全世界的游客，从早期的提供射猎到今天开着汽车去国家公园观赏野生动物，肯尼亚对自然和野生动物的保护从原始走向成熟。1969 年后，肯尼亚的游客剧增，逐渐从富人的旅游目的地转变为平民化的旅游地。旅游业在肯尼亚经济中起着非常重要的作用，收入约占国内生产总值（GDP）的 25%。其中，肯尼亚国家公园和保护区的野生动物旅游占据了大部分，旅游收入的 70% 左右来自野生动物旅游业。从早期的野生动物游猎之旅开始，肯尼亚国家公园和保护区的基础设施不断改善，允许修建小屋和酒店、环保旅馆、家庭旅馆等，以吸引更多的人来公园参观。政府通过旅游和采取野生动物保护措施，使肯尼亚逐渐成为全球范围内最具吸引力的旅游目的地之一。而肯尼亚国家公园管理机构除了在提高经济收入、提高企业形象和员工福利方面作出努力，同时也为国家公园和保护区能增加游览访问并能与保护区相毗邻的社区加强良好关系方面积极采取措施。为提高肯尼亚国家公园和保护区的识别度及自身形象，提供高质量的旅游和改善社区生活，肯尼亚野生动物管理局于 2005 年开始启动国家公园品牌计划。截至 2012 年，已有 22 个国家公园和保护区拥有自己的品牌（表 4-21，图 4-9）。

表 4-21　肯尼亚国家公园和保护区个性品牌

名称	品牌	创立年份
Lake Nakuru National Park 纳库鲁湖国家公园	Bird Watchers' Paradise 观鸟天堂	2005
Amboseli National Park 安博塞利国家公园	Kilimanjaro Royal Court 乞力马扎罗山御庭	2005
Tsavo West National Park 西察沃国家公园	Land of Lava, Springs & Man-Eaters 火山岩、清泉和食人狮之地	2005
Tsavo East National Park 东察沃国家公园	Theatre of the Wild 荒野剧院	2005
Aberdares National Park 阿伯德尔国家公园	Majestic Peaks, Moorlands, Falls 巍峨山峰、高沼地、瀑布	2006
Kisite Mpunguti Marine Park 基斯特姆潘古迪海洋公园	Home of the Dolphin and Coconut Crab 海豚和椰子蟹的家园	2006
Ruma National Park 鲁马国家公园	Dramatic Valley of the Roan Antelope, Oribi and so much more 马羚、侏羚引人注目的山谷等	2006
Ocean Park and Protected Areas 马林迪海洋公园和保护区	Africa's Oldest Marine Park, Magic Islands, Zebra Fish 非洲最古老的海洋公园、魔幻岛屿、斑马鱼	2006
Watamu Marine Park and Reserve 瓦塔木海洋公园和保护区	Haven for Green Turtle, Unique Coral Garden, Mida Creek and so much more 绿龟天堂、独特的珊瑚花园、美达溪……	2006
Nairobi National Park 内罗毕国家公园	The World's Only Wildlife Capital 世界唯一位于首都的野生动物国家公园	2006
Nairobi Safari Walk & Nairobi Animal Orphanage 内罗毕野生动物园和内罗毕动物救助院	Refuges of the Wild 野生动物避难所	2007
Ol Donyo Sabuk National Park Ol Donyo 沙巴克国家公园	Ultimate Panoramic Experience 终极全景体验	2007
Mount Elgon National Park 埃尔贡山国家公园	Untamed Wilderness, Secluded Splendor 野性的荒原、隐秘的光彩	2007
Kakamega Forest National Reserve 卡卡梅加森林国家保护区	Canopy of Natural Beauty 自然之美冠	2007
Meru National Park 梅鲁国家公园	Complete Wilderness 完整的荒原	2009
Hell's Gate National Park 地狱之门国家公园	A Walk on the Wild Side 行走在野性的边缘	2009
Mount Longonot National Park 隆戈诺特山国家公园	Sheer Adventure 纯粹的冒险	2010
Ndere Island National Park 恩代雷岛国家公园	The Island of Serenity and Beauty 宁静与美丽之岛	2010

续表

名称	品牌	创立年份
Kisumu Impala Sanctuary 基苏木黑斑羚禁猎区	A Lakeshore Walk With the Impalas 与黑斑羚湖岸漫步	2010
Shimba Hills National Reserve 辛巴山国家保护区	Paradise of the Sable Antelope 貂羚的天堂	2011
Mount Kenya National Park 肯尼亚山国家公园	Come touch the sky 天空之吻	2011
Mombasa National Park and Reserve 蒙巴萨国家公园和保护区	The allure of Kenya's coast 肯尼亚海岸的诱惑	2012

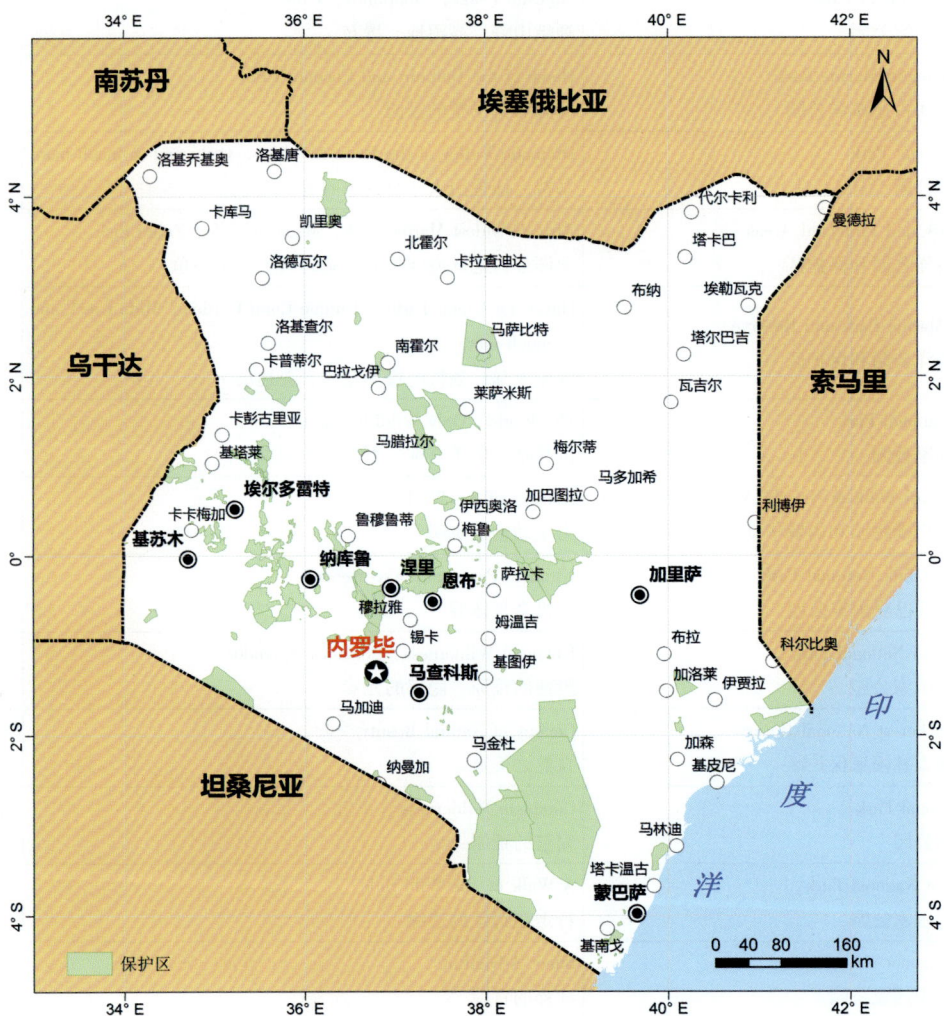

图 4-9　肯尼亚保护区分布图

这些品牌是国家公园和保护区内特有或主要的栖息物种或自然景观。品牌的确立为每个国家公园和保护区创建了一个独特的身份标识，极大地增强了公众对其认知度。肯尼亚野生动物管理局通过引种、相应的品牌管理措施、基础设施建设项目和野生动物保护机制保证和完善品牌建设。品牌计划的实施对于肯尼亚国家公园和保护区的发展及对野生动物资源的保护都起到了促进和推动作用。

此外，肯尼亚还是人类文明的摇篮之一。考古学家在境内多处发掘出史前人类头骨化石和石器，可供有兴趣者寻访考察。

第 5 章　生态系统与环境保护

5.1　生　态　系　统

生态系统为人类提供水、食物、生产资料。肯尼亚的经济以农业为主，因此植被生态系统是肯尼亚所有生态系统中最为重要的一个部分，其变化对整个生态系统的能量交换和物质的生物化学循环起着重要作用。本章节将利用 MODIS NDVI（植被覆盖指数）遥感数据集对肯尼亚植被生态系统的时空变化进行分析。

5.1.1　植被生态系统概况

肯尼亚的气候为典型的热带干湿季气候，肯尼亚位于赤道低压带与信风带交替控制区，当赤道低压带控制时期，赤道气团盛行，降水集中；信风带控制时期，受热带大陆气团控制，干旱少雨。按照降雨量大小可将 6～10 月划分为旱季，11～5 月划分为雨季，其中 2～3 月降雨量会略微下降。植被覆盖与降雨的分布相关性较高，图 5-1 显示了肯尼亚 2000～2015 年旱季、雨季和全年平均 NDVI 空间分布特征。

从图中可以看出肯尼亚全国植被分布存在显著空间差异；植被覆盖较好的地区主要集中在滨海地区、肯尼亚高地地区和维多利亚湖盆地地区。2016 年全年 NDVI 平均值为 0.3623，最小值为 –0.1533，最大值为 0.8744。植被覆盖分布的总体空间特征是"南高北低、高海拔处高于低海拔处"，中部高地到西部维多利亚湖的绵延地带的植被覆盖度要明显好于北部和东部地区；东北部荒漠及半荒漠地区植被分布较为稀疏，仅有几处海拔较高的山峰有较多植被覆盖。

从图 5-1（a）和图 5-1（b）中可以看出雨季的植被覆盖好于旱季，2000～2015 年肯尼亚旱季的 NDVI 平均值是 0.3307，而雨季 NDVI 平均值是 0.3860，雨季的 NDVI 平均值明显高于旱季。

根据全年平均 NDVI 空间分布图［图 5-1（c）］，从靠近维多利亚湖的基苏木到滨海地区的马林迪绘制一条植被覆盖率剖面曲线图（图 5-2），曲线的起伏情况反映了肯尼亚植被覆盖空间分布的不均衡，这主要是由于植被覆盖高处的地形地貌条件能够保证水分的获取。

按照像元统计的结果（图 5-3），从时间分布上来看，肯尼亚总体植被覆盖呈现波动式演进；其中 2007 年最高，2009 年最低，且 2007～2009 年变化幅度较大。总体上，2000～2015 年植被覆盖并无显著上升或下降趋势。

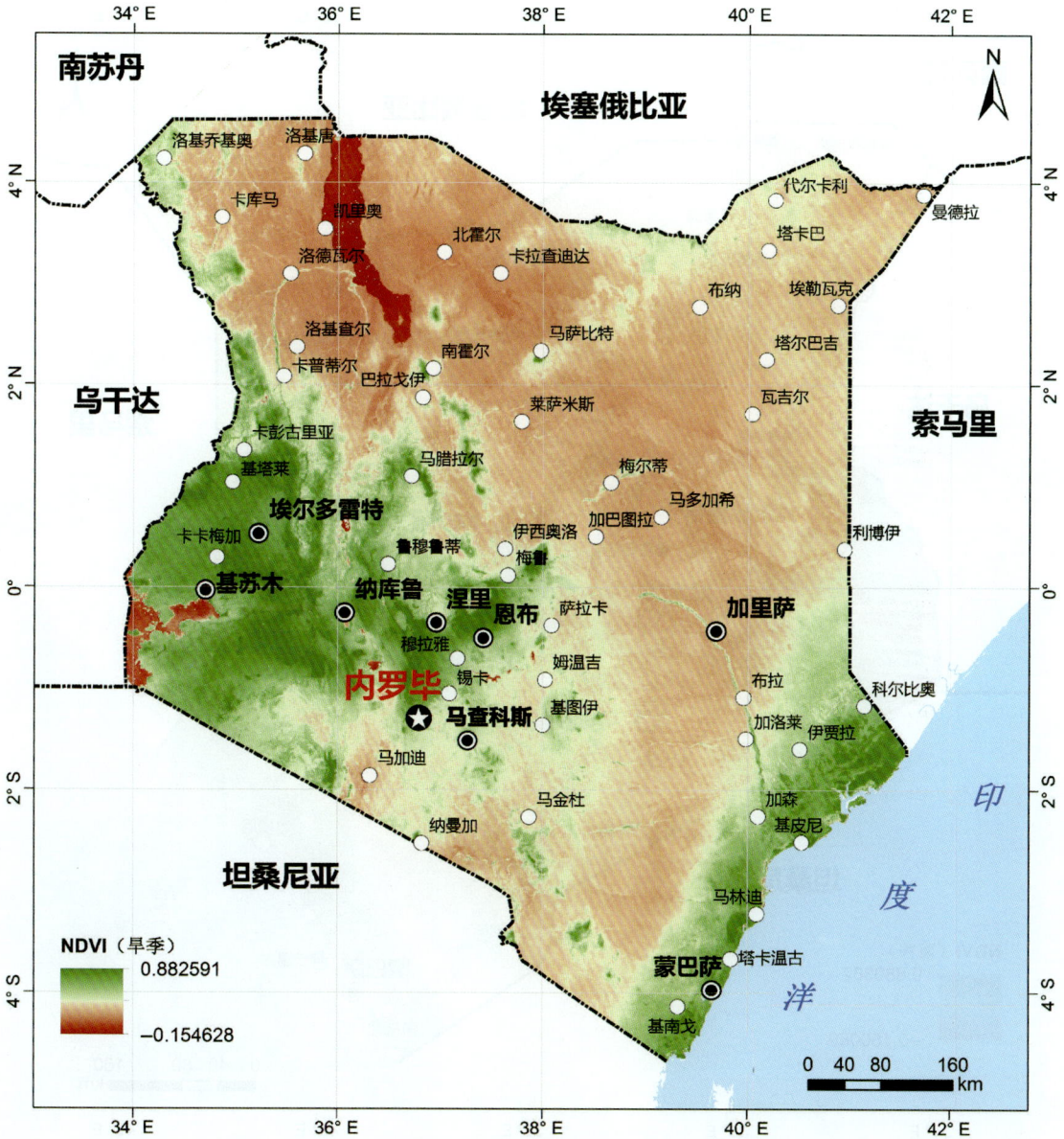

(a) 旱季

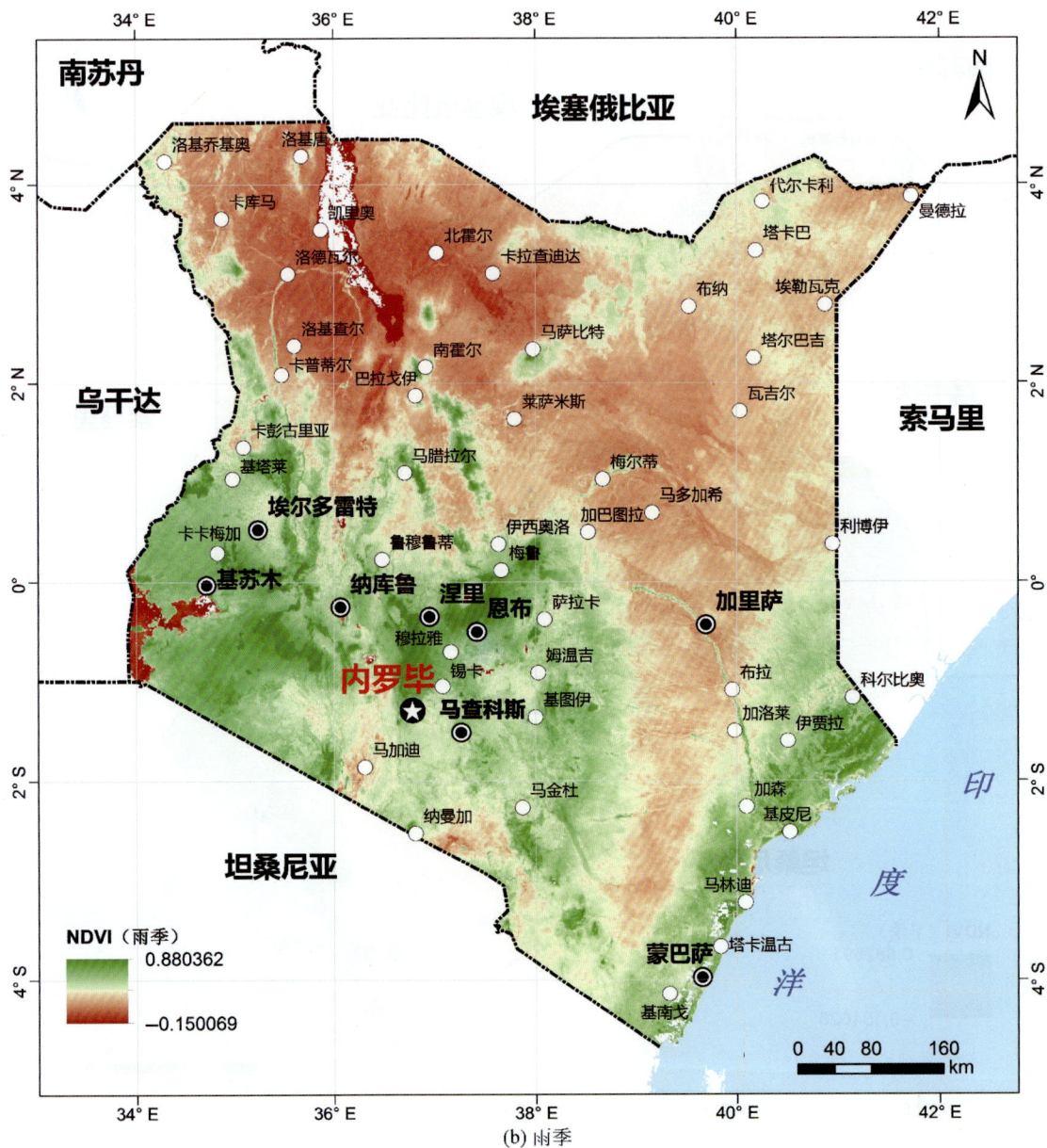

(b) 雨季

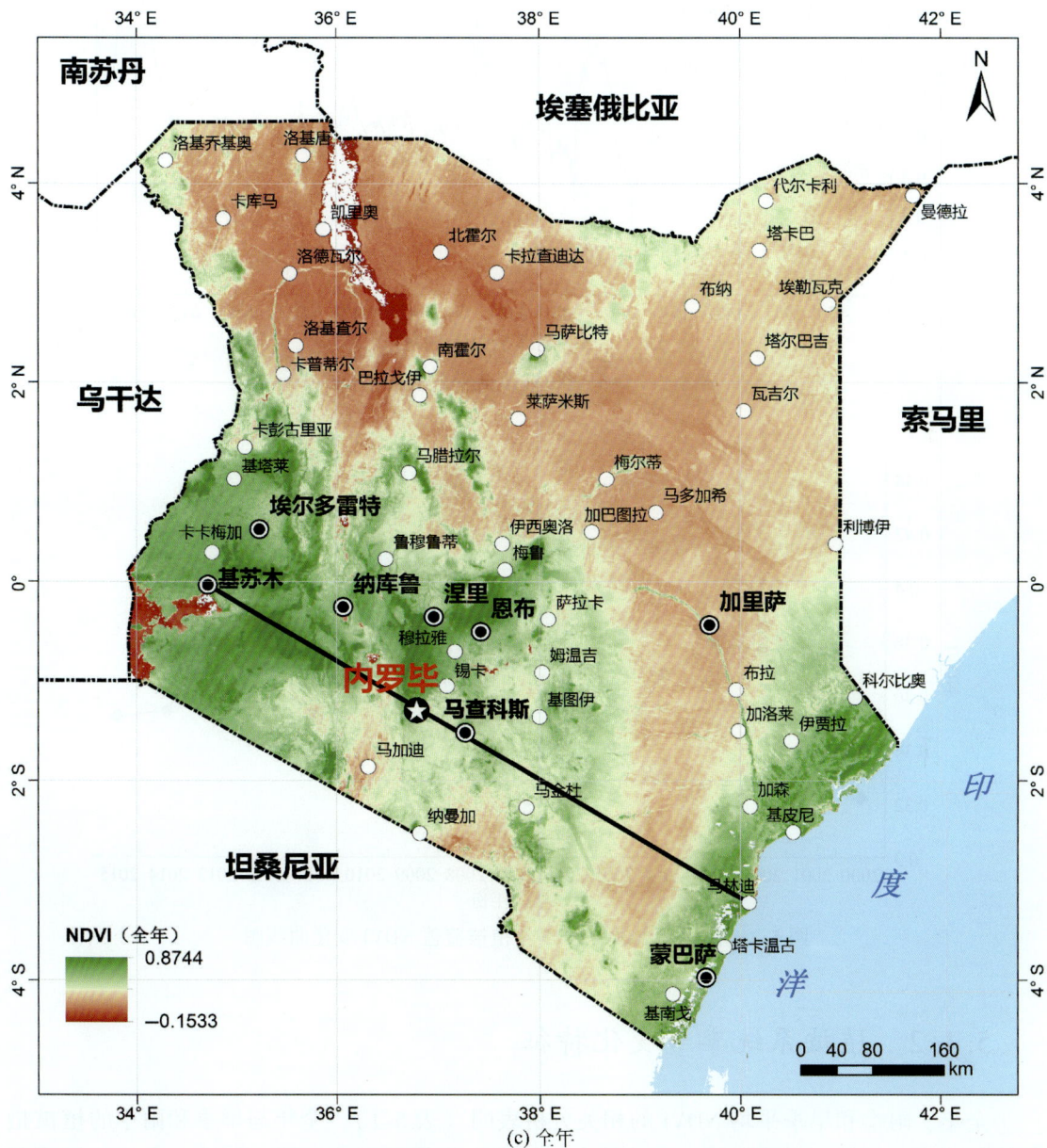

图 5-1　肯尼亚旱季、雨季和全年平均 NDVI 空间分布图

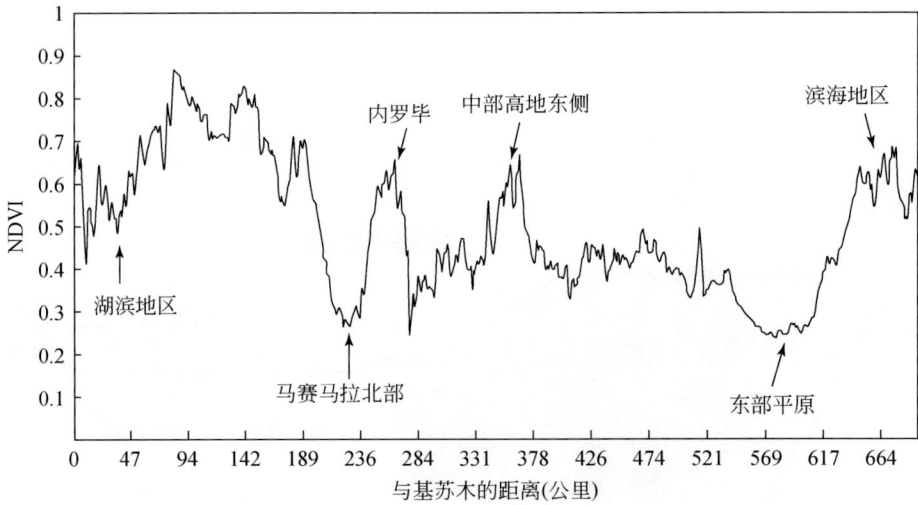

图 5-2　肯尼亚植被覆盖率剖面曲线图

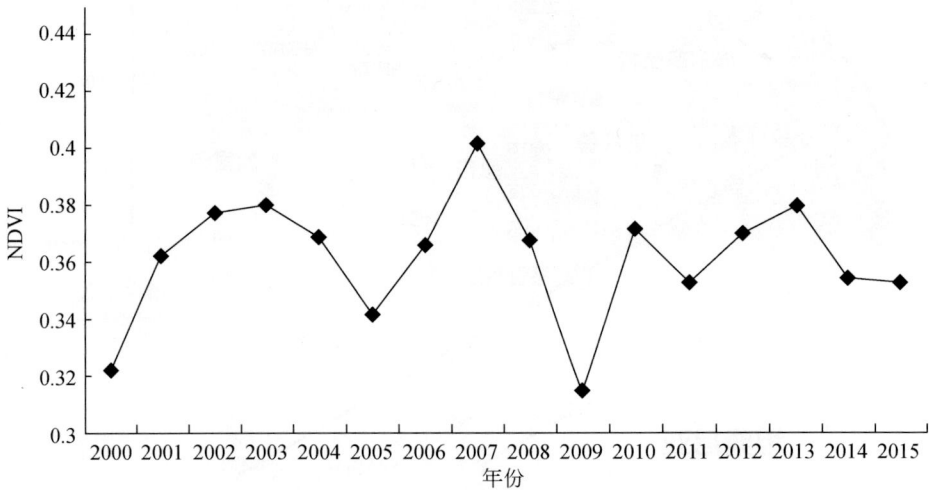

图 5-3　肯尼亚 2000～2015 年植被覆盖 NDVI 变化曲线图

5.1.2　植被系统季节变化特征

全年、雨季和旱季平均 NDVI 的相关分析表明（表 5-1），全年与旱季和雨季的植被指数均呈显著正相关，说明旱季、雨季和全年植被变化都具有较好的一致性。全年与旱季和雨季在 0.01 水平上显著相关，相关系数分别为 0.966 和 0.898；同时雨季和旱季在 0.01 水平上显著相关，相关系数为 0.754。相关分析的结果说明全年与旱季、全年与雨季的植被变化趋势也具有较好的一致性，而干旱少雨的旱季和降水较多的雨季的植被变化趋势也较为一致，但不如全年与旱季、雨季的相关性明显。

表 5-1　肯尼亚全年、雨季和旱季平均 NDVI 的相关性分析

时段	全年	雨季	旱季
全年	1		
雨季	0.966 ***	1	
旱季	0.898 ***	0.754 ***	1

*** 表示在 0.01 水平上显著。

肯尼亚夏季和冬季平均 NDVI 变化具有较好的一致性（图 5-4），旱季植被覆盖最好的年份出现在 2007 年，最差的年份是 2009 年；雨季植被覆盖较好的年份是 2007 年和 2013 年，最差的年份是 2009 年。

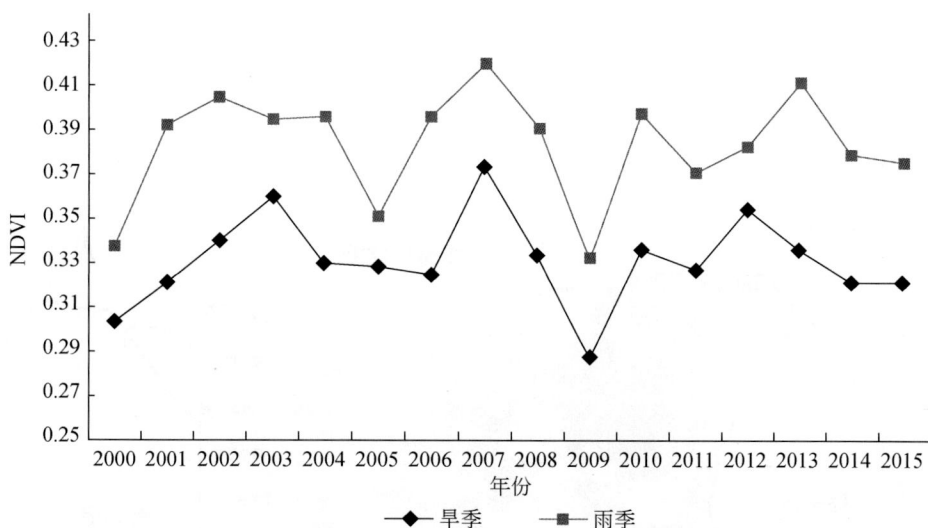

图 5-4　肯尼亚夏季和冬季平均 NDVI 变化曲线图

根据肯尼亚多年月平均 NDVI 变化特征（图 5-5），10 月至来年 5 月为降雨较多的季

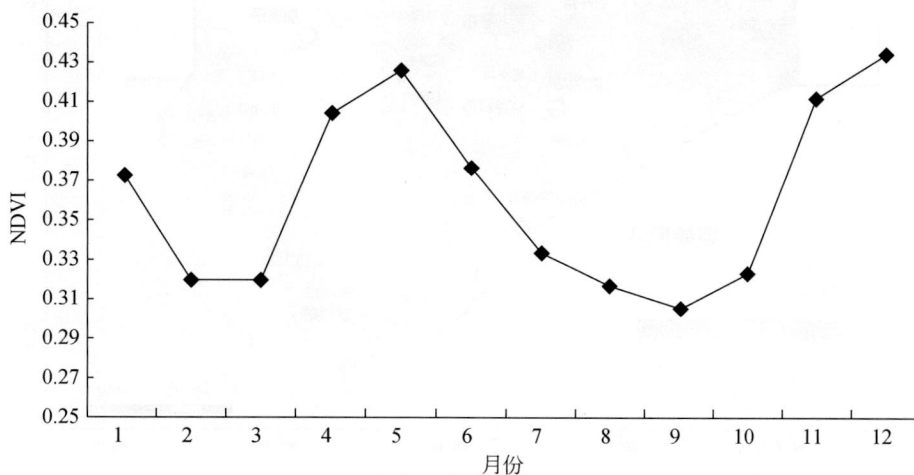

图 5-5　肯尼亚多年月平均 NDVI 变化曲线

节，植被覆盖较好，从 10 月开始月均 NDVI 开始增加，12 月达到最高点。2～3 月植被覆盖开始减少，这是由于 2～3 月是短雨季和长雨季间的短旱季；而到了 4 月，随着降雨量的增加，植被覆盖也开始回升，在 5 月达到峰值；6 月是旱季的伊始月份，植被覆盖开始逐渐减少，直到 9 月 NDVI 降到最低点。

5.1.3 不同植被类型变化特征

以上植被变化研究都是基于整个区域的平均 NDVI，这不可避免地忽略了不同等级 NDVI 年变化的差异。因此，按多年平均 NDVI 的等级范围，可将植被覆盖等级分为：非植被（<0.12）、低植被覆盖密度（0.12～0.2）、中植被覆盖密度（0.2～0.4）、中高植被覆盖密度（0.4～0.7）、高植被覆盖密度（>0.7）共 5 种类别（图 5-6）。以区别不同植被覆盖状况下 NDVI 变化的特点，这 5 类包含的像元点数分别为 16 549 个、74 554 个、332 478 个、213 436 个、22 356 个。

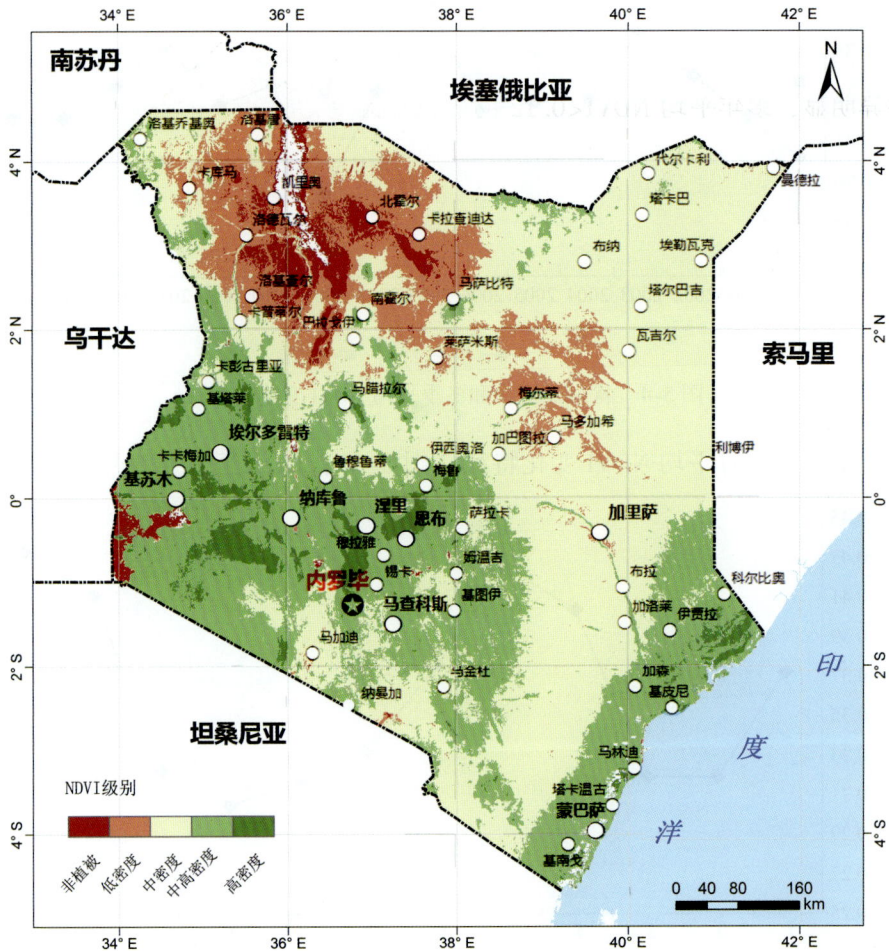

图 5-6　肯尼亚植被覆盖等级分布图

多年平均 NDVI<0.12 的区域主要为西北部图尔卡纳荒漠和水体等非植被区，NDVI 在 0.12~0.2 的区域主要是东北部灌木、荒草地等稀疏植被分布的低植被覆盖密度区，NDVI 在 0.2~0.4 的区域主要是东部平原塔纳河流域和东北部萨丁迪达平原等中植被覆盖密度区，NDVI 在 0.4~0.7 的区域主要是中部高地及其东西两侧以林地为主的中高植被覆盖密度区。肯尼亚中植被覆盖密度区面积最大，占全国总面积的 50.42%；中高植被覆盖密度区位列第二，占全国总面积的 32.37%；低植被覆盖密度区占全国总面积的 11.31%；高植被覆盖密度区占全国总面积的 3.39%；非植被覆盖密度区面积最小，只占全国总面积的 2.51%（表5-2）。

表5-2　肯尼亚不同等级植被覆盖区统计

覆盖等级	NDVI 等级	像元个数	比例（%）
非植被	<0.12	16 549	2.51
低植被覆盖密度	0.12~0.2	74 554	11.31
中植被覆盖密度	0.2~0.4	332 478	50.42
中高植被覆盖密度	0.4~0.7	213 436	32.37
高植被覆盖密度	>0.7	22 356	3.39

由不同等级 NDVI 像元个数年变化特征可以看出（图5-7），不同等级范围 NDVI 的变化规律差异明显，多年平均 NDVI<0.12 的非植被区变化幅度最大，在 2003 年降至最低，在 2009 年达到最高；多年平均 NDVI>0.7 的高植被覆盖密度区变化也十分显著，2000 年为最低水平，2007 年增加到最高值，之后波动减少。

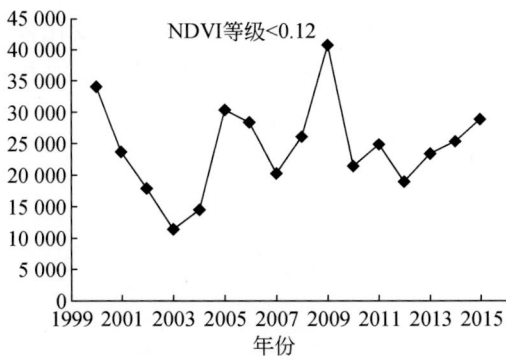

(a)非植被区

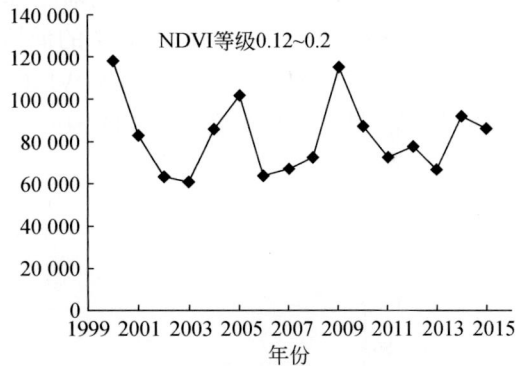

(b)低植被覆盖密度区

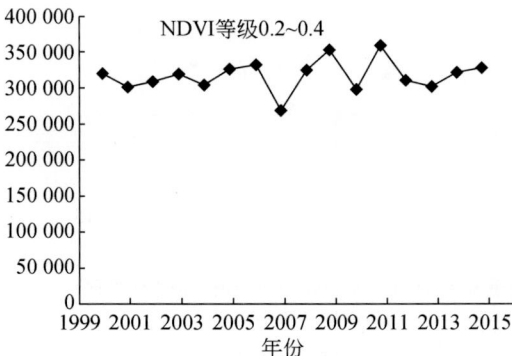

(c)中植被覆盖密度区

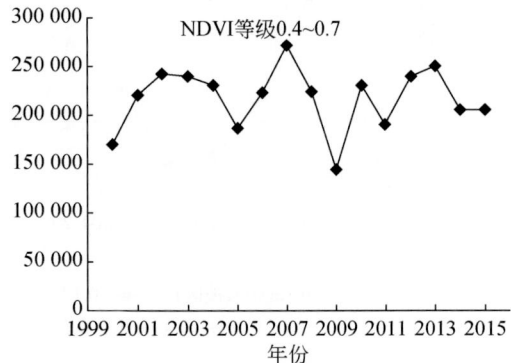

(d)中高植被覆盖密度区

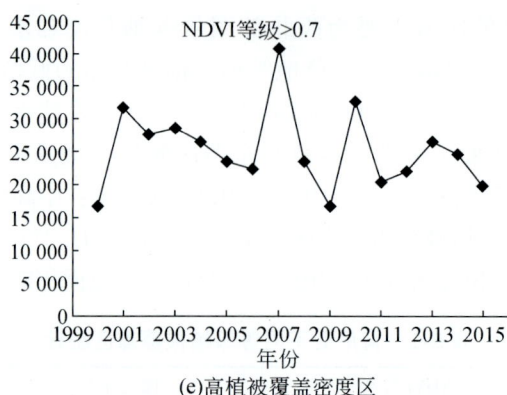

(e)高植被覆盖密度区

图 5-7　肯尼亚不同等级植被覆盖 NDVI 像元个数年变化特征分布图

多年平均 NDVI 在 0.12～0.2 的低植被覆盖密度区的变化较为明显，低植被覆盖密度面积总体变化趋势是先减后增，2004 年达到较高峰值，2009 年达到最高峰值，最低值出现在 2003 年；多年平均 NDVI 在 0.4～0.7 的中高植被覆盖密度区的变化也较为明显，在 2007 年达到最高值，而在随后的 2009 年达到最低值。

多年平均 NDVI 在 0.2～0.4 的中植被覆盖密度区的总体变化趋势较为平稳，仅在 2007 年处于较低水平，其他年份皆波动不大。

从不同等级 NDVI 距平百分比变化可以看出（图 5-8），多年平均 NDVI 在 0.2～0.4 的中植被覆盖密度区变化最稳定，变化幅度极小，最大变化幅度仅为-19.12%；其次是多年平均 NDVI 在 0.12～0.2 和 0.4～0.7 的低植被覆盖密度区和中高植被覆盖密度区变化幅度较大，变化幅度较大的是多年平均 NDVI<0.12 的非植被区和多年平均 NDVI>0.7 的高植被覆盖密度区，最大变化幅度达到 145.80%。

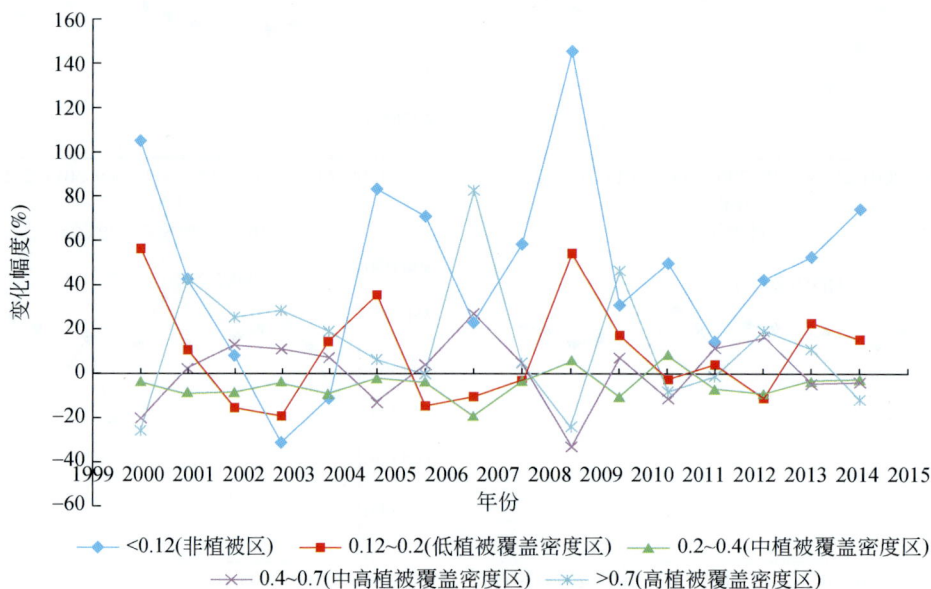

图 5-8　肯尼亚不同等级植被覆盖 NDVI 距平百分比变化曲线图

5.1.4　植被系统的时空变化特征

以上分析了肯尼亚 2000～2015 年整体植被的夏季、冬季以及全年的年际变化特点和趋势，这种整体数量分析可以概括反映某一地区植被变化的总体特点，但区域内不同植被的长期变化趋势、变化数量和变化强度是不同的，存在巨大的空间差异性，以下将结合数理统计和 GIS 的空间分析功能，采用图像差值和线性变化趋势深入探讨肯尼亚植被变化的时空差异。

（1）图像差值法分析

使用年平均 NDVI 作为图像差值分析比较的依据在于，对于已有的月合成 NDVI 数据，不同年份、相同月份对应时段的水热自然条件必然各不相同，当月植被长势各有差异，不同年份、相同月份平均 NDVI 在一定程度上减少了水热条件对植被长势的影响差异，更好地记录了该年度的地表植被覆盖总体信息。

根据数据时间跨度，采用了 5 年间距作为差值分析的时间尺度，选用年份依次为 2000 年、2005 年、2010 年和 2015 年。在生成的 5 年间隔共 4 期肯尼亚全国年平均 NDVI 数据基础上，分别获得 2000～2015 年、2000～2005 年、2005～2010 年及 2010～2015 年不同时段肯尼亚年平均 NDVI 差值图像（图 5-9）。根据年平均 NDVI 的变化范围将植被变化分为 5 个等级：明显减少（NDVI<-0.1）、轻微减少（-0.1～0.05）、无变化（-0.05～0.05）、轻微增加（0.05～0.1）、明显增加（NDVI>0.1）。

由图 5-9 可知，2000～2015 年，肯尼亚 60.90% 的面积年平均 NDVI 基本没有变化；全国范围内有 31.46% 的面积表现为增加，其中轻微增加的面积占 20.27%，明显增加的面积占 11.19%；全国范围内有 7.64% 的面积表现为减少，其中轻微减少的面积占 6.04%，明显减少的面积占 1.60%；全国年平均 NDVI 增加的面积大于减少的面积，表明 2000～2010 年肯尼亚植被覆盖度在增加。从图中可以很直观地反映出肯尼亚近 15 年年平均 DNVI 变化的空间分布，其中植被覆盖减少的区域主要分布在位于阿西河流域的亚塔高原以及沿海地区，而植被覆盖增加的区域主要分布在东非大裂谷沿线地区。

2000～2005 年的第一个 5 年时期，肯尼亚 64.66% 的面积年平均 NDVI 基本没有变化；全国范围内有 25.00% 的面积表现为增加，其中轻微增加的面积较多（占 17.35%），明显增加的面积较少（占 7.64%）；全国有 10.34% 的面积表现为减少，其中轻微减少的面积为 8.01%，明显较少的面积很少，只有 2.33%。可见，全国年平均 NDVI 增加的区域大于减少的区域；增加的区域和减少的区域与 2000～2015 年的趋势基本一致。

2005～2010 年的第二个 5 年时期，肯尼亚年平均 NDVI 基本没有变化的面积略多于前 5 年，占 69.89%；全国有 26.60% 的面积表现为增加，轻微增加的面积较多（占 18.92%），明显增加的面积较少（占 7.68%）；全国有 3.51% 的面积表现为减少，轻微减少的面积为 3.16%，而明显减少的面积较少，只占 0.35%；全国年平均 NDVI 增加的面积明显多于减少的面积 ［图 5-9（c）］。

(a) 2000~2015年

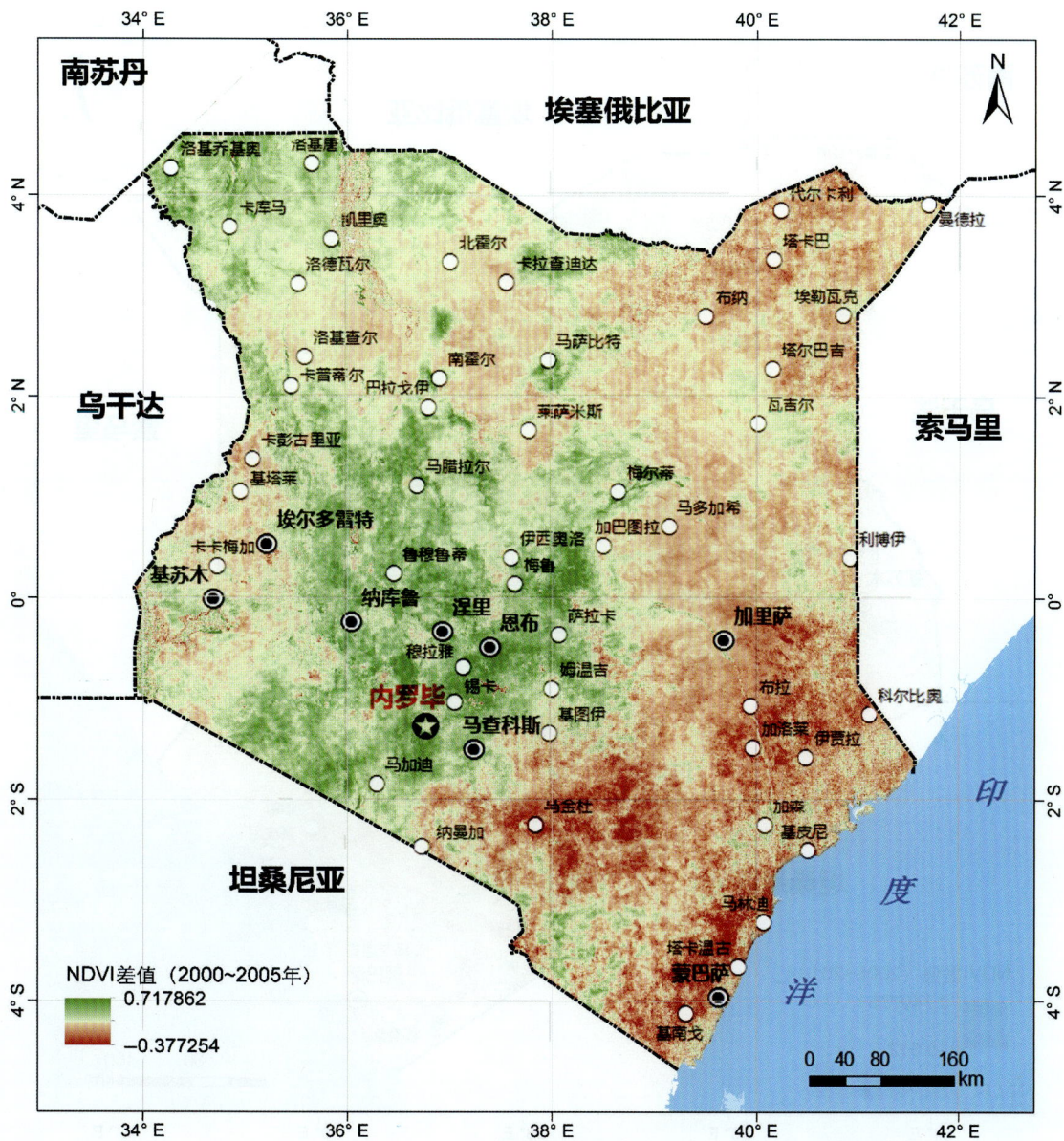

（b）2000~2005年

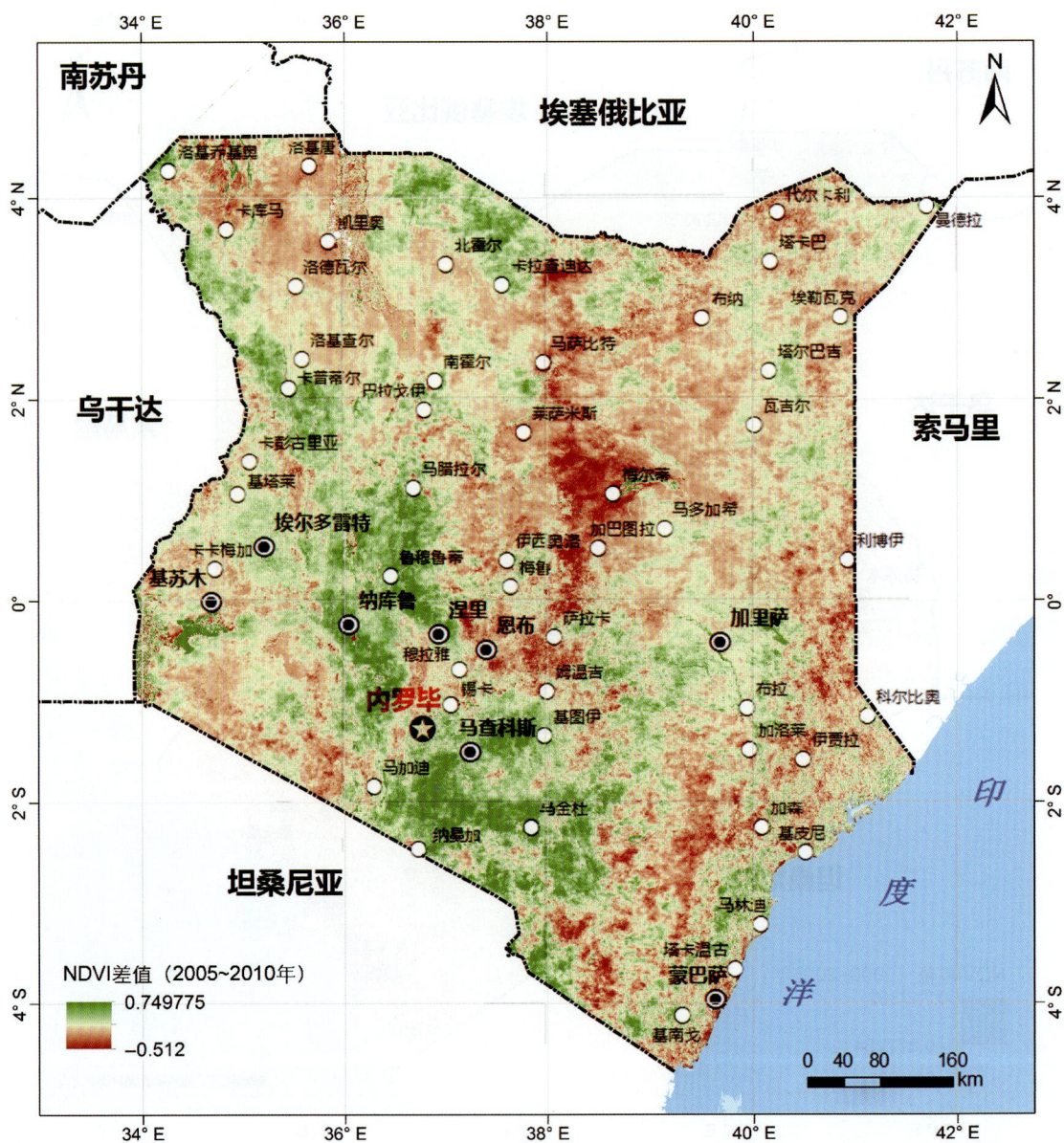

NDVI差值（2005~2010年）

0.749775

−0.512

(c) 2005~2010年

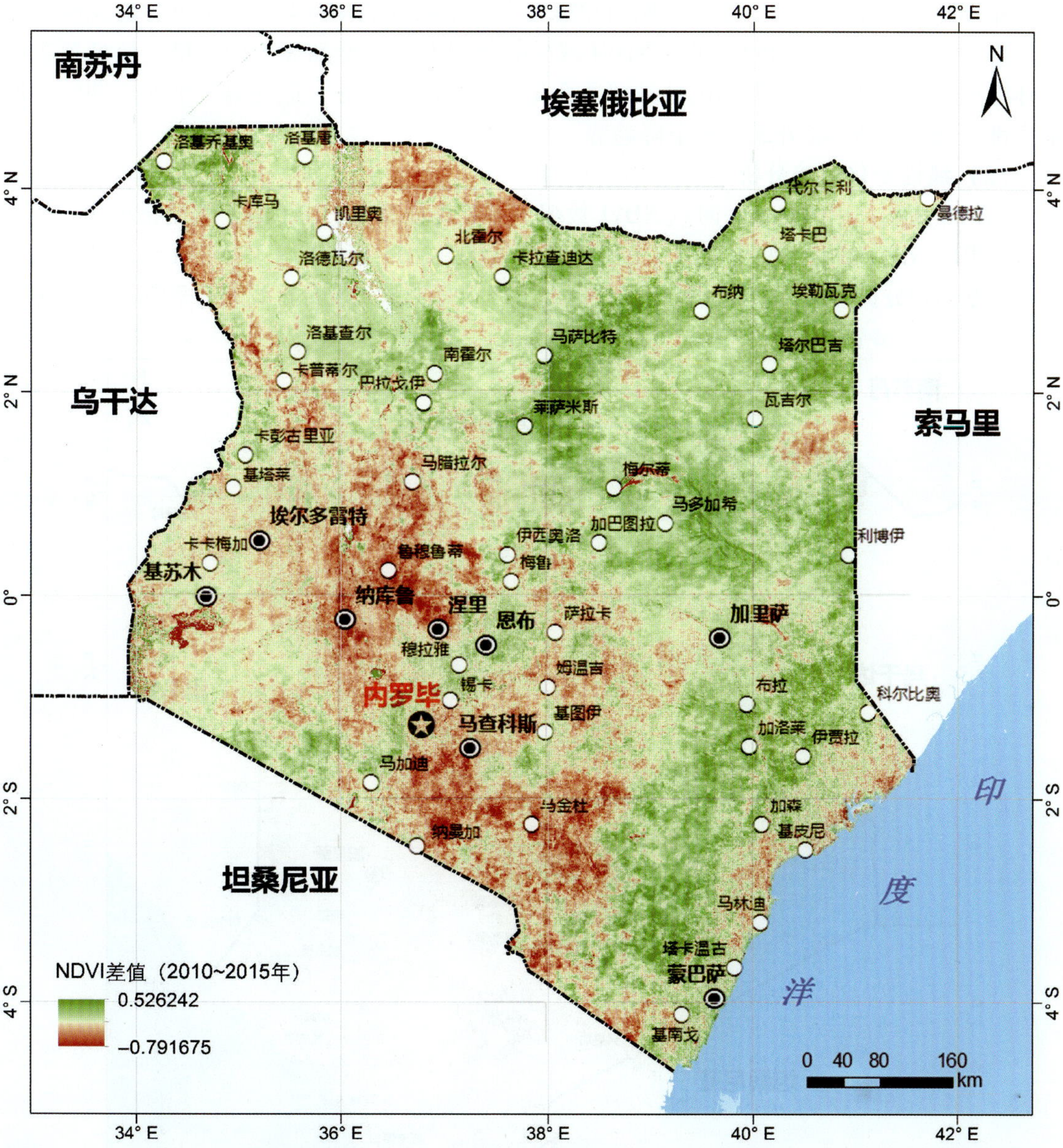

(d) 2010~2015年

图 5-9　肯尼亚不同时段年平均 NDVI 差值分布图

2010～2015 年的第三个 5 年时期，肯尼亚年平均 NDVI 基本没有变化的面积占全国总面积的 67.96%；植被覆盖表现为增加的面积占 7.28%，轻微增加的面积占 6.38%，明显增加的面积占 0.90%；植被覆盖表现为减少的面积占 24.76%，轻微减少的面积占 18.60%，明显减少的面积为 6.16%。第三个 5 年肯尼亚年平均 NDVI 的变化特征与前两个 5 年期间明显不同。第一个 5 年期间和第二个 5 年期间的年平均 NDVI 植被覆盖度总体在变好；而第三个 5 年期间年平均 NDVI 减少的面积大约是增加面积的 3 倍，植被覆盖度总体在变差。前两个 5 年期间的植被覆盖变化趋势总体在变好，但在第三个 5 年期间肯尼亚大部分地区的 NDVI 开始呈现下降趋势。

（2）线性变化趋势分析

图像差值法采用的是某一时点 NDVI 数据，不能充分反映 NDVI 的连续变化规律。为了进一步揭示 NDVI 的时空变化规律，本研究使用 2000～2015 年的年平均 NDVI 时序数据通过最小二乘回归分析，对每个像元进行线性拟合，得到每个像元拟合直线的斜率图（图 5-10）。

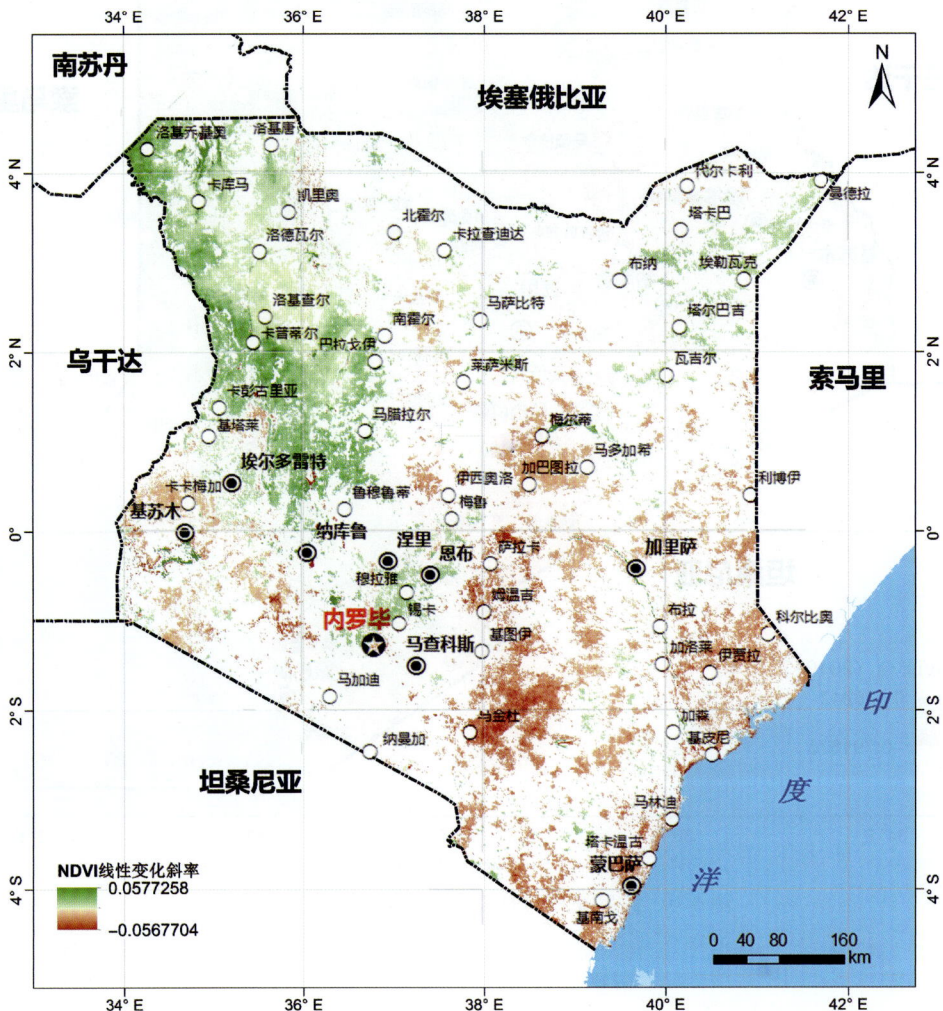

图 5-10　肯尼亚 2000～2015 年的年平均 NDVI 线性变化斜率分布图

与图像差值方法相比，最小二乘回归分析方法基于多期时序数据分析，可有效抑制部分时段数据的不确定因素导致的较大误差影响，因此对时序数据长期变化的趋势分析更为准确。考虑 MODIS 数据系统噪声和对沙漠等无植被地类像元表示的有效性，并为了方便分析植被的线性变化趋势，对线性变化斜率作如下定义：年变化斜率小于-0.001 表示植被变化趋势为减少，若通过 $\alpha=0.1$ 显著水平检验，则表示显著减少；年变化斜率在-0.001 和 0.001 之间则表示无变化；年变化斜率大于 0.001 表示植被变化趋势为增加，若通过 $\alpha=0.1$ 显著水平检验，则表示显著增加。

根据生成 2000~2015 年肯尼亚植被线性变化趋势图，可统计各类等级的面积百分比。通过分析图表可知，肯尼亚 33.69% 的面积 NDVI 呈增加趋势，这其中有 38.40% 的像元变化斜率通过 $\alpha=0.1$ 显著水平检验，表现为显著增加，而剩余 61.60% 的像元未通过显著水平检验，表明这些区域植被变化经常出现波动，NDVI 线性增加趋势不明显；肯尼亚 39.36% 的区域 NDVI 呈减少趋势，其中 28.22% 的像元变化斜率通过 $\alpha=0.1$ 显著水平检验，表现为显著减少，而剩余 71.78% 的像元未通过显著水平检验，表明这些区域植被变化经常出现波动，NDVI 线性减少趋势不明显；肯尼亚有 26.95% 的面积 NDVI 的年变化斜率处于-0.001~0.001，表明这些区域的植被基本没有发生变化（表 5-3）。肯尼亚植被呈增加趋势的区域主要位于东非裂谷沿线，这些区域的水土条件较好，是肯尼亚的主要农作物耕作区，植被覆盖的增长趋势反映了这些区域的农作物复种指数可能在增加。而东非高原东侧至沿海地带的植被覆盖则呈下降趋势，这些地区受气候变暖的极端气候影响，已逐渐呈现荒漠化的趋势。

表 5-3　肯尼亚植被变化情况

变化趋势	显著增加	增加	无变化	减少	显著减少
面积变化百分比（%）	20.75	12.94	26.95	28.25	11.11

5.2　自然灾害

肯尼亚境内经常发生的自然灾害有气象、海洋、农业、林业、地质等灾害，但最为主要的灾害类型是气象类灾害，包括干旱和洪涝。在中部山地地区也常有地质灾害发生。肯尼亚的主要土地类型是干旱与半干旱类型，占陆地面积的 80% 左右，所承载的牲畜量和人口量分别占全国总量的 50% 和 30%。这一地区的地形、地貌和地质构造复杂，生态系统较脆弱，因此致灾因素多，重灾威胁大，所造成的社会经济损失大。历史上，这些地区长期处于边缘化状态，经济发展和基础设施较落后，如何应对频繁灾害的发生是这些地区所面临的重大挑战。从灾害的区域分布来看（表 5-4），肯尼亚的东部省、东北省、海岸省和裂谷省的北部地区主要受干旱灾害影响，维多利亚湖流域和塔纳河流域受季节性洪涝灾害的影响较大。另外，在 3~5 月的多雨季节，肯尼亚山地区多发山体滑坡灾害。

表5-4　肯尼亚历年自然灾害统计

年份	灾害类型	地区	损失
2006	骤发洪灾	马萨比特（Marsabit）、莱赛密斯（Laisamis area）	4人死亡，3500人无家可归
	干旱	分布广泛	
	洪涝	分布广泛	7人死亡 3500人无家可归
	骤发洪水	伊西奥洛（Isiolo）	3000人无家可归
	暴风雨	基苏木（Kisumu）	500人无家可归
2005	森林火灾	裂谷地区	森林损毁
	暴风雨	梅尔蒂（Merti）、伊西奥洛（Isiolo）	
	干旱	分布广泛	
2004	干旱	分布广泛	300万人8个月的赈灾救济
	山体滑坡	涅里（Nyeri）、欧萨亚（Othaya）、基胡里（Kihuri）	5人死亡
2002	山体滑坡	梅鲁（Meru）、穆兰卡（Muranga）、南迪（Nandi）	2000人的房屋受到影响
	洪涝	尼扬扎省（Nyanza）、布希亚（Busia）、塔纳河（Tana River）流域	15万人受到影响
1999/2000	干旱	分布广泛	440万人受到饥荒影响
1997/1998	洪涝	分布广泛	150万人受到影响
1995/1996	干旱	分布广泛	141万人受到影响
1991/1992	干旱	东北省、裂谷省、东部省和滨海省的干旱和半干旱地区	150万人受到影响
1985	洪涝	尼扬扎省（Nyanza）、西部省（Western）	1万人受到影响
1983/1984	干旱	分布广泛	20万人受到影响
1982	洪涝	尼扬扎省	4000人受到影响
1980	干旱	分布广泛	4万人受到影响
1980	干旱	分布广泛	2万人受到影响
1975	干旱	分布广泛	1.6万人受到影响

5.2.1　干旱

受干旱影响的地区占陆地面积的70%左右，包括裂谷省、东北省、东部省和滨海省的大部分地区，分为干旱与半干旱地区。这些地区的降雨量波动大、土壤水分蒸发率高、土壤有机质含量低，一旦干旱发生，会对当地种植业造成严重影响。

按照干旱程度可将干旱与半干旱地区划分为5个等级（表5-5）。其中，受干旱影响较严重的地区有裂谷省的巴林戈（Baringo）、莱基皮亚（Laikipia）、图尔卡纳（Turkana）、桑布卢（Samburu）、纳罗克（Narok）和卡耶亚多（Kajiado）地区，东部省的马萨比特（Marsabit）和伊西奥洛（Isiolo）地区，东北省的曼德拉（Mandera）、加里萨（Garissa）

和瓦吉尔（Wajir）地区，滨海省的基里菲（Kilifi）、夸勒（Kwale）和泰塔塔维塔（Taitataveta）地区。

表 5-5　肯尼亚干旱等级分区面积

干旱等级	地区	占干旱与半干旱地区的面积比例（％）
100%	图尔卡纳（Turkana）、摩亚雷（Moyale）、马萨比特（Marsabit）、伊西奥洛（Isiolo）、瓦吉尔（Wajir）、曼德拉（Mandera）、加里萨（Garissa）、伊贾拉（Ijara）	62
85%～100%	基图伊（Kitui）、马瓜尼（Makueni）、塔纳河（Tana River）、泰塔塔维塔（Taita Taveta）、桑布卢（Samburu）地区	25
50%～85%	马查科斯（Machakos）、马比尔（Mbeere）、塔拉卡-尼蒂（Tharaka Nithi）、莱基皮亚（Laikipia）、西波克特（West Pokot）、夸勒（Kwale）、基里菲（Kilifi）、巴林戈（Baringo）、梅鲁（Meru）北部地区	8
30%～50%	拉穆（Lamu）、纳罗克（Narok）、马林迪（Malindi）、切诺（Keiro）、马拉奎特（Marakwet）地区	3
10%～30%	涅里（Nyeri）、瑞切昂尤（Rachuonyo）、苏巴（Suba）、库里亚（Kuria）、锡卡（Thika）、克伊巴泰克（Koibatek）	2

　　受热带间辐合带南北向季风影响，肯尼亚的降雨季节分区较为不均匀，11 月至次年 5 月有两次较长雨季，而其他月份的降雨量相对较少，极端气候造成了干旱的发生。肯尼亚发生干旱灾害的次数较频繁，根据气象记录，最早的干旱发生在 1928 年，其他的干旱发生年份有 1933～1934 年、1942～1944 年、1952～1955 年、1960 年和 1965 年，最严重的一次干旱发生在 20 世纪 70 年代初。在 1971～1975 年和 1984～1985 年，肯尼亚发生了两次受全世界广泛关注的严重干旱，造成了粮食大量减产，并引发了严重的饥荒。最近的 1998～2000 年发生的干旱虽然较前两次较轻，但持续时间较长，对整个国家的经济造成了严重影响。首先，农业产量降低，其中水稻产量减少 40%，大量土地处于休耕状态。其次，与农业相关的加工业产出也随之降低，干旱造成了这些加工业 30%～40% 的损失，其中谷类加工业约减产 28.2 亿肯先令，缺水导致畜牧存栏量减少 40%，南埃瓦索恩吉罗地区有 5/6 的小水坝处于干涸状态，水源性疾病传播率也大幅提升。另外，干旱也会导致水力部门供给不足，造成整体经济的损失。

　　2011 年肯尼亚前总统齐贝吉 5 月 30 日发表声明，将当前肯尼亚遭遇的严重干旱定为国家灾害。他要求政府立即采取救灾行动以减少农民的损失，同时要求财政部紧急进口玉米以提高国家战略粮食储备。肯尼亚的旱灾自 2010 年年底以来已经显现。根据肯尼亚气象部门不久前公布的监测数据，2011 年 3～5 月的长雨季期间，肯尼亚不仅没有盼来充足的雨水，降雨时间及雨量反而远低于往年，这让旱情雪上加霜。肯尼亚总理奥廷加 5 月 29 日表示，东北部省份的极度干旱正在迅速消耗掉国家的储备粮食。根据国家粮油生产委员会提供的报告，肯尼亚国家粮食的支柱——玉米预计在未来几周内用完。2010 年年底以来，肯尼亚特别项目部已向旱情严重地区的 200 多万民众发放了价值 1640 万美元的救济粮食。

5.2.2　洪涝

肯尼亚洪涝灾害的记载较少，仅从肯尼亚水利和灌溉部门的相关报告找到零星记录。肯尼亚在历史上发生多次较大的洪涝灾害，主要发生在 1937 年、1947 年、1951 年、1957～1958 年、1961 年、1978 年和 1998 年，1961 年 10～12 月的反常降雨导致了部分地区发生严重的洪涝灾害。1961 年洪水主要泛滥于卡诺（Kano）平原、雅拉（Yala）沼泽和维多利亚湖周边的低洼地区，约有 250 平方公里的地区被淹没，维多利亚湖的水位约上升了 1.3 米。同时，在加里萨（Garissa）地区约有 500 平方公里的土地被淹没，塔纳（Tana）河在该处的水流速度达到 3000 米/秒。另外，1997～1998 年洪水造成了 1.514 亿美元的经济损失。

5.3　环境保护与灾害应急管理

肯尼亚应对自然灾害风险的管理与应急能力较弱，政府在发展计划中并未重视对自然灾害防护能力的提升，同时也没有设立单独部门对自然灾害防护工作进行统筹规划。直到 1997 年发生了厄尔尼诺大型洪灾之后，才于 1998 年 1 月成立了国家灾害控制中心（National Disaster Operation Center，NDOC）。1999 年 6 月，肯尼亚政府与联合国灾害管理专题小组（United Nations Disaster Management Theme Group，UNDMTG）共同成立肯尼亚灾害管理行动网络（Kenya Action Network for Disaster Management，KANDAM），以应对肯尼亚的干旱洪涝灾害的频繁发生。与此同时，肯尼亚政府也在着手起草与灾害管理相关的政策条文。

肯尼亚已经着手于防洪防旱工程的建设工作，几处主要灾害防护工程皆分布在维多利亚湖流域，如恩佐亚（Nzoia）河、雅拉（Yala）河、尼扬多（Nyando）河和库贾（Kuja）河。在内罗毕和塔纳（Tana）河下游地区也有几处工程正在建设过程中。

第6章 经济与社会发展

6.1 总 体 概 况

肯尼亚原是英国殖民地，独立时经济落后，并受控和依赖于宗主国，其经济活动主要是为宗主国提供原料（主要是农产品）和商品市场，本国民族资本微弱。肯尼亚是英国在东非殖民的重点经营地，这里有较多的欧洲白人移民，他们占有大片肥沃土地，开办了几千个农场和种植园，从事农商品生产。在此基础上，肯尼亚建立了东非地区最为发达的工业基础设施。此外，肯尼亚有数万亚裔移民（主要是印度人），他们控制了大部分的商业。独立后，政府的基本经济政策是发展国家指导下的"混合经济"，包括国有经济、私营经济、合营经济和合作社经济等，同时鼓励外资。

20 世纪 60 年代以来，肯尼亚的经济发展取得了许多成就。国有资本得到极大发展，国家掌握了铁路、公路、航空、港口、金融、电信、海关等经济命脉，促进了民族资本的成长，使从前控制在外国人手里的商品性农业和一大部分城乡贸易转到本国资本手里，增加了工农业生产收入，改善了相当一部分居民的生活。肯尼亚国内生产总值（GDP）由 1966 年的 11.65 亿美元增至 2014 年的 609.37 亿美元，增加了 51 倍多（表 6-1）。

表 6-1 肯尼亚历年 GDP 增长情况

年份	GDP（市价，美元）	GDP 增长率（%）	年份	GDP（市价，美元）	GDP 增长率（%）
1966	11.65	14.7	1995	90.46	4.4
1970	16.03	-4.7	2000	127.05	0.6
1975	32.59	0.9	2005	187.38	5.9
1980	72.65	5.6	2010	400.00	8.4
1985	61.35	4.3	2014	609.37	5.3
1990	85.72	4.2			

资料来源：世界银行历年统计数据。

其中，1966~2014 年，农业产值由 4.04 亿美元增至 166.55 亿美元，增长了 40 多倍；这期间工业产值由 1.90 亿美元增至 106.50 亿美元，增长了 56 倍多；服务业产值由 4.73

亿美元增至 277.14 亿美元，增长了近 59 倍；外贸商品和服务总产值由 7.37 亿美元增至
306.37 亿美元，增长了 40 多倍。此外，旅游、金融等部门也得到长足发展。

肯尼亚至今仍是东非工业和金融业最为发达的国家。肯尼亚的经济发展一度被称为非
洲的"成功范例"。独立之初的 15 年 GDP 增长率达 6.8%。20 世纪 80 年代增速减缓，不
过，1980~1990 年的平均增长率仍达 4.2%。进入 90 年代后，肯尼亚经济（除 1995~
1996 年外）明显滑坡。1990~1999 年 GDP 平均增长率仅为 2.2%，2000 年出现负增长
（-0.3%），2005~2014 年的增长率波动较大，最低时仅为 0.2%（2008 年），但近年来已
有回升，2013 年和 2014 年的增长率皆维持在 5% 以上。人均年收入在 1966 年为 118.6 美
元，70 年代以后一直呈上涨趋势，1988 年达到 381.5 美元，之后人均年收入呈下降趋势，
1993 年一度降至 222.7 美元，2005 年后，人均年收入呈上涨趋势，2014 年人均年收入达
到 1358.3 美元。

1980~2000 年，肯尼亚经济增长率总体下降，尤其是 1997 年以来经济持续低迷，这
其中有很多原因，例如，自然灾害（多发性旱灾和偶发洪灾）和人为因素（政府管理不
善和腐败）。从根本上说，以农业为主的固有经济结构未变，制约了经济发展。同时，政
府的政策和管理体制也存在一些问题。20 世纪 90 年代的多党政治和国际援助机构的多次
停止援助，也是肯尼亚经济持续低迷的原因之一。为了促进生产，吸引投资、外援和改善
财经状况，肯尼亚政府自 80 年代中期起，尤其是在 90 年代，根据世界银行和国际货币基
金组织（IMF）的建议和要求，断断续续地进行了一系列经济调整与改革。例如，在工业
部门建立出口加工区，简化投资审批程序；在农业部门缩小国家管理局的经营规模，取消
对肥料进口及其价格的控制；在贸易部门实行进口自由化，降低关税，促进进出口贸易；
在财政和金融部门加强税收管理，控制财政支出，改善对银行系统的监督和管理，逐步放
松以至取消外汇管制，对外商开放金融市场；对国有企业实行私有化；等等。这些改革取
得了一定成效。但是，有些改革也产生了副作用，如贸易自由化冲击了本国工业，增加了
失业等。肯尼亚政府在 1986 年曾提出一项工业化规划，未能实现。20 世纪 90 年代末，又
提出了要在 2020 年使肯尼亚成为工业化国家的发展目标。同时，它推出了一项中短期的
减贫和发展计划。根据这个得到国际货币基金组织的支持，肯尼亚 GDP 增长率将由 1999
年的 1.4% 逐步增加到 2004 年的 6%。由于国际货币基金组织中止贷款和其他不利因素，
2000 年开局不利，2001 年以来，肯尼亚经济开始微弱增长，但仍未达到原定目标（GDP
增长 3.1%）。2003 年，肯尼亚政府出台经济复兴战略，将支持农业和旅游业作为重点，
努力改善投资环境，外援开始恢复，制造业和农业均比上年有所增长。2010 年以后，肯尼
亚经济增速已稳定在 5% 左右。评级机构穆迪（Moody's）认为肯尼亚经济前景稳定，受基
础设施建设驱动、快速扩张的服务业及贸易情况改善的综合影响，预计 2018 年 GDP 增速
可达 6%。

2007~2015 年，肯尼亚的货币汇率波动较大，总体呈现持续贬值趋势，肯尼亚与世界
主要经济体之间的汇率呈上涨趋势，但其货币贬值的幅度比周边国家略微平缓（表 6-2）。
受油价降低影响，肯尼亚、乌干达和坦桑尼亚等东非国家进口增长速度将超过出口。与此
同时，由于茶叶等农产品价格走低，加上旅游业低迷，上述国家的外汇收入受到影响。但
相比于周边国家，肯先令仍能保持相对稳定，主要原因是肯尼亚的制造业相比东非其他国

家更为发达，减少了某些工业品的进口。

表 6-2 肯尼亚与主要币种的年均外汇汇率（2007～2015 年）

币种	2007 年	2008 年	2009 年	2010 年	2011 年	2012 年	2013 年	2014 年	2015 年
欧元	90.17	109.48	108.94	107.63	123.60	108.73	114.41	116.84	108.96
美元	62.68	77.71	75.82	80.75	88.81	84.53	86.12	87.92	98.18
英镑	124.32	112.35	121.89	124.77	142.34	134.00	134.75	144.88	150.17
阿联酋迪拉姆	17.07	21.16	20.64	21.99	24.18	23.01	23.45	23.94	26.73
印度卢比	1.59	1.61	1.62	1.71	1.91	1.59	1.48	1.44	1.53
中国人民币	8.51	11.38	11.11	12.25	13.75	13.40	14.01	14.27	15.62
南非兰特	8.95	8.27	10.22	12.20	12.27	10.31	8.95	8.10	7.72
日元	0.55	0.86	0.82	0.99	1.11	1.06	0.88	0.83	0.81
沙特里亚尔	16.69	20.71	20.21	21.53	23.68	22.54	22.97	23.44	26.17
埃及镑	11.52	13.14	13.30	13.54	14.94	13.93	12.53	12.41	12.77
坦桑尼亚先令	18.00	16.79	17.62	18.52	17.88	18.78	18.79	18.93	20.73
巴基斯坦卢比	1.03	0.91	0.89	0.91	1.03	0.91	0.85	0.87	0.96
瑞典克朗	9.47	10.03	10.61	11.98	13.68	12.50	13.22	12.88	11.65
瑞士法郎	—	—	—	—	100.59	90.22	92.96	96.18	102.04
乌干达先令	27.06	25.13	25.07	28.57	28.43	29.62	30.06	29.55	32.94
刚果法郎	0.15	0.11	0.09	0.09	0.10	0.09	0.09	0.10	0.11
卢旺达法郎	11.85	13.03	13.02	13.02	6.75	7.21	7.55	7.79	7.09
贸易加权指数 （2009 年＝100）	87.60	99.07	100.00	107.29	117.57	108.82	107.12	108.10	114.30

6.2 农　　业

农业是肯尼亚经济的基础。独立以来其产值在国内生产总值中的比重虽不断下降，但仍是国民经济的支柱。1966 年肯尼亚农业产值所占比例为 37.9%，2000 年已降至32.4% 左右，2014 年降至 30.3% 左右。按照 2009 年不变价格计算，2011～2015 年，肯尼亚农业产值由 8645.7 亿肯先令增长至 10 143.4 亿肯先令，增长幅度达到 17.3%。与此同时，农业的中间消耗比例呈现小幅度下降趋势，2011 年中间消耗占产值的 19.3%，2015 年中间消耗所占比例则降至 18.2%（表 6-3）。

表6-3　肯尼亚农业产值、中间消耗和增加值　（单位：10^6 肯先令）

项目		2011 年	2012 年	2013 年	2014 年	2015 年
市价	产值	1 108 777	1 238 261	1 387 931	1 626 889	2 021 675
	中间消耗	390 364	418 070	468 912	523 161	539 430
	增加值	718 413	820 191	919 019	1 103 728	1 482 244
不变价格（2009 年）	产值	864 570	886 607	936 059	975 414	1 014 341
	中间消耗	167 037	170 841	181 149	193 806	184 315
	增加值	697 532	715 766	754 910	781 608	830 026

资料来源：《肯尼亚经济调查年鉴 2016》。

　　肯尼亚全国将近 80% 的人口靠农业为生。农业生产的一半以上属自给性生产。几十年来，肯尼亚的农业增长率呈下降趋势（表6-4）。独立之初，增长率较高，1980～1990 年农业增长趋势放缓，20 世纪 90 年代受长期干旱灾害影响，农业增长率多呈现负值，到 2009 年，农业增长率仍较低。发展农业、提高其增长率是肯尼亚面临的一项重大挑战。

表 6-4　肯尼亚历年农业增长率统计（1966～2014 年）

年份	增长率（%）	年份	增长率（%）	年份	增长率（%）
1966	23.0	1983	1.9	2000	-1.3
1967	1.7	1984	-3.5	2001	11.7
1968	4.9	1985	4.0	2002	-3.5
1969	8.8	1986	4.9	2003	2.4
1970	-7.9	1987	4.2	2004	1.7
1971	16.1	1988	4.6	2005	6.9
1972	11.4	1989	4.1	2006	1.7
1973	2.7	1990	3.5	2007	5.1
1974	-2.4	1991	-0.7	2008	-5.0
1975	7.4	1992	-3.3	2009	-2.3
1976	1.9	1993	-3.3	2010	10.1
1977	10.0	1994	3.1	2011	2.4
1978	3.8	1995	4.8	2012	2.9
1979	2.7	1996	4.5	2013	5.2
1980	1.1	1997	-3.1	2014	3.5
1981	5.9	1998	8.3		
1982	7.4	1999	7.1		

　　2015 年，肯尼亚农产品的出口占其外贸出口的 70%，其中茶叶（24.6%）、园艺产品（20.2%）、咖啡（4.1%）和烟草（3.2%）占出口收入的 52.1%。

6.2.1　种植业

肯尼亚全国国土面积约 20% 为中上等农用地，其中用于种植农作物和奶牛饲料的约占 60%。主要的农业区在中部和西部。农业基本上靠天吃饭，灌溉面积不到 8 万公顷，主要灌溉渠有塔纳河上的布拉工程、姆维亚工程和阿黑罗工程等。农业生产很不稳定，正常年景粮食自给有余，但因近 20 年来自然灾害频繁，农业生存水平总体下降，食品短缺，国家几乎每年都进口粮食。近年来肯尼亚的粮食进口率长期在 20% 以上（表 6-5）。

表 6-5　肯尼亚粮食平衡表指标

指标		2011 年	2012 年	2013 年	2014 年	2015 年
粮食日供给	能量（千卡）	2253	2447	2284	2202	2293
	蛋白质（克）	69	74	67	64	69
	脂肪（克）	47	47	46	43	47
粮食自给率	总计	74.6	77.6	80.1	74.4	75.2
	蔬菜	71.5	75.1	77.7	71.6	72.1
	肉制品	99.9	100.1	99.1	99.9	100.0
粮食进口率	总计	29.1	25.7	23.3	29.2	28.3
	蔬菜	32.6	28.4	26	32.3	31.7
	肉制品	1.1	1.0	1.0	1.0	0.8
日能量供给	蔬菜（千卡）	1955	2148	1993	1945	1979
	谷制品（千卡）	959	988	917	925	925
	肉制品（千卡）	298	299	291	256	313

肯尼亚农业基本上由"大农"和"小农"两类组成。"大农"指 3000 多个大农场和种植园，独立前属白人移民和大公司所有。独立后通过赎买和土地安置政策，白人移民经营的大农场已转归非洲人所有，许多已被分为小农场。"小农"主要指在独立后发展起来的小土地所有者，20 世纪 90 年代约有 170 万户，每户土地在 2 公顷以下。"小农"在出售给销售局的农产品总值中约占 70%，说明了"小农"在农业中的主导地位。

肯尼亚农产品种类很多，主要粮食作物有玉米、小麦、薯类、豆类、高粱、小米、大米和大麦等；主要经济作物有茶叶、咖啡、甘蔗、除虫菊、花卉、水果及剑麻、棉花、烟草等。

（1）粮食作物

玉米。玉米是肯尼亚人的主食，各地普遍种植。1995 年种植面积为 140 万公顷，产量为 280 万吨。1994 年曾达到创纪录的 310 万吨。但因受气候（主要是几年一次的旱灾）影响，产量起落较大。1997 年和 1998 年的产量分别是 207 万吨和 245 万吨。而 1999 年和 2000 年则分为 225 万吨和 198 万吨。根据联合国粮食及农业组织提供的数据，在 2000 ~ 2010 年，玉米历年播种面积均占到所有谷物类播种面积的 80% 以上，可见玉米是肯尼亚人主要种植的粮食作物。2000～2010年，玉米平均种植面积约169.3万公顷，总产量为270.8万吨，除2004年外，玉米播种面积及总产量基本呈现上升趋势。2010年，玉米种植面积约为200.8万公顷，总产量约为322.2万吨。尽管玉米的产量在所有谷物作物中最高，但是肯尼亚的玉米出口量非常少，而进口量却非常大，年均进口量约为18.3万吨，出现上述状况的原因在于玉米是肯尼亚人的主要食品，年均消费总量远超于当年产量。

小麦。小麦是供应城市的主要商品粮。肯尼亚全国小麦种植面积1977年约13.7万公顷，1981年降至9.6万公顷，1994年扩大为15.5万公顷。小麦产量历年波动，据英国的资料：1977年为17.8万吨，1981年为21.4万吨，1993年为15万吨，1994年为27.7万吨，1995年增至33万吨，1998年又降至25万吨（据肯尼亚官方资料，1998年小麦产量仅17.7万吨，1999年和2000年因天旱、价格等因素降至5.5万余吨和7.4万余吨）。小麦主要由中西部高原地区农场生产，每年通常只能满足国内近一半的需求，其余靠进口。小麦每公顷单产年景好时约为2120千克，年景差时约为1250千克。2000～2010年，平均种植面积约为14万公顷，平均总产量约为32.9万吨。随着小麦面积的增加，小麦总产量也呈增长趋势，但是由于国内需求量远大于总产量，所以小麦进口量非常大，2009年进口总量约为78.2万吨。

大麦。大麦作为酿造啤酒的主要原料，在肯尼亚作物生产中具有一定的经济价值，随着酿酒业的发展，大麦进口量越来越大，2009年进口约2.1万吨，约占当年本国总产量的50%。2000～2010年，大麦的平均种植面积和产量分别为1.9万公顷和5.8万吨。近十年来，种植面积和产量呈波动状态，最高峰值出现在2001年，最低值出现在2003年。

小米。小米种植面积在谷物类作物中居第三位，2000～2010年，小米的平均种植面积和产量分别为10.5万公顷和6.1万吨。2010年，小米种植面积约为9.9万公顷，总产量为5.4万吨，单产产量比2009年有所增长。小米产量虽无法完全满足国内需求，但其进口量相对玉米和小麦较少，年均进口量约为7284.3吨。

水稻。水稻种植面积是肯尼亚6种主要谷物作物中最小的，水稻种植因需水量较大，其单产产量受气候和灌溉条件影响较大。2000～2010年，水稻平均种植面积约为1.6万公顷，2015年种植面积为1.9万公顷。水稻总产量也相对较低，平均产量约为5万吨。1990～1999年，水稻的进口量也较少，年均进口量维持在5万吨左右，但自2000年起，水稻的进口量呈现大幅度上涨趋势，2012年水稻进口量已达48万吨。

高粱。高粱单产产量较低，虽然其种植面积相对较大，但是总产量较低。2010年，高粱播种面积为22.6万公顷，总产量为16.4万吨，单产仅为725.7千克/公顷。2000～2010年间，虽然种植面积和产量出现波动，但是总体趋势仍呈现增长态势。

木薯。木薯是肯尼亚重要的粮食作物，与谷物类粮食作物相比，由于其单产较高，虽然播种面积较少，但总产较多。2000～2010年，2009年总产量最高，约为82万吨，由于气候、虫害等因素，2010年的木薯单产骤减，仅为2009年的50%，再加上种植面积的减少，2010年木薯总产量仅为32.3万吨。由于木薯是肯尼亚主要的食品，国内需求量大，再加上木薯加工企业技术比较落后，所以出口较少，反而以木薯干和木薯淀粉的形式进行进口，且以木薯淀粉进口为主。

马铃薯。马铃薯相对木薯种植面积较多，2003年马铃薯单产最高，达9673千克/公顷，自 2004 年开始，马铃薯单产产量略有下降，2009 年，单产产量降低为 2612 千克/公顷。在单产产量和种植面积的双重作用下，2004 年以后，马铃薯的总产量呈现下降趋势。马铃薯出口以马铃薯粉的形式为主，但是近两年来，马铃薯的进口量远远大于出口量，2009 年和 2010 年马铃薯的进口量分别为 1540 吨和 5322 吨，但是出口量仅有 601 吨和 1406 吨。

甘薯。近十年来，甘薯的年平均单产产量均高于木薯和马铃薯，2008 年甘薯获得大丰收，单产产量为 14 252 千克/公顷，总产量达 89.5 万吨。2009 年单产产量虽有所下滑，但因种植面积的扩大，总产量仍然可观，约有 93.1 万吨。2010 年，由于单产产量及面积的骤减，总产量几乎下降到近十年来的最低值，约为 38.4 万吨。2000～2009 年，甘薯的供需基本平衡，进出口量较少。

豆类。肯尼亚的豆类作物主要用于满足国内需求，四种主要的豆类作物（干豆、豇豆、木豆、豌豆）的进出口量非常少。豆类作物中以干豆的种植面积最为广泛，木豆次之，但是作物的单产产量豌豆却稳居第一位，豌豆的年均单产产量 4342.2 千克/公顷，为其他三种豆类作物的 8～10 倍。2010 年干豆和木豆的单产产量比 2009 年有所上升，但干豆的总产量却下降了 15.9%。2010 年豇豆和豌豆的单产比 2009 年分别下降了 11.2% 和 45.5%，但由于播种面积的增加，总产量呈现增长趋势。

肯尼亚的粮食作物面积主要受农业政策的影响，而粮食产量，特别是薯类和豆类作物的产量主要受气候、病虫害及作物品种的影响，除此之外，肯尼亚农业化肥投入较少，机械化程度低等也是制约其单产提高的因素。

（2）油料作物

花生。在主要的油料作物中，花生的种植面积仅次于芝麻，居于第二位，2000～2010 年，花生的平均种植面积约为 1.9 万公顷，由于气候等因素，花生每年的单产产量并不稳定，所以总产量每年各有差异，2010 年花生的单产产量约为 1526.3 千克/公顷，总产量高达 2.9 万吨。由于国内压榨企业的需求，花生出口较少，花生米及花生的进口量相对较大。

芝麻。芝麻在肯尼亚种植面积位居油料作物之首，但由于其单产较低，总产量相对较低。2000～2010 年，芝麻的平均种植面积约 2.8 万公顷，年平均总产量约 1.1 万吨。2010 年，芝麻的种植面积约 2.7 万公顷，总产量约 1.4 万吨。2000～2010 年，芝麻的单产产量呈现逐渐增加的趋势，2010 年达到最高，约 503.7 千克/公顷。芝麻主要以未加工芝麻的形式进出口，芝麻的出口量大于进口量，但经过加工的芝麻油的进出口量较少。

大豆。肯尼亚大豆种植面积较少，2000～2010 年，年均播种面积约 0.3 万公顷，远小于芝麻的播种面积。2000～2010 年，大豆年均产量约 0.2 万吨，远不能满足国内食用油加工的需要，因此大豆主要依赖进口。2000～2010 年，大豆的进口量由 3553 吨增长至 20 019 吨，年增长率为 18%。因大豆产量无法满足压榨需要，导致豆油产量无法满足市场需求，肯尼亚豆油进口量较多，2000～2010 年，豆油各年进口量各不相同，2003 年的进口量最高，约 22 971 吨，2010 年豆油进口量最少，约 100 吨。

（3）经济作物

肯尼亚主要经济作物有咖啡、棉花、剑麻、甘蔗、茶叶、烟草等，2009 年肯尼亚经济作物的出口额占出口总额的 55%。

咖啡。咖啡以前是肯尼亚最大出口产品，多年来已降为第二至第三位。主要产区在中部高原地区和西部地区，几乎都种植优质阿拉伯种咖啡。咖啡总产量 1964 年为 3.88 万吨，之后大幅度增长。但受气候和国际市场价格的影响，历年产量波动较大，1988 年的产量（实指销售量）达创纪录的近 12.5 万吨，而 1991~1999 年的年产量都在 10 万吨以下。2000 年，咖啡产量约 10.1 万吨，2010 年，咖啡产量约 4.2 万吨，下降了 58.4%。2010~2015 年，咖啡产量维持在 4 万吨左右。

肯尼亚有较大的咖啡种植园 3850 个，有小咖啡农 70 万人，二者的产量各占一半（2012 年数字）。2000 年，咖啡种植面积由 1986 年的 15.6 万余公顷增至 17 万公顷，其中组成销售合作社的小咖啡农种植 12.8 万公顷，其产量约占 60%，超过了种植园。2000~2010 年，咖啡种植面积比较稳定，年均种植面积约 16.6 万公顷。2010~2015 年，咖啡种植面积略有下降，年均种植面积约 10 万公顷左右。2015 年，小咖啡农种植面积已达到 8.8 万公顷左右，占总种植面积的 77.4%。

肯尼亚咖啡加工业比较落后，因此咖啡主要以生产原料的形式进行出口，2000 年年末加工咖啡出口量约 8.7 万吨，2010 年出口量约 6 万吨。此外，咖啡果皮和烘烤咖啡的出口量一般多于进口量，但是咖啡制品的进口量却高于其出口量。

茶叶。肯尼亚于 20 世纪初开始种茶。独立后，茶叶生产发展迅速，茶叶产量 1964 年为 2 万多吨，1998 年增至 29.4 万吨，1999 年和 2000 年因少雨降至 24 万吨左右。肯尼亚茶叶（红茶）品质优良，受消费者欢迎。2000~2010 年，茶叶的总产量有所增长，从 2000 年的 23.6 万吨增长至 2010 年的 39.9 万吨，年均增长率约为 5.4%。2011~2015 年，茶叶产量维持在 40 万吨左右。

茶产量的 95% 供出口（主要是英国）。自 1989 年以来，茶叶是肯尼亚最大出口商品。茶叶出口量位于经济作物出口量第一位，2000~2009 年，茶叶年均出口量约 30.7 万吨，2008 年茶叶出口量最大，约 39.7 万吨。

2000~2010 年，茶叶播种面积呈增长趋势，2000 年茶叶种植面积约 12 万公顷，2010 年茶叶种植面积约 17.2 万公顷，年均增长率约为 3.7%。茶叶种植面积 1964 年为 2.3 万公顷（其中大茶园 1.89 万公顷，小茶园近 4500 公顷），2000 年已增至 12.6 万公顷（其中大茶园 3.4 万公顷，小茶园近 9.2 万公顷）。2015 年茶叶播种面积增至 20.9 万公顷（其中大茶园 7.5 万公顷，小茶园 13.4 万公顷）。独立后小茶农发展很快，其人数已由 1964 年的 2.23 万增至 1996 年的 19.6 万人，其产量在总产量中所占份额已由 20 世纪 80 年代初的约 1/3 提高到 2000 年的 61%。但小茶园的单产仍低于大种植园（前者每公顷 1755 千克，后者每公顷 3477 千克）。2015 年，小茶园的单产达到 1926 千克/公顷，而大茶园的单产仍高于小茶园（2459 千克/公顷）。

园艺产品（鲜花、蔬菜、水果）。自 20 世纪 80 年代中期以来，园艺业是肯尼亚农业发展最快和最成功的部门。1995 年，它已成为第三大出口商品；1998 年以来它超过咖啡成为第二大出口商品。到 2000 年，从业人员有 50 万人，另有辅助人员 20 万人。园艺产品产量 1968 年仅 150 万千克，1998 年单是鲜菜就达 6.1 亿千克。更出色的是鲜花生产和出口的迅猛发展。2000 年肯尼亚出口鲜花 3.82 万吨。鲜花产地集中在中部省内瓦沙地区，主要由两家大公司控制的大农场生产。花地面积为 750～1000 公顷，雇工 4 万～5 万人。肯尼亚现在是非洲第一大鲜花出口国，也是世界第三大花卉生产国（紧随荷兰和哥伦比亚）。但近年面临埃塞俄比亚、印度等国的激烈竞争，埃塞俄比亚现已成为非洲第二大鲜花出口国。肯尼亚的花卉行业在国际市场的竞争力逐步削弱，一方面鲜花生产成本显著增加，2012 年上涨了 30%；另一方面肯尼亚政府税赋过重，花卉行业的各种税费达 41 种。2012 年，肯尼亚鲜花出口额下降 4%，而埃塞俄比亚鲜花出口额增长 19%，印度鲜花出口额增长 23.3%。蔬菜和水果（不包括菠萝）主要由小农生产。

菠萝也是肯尼亚的大宗产品。1998 年鲜菠萝产量达 30 万吨，当年还生产 2.8 万吨柑橘、1.7 万吨葡萄以及少量柠檬、酸橙、柚和红橘等。

除虫菊。肯尼亚是世界第一大除虫菊生产国，出口占世界市场的 65%～70%。除虫菊是除虫剂的主要原料，商业性生产始于 1933 年。独立前主要由较大农场生产。独立后小农生产迅速发展。到 20 世纪 80 年代初，约 95% 的产量已由占地 1 公顷以下的小农生产，菊农约 10 万人，分属几十个销售合作社。90 年代初，种植面积约 3 万公顷，除虫菊花干产量 1964 年为 4440 吨，之后在几千吨和 1.85 万吨之间波动，1998 年产量约为万吨，1999 年剧降为 4000 吨。多年来，由于合成除虫剂的推广，对除虫菊的需求减少，但随着环境保护意识加强，除虫菊产品仍受欢迎。政府设有除虫菊管理局负责分配生产定额和改善产品质量。

剑麻。肯尼亚是世界第三大剑麻生产国，产地主要在沿海地区。产量 1974 年高达 8.65 万吨，但此后连年下降，1993 年仅为 3.5 万吨，2000 年已不到 2.2 万吨。但因 1993 年以后价格提高，产值却呈增势：1993 年为 1690 万肯先令，2000 年增至约 4050 万肯先令。剑麻生产者多为大种植园，1954 年曾有 60 个，90 年代中期只剩下 19 个。2000～2010 年，剑麻年平均播种面积约 2.7 万公顷，年平均产量约 2.3 万吨。2010 年剑麻播种面积约 2.9 万公顷，比 2000 年增长了 31.8%。2000 年剑麻产量约 1.7 万吨，2010 年剑麻产量约 2.4 万吨，年均增长率约 3.5%。2000～2007 年，剑麻的出口量远大于进口量，2000 年出口量约 1.7 万吨，2007 年出口量约 1.1 万吨，2003 年剑麻出口量最大，约 2.4 万吨。

甘蔗。甘蔗是肯尼亚独立后发展最迅速的农作物之一，主要用于制糖。1971 年政府设立了食糖管理局。甘蔗产区在肯尼亚西部，生产者以小农为主，他们直接或通过合作社将甘蔗卖给 7 家国有制糖厂。甘蔗种植面积 2000 年近 11 万公顷（比 1996 年的 13 万公顷减少近 18%）。甘蔗产量 1964 年为 59 万吨，1974 年为 192 万吨，1987～1988 年扩破纪录的 470 万吨，1997～1999 年在 428 万～466 万吨，但 2000 年降至 400 万吨以下。

棉花。肯尼亚棉花生产在 20 世纪 70 年代稳步发展，1978～1979 年度产量达 62 179 包（每包 218 千克），合计 13 555 吨。但此后一直不景气，1997～1998 年度年景稍好时产量也仅 3 万包（6540 吨），这与干旱和销售系统不畅有关。2000～2010 年平均种植面积约 5 万公顷，11 年间，棉花播种面积波动起伏，2007 年以前呈现增长趋势，2007 年以后呈现递减趋势，2007 年种植面积最大，约 8.7 万公顷。2000～2010 年，棉花单产约 440 千克/公顷，总产量约 2.2 万吨。11 年间，棉花单产的变化并不大，产量的变化主要是由于播种面积的变化。棉花主要以其加工制品（普梳及精梳棉、皮棉、短绒棉、废棉、棉籽、棉籽油）进行进出口贸易，其中废棉和棉籽油的出口量始终大于进口量；棉籽和皮棉的进口量始终大于出口量；普梳、精梳棉在 2005 年之前出口量大于进口量，2005 年之后则呈相反趋势。

烟草。肯尼亚烟草在 1983 年达到自给，当年产量约 6600 吨；1998 年产量约 1 万吨。烟草是肯尼亚出口创汇的又一主要经济作物。2000~2005 年烟草的种植面积呈逐年增加的趋势，2006 年种植面积出现回落，但 2007~2010 年又开始呈现逐年回升的趋势。2006 年烟草种植面积最小，约 1.2 万公顷，2010 年烟草种植面积最大，约 2.3 万公顷。2000~2010 年烟草的产量上下波动，除了面积的影响，单产产量的不稳定也是主要原因。烟草以原料形式出口为主，以烟草制品的形式为辅，2000~2010 年，未加工烟草的年均出口量约 14 413.7 吨，而烟草制品的年均出口量仅为 131.5 吨。

6.2.2　畜牧业

畜牧业是肯尼亚的重要经济部门，它提供的商品通常占农产品商品总值的 30%。畜产品（肉、奶）基本上供内销，但皮革、肉类也是传统出口物资。主要牲畜有牛、羊和骆驼，其中尤以牛最重要。养牛业有农家饲养、牧民放养和大畜牧场或农场饲养三类，分别占 57%、35% 和 8%（20 世纪 70 年代数字）。政府对这三类养牛业均予鼓励，并以增加头数、改良品种和提高商品率为目标。大畜牧场从前都属欧洲人所有，独立后政府鼓励非洲人合资购买或组织合作畜牧场和集团畜牧场，在后一种情况下，牛属个人所有，但在村社土地上集体放牧。政府自 1968 年起广泛实施畜牧发展工程，开发数百万公顷的放牧地（包括在北部和东北部荒漠或半荒漠地区划出大片地区作为有控制的放牧区，改善供水和道路设施等）。1974 年后，东部靠近沿海的内地发展了商品性畜牧场，大部分由公司和合作社开办。

畜牧业在 20 世纪 70 年代后期发展较快，80 年代增长趋缓，90 年代前期为负增长，后期有所恢复。主要牲畜牛在 1974 年有 740 万头，1997 年增至近 1400 万头。但牛的销售（屠宰）量在 90 年代一直保持增长势头（1992 年除外）；1991 年近 97 万头，1999 年 180 万多头，2000 年近 191 万头，2011 年达 210 万头，2015 年 227 万头；同期的奶产量则呈下降趋势：1991 年达 3.59 亿升，1999 年降至 1.8 亿升，2000 年仅 1.37 亿升，2011 年为 3.74 亿升，2015 年达 4.37 亿升。

肉牛。肯尼亚肉牛有 900 万多头，主要的肉牛品种有东非泽不（East African Zebu）、勃然（Boran）、萨希瓦尔（Sahiwal）以及其他杂交品种。虽然牛肉大多来自牧场肉牛的宰杀，但是奶牛的宰杀也为国家的牛肉供应做出了重要贡献。牛肉的年际产量各不相同，这主要是因为牛肉受气候变化和动物疾病的影响，牛肉的年均产量约 32 万吨，年产值达 621 亿肯先令。

奶牛。肯尼亚约有 350 万头奶牛，奶牛养殖主要集中在中高降雨区。奶牛品种主要有艾尔郡（Ayrshire）、黑白花（Friesian）及其他杂交品种。2008 年，牛奶产量约为 510 亿升，产值达 1000 亿肯先令。就目前消费需求来看，该国的牛奶生产能够自给自足。

羊。绵羊和山羊以其较高的繁殖速度、极强的适应性和广泛的食用性为牧民家庭的粮食安全和收入提供了保障。羊由 1974 年的 740 万头增至 1997 年的 1300 万头；肯尼亚拥有大约 1300 万只山羊和 1000 万只绵羊，全年羊肉类总产量约为 8.4 万吨羊肉，产值达 140 亿肯先令。

家禽。肯尼亚约有 2800 万只家禽，其中 76% 是自由放养的土著鸡，22% 是蛋鸡和肉鸡，其他家禽（如鸭、火鸡、鸽、鸵鸟、珍珠鸡、鹌鹑）约占 2.2%，但随着消费需求的增长，这些家禽养殖比重不断增加。每年肯尼亚禽肉生产量约 20 万吨，产值约 35 亿肯先令，蛋类约 13 亿个，产值约 97 亿肯先令。

猪。猪饲养在肯尼亚已成为在非洲市场上相对完善的产业，它经受住了常见的养猪业的周期性波动，生产模式开始从大规模集中养殖转移到小农圈养。每年肯尼亚生产猪肉约 1.2 万吨，产值达 12 亿肯先令。生猪屠宰数由 1996 年的 9.8 万头增至 2000 年的 18.9 万头。

骆驼。骆驼由 1974 年的 53 万头增至 1997 年的 81 万头。骆驼饲养主要集中在肯尼亚北部。骆驼能够用来生产奶、肉，能够增加收入和充当驮畜。目前，肯尼亚 90 万只骆驼每年可以生产 7000 吨骆驼肉，价值约 10 亿肯先令，2 亿升骆驼奶，价值约 20 亿肯先令。现在骆驼饲养已经扩展到南方的裂谷地区，预计在今后几十年内将扩展到该国其他地区。

畜产品除肉、奶、蛋外，还有蜂蜜、羊毛、牛羊皮等。其中牛皮产量每年 4 万多吨，山羊皮产量为 9 万吨。

蜜蜂。在肯尼亚大部分地区实行养蜂业，蜜蜂除了能直接增加家庭收入外，还在植物授粉等方面发挥了重要作用。该国每年生产约 14 600 吨蜂蜜和 140 吨蜂蜡，年产值达 44 亿肯先令。由于养蜂业需要的投资少、涉及的可变成本较低，目前在肯尼亚广大农村地区养蜂业越来越盛行。

肯尼亚畜牧业面临的困难是许多地区常年干旱，造成水渠和草地缺乏。有些地区还存在采采蝇虫害。

6.2.3　林业

肯尼亚为少林国家，但林业在国民经济发展中占有重要地位。2011 年林业提供的就业岗位达 5.86 万个，占总就业人数的 3%，高于世界平均水平（1.7%）；林业总产值为 9.17 亿美元，占 GDP 的 3%，同样高于世界平均水平（1.1%）；利用薪炭材取火做饭的人数达到 2981.7 万人，占总人口的 71.7%，远高于世界平均水平（34.5%）；林业提供的初级能源供给占初级能源供给总量的 55.1%，远高于世界平均水平（6.1%）。

20 世纪 60 年代肯尼亚有林地面积约 193.5 万公顷，约占国土面积的 3%；之后一度减少，80 年代末又增至约 230 万公顷。从管理上说，这些森林资源可分为四类，即中央政府管理的国有森林、地方政府管理的县政务会森林、野生动物保留地森林和私有森林；前两类约占 96%。从性质上说，这些森林有天然森林和森林种植场之分；其中天然森林占 93%。肯尼亚政府重视植树造林，1963 年有森林种植场 4.8 万公顷，1987 年增至 16.3 万公顷。但由于伐多种少，90 年代森林种植场面积呈下降趋势。1997 年政府下令禁伐，但并未完全制止这一趋势：1999 年已减至 14.19 万公顷，2000 年又减至 13.47 万公顷。据联合国粮食及农业组织统计，2010 年肯尼亚森林覆盖率为 6%，森林总面积为 346.7 万公顷。其中，天然林面积 65.4 万公顷，占 19%；其他天然更新的森林 261.6 万公顷，占 75%；人工林 19.7 万公顷，占 6%。

森林蓄积量约为 6.29 亿立方米，单位面积蓄积为 181 米^3/公顷。在肯尼亚森林中有 24% 纳入明确的森林经营管理计划。从森林权属关系来看，39% 为国有林，其余 61% 为私有林。在私有林中，4% 为商业企业所有，其余 96% 为当地居民、原住民及部落社区所有。

由于其特定的地理和自然气候条件，肯尼亚森林可分为 6 种类型：①热带常绿雨林和旱生林，主要分布在印度洋沿岸；②山地阔叶林，分布在海拔 2000～2500 米的地带；③热带草原林，主要分布在西南部高原地区；④竹林，分布在海拔 2600～3200 米的地带，有时也伴生其他树种；⑤灌木林，主要分布在东北部与索马里交界的地区；⑥红树林，主要分布在印度洋沿岸及河口地带。肯尼亚白树、非洲桧主要是作为建筑材和铅笔杆的原材料等，大量出口欧洲；樟树则由于材质坚硬可用于制作家具、汽车车体和造船等。

肯尼亚森林中 94% 为保护林，主要用于保护土壤和涵养水源。5 个主要流域的源头都处于原住民居住的山地林区。这 5 个林区被誉为肯尼亚的"水塔"，估计调节水量为每年 158 亿立方米，占肯尼亚可再生地表水资源的 75%。这些"水塔"对肯尼亚经济发展具有重要的支撑作用，不仅通过调节水量支撑肯尼亚的水利部门，而且也间接支撑着其他经济部门，包括农业、渔业、水电、服务业、公共管理及国防部门等。肯尼亚森林中 6% 为生产林，主要用于生产工业圆木和薪柴。2005 年森林采伐量为 2900.5 万立方米，其中 164.6 万立方米用于工业圆木，2733.9 万立方米用作木质燃料（表 6-6）。除了提供木材等物质产品和涵养水源之外，肯尼亚森林也是重要的碳库。2010 年活的森林生物量碳储量为 4.76 亿吨，单位面积森林碳储量为 137 吨/公顷。

表 6-6　肯尼亚木材产品产量变化情况　　　　　（单位：万立方米）

产品	1990 年	2000 年	2005 年
工业圆木	200.3	221.3	164.6
薪柴	1938.1	2263.1	2735.9
总计	2138.4	2484.4	2900.5

森林主要产品——木材有多种用途：①提供工业用材，包括锯木、胶合板与纤维板原料、纸浆用材等。独立初期，工业用材的 80% 来自天然森林，80 年代末已基本上由种植场提供。1963 年提供工业用材 13.4 万立方米，1987 年达 88.5 万立方米，1996 年增至约 100 万立方米（包括枕木，但不包括其他工业木料）。②民用燃料。肯尼亚家庭燃料的 80% 来自木材，1994～1996 年用作燃料的木材由 3723 万立方米增至 4100 万立方米，占当年所伐原木的 95.2% 和 95.4%。③商业性烧炭。20 世纪 80 年代初，估计每年烧炭 720 万吨（每吨木炭需用 12 吨木头）。④做木雕等工艺品。

肯尼亚林产品生产主要是工业圆木、锯木、木质人造板、木质燃料、纸浆、纸张和纸板。根据联合国粮食及农业组织森林资源状况调查资料显示（2011 年），2008 年肯尼亚生产工业圆木 124.6 万立方米、锯木 14.2 万立方米、木质人造板 8.3 万立方米、木质燃料 2114.1 万立方米、纸浆 11.3 万吨、纸张与纸板 27.9 万吨（表 6-7）。其各类森林产品生产主要用于国内消费，林产品生产的原料也主要是国内木材生产，林产品贸易量有限。

表 6-7　肯尼亚林产品生产与消费（2008 年）

项目	工业圆木 （万立方米）	锯木 （万立方米）	木质人造板 （万立方米）	木质燃料 （万立方米）	纸浆 （万吨）	纸张和纸板 （万吨）
生产	124.6	14.2	8.3	2114.1	11.3	27.9
消费	125.6	15.5	8.4	2114.1	11.6	43.2
进口	1.1	1.4	1.7	0	0.3	17.7
出口	0.2	0	1.6	0	0	2.4

资料来源：《2011 年全球森林状况》。

据世界银行统计，20 世纪 90 年代前期肯尼亚每年森林砍伐面积为 34 平方公里。90 年代以来，各地森林被圈占砍伐的情况日趋严重，有人估算每年有近 2% 的森林被伐。肯尼亚已丧失 70% 以上原来的森林覆盖面。环保工作者、当地居民和一些部长、议员已要求政府赶紧制定协调一致的环境保护政策。自 1999 年 10 月起，政府已全面禁止伐木，但不包括一家造纸厂和一家木制品公司所属地区。

肯尼亚林务局隶属于环境与自然资源部，下设国有林、项目管理、森林保护、人才开发及林业普及 5 个处。为了保护森林和发展林业，肯尼亚政府采取了一系列积极措施。除了建立国家公园和自然保护区外，自 1970 年以来，肯尼亚政府一直在执行一项植树造林计划。每年 4 月 24 日在其植树节前后，开展全民性的植树造林活动。为了扩大森林面积，在全国省以下 40 个行政区中有 39 个专职林务官，负责筹划、组织和管理本地区的林业发展工作。环境和自然资源部还在全国 134 个县中建立苗圃，为农民提供种苗。

肯尼亚过去的林业政策已实施了多年。随着人口增加及其对木材特别是薪柴需求量的增加，森林遭到严重破坏，导致土壤侵蚀、水源涵养功能减退、景观破碎化等一系列问题出现。能源供给是肯尼亚面临的一个重大问题。森林生物量提供全国能源供给总量的 68%。家庭能源消费的 90% 依赖薪材（包括木炭），农村则全部靠薪材。预计今后的能源消费量还会急剧增加。肯尼亚在薪材供应方面面临着较大的困难，毁林的压力很大。为此，肯尼亚政府对林业政策进行了相应的调整，将林业生产重点从早期的生产工业用材转变为生产薪炭材，确定木材出口不再作为林业生产的主要目的，并将林业生产向干旱、半干旱地区扩展，将以往的产业型林业转为社会林业。与此同时，大力加强森林保护，特别是加强森林对土壤和水源地的保护。在新的林业政策指导下，政府在制定的发展规划中明确指出，必须保证造林用地，对干旱、半干旱地区造林实施特别计划，要利用乡土树种造林，并对干旱、半干旱地区植被变化实行监测。肯尼亚政府还为社区林业的发展制定了具体措施，鼓励发展混农林业，以便为当地居民，特别是农民谋求福利，重点是为居民提供燃料、饲料及生活用材，让居民自己动手植树造林并开展各种森林抚育活动。林务局的造林也采取沙姆巴方式，即一种允许农民们既管理森林也从事农业活动的农用林业制度。

肯尼亚于 2005 年制订了《森林法》，并于 2007 年发布了《国家森林计划》，总的目标是加强林业部门对就业以及提供环境物品与服务方面的贡献。肯尼亚新林业政策包括以下核心要素：①以《森林法》为基础实施林业政策；②在各种类型的管理中扩大授权；③在森林经营和保护中吸纳森林相邻社区及其他利益相关者的参与；④森林经营规划以生态系统方法为基础；⑤采取适当的激励措施促进森林资源的可持续利用和管理；⑥通过制度转轨将林业部门转变为半自治的林务局。制定该政策的目的是应对当地及全球林业问题与挑战，发挥林业部门在国民经济中的重要作用。该政策的实施预期将在保护环境的同时改善肯尼亚人民的社会福利。

社区林业发展对肯尼亚妇女来说意义非常重大。她们是家庭用燃料的主要采集者，通过开展社区林业可使妇女就近利用薪材，并从繁重的家务劳动中解放出来。为了提高薪柴和能源的利用效率，2009 年关于木炭生产的森林条例赋予当地社区通过社区林业协会管理森林的权利，并要求商业性木炭生产者自我组织起来组建木炭生产者协会（CPA），以促进薪柴的可持续生产和高效利用。

在干旱、半干旱地区，肯尼亚政府大力推行以社区林业的形式植树造林，保护退化的土地，同时生产薪炭材、饲料、非木材林产品，以尽快提高当地居民的生活水平和社会福利，并使社会林业在水源涵养、防止水土流失、维护农田地力、保护野生生物和保护景观等方面发挥更大作用。

除了完善国内林业政策之外，肯尼亚政府还签署了多个环境公约，包括《生物多样性保护公约》《联合国气候变化框架公约》《联合国防治荒漠化公约》《国际野生动植物濒危物种贸易公约》《拉姆萨尔公约》《世界遗产公约》等。在全球应对气候变化的背景下，国际上减少毁林与退化所致排放的政策框架（REDD+①）以及国际碳信用市场的发展为肯尼亚森林恢复和植树造林带来了巨大的发展机遇。

由于人口成倍增长，大量私人消费加快了毁林，而且非法采伐也在不断加剧。肯尼亚森林正呈现持续减少趋势，1990～2000 年每年减少森林面积约 1.3 万公顷，但 2000～2010 年毁林速度有所趋缓，每年减少森林面积约为 1.2 万公顷。2000～2010 年 5 个"水塔"地区毁林面积合计约为 1.15 万公顷，每年造成水资源流失约 6200 万立方米。由于水资源缺乏，肯尼亚经济显得高度脆弱。10 年间通货膨胀 3 次高于 10%，其中干旱是主要原因之一。2009 年和 2010 年肯尼亚因毁林造成的经济损失分别为 7700 万美元和 6800 万美元，超过该国每年来自森林和木材收入的 4 倍。这为肯尼亚遏制毁林、参与国际 REDD+政策机制提供了内在动力。

国际上一些投资银行和外商也看到了肯尼亚林业发展的机会，纷纷与肯尼亚政府商讨如何使该国蓬勃发展的植树造林活动受益于国际碳信用市场。2010 年肯尼亚签署了该国第一个 REDD+项目，以保护肯尼亚东南部约 3.24 万公顷的森林。该计划将通过在国际自愿碳市场销售碳信用来获得资助。据估算，该森林恢复项目的年固碳量为 1500 万吨，假如按照国际平均碳信用价格每吨约 20 美元计算，每年将为肯尼亚赚取 30 亿美元的收入。该项目还拟建立一条野生生物走廊，将已经受到过度放牧、偷猎和毁林严重威胁的肯尼亚最大的两个保护区——东察沃国家公园和西察沃公园连接起来。项目还将兴建一批学校和卫生设施，并向当地社区推广有机农业和混农林业方面的技术。肯尼亚是第一批获得世界银

---

① REDD+为 reducing greenhouse gas emissions from deforestion and forest degradation in developing countries，指在发展中国家通过减少砍伐森林和减缓森林退化而降低温室气体排放。"+"的名义是增加碳汇。

行"森林碳伙伴基金"资助的 14 个国家之一。

6.2.4 渔业

肯尼亚渔业可分为内陆水域捕鱼和海洋捕鱼两类。内陆水域即湖泊河流共计约 1.34 万平方公里,其中最大的是维多利亚湖。该湖由坦桑尼亚、乌干达和肯尼亚共享,肯尼亚属区不到 10%,约 6800 平方公里。其他重要湖泊还有图尔卡纳湖、巴林戈湖、内瓦沙湖、吉佩湖和噶拉湖等。此外,还有一部分水产养殖(鱼塘)。肯尼亚东濒印度洋,有绵延几百公里的海岸线,1979 年政府宣布了沿海 200 海里经济专属区,有约 6 万平方海里的广阔捕鱼海域。

历年捕鱼量有起有落,但总体上是增长的。1963 年捕鱼量为 19 691 吨,1978 年捕鱼量为 46 394 吨,1987 年捕鱼量为 131 167 吨,1999 年与 2000 年的捕鱼量均达 21 万吨左右,比独立时增长了 10 倍。2000 年鱼产值达 76.6 亿肯先令(约合 1 亿多美元,当年汇率),按 1982 年不变价格计算占国内生产总值的 0.3%。

2010 年,肯尼亚渔业总产量为 15.5 万吨,渔业捕捞产量约为 14.3 万吨,淡水养殖产量约为 1.2 万吨。近十年平均鱼产量为 15 万吨,产值约 80 亿肯先令(1 美元约等同于 84 肯先令,当年汇率),其中产量的 92.5% 来自于肯尼亚边界的维多利亚湖,这里大约有 3 万渔民及 8000 艘渔船,大部分属生计型渔业;3.9% 为海水鱼、甲壳类及软体动物,养殖则仅占 0.5%。肯尼亚海岸线长达 880 公里,沿岸及专属经济区面积约 23 万平方公里,将近肯尼亚陆地面积的二分之一,由南至北沿岸大陆棚珊瑚礁宽度自 5 公里至 60 公里不等,北端的渔业资源较富饶,因为地处涌升流域,海流和缓微弱,适合珊瑚礁鱼类、甲壳类及头足类生存,沿岸水域作业渔船约 2700 艘,渔民约 8000 名,但其大部分缺乏合适的渔具及船舶,仅能在离岸 2~3 公里的海域作业,这一情况严重限制了渔民充分利用该国海洋资源的能力,海洋鱼产量水平仅为 6000~7000 吨,年产值约 5 亿肯先令,主要捕获鱼种包括底栖鱼类约 2800 吨、金枪鱼类及类金枪鱼约 1800 吨、龙虾约 200 吨、虾类约 500 吨、章鱼与鱿鱼约 300 吨及其他约 1200 吨。肯尼亚包含专属经济区在内的沿岸渔业资源潜能预估为 12.5 万吨,但目前的利用水平仅达 17%。由于肯尼亚海域位于西印度洋南部海域,所以该国最丰富的鱼类是金枪鱼,如黄鳍金枪鱼、大目金枪鱼等。目前生计型渔业捕获的金枪鱼类年均仅 280 吨,但蒙巴萨每年接受外国渔船捕获的金枪鱼却高达 1 万吨,并加工成生产附加价值产品,销往国外,成为该国赚取外汇的重要来源。

内陆水域捕鱼。内陆水域一向是肯尼亚鱼产品的主要来源。1999 年与 2000 年产量分别为 20.8 万吨和 20.4 万吨,占总捕鱼量的 97.5% 左右。内陆水域以维多利亚湖最为重要,20 世纪 80 年代末这里有渔民约 2.4 万人。独立后的 30 多年中,维多利亚湖鱼产量总体趋升,它在总捕鱼量中的比重也由 1963 年的 59% 上升到 1987 年的 86.5% 和 1994 年的 95.4%(当年维多利亚湖产鱼 19.4 万吨)。1995~1998 年由于水草为患和捕捞过度,维多利亚湖鱼产量连年下降(1998 年仅为 15.9 万吨),使这 4 年的总捕鱼量随之下降,直到 1999 年才恢复增势。2000 年,它占淡水捕鱼总量的 96.2%,占捕鱼总量的 93.7%。为防止过量捕捞,1993 年和 90 年代末,议会与政府两次下令禁止使用拖网渔船捕鱼。有关部门还采取了改善基础设施和控制湖中水草等措施。

其他几个内湖中，最大的图尔卡纳湖的鱼产量在 1976～1985 年曾达万吨，到 1993 年已剧降为 871 吨，1999 年和 2000 年恢复到 5200～5300 吨。其他内陆湖的鱼产量更少，且大大低于独立初期，主要是因湖水减少和捕捞过度。

鱼塘养殖在 20 世纪 70 年代发展较快，90 年代大体维持在年产 1000 吨的水平。

海洋捕鱼。海洋渔业受设备、技术和资金的限制，在肯尼亚整个渔业中占比很小，且不断下降。海鱼产量 1963 年为 4189 吨，占当年捕鱼总量的 14%；2000 年约 5400 吨，仅占 2.5%。沿海渔民约 6000 人（20 世纪 80 年代数字），拥有约 2000 条渔船，大多是非机械化小木船，只能在近海捕鱼，不能从事深海作业。

1999 年 4 月因维多利亚湖受农药污染导致食鱼中毒事件，欧盟和以色列禁止从肯尼亚等国进口鱼产品。欧盟是肯尼亚鱼产品的主要出口市场（约占 70%），肯尼亚政府对此很重视。卫生部长和自然资源部长先后表示将加强卫生检查和提高鱼产品质量检验水平，使之符合国际要求；政府还将在基苏木、内罗毕和蒙巴萨设立现代化实验室，加强对鱼产品加工全过程的监督。2001 年年初，欧盟撤销了从肯尼亚进口鱼的禁令。

6.2.5　主要农作物与贸易

(1) 概况

肯尼亚是农业净出口国，近年来每年的净出口额保持在 5 亿～6 亿美元的水平上。可供出口的农作物种类繁多，咖啡、茶叶、除虫菊、剑麻、甘蔗、菠萝等都是重要的出口产品，此外还有肉类、油料及棉花等。肯尼亚最大宗的出口农产品原本是咖啡，98% 供出口，占出口总额的 25%～30%。1981 年，咖啡占出口总额的 20.4%，茶叶占 11.4%。近年来，肯尼亚的咖啡出口量仍然在 8 万吨上下，但是由于国际市场价格的波动，1992 年出口仅 1.28 亿美元，1994 年上升到 2.35 亿美元。

肯尼亚茶叶和除虫菊出口的成功，十分引人注目。在咖啡市场比较疲软的同时，肯尼亚的茶叶出口连年增长，从 1964 年的 1.65 万吨上升到 1993 年的 19.9 万吨，创汇 3.47 亿美元，取代咖啡而高居第 1 位，名列世界第 2 位。该年茶叶一项就占了全国出口总额的 28%。肯尼亚茶叶的传统出口国是英国，过去曾占其总出口额的 80%，现在下降到 40% 左右；巴基斯坦和埃及也是其重要的贸易伙伴。另外一项是除虫菊，肯尼亚 1991 年生产除虫菊的精炼品 183.8 吨，比上一年增长 35%，已占国家出口总额的 3%。除虫菊现在远销美洲、欧洲、亚洲和澳大利亚，其最大的买主是美国。

肯尼亚的园艺产品出口也十分成功。园艺产品出口迅速增长，换汇从 1991 年的 22 亿肯先令增加到 1994 年的 49 亿肯先令。现在肯尼亚已经成为世界上重要的鲜花、蔬菜和水果出口国。1991 年以来，鲜花出口每年以 20% 的年增长率持续发展，其出口量 1995 年达到 3 万吨，首次超过蔬菜的出口额，一跃成为肯尼亚新的"拳头产品"。

肯尼亚的畜产品主要用于内销，但肉类和皮革的出口近年来有较多的增长。鱼的出口量在 20 世纪 90 年代迅速上升，从 1989 年的 1680 万美元增加到 1994 年的 4200 万美元。主要的出口对象是欧盟成员国、美国及邻国乌干达和坦桑尼亚。

肯尼亚进口的主要农产品是粮食、糖和油料。进入 20 世纪 90 年代以来，肯尼亚进口的谷物大致在 60 万吨的水平上，消耗外汇 1 亿多美元，其中 1992 年达到 1.24 亿美元。肯尼亚进口的糖数量不是很稳定，1991 年只进口 1200 万美元，而 1994 年则进口 7570 万美元，2000 年进口 1326 万美元，2015 年进口 15 503 万美元。

(2) 粮食作物

1) 谷物类作物。联合国粮食及农业组织相关数据表明，2000～2010 年肯尼亚谷物类作物进口量远远超过其出口量，2009 年进出口量差距最大，相差约 266.5 万吨，致使谷物类作物贸易逆差约 7.4 亿美元。2010 年，肯尼亚主要谷类作物的进口量约 138.4 万吨，进口产值为 3.9 亿美元，出口量约 7.1 万吨，出口创汇约 0.2 亿美元，再次说明肯尼亚的谷物类作物主要依赖进口，其中玉米、水稻和小麦的进口量相对较大，分别为 23 万吨、28.2 万吨和 84.5 万吨，进口产值达 3.8 亿美元，占到了进口值的 97.4%。肯尼亚出口的主要谷类作物为高粱，2010 年的出口量为 4.9 万吨，出口创汇约 884 万美元。

2) 薯类作物。薯类作物也是肯尼亚主要的粮食作物之一，2000～2010 年的大部分年份薯类作物的进口额多于出口额，说明薯类作物在很多年份仍满足不了国内需求，需要进口。2009 年肯尼亚薯类作物与谷物作物类似，进出口量出现了自 2000 年始的最大差距，进出口量相差约 5775 吨，贸易逆差达 56.4 万美元。薯类作物中马铃薯和甘薯直接进出口贸易比较频繁，木薯则主要以其加工产品的形式（如木薯干和木薯淀粉）进行进出口流通。2010 年，马铃薯进口额为 7.9 万美元，但是出口额高达 39.3 万美元；甘薯主要以出口为主，出口额达 2.1 万美元；木薯淀粉主要以进口为主，进口额达 4 万美元。

3) 豆类作物。豆类作物主要包括蚕豆、木豆、豌豆等，在 2005 年之前，两种豆类的进口量一般低于出口量，2003 年豆类作物的出口量最大，达 5.3 万吨，出口额达 0.9 亿美元。2005 年之后，豆类的进口量大大增加，出口量相对而言较少，2009 年进口量超出出口量约 9.7 万吨，贸易逆差达 149.9 万美元。2010 年豆类作物的进出口量差距明显减小，进口量约 6.7 万吨，出口量约 4.6 万吨，由于进出口豆类品种的不同，贸易顺差达 0.5 亿美元。

(3) 油料作物

肯尼亚主要的油料作物包括花生、芝麻、大豆及葵花籽，出口主要以果实和油制品形式出口。2000～2010 年的大部分年份油料作物及其油制品的进口额都要高于出口额，2008 年的进口额最高，高达 3489.6 万美元，出口额达 996.9 万美元，贸易逆差 2492.7 万美元。2002 年、2004 年、2005 年的出口额要高于进口额，2004 年进出口贸易额相差 210.4 万美元。

(4) 经济作物

肯尼亚经济作物主要包括咖啡、棉花、剑麻、甘蔗、茶叶、烟草等，出口以未经加工的原料作物和经过加工的副产品为主。2000～2010 年，经济作物及其加工产品的出口额始终高于进口额，充分说明肯尼亚的经济作物出口为其农业出口产值做出了巨大贡献。自 2004 年起，进出口贸易差额呈现逐年增长趋势，年增长率约 16.4%。截至 2010 年，出口顺差达到最大，约 13.1 亿美元。近年来由于国际市场咖啡价格上涨，肯尼亚的咖啡出口额增长，2013～2014 年度出口额为 2.54 美元，增长率为 17%。

（5）园艺作物

肯尼亚园艺作物主要包括水果、蔬菜、鲜花和香料作物。2000～2010 年，肯尼亚园艺作物的出口额明显高于进口额，园艺作物同样是肯尼亚的主要出口创汇产品。2000～2010 年，园艺作物的进口额呈现波动趋势，在 2003 年进口额最低约 0.02 亿美元，2010 年进口额最高约 0.1 亿美元，与此同时，园艺作物的出口额呈现相同变化趋势，2002 年为谷底，出口额约 0.5 亿美元，2008 年出口额最高，达 2.8 亿美元，为 2004 年的 5.6 倍。11 年间，2008 年的贸易顺差额度最大，达到 2.7 亿美元。过去 30 年，肯尼亚花卉生产快速增长。1988 年，肯尼亚花卉产量为 10 946 吨，2006 年增长到 86 480 吨，增长 7.9 倍。2009 年继续增长到 117 713 吨，2013 年增长到 124 858 吨。2013 年肯尼亚花卉总产值达 4.5 亿欧元。

（6）畜牧产品

肯尼亚畜牧业贸易主要包括牲畜贸易（活畜：牛、羊、猪等，活禽：鸡、鸭等）及畜产品贸易（畜肉：牛肉、羊肉、猪肉等，禽肉：鸡肉、鸭肉等，蛋，奶）。2000～2010 年畜牧业出口额始终高于进口额，出口额增长趋势明显，进口额出现波动，2001 年进口额最低，约 52.5 万美元，2010 年进口额最高，约 753.1 万美元；出口额在 2000 年最低，约 119.7 万美元，2010 年达到最高，约 2725.4 万美元，年均增长率约 36.7%。11 年间，进出口贸易顺差呈现逐年增加的趋势，2000 年约 15.7 万美元，2010 年约 1972.3 万美元，年均增长率约 62.1%。

（7）水产品

肯尼亚拥有丰富的渔业资源，海洋鱼类非常丰富，捕捞量也非常可观。2000～2010 年的大部分年份，肯尼亚水产品的出口量大于进口量，2006 年和 2007 年渔业的进口量略高于出口量，出现贸易逆差，2006 年和 2007 年的进口量高于出口量，分别约为 0.65 万吨和 0.15 万吨。2003 年肯尼亚水产品的进出口量相差比较悬殊，进口量约 0.93 万吨，出口量约 4.61 万吨，二者相差约 3.68 万吨。

6.2.6 农业发展存在的问题

虽然肯尼亚政府非常重视农业，始终把农业置于优先发展的地位，并采取了一系列措施推进农业改革，但就目前而言，肯尼亚农业发展中仍然存在诸多问题，概括起来大致有以下几个方面。

（1）农业基础设施薄弱

肯尼亚气候干旱，大部分地区属于干旱和半干旱地区，非常不利于农作物的生长，由于灌溉水利设施的匮乏，大多数粮食作物得不到灌溉，只能靠天收成，粮食产量一直很低，国内粮食危机不断爆发。另外，肯尼亚交通设施也比较落后，国内仅有一条铁路，连接主要港口和机场的公路由于维护不善，路况较差，落后的交通设施导致肯尼亚农产品的运输成本大大增加，从而降低了农产品的价格市场竞争力。

（2）农业机械化水平及技术水平较低，农业生产力低下

肯尼亚 80% 的耕地分散在小农场和个体农户手中，农业生产大都使用畜力或人力，机械化水平较低。由于肯尼亚长期受到殖民统治，所以其经济与技术基础十分落后，肯尼亚基本没有自己的农机加工企业，农副产品及饲料加工机械均由国外进口，甚至连手工作业的铁锹、镰、锄等也需要进口。另外，肯尼亚缺乏农业技术研发和管理人才，导致良种培育水平较低，农作物防治病虫害及抗旱能力不强，畜牧业预防疾病能力较低，加上农业技术推广不利，农牧业生产力一直较低。

（3）农产品加工落后，缺乏市场竞争力

肯尼亚中小型农户缺乏现代化的加工设备，加工、包装设施比较落后，缺乏良好的销售渠道，由于资金和技术的缺乏，这些农户在应对欧洲市场对花卉、蔬菜等进口农产品的新的环境标准（降低农药残留）要求上往往显得无能为力，这就极大地削弱了农产品的市场竞争力。另外，缓慢的物流速度和高昂的运输成本也是制约肯尼亚农产品市场竞争力的又一因素，目前少数肯尼亚外资大型园艺农场已经建立了专运出口农产品的航空公司并在欧洲建立了农产品批发公司与信息机构，用以增强其农产品的市场竞争力，而作为肯尼亚农业主体的众多分散的中小型农户却无能为力。

（4）政局不稳，影响农业发展

肯尼亚政局动荡也是阻碍农业发展的重要因素，如在 2009 年由总统选举引发的大规模骚乱不仅导致上千人死亡，还让 30 多万人无家可归，而骚乱最严重的地区正是有着肯尼亚"粮仓"之称的裂谷省，大批农民因为害怕暴力冲突而逃离家园，直到几个月后才开始逐渐返乡，因此错过了玉米等粮食作物的播种季节，导致全国粮食播种面积大幅下滑，粮食产量也锐减。

6.2.7　农作物生产潜力

（1）粮食作物生产潜力

玉米生产潜力。根据联合国粮食及农业组织对玉米种植面积、单产及总产量的相关数据，分别对各项统计值进行分析发现，2000～2010 年肯尼亚的玉米种植面积虽然年际存在波动但总体呈现增加趋势，由 2000 年的 150 万公顷增长至 2010 年 200.8 万公顷，增长率约为 33%，单产则由 2000 年的 1440 千克/公顷增长至 2010 年的 1604.3 千克/公顷，增长率为 11.4%。11 年间，种植面积对产量的贡献率为 60%～80%，因此，玉米产量的增长主要依赖于种植面积的扩大。在不考虑局地极端天气干扰的情况下，到 2020 年，肯尼亚玉米的产量将达到 515.5 万吨。

水稻生产潜力。2000～2010 年，肯尼亚水稻的种植面积一直呈现增长趋势，从 1.4 万公顷增至 2 万公顷，年均增长率约 3.6%；单产产量波动较大，从 2000 年的 3771 千克/公顷下降至 2008 年的 1307.6 千克/公顷又回升至 2009 年的 3966.2 千克/公顷。肯尼亚水稻总产量受单产产量的影响程度较大，若 2010～2020 年，种植面积保持稳定持续的增加，则水稻产量可能在 3.7 万吨和 11.8 万吨之间波动。

小麦生产潜力。2000～2010 年，肯尼亚小麦的种植面积呈现波动趋势，2007 年种植面积最小，仅 10.4 万公顷，2009 年小麦种植面积达 16 万公顷。小麦单产产量波动较大，2000 年小麦单产为 1549.2 千克/公顷，2010 年小麦单产为 3199.1 千克/公顷。小麦单产对总产量的影响较大，若 2010～2020 年小麦单产能够稳定在 3200 千克/公顷，则小麦生产潜力为 33 万~60 万吨。

高粱生产潜力。2000~2010 年，高粱的种植面积大体呈现增长趋势，2000 年高粱的种植面积约 12.2 万公顷，2010 年其种植面积约 22.6 万公顷。高粱的单产年际变化较大，2005 年单产产量最高约 1223 千克/公顷，2008 年单产最低约 522.1 千克/公顷。高粱种植面积的持续增长是其产量不断增长的关键因素，若高粱种植面积保持这种增长速度，则 2010~2020 年高粱的生产潜力达 21.1 万~49.5 万吨。

小米生产潜力。2000~2010 年，小米的种植面积呈现波动状态，2006 年种植面积最大约 13.8 万公顷，2008 年的种植面积最小约 5.3 万公顷。单产产量 2001 年最低约 427.9 万公顷，2007 年最高约 933.5 万公顷。小米的种植面积和单产产量对小米总产量的影响年际间变化程度较大，2010~2020 年，小米理想状态下的生产潜力最大可达 18.3 万吨。

大麦生产潜力。2000~2010 年，大麦的种植面积年际间变化较大，2002 年大麦种植面积为 3 万公顷，而 2003 年其种植面积仅有 0.9 万公顷，波动幅度较大。大麦的单产相对来说变化幅度较小，单产产量在 3000 千克/公顷上下浮动。大麦的产量受种植面积的影响较大，2010~2020 年，大麦的生产潜力最大可达 15.6 万吨。

木薯生产潜力。2000~2010 年，木薯的种植面积年际波动频繁，2005 年种植面积最少为 3.8 万公顷，2002 年种植面积最多为 8.2 万公顷。木薯的单产年际变化也较大，2008 年单产产量最高约 13 735.8 千克/公顷，2010 年单产最低约 5252.1 千克/公顷。木薯的播种面积及单产均对其总产量产生重要影响，2010~2020 年木薯的生产潜力最高可达 181.3 万吨。

马铃薯生产潜力。2000~2010 年，马铃薯的种植面积呈现增长趋势，2000 年马铃薯的种植面积约 10.9 万公顷，2010 年马铃薯的种植面积约 15.3 万公顷，年均增长率约 3.4%。马铃薯的单产产量呈现递减趋势，2000 年单产约 6177 千克/公顷，2009 年单产约 2612.4 千克/公顷，2010 年单产回升至 2941.3 千克/公顷。马铃薯单产是影响其总产量的关键因素，按照目前情况推测，2010~2020 年，马铃薯的生产潜力达 56 万~132.3 万吨。

甘薯生产潜力。2000~2010 年，甘薯的种植面积呈现波动状态，2005 年种植面积最少约 2.4 万公顷，2009 年种植面积最多约 7.8 万公顷。甘薯的单产产量年际变化也较大，2002 年单产最低约 7197.1 千克/公顷，2008 年单产最高约 14 251.5 千克/公顷，单产对甘薯的产量有着重要影响，2010~2020 年，甘薯的生产潜力最高可达 188 万吨。

（2）经济作物生产潜力

棉花生产潜力。棉花种植面积在 2007 年之前呈现增长趋势，2007 年种植面积最为广泛，约 8.7 万公顷，2007 年以后棉花的种植面积有所下降，2010 年减为 2.5 万公顷。棉花的单产产量在 11 年间呈现波动趋势，2000~2004 年棉花单产逐年递减，由 2000 年的 500 千克/公顷降为 2004 年的 400 千克/公顷，2005~2007 年回升至约 440 千克/公顷，经过 2008 年和 2009 年的下降之后 2010 年单产产量增长至 481.5 千克/公顷。根据近 11 年的产量及面积、单产之间的相关分析，棉花的播种面积对总产量的贡献率较大，2010~2020 年，肯尼亚的棉花生产潜力可达 4.35 万吨。

咖啡生产潜力。2006 年前咖啡的种植面积一直保持稳定，约 17 万公顷；2007 年和 2008 年种植面积有所下滑，约 16.3 万公顷和 15.5 万公顷，2009 年和 2010 年回升至 16 万公顷。咖啡单产产量在 11 年间呈现波动起伏状态，自 2000 年的 592.4 千克/公顷下降至 2001 年的 304.1 千克/公顷，2002～2010 年则一直在 300 千克/公顷附近波动。咖啡的单产产量对咖啡总产量的贡献率较大，2010～2020 年，肯尼亚的咖啡生产潜力最高可达 10.3 万吨。

茶叶生产潜力。2000～2010 年，肯尼亚茶叶的种植面积呈现逐年增长趋势，由 2000 年的 12 万公顷增长至 2010 年的 17.1 万公顷，年均增长率约 3.6%。茶叶的单产产量在 11 年间呈现波动起伏状态，在 2200 千克/公顷上下波动。整体来看，单产的波动对茶叶总产量变化起着决定作用，2010～2020 年，茶叶的生产潜力最高可达 60.5 万吨。

烟草生产潜力。2000～2010 年，烟草的种植面积大体呈现增长趋势，2000 年烟草的种植面积约 1.4 万公顷，2010 年种植面积约 2.3 万公顷。烟草的单产在 2006 年之前呈现增长趋势，由 2000 年的 1268.4 千克/公顷增长至 2006 年的 1445.5 千克/公顷，自 2007 年烟草单产开始下降，2010 年单产降至 615.5 千克/公顷。根据 11 年间烟草种植面积、单产、总产量的相关关系，2010～2020 年，烟草的生产潜力可能在 0.9 万吨和 1.3 万吨之间波动。

甘蔗生产潜力。2000～2010 年，甘蔗的种植面积呈现波动上升趋势，2000 年甘蔗种植面积约 5.7 万公顷，2010 年种植面积约 6.9 万公顷，年均增长率约 1.9%。2008 年之前甘蔗的单产产量呈现逐年增长趋势，由 2000 年的 68 855.5 千克/公顷增长至 2008 年的 93 858.4 万公顷，2008 年之后呈现下降趋势，2010 年单产降为 83 063.1 千克/公顷。根据 11 年间甘蔗总产量的变化趋势，甘蔗面积变化对总产量的影响较大，2010～2020 年，甘蔗的生产潜力最高可达 778.7 万吨。

剑麻生产潜力。2008 年之前，剑麻种植面积呈现波动上升趋势，由 2000 年的 2.2 万公顷上升至 2008 年的 4.5 万公顷，2009 年下降至 2.9 万公顷，2010 年保持稳定。剑麻单产产量起伏波动，2008 年其单产产量最低约 496.2 千克/公顷。根据 11 年间剑麻总产量的变化趋势可知，剑麻的种植面积和单产对其总产量均起着重要影响，2010～2020 年，剑麻的生产潜力可能在 1 万～5.3 万吨波动。

（3）畜牧业发展潜力

肯尼亚牧草资源丰富，具有发展畜牧业的良好条件。根据联合国粮食及农业组织提供的数据，2000～2010 年，牛、羊出栏头数呈现波动增长趋势，分别由 2000 年的 1170.6 万头和 1777.8 万头增长至 2010 年的 1786.3 万头和 2319.9 万头，年均增长率分别为 4.3% 和 2.7%，若一直保持此发展趋势，则未来 10 年，牛、羊的出栏数分别为 1863.1 万～2715.2 万头，2382.5 万～3015.9 万头。猪的出栏头数在 11 年内有所下降，由 2000 年的 42 万头降为 34.7 万头，年递减率约 1.8%，按照此发展趋势推算，未来 10 年猪出栏头数为 28.9 万～34.1 万头。鸡的养殖量在 11 年间大体呈现增长趋势，由 2000 年的 2629.1 万只增长到 2010 年的 3039.8 万只，年均增长率约 1.5%，2010～2020 年，鸡的养殖量为 3085.4 万～3526.2 万只。畜牧业等农副产品中，牛肉、羊肉、禽肉、禽蛋以及牛奶产量均呈现增长趋势，预计未来 10 年内，牛肉的产量为 51.4 万～90.6 万吨，羊肉为 9.1 万～13 万吨，禽肉为 2.7 万～4.7 万吨，禽蛋为 8.3 万～10.8 万吨，牛奶为 450.9 万～756.6 万吨。2000～2010 年，猪肉产量年际变化幅度较大，呈现波动增长状态，年均增长率约

4.6%，2010～2020年，猪肉的产量在1.9万～2.9万吨。

（4）渔业发展潜力

肯尼亚境内渔业资源丰富，其渔业产量大部分来自海洋捕捞，少部分来自淡水养殖，渔业资源主要集中在西南部的维多利亚湖湖区以及肯尼亚东南滨海沿岸。根据联合国粮食及农业组织统计的相关数据显示，2000～2010年，渔业产量呈现先减少后增加的循环波动趋势，这主要是肯尼亚的渔业产量对其自然渔业资源的依赖性非常大所导致的（肯尼亚渔业大多属于生计型渔业）。在只考虑自然渔业资源的前提下，未来10年，肯尼亚渔业总产量可能介于16.2万吨和38.5万吨之间。

6.2.8　农业发展对策

为了充分发挥肯尼亚农业资源优势，促进农业快速发展，针对以上问题提出如下对策。

（1）加强农业基础设施建设

肯尼亚是一个平均降雨量只有400毫米的国家，收集和存储足够量的水用于农业生产和其他用途是十分必要的。根据相关研究，在肯尼亚干旱和半干旱地区建设农田水利基础设施不仅可以提高农作物的种植面积，还可以使农业生产力增加4倍，而农业收入则会相应提高10倍，因此依据肯尼亚水资源的空间分布状况有的放矢地改善蓄水和灌溉等农业水利设施对肯尼亚农业发展十分有利。另外，加快公路、铁路等交通设施的建设，将会缩短农产品运输时间并降低其运输成本，增强农产品的市场竞争力，从而促进肯尼亚农业快速稳定的发展。

（2）提高农业机械化水平，普及机械使用技能

目前肯尼亚农业机械大多集中在大型农场，而小农场和个体农户的机械配置率较低。为了改变这一现状，当前肯尼亚农业机械的主要推广对象需要面对小型农场和个体农户，而且需要重点发展中小型拖拉机及配套作业机具，中小型柴油机、发电机组等动力机械，水泵和节水灌溉机具，大力发展磨浆机、磨粉机、碾米机、榨油机等小型农副产品加工设备。肯尼亚的大多数农民没接触过现代化的农业机械，甚至没见过类似手扶拖拉机等小型农机具，普遍缺乏农机使用知识，这就需要农业机械服务人员为中小型农机用户提供技术指导。

（3）提高农业技术水平及推广力度

培养农业技术研发和管理人才，提高肯尼亚农业技术研发能力，通过自主研发或者从国外引进高产良种来增强农作物抵御病虫害以及抗旱能力，从而提高农业生产力。另外，肯尼亚农业化肥、农药等生产资料的国内生产能力较弱，大部分依赖进口，高昂的成本使其施用率较低，因此提高化肥、农药的研发和生产能力对促进农业发展同样重要。由于目前大多数肯尼亚农民仍然采用原始的耕作方式，因此作物良种的栽培和化肥、农药的施用需要农业技术人员深入田间地头进行广泛推广，只有这些新技术得以运用，才能真正使肯尼亚农业生产水平得到提高。

（4）提高农产品加工技术，完善农业市场体系，增强综合竞争力

针对中小型农场研发和引进现代化的农副产品加工设备，发展并完善农产品加工保鲜和包装技术，依据国际农产品环境质量标准执行严格的质量监控；建立和完善农产品生产加工、运输、出口体系及市场信息分析机构，从而提高农产品的市场综合竞争力。

（5）稳定政局，推进农业发展

尽快稳定肯尼亚国内政局，对发展农业具有极其重要的作用。一方面，如果政局稳定则肯尼亚国内的农业生产、农作物研发和农产品加工不会中断，农民可以安心地进行农业耕作，农业技术人员可以进行农业机械研发和作物良种的培育，农产品加工企业可以持续生产；另一方面，政局稳定有利于外来投资和农业援助活动的开展。

综合以上分析可知，要促进肯尼亚农业的发展，首先要加强农业基础设施建设，其次要提高农业机械化水平、农业技术水平及农民素质，最后在提高农产品加工技术的同时建立一个完善的农产品营销体系并尽可能的稳定国内的政治局面。就目前来看，仅凭肯尼亚自身能力难以从根本上改变其农业生产条件落后、生产能力低下的局面。因此，各种形式的外来援助对肯尼亚农业的发展显得极其重要。

6.3 工 业

肯尼亚是东非工业最发达的国家，拥有较好的基础设施和较多的私人资本。独立后，政府重视发展工业，起初采取进口替代战略，20 世纪 80 年代开始转向发展出口工业，90 年代建立了出口加工区，以优惠条件吸引国外投资。经过几个发展计划，包括 1986 年公布的 20 年工业发展规划，肯尼亚的工业得到了发展，许多从前需要进口的消费类工业品如今已能自给，有些工业品还可向国际市场出口。工业增长率 1965～1973 年高达 12.4%，1970～1980 年仍达 8.6%，但 1980～1990 年仅 3.9%，1990～1999 年再降至 1.9%，2000年以后，肯尼亚的工业发展略有起色，2005 年工业增长率为 4.4%，2010 年高达 8.7%，近年来略有下降，但仍保持较高增长水平，2014 年工业增长率为 6.5%。

肯尼亚工业增加值由 1965 年的约 1.66 亿美元增至 1980 年的 15.26 亿美元再到 1999年的 18.02 亿美元，2000 年为 19.1 亿美元，2005 年为 31.9 亿美元，2010 年增长到 74.2亿美元，2014 年已达到 106.5 亿美元。不过工业在国内生产总值中的比例变化不大：1964年约占 14.4%，1965 年占 18%，1980 年增至 21%，但 1999 年又降为 17%，2000 年再降为 16%，2000 年后略有回升，到 2014 年，工业在国内生产总值的比例已达到 19.4%，未来肯尼亚的工业化道路仍很漫长。

6.3.1 制造业

制造业是肯尼亚工业中最重要的部门。制造业在国内生产总值中的比例维持在 11%～13%。独立初的 10 多年增长迅速，1964～1970 年平均年增 7.7%，1970～1980 年平均年增 9.9%。但此后增长率下降，1980～1992 年为 4.8%，1990～1999 年仅为 2.4%，而2000 年为负增长（-1.5%）。2000 年以后，制造业增长明显，2006 年增长率高达 8.2%，但 2008～2014 年，增长幅度放缓，2014 年增长率已降至 3.4%。

制造业的产值 1965 年约为 1.01 亿美元，1980 年增至 9.44 亿美元，2000 年又增至约 11.41 亿美元。20 世纪初制造业增长率下降，主要是因为电力不足、税收问题和外来竞争等，政府已经或正在采取措施（如降低原料进口税）加以解决。2008～2015 年，由于世界能源价格下降，制造业成本明显降低，一定程度上保证了制造业的稳定增长态势。2008 年，制造业产值为 43.4 亿美元，2014 年已增至 61.1 亿美元。

制造业以消费品生产部门为主，主要有炼油、水泥、造纸、印刷、食品、饮料、烟草、纺织、机电、木材制品、制糖、基本化工、皮革、塑料、轮胎、陶瓷和汽车装配等工业。大部分集中在内罗毕和蒙巴萨等其他几个城市。以私人资本居多，一半以上为外资。制造业职工 2015 年约为 29.5 万人，其中在私人部门就业的近 26.9 万人，在公有部门就业的有 2.6 万人。此外，还有一种当地人称"炎日工业"（Juakali）的家庭小工业，它们制作家庭用品、汽车零件和农具等。这类家庭小工业发展很快，截至 2015 年从业人员已有近 254.5 万人。

以下简要介绍几个重要制造业部门。

炼油工业。肯尼亚不产原油，但在蒙巴萨建有炼油厂——肯尼亚炼油厂（原名东非炼油厂）。它利用进口原油生产汽油、煤油、飞机润滑油、柴油等产品，不仅供应本国，还向乌干达等邻国出口。该厂建于 1963 年，原属外资（壳牌公司和英国石油公司），1971 年后肯尼亚政府掌握了 50% 的股份。目前，外国股东除上述两家外，还增加了埃克森公司和德士古公司。石油产品在 20 世纪八九十年代初保持在 200 多万吨，1995～1999 年降至 170 万～180 万吨，2000 年稍增至 200 万吨，2011～2015 年维持在 397 万～474 万吨。

从蒙巴萨到内罗毕有输油管，现已通到裂谷省的埃多雷特。在基苏木和埃多雷特等地设有储油库。它们都由肯尼亚输油管公司管理。

肯尼亚炼油厂实行特殊的交费加工制，它与国内外石油公司订立协议，由这些公司提供原油委托肯尼亚炼油厂进行炼制，交付加工费，并享有产品，像 Kobil 石油公司、阿吉普（Agip）石油产品公司、道达尔（Total）公司等常使用该炼厂。

水泥工业。水泥是肯尼亚的重要出口产品，有两大制造商，即邦布里波特兰水泥公司和东非波特兰水泥公司。前者厂址在蒙巴萨附近的邦布里，后者在阿蒂河。它们均创办于肯尼亚独立前的 20 世纪 50 年代，主要为英国（和瑞士）资本。1971 年政府获得了东非波特兰水泥公司 51% 的股份。水泥生产一度发展较快，独立时年产量约 40 万吨，1996 年达 160 万吨，但之后连年减产，2000 年已降至约 115 万吨。这与进口供应不畅、国外竞争及美元（水泥收入计算货币）贬值有关。1999 年邦布里波特兰水泥公司在内罗毕动工兴建一座年产 100 万吨的水泥厂，投产后可望大幅增产。2011 年水泥产量为 447.8 万吨，进口量为 5.3 万吨，2015 年水泥产量 635.3 万吨，进口量为 3.8 万吨。水泥主要出口对象为乌干达和坦桑尼亚，2015 年出口往乌干达和坦桑尼亚的水泥达 48.7 万吨。

制糖业。肯尼亚（尤其是西部）盛产甘蔗，独立后，制糖业发展迅速。糖产量由独立初的 3 万多吨增至 1999 年的 47 万吨和 2000 年的 40 万吨。2011 年糖产量为 49 万吨，2015 年增至 63 万吨。20 世纪 90 年代以来，制糖业受廉价进口糖的冲击，加上管理不善，经营困难。食糖从一度自给有余到现在每年要进口几万吨。肯尼亚现有 7 家制糖公司，即穆米亚斯公司、切梅利公司、恩佐亚公司、穆霍罗尼公司、南尼扬扎（索尼）公司、密瓦尼公司和拉米西公司。其中最大的是 1974 年建立的穆米亚斯公司，其年产量占全国总产量的一半或一半以上。这些公司有些是国有的，如穆霍罗尼公司、恩佐亚公司；有些为政府与外资合营，如穆米亚斯公司的股份中政府占 70.8%，联邦发展公司占 17.2%；其余分属其他公司与银行。90 年代后期以来，政府已陆续将它在各制糖公司（包括穆米亚斯公司）中所持部分股份通过内罗毕股票交易所出售，逐步实行私有化。尽管 2010 年以来，制糖业得到一定发展，但受制于较为落后的基础设施和较低效的生产技术，未来糖产量仍有待提高。

纺织业。肯尼亚独立后至 20 世纪 70 年代末纺织业发展最快。1993 年全国有 65 家纺织厂，其中约有 40 家的产品向国外（主要是美国）出口。1994 年美国对肯尼亚纺织品实施限额制，严重打击了肯尼亚纺织业。同时，廉价进口成衣也对纺织业造成不利影响。纺织业在制造业中的占比 1980 年占 13%，1996 年降为 9%。2001 年美国在阿蒂河出口工业区兴建合资服装厂，尤其因美国给予肯尼亚产品出口优惠待遇，纺织业的境况得到改善。2004～2014 年，纺织业在制造业中的占比进一步下降，仅占不到 5%。

造纸业。现有 3 家造纸厂。最大的一家是 1975 年投产的韦布耶泛非造纸厂，年产能力已由 4.8 万吨增至 90 年代末的 9 万吨。该厂 40% 的股份属政府。肯尼亚纸张和纸品生产尚不能满足国内需求。

酿酒业。属东非酿造公司集团的肯尼亚酿酒公司有 4 家酿酒厂。20 世纪 90 年代前期年产啤酒 3 亿～3.4 亿升，除自给外还少量出口；90 年代后期，啤酒产量递降，2000 年仅为 2 亿升。1997 年南非酿酒公司在锡卡投资建厂，年产 8000 万升。此外，烈性酒的生产近年增长奇快，1996 年以前不过 220 多万升，1997 年猛增至 2211 多万升，2000 年为 1937 万升。

汽车工业。肯尼亚现有 3 家汽车装配厂，均建于 20 世纪 70 年代末。它们用进口配件装配几十种型号的汽车。设在内罗毕的肯尼亚通用汽车厂在 1985 年开始装配"乌呼鲁"牌轿车，1999 年又装配美国的"雪佛兰"和"欧宝"轿车，英国的"贝德福"车和日本的多种"铃木"车。设在蒙巴萨的联合汽车装配公司是肯尼亚和英国的合资企业，装配 5 种型号的"丰田"车。设在锡卡的肯尼亚莱兰公司由政府与库伯汽车股份公司合建，能生产重型汽车，约有 30% 的部件在本地生产。1987 年肯尼亚装配汽车 13 600 多辆，有少量出口邻国。由于廉价进口汽车的竞争，近 10 年汽车工业不景气，国内产量已由 1990 年的13 000 辆降至 1995 年的 6500 辆和 2000 年的 2551 辆。政府已表示将减少其在 3 家汽车公司中的股份（在莱兰公司有 33%，在另两家公司各有 51%）。90 年代初政府还宣布成立"尼耶约汽车公司"，计划与日本本田公司合资生产 1990 年试制成的"尼耶约先锋"型汽车，但这项工程没有落实。2011 年，肯尼亚汽车产量达到 6298 辆，且保持持续增长势头，2015 年其产量已增到 10 181 辆。

6.3.2　采矿业

肯尼亚独立初有四大类矿产进行了开发利用，包括纯碱、盐、黄金和银。到 1976 年，银的开采已停止，黄金产量很少。1999 年，一家瑞典采矿公司在肯尼亚和坦桑尼亚边境的马拉地区生产了60千克黄金；一家加拿大公司（Azimut）正在肯尼亚西部黄金矿区进行大型勘探活动。目前，肯尼亚的采矿业并不发达，在国内生产总值中的比重在20世纪90年代初期约占0.3%，后期约占0.2%；2011～2015年矿产品总产量在150万吨左右波动（表6-8）。

表6-8　肯尼亚历年的矿业产量和产值（2011～2015年）

矿种	2011年 产量（吨）	2011年 产值（肯先令）	2012年 产量（吨）	2012年 产值（肯先令）	2013年 产量（吨）	2013年 产值（肯先令）	2014年 产量（吨）	2014年 产值（肯先令）	2015年 产量（吨）	2015年 产值（肯先令）
纯碱	499 052	73.54	449 269	93.88	468 215	88.65	409 845	78.41	295 417	69.70
萤石	95 051	39.84	91 000	29.42	71 987	17.83	97 156	19.01	70 096	14.28
盐矿	24 639	1.40	9 980	0.66	8 895	0.72	18 936	1.74	21 201	1.98
精炼碎苏打	1 054 236	5.32	882 801	5.89	947 074	6.32	851 906	5.68	614 055	4.10
石灰石	15 197	4.11	19 919	5.03	18 436	4.96	19 450	5.04	19 750	5.26
硅藻土	2 039	0.91	1 746	0.86	1 054	0.70	1 195	0.71	1 090	0.71
金	1.6	56.51	3.6	139.20	2.1	74.33	0.2	6.95	0.3	9.79
宝石	310.1	2.31	120.9	1.58	563.0	4.11	247.3	2.64	442.0	7.98
钛铁矿	—	—	—	—	—	—	281 543.0	36.97	444 999.0	37.63
金红石矿	—	—	—	—	—	—	52 465.0	40.85	78 947.0	63.29
锆石	—	—	—	—	—	—	40 123.2	12.81	25 951.0	27.27
总计	1 690 526	183.94	1 454 840	276.52	1 516 226	197.62	1 772 867	210.81	1 571 948	241.99

1995～2000年，采矿和采石行业每年平均增长1.7%。同期，采矿业的雇员由4720人增加到5300人。2002年采矿和采石业在国内生产总值中的占比不到1%。

肯尼亚的主要矿业产品有重晶石、硅藻土、长石、石膏、石灰、硅酸盐、盐、蛭石。生产的建筑材料有水泥、珊瑚、花岗岩、石灰石、大理石、页岩。肯尼亚还生产少量的金属产品，包括金、加工的铝、铅、钢。

（1）金

2002年，肯尼亚金产量为1477千克，出口值达到1310万美元。肯尼亚大多数的金生产是靠手工业，国际金矿勘探公司（International Gold Exploration AB，IGE）是唯一的一个大规模的开采公司，目前正经营腾腾（Teng Teng）矿山。

IGE公司2002年对腾腾矿山和塞克尔和威卡尔矿地做进一步的勘探活动。2001年1月，坎赛（Kansai）矿业公司签署了一项协议，要完全购买中米戈利（Mid Migora）矿业有限公司的股份，此公司拥有卡卡莫格和米戈利（Migori）矿地的开采许可证。2002年坎赛矿业公司在当年12月开始米戈利矿地的勘探工作。

（2）铁和钢

安瓦拉里及兄弟有限公司（Anwarali & Brothers Ltd.）和阿诗河矿业有限公司（Athi River Mining Ltd.，ARM）开采少量的铁矿并被用于水泥的生产中。粗钢的生产1998年就停止了。肯尼亚有 4 个轧钢厂，联合产能总计为每年 22 万吨；这些公司依赖于进口坯锭。马巴提扎钢有限公司（Mabati Rolling Mills）是东非最大的钢板产品生产商，2001 年出口 87 000 吨电镀及冷轧钢产品，主要销往其他非洲国家。

国际钢铁协会估计 2000 年肯尼亚半成品及成品的钢产品进口总量达 30.3 万吨。这与 1999 年的 34.7 万吨及 1995 年的 34.1 万吨相比有所下降。1995～2000 年，肯尼亚成品钢的消耗由 35.9 万吨下跌到 32.1 万吨。

（3）铅

全国铅的年产量约 1000 吨，消耗量达到每年 3000 吨。目前联合电池制造有限公司（Associated Battery Manufacturers Ltd.）经营着肯尼亚的唯一一个位于阿诗河的铅精炼厂。该公司还在肯尼亚沿海地区勘探铅矿。

（4）钛和锆

目前太明资源公司（Tiomin Resources Inc.）正计划陆续开采位于肯尼亚东南部的科里非、夸勒、马姆布里、维平勾矿床，公司决定将精力首先集中在夸勒矿床，因为那里的品位较高。在头六年里，产量将达到年产 30 万吨钛铁矿、7.5 万吨金红石、3.8 万吨锆石。矿山预期寿命为 13 年。夸勒项目的总投资约 1.37 亿美元，每年现金流预计可达到 4700 万美元。

太明公司原计划在 2001 年年初获得开采许可证，在 2003 年一季度开始生产。然而，2001 年 3 月，因为环境问题反对夸勒项目的一方从肯尼亚高等法庭赢得了禁止太明公司进行勘探和发展的禁令。法庭列出 2001 年 1 月的环境法规来支持其决定以阻止夸勒项目上马。2002 年政府批准了太明公司关于夸勒项目采矿租约的申请和环境影响评价的许可证。

（5）锌

肯尼亚拥有锌矿床，但无一被开采。国家每年要进口 1.2 万吨锌。2001 年，阿姆贝斯勘探公司（Ambase Exploration）在肯尼亚海岸附近勘探到铜和锌资源。2001 年 2 月，阿兹木特勘探公司（Azimut Exploration Inc.）放弃了雅拉（Yala）矿地产的特权，其中包括邦博（Bumbo）地区的多金属矿床。

（6）水泥

肯尼亚现有 3 个水泥生产厂，年生产能力约 276 万吨。2002 年，产量为 123 万吨，比上年增长 13.3%。水泥出口约 28.1 万吨，创汇 1700 万美元。近几年出口下降，主要原因是能源和运输成本较高。

（7）硅藻土

2002 年肯尼亚硅藻土产量为 1333 吨，比上年增长了 202%。主要生产商是非洲硅藻土工业有限公司（Africanb Diatomite Industries Ltd.），该公司在纳库鲁地区的苏沙木布和卡兰杜斯生产高质量的硅藻土。

（8）萤石

肯尼亚萤石的主要生产商是肯尼亚萤石有限公司（Kenya Fluorspar Ltd.），目前正在切诺（Keiro）山谷开发萤石矿。肯尼亚的大多数萤石产品出口用于生产氢氟酸，本土萤石主要消耗于水泥和玻璃业。2002 年肯尼亚出口萤石 85 105 吨，与 2001 年的 118 850 吨相比下降了许多。2001 年，肯尼亚萤石出口值为 910 万美元。

（9）宝石

肯尼亚产有多种宝石，包括紫水晶、绿玉、青石、绿石榴子石、红宝石、蓝宝石、电气石。肯尼亚大多数宝石生产于泰塔塔维塔（Taita Taveta）地区。2000年，肯尼亚生产的宝石总值为366万美元。其中最主要的是红宝石，价值为118万美元；其次是红石榴子石，价值84万美元；另外绿石榴子石价值为74.4万美元；电气石价值为47.7万美元；蓝宝石价值39.5万美元。2002年宝石产量3043千克，比上年下降48%。

肯尼亚罗克兰（Rockland）有限公司是全国最大的红宝石生产商和出口商。格姆凯特有限公司（Gemkit Enterprises Ltd.）是夸勒（Kwale）地区一个较大的红宝石生产商。2001年在伊西奥洛（Isiolo）地区勘探蓝宝石。凯凯萨有限公司（Kikisa Ltd.）在西包科特地区开采红宝石。布里奇斯勘探有限公司（Bridges Exploration Ltd.）和第一绿石榴子石矿业有限公司（First Green Garnet Mining Co Ltd.）在泰塔塔维塔地区开采一种绿色钙铝榴石。

（10）纯碱

肯尼亚纯碱的主要生产商是麦格迪（Magadi）纯碱有限公司，目前在麦格迪湖开采天然碱。2002年，纯碱产量为30.4万吨。经过粉碎提纯的纯碱产量为47.4万吨。产品主要出口到印度、中东、南非、东南亚。2002年肯尼亚纯碱的出口值为2910万美元。

（11）蛭石

肯麦格投资有限公司（Kenmag Investments Ltd.）在麦库尼地区的劳德索特（Lodosoit）开采蛭石。2000年，肯尼亚出口的蛭石价值达71.3万美元。

6.3.3　矿产资源贸易与政策

肯尼亚的矿产品出口由2000年的5000万美元增加到2001年的5700万美元；矿产品出口占全国出口总额的2%~3%。2001年，纯碱的出口几乎占了矿产品出口总额的51%，金占23%，萤石占16%，宝石占10%。近些年来，肯尼亚还出口水泥和石油产品。进口矿产品主要包括铝、原油、石膏、高岭土、铅、盐、钢和锌等。

2001年5月，肯尼亚恢复了审查矿业立法草案的工作。因为缺少肯尼亚矿业资源的信息，外商的投资变得很困难。为了更好地吸引外资，加快经济发展，肯尼亚在新的《矿业法》中有望在5个方面做出重大突破。

1）大幅减少手续成本。这次改革的重点之一就是简化采矿执照申领手续。另外，对于因勘探和采矿目的办理土地所有权证的，在申领手续方面提供方便。

2）在税收、供电等方面提供优惠。目前议会正在考虑的法律条文主要有：3~5年税收减免；勘探费用资本化；根据项目投资规模和进展情况延迟交纳特许使用金；免征采矿机械设备进口关税；同时，还将降低采矿企业的电费。

3）对个体采矿业者进行规范。目前非正规开采和合法的小规模开采是肯尼亚的主要采矿方式。其特点表现为勘探能力低、缺乏资金、缺乏地质地理数据资料、盲目开采、采矿安全措施不到位、技术水平和生产能力低下、收益率低、矿区环境恶化等。新政策将对这些进行整顿和规范。

4）加强矿区的公路、电力和通信等基础设施的建设，将优先考虑投资肯尼亚西部金矿丰富的绿岩区和中南部等有矿业开采潜力的地区。

5）解决有关在国家公园和野生动物保护区内开矿的争议。根据肯尼亚现行环境法案，禁止在保护区开采矿藏。但目前在有色宝石蕴藏丰富的察沃等国家公园，矿石开采仍在公开进行，新的矿业法从法律上对类似行为进行细化的规范。

2015 年，肯尼亚矿业部启动了新的勘矿管理系统，规范勘矿申请流程，使其流程更加透明化和高效化，借此吸引更多私人资本进入矿业。

6.3.4　电力工业

肯尼亚电力工业包括水力、火力和地热发电三类，以水力发电为主。表 6-9 中为 2011 ~ 2015 年肯尼亚电力工业的发展概况。2015 年，肯尼亚总发电载荷已达 2333.6 兆瓦，水电、燃油热电和地热是主要电力来源。近年来，地热发电的发展迅速，2015 年奥尔电尔（Orpower）四期工程安装完成，地热发电量由 2917.4 千兆瓦时增至 4520.7 千兆瓦时，取代了相当部分的燃油热电。

表 6-9　肯尼亚电力工业统计（2011 ~ 2015 年）

装机载荷（兆瓦）							发电量（千兆瓦时）										
年份	水力	燃油热电	地热	风电	热电联产	总计	年份	水力	燃油热电				地热	风电	热电联产	进口	总计
									国家	个人	紧急	小计					
2011	763.2	660.5	198.0	5.3	26.0	1653.0	2011	3183.3	903.0	1538.8	358.7	2800.5	1443.7	17.6	80.9	33.9	7559.9
2012	788.4	660.6	209.5	5.4	26.0	1689.9	2012	3976.8	682.5	1208.9	309.0	2200.4	1515.9	14.4	104.7	39.1	7851.3
2013	812.3	714.4	241.8	5.9	26.0	1800.4	2013	4386.0	598.3	1386.2	177.2	2161.7	1780.9	14.7	55.6	49.0	8447.9
2014	818.3	751.3	573.4	26.3	26.0	2195.3	2014	3410.6	844.2	1673.0	68.0	2585.2	2917.4	17.0	50.0	158.4	9138.6
2015	820.7	833.8	627.0	26.1	26.0	2333.6	2015	3463.3	394.4	954.2	64.5	1413.1	4520.7	59.7	0.0	58.8	9515.6

水力发电主要来自塔纳河上 5 座水电站（图 6-1），即金达鲁马、坎布鲁、吉塔鲁、马辛加和基安贝雷水电站。此外，在图尔卡纳地区的图克维尔峡谷也有一座较大的水电站。这些水电站提供的电力约占全国总发电能力的 75%。主要火力发电站设在蒙巴萨附近的基佩伍。地热电站则在裂谷省的奥卡里亚。

肯尼亚最大的电站是吉塔鲁水电站和基安贝雷水电站，发电能力分别为 145 兆瓦和 140 兆瓦。20 世纪 90 年代初全国发电能力已达 820 兆瓦。此外，肯尼亚每年还从乌干达欧文水电站进口 30 兆瓦时以补国内供电之不足。

为了满足每年增长 6% 以上的电力需求，政府在 1986 年曾制定一项庞大的电力发展计划，目标是在 20 年内（到 2006 年）实现电力自给自足。20 世纪 90 年代初，这项计划因外援资金不足而受挫。1997 年，政府重新启动一项电力发展计划，为此将耗资 8 亿 ~ 10 亿美元（世界银行答应提供部分贷款）。计划包括：①在纳库鲁和埃多雷特建两个火力发电站，发电能力共 110 兆瓦，2001 年竣工；②建设基配伍第二火电厂，发电能力为 75 兆瓦，2000 年 7 月竣工；③增建奥卡里亚第二和第三地热站，发电能力各 64 兆瓦，分别在

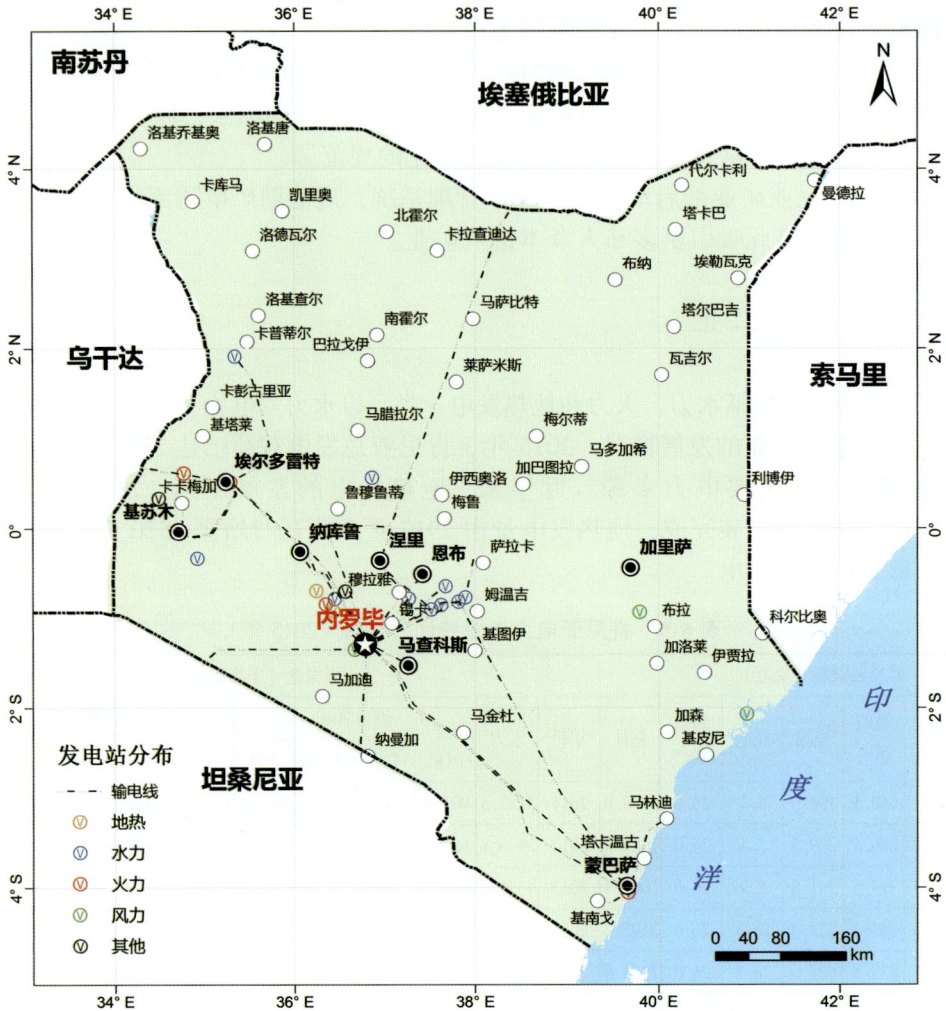

图 6-1　肯尼亚发电站和电网分布图

2000 年 12 月和 2002 年 7 月完成；④在尼扬扎省建立松杜/米里伍水电站（日本资助），发电能力为 60 兆瓦，于 2002 年年底竣工。由于 90 年代末连年干旱，水库缺水和存在管理问题，2000 年的发电能力估计仅为 350 兆瓦。肯尼亚从 1999 年 9 月起实行了 15 个月的电力配给。为此，政府采取了紧急措施，如通过税务优惠鼓励筹建私营发电站，向外国（如西班牙）公司招标建电厂，以提高现有发电能力，等等。

　　2001 年 10 月，能源部长雷拉·奥廷加表示，肯尼亚将探讨发展比水电更便宜的核电的可能性。

　　过去，肯尼亚的全国电力生产和分配都由国有的肯尼亚电力电灯公司（KPLC）负责。1997 年议会通过《电力法》，允许私商参与电力生产与销售，同时要求 KPLC 的子公司——肯尼亚电力公司脱离 KPLC 而成为独立的电力生产单位，但 KPLC 继续保留电力分配的垄断权。1998 年政府成立电力调节局，负责原先由能源部门行使的职能——为电力定价、规定消费税额、向从事电力生产与销售的私商发执照。2003 年增加 570 多兆瓦发电能力，其中一半将来自私人电厂。2015 年，肯尼亚政府还启动了两项地热发电项目（奥卡瑞四期工程和奥卡瑞一期的扩建工程），这两项计划的总载荷为 330.6 兆瓦。另外，肯尼亚政府也在加大对风电的投资，2015 年完成恩贡（Ngong）1 号工程和 2 号工程，总载荷在 15.6 ~ 20.4 兆瓦。

肯尼亚政府还致力于农村电力基础设施的普及工作，2013 ~ 2014 年，肯尼亚农村电力化委员会（Rural Electrification Authority，REA）实施了一项农村电力基础设施计划，该项计划旨在普及 5084 所乡村地区小学的照明设施。其中，4481 所小学已连接到国家电网，603 所小学由太阳能供电，该项计划共计投资 150 亿肯先令。截至 2015 年，已有 21 487 所乡村小学连接到国家电网或已安装太阳能照明设施。

6.3.5 建筑业

建筑业在肯尼亚货币经济中约占国内生产总值的 2.5%，而在非货币经济中仅占 1.6%（1996 ~ 1997 年数字）。建筑业在独立初期增长迅速：1964 ~ 1970 年平均年增 15.5%；20 世纪 70 年代因开办新工厂、铺设输油管、扩建飞机场等，建筑业仍维持较高增长率（1979 年为 7.5%）。80 年代不太景气。90 年代初，由于一些公司机构如英国的伦罗公司大兴土木，在内罗毕建筑豪华办公大楼等工程，建筑业再度兴旺（尤其是 1990 ~ 1992 年）。2011 ~ 2015 年，建筑业在国内生产总值中占比维持在 4% 左右。

建筑业的两大支柱是房屋建筑和道路工程。就完成工程的造价来看，房屋建筑业以私人部门为主（20 世纪 90 年代初占 94%，90 年代末占 98%）。五大城市（内罗毕、蒙巴萨、纳库鲁、基苏木和马林迪）竣工房屋造价在 1994 ~ 1998 年持增势，但 1998 ~ 2000 年递降。2000 年仅 10.1 亿肯先令，而 1997 年曾达 16.54 亿肯先令。就总体而言，实际上公有部门竣工的房屋建筑造价 10 年来一直在下降，1991 年为 8000 万肯先令，2000 年减至 1600 万肯先令。2011 ~ 2015 年，房屋建筑造价呈递增趋势，2011 年为 424.6 亿肯先令，2015 年为 686.3 亿肯先令。

肯尼亚的道路建筑由政府承担。20 世纪 90 年代政府用于新建和维修道路的资金逐年增长（1993 年除外），1991 年为 16.68 亿肯先令，1999 年达 77.6 亿肯先令，2000 年达 122.1 亿肯先令。2011 年，用于道路建设的资金猛增到 915.3 亿肯先令，2015 年已达 124.5 亿肯先令。

肯尼亚建筑业从业人员 1997 年有 7.98 万人，2000 年降至 7.8 万人。到 2015 年，随着建筑业的发展，从业人员已增至 14.8 万人，其中，私人建筑企业的从业人员增长占据主导地位。

据肯尼亚统计局公布的建筑业价格指数，2012 ~ 2015 年，建筑业的工资增长了 27.8%，这主要是由于劳资双方关于薪酬的谈判达成了一致。与此同时，材料费用增长了 18.7%，尽管这期间能源价格已大幅下降，但建筑材料（如木材、石灰、砖材、骨料、钢材）的价格仍保持上涨。

6.4 旅 游 业

6.4.1 旅游业发展历程

肯尼亚独立后，利用本国的旅游资源，积极发展旅游业。综观其多年的发展进程，可以将其分为下列 4 个阶段。

（1）初创阶段（1963～1983 年）

1963 年独立后，肯尼亚政府把维护国家稳定和民族团结放在头等重要地位，首任总统乔莫·肯雅塔坚持"齐心协力""稳定发展"的建国纲领；1978 年，莫伊总统继任后提出"和平、友爱和团结"的口号，注重各部族之间关系的协调，从而使肯尼亚保持了政局稳定。肯尼亚政府利用良好和安定的国内环境，采取措施，发挥本国自然资源丰富的优势，发展旅游业。

第一，制定相关政策和建立保护机构。独立时期，偷猎活动已经严重威胁大象、犀牛等珍贵动物的生存，为了保护本国宝贵的旅游资源，政府制定了严格的野生动物保护政策，建立了多处国家动物园和保护区，并专设了旅游与野生动物部。1965 年 11 月，该国成立了肯尼亚旅游发展公司，负责调查、制定和执行发展旅游业的相关工程项目，并投资旅游业，以促进旅游业的发展。1966 年，肯尼亚旅游发展协会成立，其宗旨是协助私人企业取得发展旅游业的资金和赞助。

第二，吸引资金投入旅游产业。政府除了依靠国有公司发展旅游业外，也积极支持私营旅游业和外国投资的旅游公司的发展，一些跨国酒店集团如希尔顿饭店、洲际饭店等都在肯尼亚落户。目前，在肯尼亚全国 1415 家具有执照的国际标准旅馆中，大部分属私营，其中规模较大的属外资经营，这些旅馆遍布全国各景区。

第三，培养旅游人才。为培养旅游业发展所需要的旅游人才，肯尼亚于 1975 年在首都内罗毕建立了肯尼亚塔利学院，现在该学院已成为一个地区性培训旅游从业人员的重要机构，到 2000 年年底，该学院已培养毕业生 23 617 人。

第四，引入国际组织进驻内罗毕。为了提高肯尼亚的国家地位，吸引外国游客到肯尼亚旅游。肯尼亚首任总统乔莫·肯雅塔努力使一些国际组织在肯尼亚落户，如 1972 年成立的联合国环境规划署、1974 年在内罗毕建立的国际牲畜疾病研究实验室（ILRAD）和 1978 年成立的联合国人类居住中心。另外，国际玉米、小麦改良中心（CMMYT）在内罗毕设有一个分部，负责东非地区的事务。20 世纪 70 年代，内罗毕建成肯雅塔国际会议中心大楼后，许多世界性和区域性的国际会议就在肯雅塔国际会议中心召开。1979 年，在此举行的较大国际会议有 32 个，1980 年为 38 个，1981 年达 40 个，仅 1981 年会议游客就接近 1 万人。20 世纪 70 年代以来，肯尼亚的会议旅游迅速发展，成为肯尼亚旅游业的重要支柱。

第五，完善旅游基础设施。肯尼亚政府不仅采取直接措施促进旅游业发展，还努力扩建与旅游业相关的旅馆和机场。1967～1976 年，全国客房增加了 180%，海滩旅馆增加了 280%。20 世纪 70 年代末，肯尼亚机场的发展也颇为迅速。肯尼亚在独立后一段时间内没有自己的航空业，而是和坦桑尼亚、乌干达共用由三国捐资建立的东非航空公司，1977 年 2 月该公司瓦解。因为境外游客大多是乘坐飞机到肯尼亚旅游的，鉴于航空业对旅游业发展的重要作用，肯尼亚政府急需建立自己的航空业。1976～1978 年，肯尼亚政府投资 1100 万肯先令修建了蒙巴萨机场（蒙巴萨海滨是著名的海滩度假胜地），使肯尼亚和欧洲之间实现了通航，海滩旅游有了基本保障。政府还在 20 世纪 70 年代末投资 5.6 亿肯先令兴建新内罗毕机场，这两个机场的建造初衷都是为旅游业服务。80 年代内罗毕乔莫·肯雅塔国际机场成为非洲最大和设备最好的机场，有 20 多个国际航空公司使用该机场，日均 80 架飞机在该机场起落，在旅游季节尤其繁忙。在肯尼亚政府的支持和保护下，这一时期旅游业稳定发展，此后旅游业迅速发展。20 世纪 70 年代旅游业成为仅次于咖啡和茶叶出口的第三大创汇来源，到 1980 年，旅游人数增加到 35 万，旅游收入增加到 13 亿肯先令。

（2）高速发展阶段（1984～1994 年）

20 世纪 80 年代，由于国际经济的衰退，国际市场对非洲原材料的需求出现萎缩，再加上自然灾害，非洲国家经济普遍遭遇到独立以来的重大挫折，肯尼亚也不例外。然而与工农业滑坡形成鲜明对比的是，肯尼亚的旅游业经历了独立以来的第一次发展高峰。

从 1984 年开始，到肯尼亚旅游的游客持续增加，1984 年为 45.1 万人，1985 年为 54 万人，1986 年为 65 万人，1987 年为 66.5 万人，到 1989 年为 71.4 万人，1991 年达 81.7 万人。1992 年游客曾经减少到 78.2 万人，但 1993 年游客随即恢复并增至 82.6 万人，1994 年达到创纪录的 86.3 万人。外汇收入也逐年增加，1987 年肯尼亚旅游业超过茶叶，成为第二大外汇来源；并在 1989 年超过咖啡，成为最大的创汇来源。1992 年，旅游业收入达到 4.42 亿美元。1994 年，旅游业外汇收入约 5.07 亿美元。

为什么在肯尼亚工农业遭受严重挫折的时候，旅游业会得以持续高速发展呢？看似矛盾的两个方面，其背后却有深刻的原因。经过了十几年稳定的发展后，非洲经济在 20 世纪 80 年代中期普遍下滑，国际社会对非洲给予高度关注。世界银行和国际货币基金组织提出了结构调整方案。在经济结构调整期间，各国在大规模私有化，以及降低关税、减免税收、放松外汇管制等方面采取了一系列有力的措施。国际社会普遍认为，非洲进入了一个相对稳定的发展时期，非洲投资环境得以改善，于是众多商家纷纷投资非洲。但是，20 世纪 80 年代末 90 年代初，非洲开始出现了多党制浪潮，很多国家政局动荡，内乱频繁，只有少数非洲国家保持稳定，肯尼亚就是此类国家之一。它于 1993 年开始进行经济、货币、贸易自由化改革，实行市场化、国际化和私有化的经济制度，并制定政策保护投资，欢迎外国公司和企业到肯尼亚，这些因素促使旅游人数大增。

（3）调整时期（1995～1998 年）

在此阶段，肯尼亚旅游业出现衰退。游客人数呈减少趋势，由 1994 年的 80 余万人减少到 1998 年的 67.2 万人。旅游收入也由约 5 亿美元减少到约 2.9 亿美元，减幅达 42%；旅游从业人员也由 1996 年的 13 万人缩减到 1998 年的 5 万人。游客减少的原因除了旅游基础设施因年久失修老化，以及少数野生动物园发生了袭击外国游客的事件外，另一重要原因就是肯尼亚政局不稳。1997 年是肯尼亚大选年，选举前的地方民族关系比 1992 年选举前相对宽松，但在沿海地区的蒙巴萨仍然爆发了袭击外来少数民族的具有政治背景的暴力冲突，许多游客为此取消了原定旅游计划。尤其是 1998 年旅游业因恐怖事件而出现了一次前所未有的倒退。恐怖事件发生的当年，肯尼亚旅游收入骤减近 60%。

为振兴旅游业，肯尼亚政府采取了多种措施，1998～1999 年度政府主要财政政策明确提出要发展旅游业，增加拨款；设立统筹旅游业的机构，派出包括旅游部长在内的人员到国外宣传和招徕游客；加强旅游区的安全措施，设立专门旅游警察部队，在常规旅游路线和景点巡逻；改善卫生条件和基础设施。同时，旅游部门还开辟新的旅游路线和增加旅游项目。1996 年，为开拓旅游业，肯尼亚国家旅游局在国内外都设立了办事处。同时肯尼亚政府制定了 1996～2010 年旅游业发展远景目标，计划在 15 年内拨款 25 亿美元，加强旅游业的基础设施建设。

自 1980 年起，肯尼亚开始关注国内旅游业。20 世纪 90 年代末，由于旅游业不景气，有关部门降低公园门票和膳宿价格以吸引本国游客，促进国内旅游业的发展。值得注意的是，2000 年，肯尼亚本国居民在旅馆过夜次数为 79.4 万余人次，比 1998 年增长了 14%，也超过了 1996 年的 78.3 万人次。由于国内旅游起步较晚，以及国民生活水平较低，至今国内旅游在整个旅游业所占的比例不大。

（4）振兴阶段（1999 年至今）

经过调整，肯尼亚旅游业在 1999 年开始复苏，接待游客达 97 万人次，2000 年游客突破了 100 万人次大关，2001 年接待游客 120 万人次，但 2002 年 11 月 28 日，恐怖组织再一次袭击了肯尼亚（蒙巴萨天堂饭店发生了针对以色列人的自杀性汽车爆炸事件，以及以色列民航客机在蒙巴萨国际机场遭到袭击事件），肯尼亚的欧美客源市场出现萎缩。刚有起色的旅游业在恐怖主义阴影下又一次遭到沉重打击。

2004 年，随着肯尼亚政治局势的稳定和经济形势的好转，旅游业开始复苏并取得长足发展，到肯尼亚旅游的游客达到 140 万人次，比 2003 年增加了 18%，全年收入 421 亿肯先令（约合 5.26 亿美元），比 2003 年增长 66%。2005 年旅游业发展仍呈上升态势，据统计，当年肯尼亚旅游业收入为 489 亿肯先令（6.69 亿美元），比 2004 年的 385 亿肯先令增长了 27%，2005 年国际游客总数为 150 万人，比 2004 年增长了 8.7%。2005 年旅馆床位利用率比 2004 年增长了 18.1%。2006 年，肯尼亚旅游业仍保持了强劲增长势头。

为了使旅游业可持续发展，肯尼亚政府推出了以下一系列新举措。

1）鉴于以往客源市场相对单一的情况，肯尼亚政府加速开发国际旅游市场，实行旅游客源市场的多样化。为进一步打开中国乃至整个远东地区的市场，肯尼亚旅游局在香港成立了远东办事处，并开通了香港—曼谷—内罗毕的定期航班。由于交通得到改善，过去几年从亚洲前往肯尼亚旅游的人数大幅增长，2003 年，前往肯尼亚的游客中仅中国游客就比 2002 年增长了 87%。

2）鉴于恐怖主义对旅游业造成的伤害，为了保证游客的安全，肯尼亚在治安和反恐方面采取了诸多措施，如加强反恐国际合作，成立反恐小组，在机场、饭店等重要场所设置安检仪器，组建了一支配备有武器、警车的专业化旅游警察部队，在所有主要旅游景点执勤巡逻。肯尼亚主要旅游景点还将建立安全中心及闭路电视监视系统。

3）为了推动旅游业的持续发展，肯尼亚政府还加强了旅游产品建设。旅游局最近宣布一项开发西部旅游业的计划，根据该计划，西部地区将开发 30 条新的旅游线路，通信、基础设施等也将与之配套。

4）为了实现旅游业利润的最大化，并适应非洲一体化的发展，肯尼亚还积极推动东非区域旅游合作。设立东非旅游和野生动植物保护局，对东非地区旅游资源进行统一管理，对东非共同体成员国的旅店、餐馆，以及其他旅游设施制定统一的评级标准，同时，这一机构还负责保护野生动植物资源免遭非法利用。

6.4.2　主要陆游路线

肯尼亚可供旅游者选择的地方和景点繁多，从全国范围来看，主要有 6 条旅游路线。

（1）东南部旅游线

包括内罗毕市、安波塞里、丘鲁山、西察沃、辛巴山、马林迪和蒙巴萨等地。这条线上除国家公园和野生动物保护区外，还有一个名叫阿拉布科·索科克的森林保护地，它是东非目前最大的沿海森林区，以鸟类众多闻名于世，还有世上罕见的多种蝴蝶。

（2）西南部旅游线

以内罗毕市为主要基地，包括朗戈诺特山国家公园、赫尔门国家公园、纳库鲁湖国家公园、鲁马、恩德雷岛、基苏木黑斑羚保护地和著名的马赛马拉野生动物保护区。朗戈诺特山和赫尔门是观赏大裂谷的绝妙去处。

（3）西部旅游线

这条线上主要景点有卡卡梅加森林、埃尔贡山国家公园、萨伊瓦沼泽国家公园、克里奥河谷保护区和波戈里亚湖等。埃尔贡山位于肯尼亚和乌干达边境，海拔为 2500～4200 米，埃尔贡山国家公园可称是肯尼亚最秀美、野趣天成和保护完好的野生动物保护区之一。

（4）北部旅游线

这条线上有些地段的道路比较崎岖，但对爱冒险的游客极有吸引力。主要景区有图尔卡纳湖上的南岛和中岛，还有西别洛依国家公园、马萨比特和桑布鲁的景点。西别洛依国家公园是为保护史前和考古遗址而建立。图尔卡纳湖有一个多达 1.2 万余条鳄鱼的繁殖场，属世界之最。

（5）中北部旅游线

中北部旅游线包括马拉拉尔、桑布鲁水牛泉、沙巴、梅鲁、比萨纳迪、肯尼亚山和阿伯达雷山等景区。肯尼亚山是非洲第二高峰，也是当地居民（吉库尤人）的神山，是"恩盖"（上帝）居住的地方。肯尼亚山国家公园海拔在 3400～5200 米，游客在此不仅可看到许多野兽（包括珍稀的犀猴、紫羚羊、白斑马等），还可爬山和观赏雪山冰川及茂林修竹。

（6）蒙巴萨和沿海旅游线

包括蒙巴萨、北部海岸–马林迪–瓦塔姆、拉木和南部海岸四个景区，它们各有特色、引人入胜。肯尼亚沿海多古迹，如葡萄牙人构筑的耶稣堡、教堂、格迪古城遗址、马林迪古镇等。拉木群岛有"肯尼亚的威尼斯"之称，这里宁静、美丽、古色古香，凝结着浓厚的斯瓦希里文化。整个沿海，无论南北，都有秀美海滩、多姿的珊瑚礁和丰富多彩的海洋公园。

6.4.3 主要旅游城市

（1）内罗毕

肯尼亚共和国首都，位于肯尼亚中南部，距赤道约45公里。因地处海拔1600米的高原，阳光充足，气候温和，温度很少超过27℃，夜间更带凉意。它是全国政治、经济和文化中心，是东非最繁华的城市，现有人口231万。

内罗毕已有100多年历史。1899年6月，英国殖民当局以蒙巴萨为起点的乌干达铁路修到内罗毕，这里很快形成热闹的市镇。1907年，英国"东非保护地"政府将首府由蒙巴萨迁至内罗毕。1963年肯尼亚独立后，作为国家首都，内罗毕的城市建设日新月异，基础设施日臻完备，现代化建筑不断涌现。住宅区、商业区、工业区相对独立，不相干扰。中高级住宅区环境幽静，房屋整齐，路面干净。商业区既有超级市场和自选商店，也有传统的集市摊位和小店铺，五光十色，商品充足。星级饭店高楼耸立，服务周到。工业区远离市区，但交通方便。整个市区绿树成荫，花团锦簇，车水马龙，颇为繁华。

全市最雄伟的建筑是耗资3000万美元于1973年建成的肯雅塔国际会议中心大厦。该中心大厦位于哈郎比大街，由大会堂、宴会厅和行政大厦三部分组成。大会堂建筑具有非洲特色，外形似蘑菇，内部为圆形结构，可容纳1000人集会，配有多种语言的同声传译装置。行政大厦为圆柱形建筑，高110米，地下3层，地上28层，顶部设旋转餐厅，可饱览全市风光。中心门前的广场中央耸立着高5米的首任总统乔莫·肯雅塔的铜像。该中心大厦整个建筑显得雄伟、庄重、美观，也成为内罗毕的象征。

内罗毕市区有国家博物馆和国家公园等重要旅游景点。国家博物馆位于市区北部，馆藏文物丰富，不乏珍品，具有很高的观赏和科研价值。国家公园离市中心约10公里，占地114平方公里，是全国建园时间最早、面积最小的野生动物园。

（2）蒙巴萨

它是肯尼亚第二大城市和最大港口，也是通向东、中非内陆国家和地区如乌干达、卢旺达、布隆迪、苏丹南部和刚果（金）东部的重要门户。现有人口69.1万人（2002年）。蒙巴萨市由蒙巴萨岛和周边大陆组成，市区主要部分在岛上。岛和大陆间有桥梁、堤道或轮渡相连。这里有铁路和公路直通内罗毕及西部；有公路北达马林迪、南通坦桑尼亚，都是沥青路面。市内还建有莫伊国际机场。

蒙巴萨城已有上千年历史。由于有优良港口和富饶的腹地，这里很早就成为贸易集市和城邦。15世纪中国明朝航海家郑和曾率船队到过蒙巴萨（中国史书上译为"慢八撒"）。16世纪初到19世纪，葡萄牙人、土耳其人、阿拉伯人对蒙巴萨进行反复争夺。19世纪末蒙巴萨落入英国人之手（名义上是向桑给巴尔阿拉伯统治者"租借"），一度是英属东非"保护地"的首府，直到1907年才被内罗毕所取代。由于历史原因和居民种族成分，蒙巴萨兼有了亚、非、欧三洲文化的特点。

蒙巴萨拥有现代化的海港（吉林迪尼港），也是肯尼亚两大工业中心之一。主要工业有石油提炼、水泥、纺织、食品、肥皂、金属制品、玻璃、塑料、家具和电力等。

蒙巴萨又是个重要旅游城市。市区及附近拥有许多景点，位于旧港附近的旧城，保留了多处传统市场，古朴迷人。离它不远处便是著名的耶稣堡博物馆。耶稣堡为葡萄牙人于16 世纪所建，历经沧桑，依然巍峨，其中陈列着来自肯尼亚沿海的许多古文物。蒙巴萨海洋自然保护区是为保护宝贵的珊瑚头和海洋生物不受过度捕捞和采集的破坏而建。蒙巴萨以北的穆特瓦帕小湾建有大型海洋水族馆。蒙巴萨也是组织去附近野生动物园游览观赏的基地。从这里还可方便地乘坐独桅三角帆游览、进行滑水运动和深海钓鱼等活动。

6.4.4　著名旅游景点

（1）马赛马拉国家野生动物保护区

在肯尼亚这个国土面积相当于中国四川省的东非高原之国，散落着众多的野生动物园，其中有 26 个国家级野生动物保护区。而位于肯尼亚首都内罗毕以西约 200 公里、地处肯尼亚西南部与坦桑尼亚交界处的马赛马拉国家野生动物保护区，堪称肯尼亚野生动物园的"王中王"。

马赛马拉国家野生动物保护区的总面积为 4000 平方公里，其中 2500 平方公里在坦桑尼亚境内，另外 1500 平方公里在肯尼亚境内。这里杂草丛生，一望无际。马拉河及其支流逶迤其间。旱季时，这些河流是涓涓细流，清澈见底，流经之地一片苍翠；雨季时，它们便浊浪滔天，裹着泥沙和树枝甚至动物的尸体，横行荒野。20 世纪 30 年代初，美国著名作家海明威曾访问这里，并于 1935 年写下《非洲的绿色群山》一书，生动地描述了当地丰富多彩的野生动物生活。

每年的 9～10 月，几十万头角马和成群的羚羊、斑马、大象和犀牛，踏着满山翠色，从坦桑尼亚北部的塞伦盖蒂大草原自由自在地"漫步"到肯尼亚西南的马赛马拉。紧随着这些食草动物游走在这片漫漫草原上的，就是狮子、猎豹等食肉动物。几千年来，这些生灵就这样如约而至，形成了当今地球上少有的"野生动物大迁徙"的壮观景象。

游客们对马赛马拉情有独钟的另一个很重要的原因，就是想看看带有传奇和神秘色彩的马赛人。几百年来一直在这片猛兽出没的大草原上狩猎、畜牧的马赛人，基本保持了几近原始的生活习惯。手持长矛和手杖在草原上放牧的马赛人，与狮子、大象以及茫茫草原一起，成了马赛马拉国家野生动物保护区的一大景观。

（2）纳库鲁湖国家公园

纳库鲁湖国家公园位于肯尼亚原裂谷省首府纳库鲁市南部、内罗毕以北约 155 公里处，属东非大裂谷中的一个长 65 公里的咸水湖，面积为 188 平方公里，是专门为保护禽鸟而建立的保护区，被誉为"观鸟天堂"。公园内有 450 种鸟类，最著名的是火烈鸟。火烈鸟体羽白带玫瑰色，飞羽黑色，覆羽深红色，诸色相称，非常艳丽。公园内除鸟类外，还有许多野生动物，包括非常稀有的白犀牛，以及长颈鹿、狮子、野牛、羚羊、斑马、鬣狗、疣猴、狒狒、狐狸等。

纳库鲁湖及其附近的几个小湖，地处东非大裂谷谷底，是地壳剧烈变动形成的。它的周围有大量流水注入，却没有一个出水口。长年累月，水流带来大量熔岩土，造成湖水中盐碱质沉积。这种盐碱质和赤道线上的强烈阳光，为藻类滋生提供了良好的条件。几个湖的浅水区生长的一种暗绿色水藻是火烈鸟赖以为生的主要食物。水藻中含有大量蛋白质和叶红素，火烈鸟周身粉红，就是这种色素作用的结果。纳库鲁湖及其周围地区，因有火烈鸟聚居而被称为"火烈鸟的天堂"。在这一带生活的火烈鸟约有200多万只，占世界火烈鸟总数的约1/3。此外，火烈鸟的粉红色羽毛是当地群众制作工艺品的材料。

纳库鲁湖的火烈鸟有大小两种，大的身高约1米、长1.4米，数量较少；小的身高约0.7米、长1米，数量较多。它们都是长腿、长颈、巨喙，很像白鹤，但全身羽毛呈淡粉红色，两翼两足色调稍深。火烈鸟的嘴极其别致，长喙上平下弯，尖端呈钩状。一群火烈鸟往往有几万只甚至十几万只，它们或在湖水中游泳，或在浅滩上徜徉，神态悠闲安详。兴致来时，它们轻展双翅，翩翩起舞。这时的纳库鲁湖则是湖光鸟影，交相辉映，红成一片。而一旦兴尽，它们就振翅高飞，直上中天，仿佛大片的红云随风飘荡。这一奇特的变幻，被誉为"世界禽鸟王国中的绝景"。为观赏这一奇景，每年都有大批游客从世界各地来到纳库鲁湖。

（3）察沃国家公园

察沃国家公园成立于1948年，分为东察沃国家公园和西察沃国家公园两部分，总面积为2万多平方公里，是肯尼亚最大的野生动物保护区。它位于首都内罗毕东南160公里处，绵延在内罗毕—蒙巴萨公路中段的两侧地区。东察沃国家公园是一望无际的平坦草原，加拉纳河横穿其中，是野生动物的生命之水；西察沃国家公园以众多的火山丘和山脉为主，地形更为复杂多变，火山泉缔造了一个个生长着棕榈树的湿地，吸引着大批的水鸟和河马等。

方圆仅1000平方公里的西察沃国家公园更为引人注目，美丽而淳朴的非洲原野、种群多样的野生动物，每年都吸引着成千上万来自世界各地的游客。西察沃国家公园位于察沃河和蒙巴萨高速公路之间的狭长地带。20世纪60年代，这里曾是世界上黑犀牛数量最多的地方，约有9000余头。但由于生态平衡遭到破坏，到20世纪80年代末仅剩100头左右。现在园内已设有犀牛栖息保护地，数量有所回升。游客在这里还可以看到狮子、猎豹、金钱豹、大象、长颈鹿、野牛、斑马、羚羊等野生动物。

（4）肯尼亚山

肯尼亚山位于肯尼亚中部的赤道线上。它是东非大裂谷中最大的死火山。肯尼亚山是吉库尤族的祖山，也是当地众多部族祭祀时期朝拜的神山。肯尼亚山是肯尼亚国名的来源，说明此山在肯尼亚国民心目中拥有至高无上的神圣地位。

肯尼亚山从肯尼亚高原中部拔地而起，突兀险峻。主峰达5199米，为国中绝顶。火山岩经长期的风雪侵蚀，形成三个"V"形的冰峰——巴迪安峰（5199米）、莱利昂峰（5188米）和勒纳纳峰（4985米）。由于海拔高，有12条冰川从山巅延伸而下，4300米以上冰川终年不化，最大的两条分别是路易斯冰川和亭达尔冰川。在4300米以下，由于冰川融化而形成了32个高山湖泊。肯尼亚山平时烟雾缭绕，峰顶若隐若现，而在晴朗的日子里十几公里以外都可以看到屹立在远处的雪峰。

肯尼亚山不仅是壮丽冰川景色的典范，而且在植物类型分布上很有特色。在3200米以上形成了五个同心的植被圈。较低海拔的山坡上遍植咖啡、剑麻和香蕉,是肯尼亚山森林保护区。肯尼亚山国家公园以其瑰丽的山景、特有的野生动植物和地貌特征吸引着世界各地的游客。肯尼亚山国家公园是一处多元化的动植物栖息地,1997 年被列入《世界自然遗产名录》。

肯尼亚山游猎俱乐部是世界一流酒店组织的成员,其设施高贵奢华,拥有世界上海拔最高(2100 米以上)的高尔夫球场之一。大门不远处的木牌上写道:"0 纬度,东经 37.7 度,海拔 2135 米"。这是地球的中心线——赤道,游客可在此体验南北半球不同的自然现象。

(5) 树顶旅馆

在肯尼亚中部高原(中央省)的阿伯戴尔野生动植物自然保护区内有一家虽然星级(三星)不高但名气极大的旅馆——"树顶旅馆"。早期的树顶旅馆完全搭建在几棵大树权上,是全木结构,较为简陋,属于规模较小的"吊脚楼",主要是向派驻肯尼亚的英国军政官员以及西方探险考察人员提供观赏野生动物服务。后来名气大了,游客络绎不绝,人们就在原址旁进行了大规模的扩建。目前的建筑仍为全木结构,基本保持着原来的古朴风格和野趣,只是大树权变成了数十根大木柱。建筑底层高高吊空,上面有三层,各层设有客房,两头有观景走廊,顶层有宽阔的观景平台。

1952 年 2 月 5 日,英国公主伊丽莎白与新婚丈夫菲利普亲王来此度蜜月,当晚得到父王驾崩的消息和由她继承王位的诏书,次日立即返回英国,于是有了"上树是公主,下树成女王"的传奇。伊丽莎白当年的留言已被装裱到玻璃柜里挂在墙上,上面清晰可见她当时的头衔"公主殿下"。同年,一场大火烧毁原公主下榻的"树顶",1954 年在原址对面重建。1983 年,伊丽莎白故地重游,在女王套间下榻。由此,树顶旅馆在英国家喻户晓,成为英国人到肯尼亚旅游的首选地。树顶旅馆可以称得上是一个小型博物馆,除留言簿,旅馆还珍藏了几大本剪报册和很多历史照片,游客可以从中了解很多关于旅馆的逸闻趣事、名人游踪。

树顶旅馆为三层全木结构楼房,可同时容纳百余人食宿,虽然多次重建,但基本保持原貌。每到傍晚,成群的大象和野牛来到楼下吃盐(人工撒在地上)和其他矿物质,各种动物及鸟类纷纷到水塘边喝水,构成一幅美不胜收的黄昏景象。晨曦初露时,各类动物又纷至沓来,游人离开前每每驻足欣赏,流连忘返。

6.5　交通运输业

肯尼亚拥有东非地区相对较好的交通和通信网(图 6-2)。独立后的最初 10 多年中,铁路、港口、航空和邮电部门由东非共同体所属公司统一经营管理。1977 年东非共同体解体后,肯尼亚成立了本国的国有公司和管理机构:肯尼亚铁路公司、肯尼亚港务局、肯尼亚航空公司和肯尼亚邮电公司。肯尼亚的公路交通过去不属于东非共同体管理,运输业务一向由国营和私营两类企业经营。

总的来说,独立后肯尼亚交通和通信各部门有不同程度的发展,只是 20 世纪 90 年代后期出现或暴露了较多的困难和问题。政府为此进行了包括私有化在内的各种改革。交通

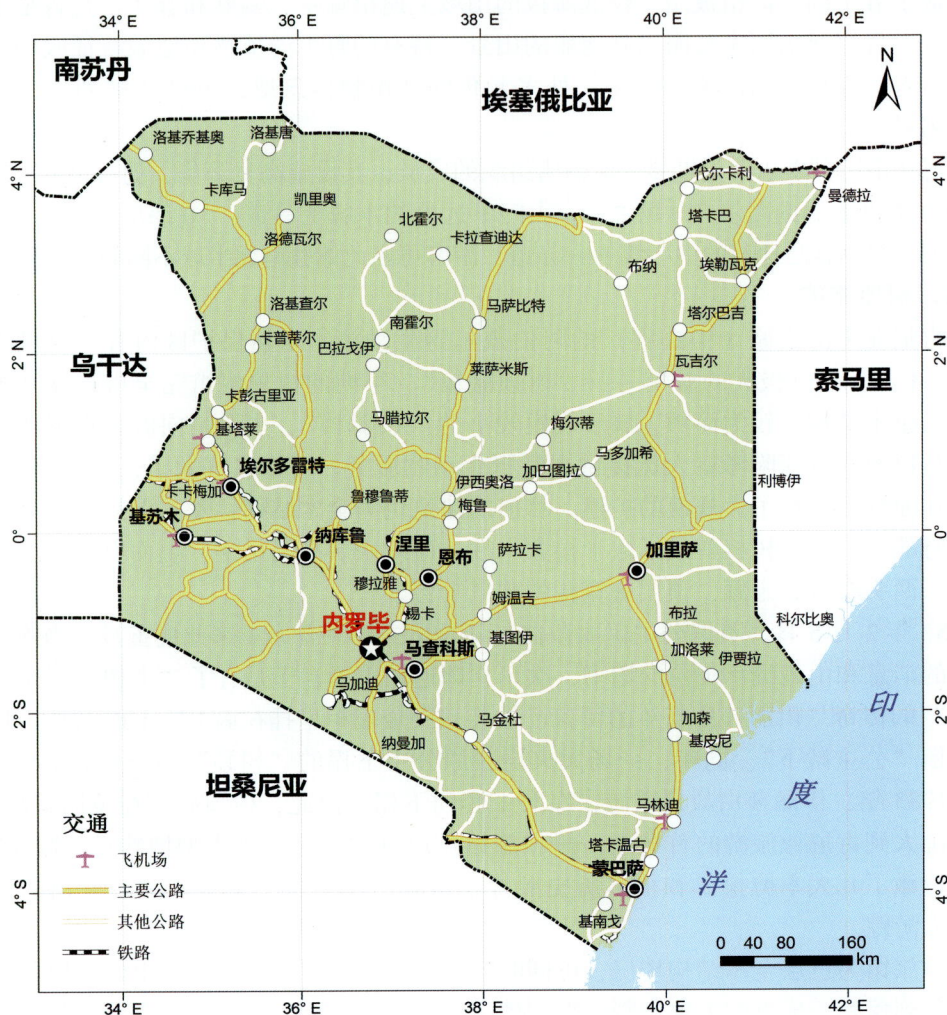

图 6-2　肯尼亚交通运输设施分布图

和通信（包括仓库存储）的产值 1991 年为 342 亿肯先令，2000 年为 944 亿肯先令，2011 年为 6306 亿肯先令，2015 年为 9514 亿肯先令。据肯尼亚统计局公布数据计算，该部门在 GDP 中的占比重 2011 年为 7.1%，2015 年为 8.4%。

6.5.1　公路

公路是肯尼亚最重要的运输方式，约占客货运的 80%。独立前，肯尼亚已拥有了较广泛的公路系统，但基本上是碎石路和土路。独立后，政府重视发展公路交通。1970～1974 年的五年发展计划中用于公路建设的费用占预算的 30%。1970 年政府公共工程部接管了许多原由地方当局管理的公路，并将全国公路分为五级，即国际干线、干线、一级路、二级路、三级路，此外还有市区道路、国家公园道路、农业工程专用道路等不属于上述等级的公路。经多年建设，肯尼亚的等级公路网总长由 1963 年的 4.2 万公里增至 1992 年的 6.3 万余公里，其中未经改良的农村土路 5.5 万公里，占公路总长的 87.3%。2015 年等级公路总长为 8.0 万公里，其中铺装沥青的公路总长为 1.4 万公里。

肯尼亚的公路网可通往全国大部分地区和所有周边国家。不仅同坦桑尼亚和乌干达有多条干线相通，从内罗毕到埃塞俄比亚首都也筑有全天候的公路，20 世纪 80 年代肯尼亚修通了由基塔莱直达苏丹南部城市朱巴（现南苏丹首都）的 590 公里全天候的干线，从此肯苏两国的交通往来不再需要绕道乌干达。肯尼亚政府还与其他非洲国家酝酿修建从蒙巴萨最终延伸到拉各斯（尼日利亚）的泛非公路。

伴随公路建设的发展，肯尼亚的汽车数量也快速增长。1966 年全国已登记的汽车为 10 万辆，1986 年增至 30 万辆。20 世纪 90 年代初新登记的汽车每年为 1.5 万～3 万辆不等，至 90 年代末汽车数量已超过 50 万辆。2011～2015 年，每年新登记的汽车数量已由 6.3 万辆增至 10.8 万辆。

由于长期缺乏维修、工程质量差和车辆超载行使等原因，肯尼亚公路网在 20 世纪 90 年代初已显示破损景象。1998 年初的洪水冲垮了各地许多的公路段、涵洞和桥梁，包括蒙巴萨—内罗毕这条主干线。按照《2000 年道路规划》，政府耗资 40 亿肯先令在各地修复和新建公路，先在 29 个专区实施，然后在 2001～2006 年扩大到另外 44 个专区。欧盟、世界银行和非洲发展银行、美国和德国等先后答应提供资助。根据肯尼亚统计局数据，2015 年在建公路长度约为 927.8 公里，在维护公路长度约为 164.8 公里。

肯尼亚国内绝大部分客运和约 1/3 以上货运依靠公路。公路货运量 1963 年约 95 万吨，1982 年增至 510 万吨，平均年增 9%。之后随着经济下滑，公路运输量有所降低。2015 年，公路运输收入为 6138.7 亿肯先令，其中客运收入为 3221.6 亿肯先令，货运收入为 2917.1 亿肯先令。

从事公路运输的大企业有国营的肯尼亚国家运输公司和外资的肯尼亚巴士服务公司、东非公路服务公司、东非公路联运公司等。后者是东非最大的跨境公路运输公司，向乌干达运输燃料油的业务主要由它经营。肯尼亚国家运输公司除承担国内运输业务外，也承办与邻国的货运。上述另两家外资公司主要经营内罗毕市和国内客运。此外，还有阿坎巴公司、滨海巴士公司、马林迪出租汽车公司、马文戈公司、金线巴士服务公司、尼耶约巴士服务公司及大量私人经营的出租汽车公司。

为应对公路管理不善问题，政府于 2000 年决定成立肯尼亚公路委员会，负责管理整个公路部门的资源。它将向以下三部门分拨资源：①公共工程部公路司，它负责等级公路；②野生动物服务局，它继续管理国家公园和野生动物保护区内的所有公路；③专区公路委员会，它管理其余的公路。公共工程部将只负责有关政策和规划方面的事务。

6.5.2 铁路

肯尼亚在 20 世纪初就修建了横贯东西的铁路。独立初，铁路由东非共同体所属的东非铁路公司经营管理。东非共同体解体后，肯尼亚于 1978 年成立国有的肯尼亚铁路公司，兼营货运和客运（以货运为主），1988 年有职工 2.24 万余人。

肯尼亚现有铁路总长 2778 公里，其中从蒙巴萨到基苏木的主干线长 1070 公里，此外还有 6 条支线：内罗毕—南纽基、纳库鲁—基苏木、内瓦沙—尼亚呼鲁鲁、埃多雷特—基塔莱、孔扎—马加迪湖、沃伊—塔韦塔（通往坦桑尼亚的莫希）。这些铁路都建成于独立前，独立后基本未建新铁路线，但设备得到了改进和增加。到 1981 年，蒸汽机车已全部被内燃机车所取代。肯尼亚铁路公司还实施了不少现代化工程，如在内罗毕建立了新的路基维修厂、内燃机车维修厂、集装箱码头和输油管终点站，在纳库鲁建立了内燃机机车库，在埃多雷特和萨加纳建立内燃机维修厂，在吕家姆维和马拉巴建立列车编组场等。

在铁路客运方面，蒙巴萨—内罗毕线和内罗毕—基苏木线每月头 10 天每天有两趟车对开，其余 20 天每天有一趟车对开。旺季时蒙巴萨—内罗毕线每月运客 4500 人，淡季 1500 人。1999 年上半年，肯尼亚铁路公司（简称肯铁公司）开辟由蒙巴萨到坎帕拉（乌干达）的特快业务，全程仅需 48 小时（从前需要 14 天），载重 1360 吨。20 世纪 90 年代前半期全国铁路客运量下滑，由 1991 年的 263.5 万人次降至 1995 年的 162.4 万人次。1996 年后有所回升：1998～2000 年分别达 284.3 万、470 万和 420 万人次。2011～2015 年，客运量已由 600.4 万人次降至 235.9 万人次。客运存在车厢老化、设备陈旧和管理等问题。

在货运方面，肯尼亚独立初期陆路货运主要靠铁路。随着公路的发展和输油管的铺设，铁路在货运方面的地位相应下降。例如，石油产品的运输有一半转向了公路。铁路货运量 1982 年曾达 500 万吨。此后再未达到这一水平，1991 年为 328.6 万吨，1997 年降至 162.1 万吨。1998 年后因洪水冲垮公路段，铁路运输（包括客货运）才稍有回升：1999～2000 年货运量分别为 220 万吨和 240 万吨，远未恢复到 1991 年的水平。不过，由于使用闭塞列车，货运速度大大加快，从蒙巴萨将过境货物运过邻国已由原来的 28 天减为 4 天，货运量的增长几乎全靠这些过境业务。2011～2015 年，货运量仅维持在 150 万吨左右。

面临其他运输公司的激烈竞争，20 世纪 90 年代多数年份肯铁公司运输量不断下降，其收入甚至不够支付职工工资、燃料、润滑油和维修费等基本需求。1997 年，肯铁公司开始实施紧缩计划，准备分批裁员。但两年后仍未能筹足资金支付所需费用。政府主管交通的部长表示将帮助公司改善经营，偿付外债，并在时机成熟时实行私有化。2000 年肯铁公司债务已达 12 亿肯先令（1600 万美元），此外还欠有关机构 8 亿肯先令（1060 万美元）。同时，肯铁公司拟从现有的 10 800 名职工中辞退 8500 人，为此要花费 13 亿肯先令（1730 万美元）退职金。

6.5.3 航空

肯尼亚航空业由政府交通通信部所属民航局、机场司负责管理，独立后有很大发展。2011 年，境内客运量为 283.3 万人次，境外客运量为 588.9 万人次。2015 年，境内客运量为 342.1 万人次，境外客运量稍降至 557.2 万人次。2011 年货运量为 30.4 万吨，2015年降至 26.3 万吨。

机场。现有三个国际机场（内罗毕的乔莫·肯雅塔国际机场、蒙巴萨的莫伊国际机场和埃多雷特国际机场），有三个中型机场（基苏木机场、马林迪机场和内罗毕威尔森机场），有若干三级机场（基塔莱机场、加里萨机场、拉木机场等），还有 160 多个简易机场。乔莫·肯雅塔国际机场和莫伊国际机场均扩建于 20 世纪 70 年代末，前者在 80 年代曾经是非洲最大和设备最好的机场，有 20 多个国家航空公司使用它。每天平均有 80 架次飞机在该机场起落（1986 年数字）。莫伊国际机场与欧洲也有直通航线，旅游季节尤其繁忙。90 年代中期这两大国际机场实现了现代化。1991～1998 年，两大机场每年客运量 260 万～280 万人次，每年货运量一般为 6 万～7 万吨。1999～2000 年客货运均骤增：客运分别达近 356 万人和 300 万人，货运分别达 13 万吨和 14.5 万吨。

埃多雷特国际机场建成于 1996 年，耗资 4900 万美元，1997 年投入运行。政府认为位于裂谷省的该机场必将促进西部工农业和旅游业的发展。1998 年 10 月，莫伊总统宣布了一系列优惠政策以鼓励经营者和投资商使用这个新机场。该机场的飞机起落架次由 1997年 4 月的 18 架次增至 1998 年 6 月的 328 架次，乘客由 55 人增至 2150 人，货运量也增至近 350 吨。

除以上国际机场外，基苏木、马林迪和威尔森等二级机场在 20 世纪 80 年代也进行了扩建。基苏木机场可起落 DC9 型飞机。威尔森机场被认为是非洲最繁忙的机场之一，每小时有 20 个左右航班。

早在 20 世纪 80 年代末，民航局在乔莫·肯雅塔国际机场、莫伊国际机场、内罗毕东南约 5 公里处的莫阿山区和马拉拉尔附近的波罗尔安装了自动化雷达监视设备，可将肯尼亚 90% 领空置于雷达的监视下。

航空公司。肯尼亚国有航空公司——肯尼亚航空公司成立于 1977 年，重点经营国际航线，兼营国内航线。国内航线有从内罗毕至蒙巴萨、拉木、基苏木、埃多雷特等航线；国际航线通往欧洲（英国伦敦、荷兰阿姆斯特丹、德国法兰克福、意大利米兰等）、亚洲（印度、巴基斯坦、阿联酋的迪拜等），以及非洲（埃及开罗、尼日利亚拉各斯、喀麦隆杜阿拉、刚果（金）金沙萨、科特迪瓦阿比让、乌干达恩德培、布隆迪布琼布拉、卢旺达基加利等）的航班。2018 年，肯尼亚航空公司首次开通直飞美国纽约的航班。

到 2000 年上半年，肯尼亚航空公司共有 10 架大型客机，包括 4 架 A310-300 空中客车、4 架波音 737-300 和 2 架波音 737-200 中程喷气客机。它计划在 2001～2004 年购买 4架新的 737-700 飞机，3 架 767-300ER 飞机和 3 架 767-400ERX 飞机，从而全部取代现有的 A310-300 空中客车飞机，以适应旅客增长的需要。

1996 年肯尼亚航空公司实行私有化，政府将 26% 的股份（合 2400 万美元）卖给了荷兰皇家航空公司，为公司职员保留 3% 的股份，其他国际投资商获 14% 股份，34% 的股份通过内罗毕股票交易所出售给肯尼亚人，政府保留了 23% 的股权。

肯尼亚航空公司在 1999 年被非洲航空会议评为当年非洲最杰出的航空公司。一年运送旅客超过 100 万人次，税后收入 1476 万美元。但在 2000 年 1 月底，肯尼亚航空公司一架 A310-300 客机在阿比让附近海域失事，约 179 人丧生。这是肯尼亚航空公司前所未有的灾难。其促使了肯尼亚航空公司积极实施航空现代化计划。

肯尼亚航空公司的子公司肯尼亚火烈鸟航空公司主要从事国内航务。

此外，肯尼亚还有几家私人航空公司，如非洲肯尼亚快航公司（African Express Air Kenya）、雄鹰航空公司（Eagle Aviation）等。前者在 1986 年起经营从肯尼亚到欧洲的定期航班。这些私人航空公司占了肯尼亚大部分国内客运业务。

6.5.4 港口码头

肯尼亚的内河（包括最大塔纳河）只能局部通航小船。维多利亚湖肯尼亚水域的航运长期由肯尼亚铁路公司经营，现已私有化。基苏木与乌干达、坦桑尼亚一些港口的水上航运业务一度中断，但随着东非共同体的重建，此项业务逐渐恢复。1969 年，肯、坦、乌、赞 4 国曾合办东非国家航运公司，1980 年停业。如今，肯尼亚海运多由外国和私人海运公司承办，所用船只有不少是在肯尼亚注册的外国"方便船"，设备差，事故多。

但肯尼亚拥有东非最现代化的海港——蒙巴萨港，它不仅为本国服务，也是乌干达、卢旺达、布隆迪、刚果（金）东部和苏丹南部的重要出海口，近几年来也受到埃塞俄比亚的重视。蒙巴萨港原由东非港口公司管理，1977 年由政府交通通信部所属的肯尼亚港务局接管，它同时还管理着希莫尼、姆特瓦帕、马林迪和拉木等较小港口。蒙巴萨港在 1963 年有 13 个深水泊位，20 世纪到 80 年代末已拥有 16 个深水泊位，两个大型邮轮码头，两大散装水泥泊位和其他货物的仓储码头。1998 年 4 月世界银行的国际金融公司承诺给肯尼亚一家私营公司贷款，在该港口建造装卸谷物和肥料的现代化货场和仓储设施。该港口还有冷藏库、货栈和集装箱集散场等设施。每年出入该港口的海轮达 1000 多艘，年吞吐量1963 年为 325 万吨，1982 年最多时曾达 950 万吨。此后有所下降，2000 年恢复到约 884万吨。而其实际吞吐能力可达 2000 万吨。2011 年吞吐量为 1995.3 万吨，2015 年又增至2673.2 万吨。与此同时，出入该港口的船舶数量由 2011 年的 1684 艘增至 1694 艘。

1978 年后，集装箱货运业务发展迅速。当年装卸量为 8959 个标准集装箱，1986 年增至 119 855 个标准箱。2001 年蒙巴萨港集装箱码头已有处理 25 万个标准集装箱的能力。1984 年港务局在内罗毕附近的恩巴卡西设立第一个内地集装箱仓库，之后又在埃多雷特、马拉巴和基苏木设立了这种仓库。

20 世纪 90 年代初，通过蒙巴萨转运到邻国的过境货物激增，但许多名义上的过境货物实际上进入了肯尼亚市场，形同走私。为了控制过境贸易，政府于 1997 年下令禁止经公路向埃塞俄比亚、苏丹和索马里运输燃料油，规定蒙巴萨炼油厂的石油产品必须通过海上运往这些国家。至 90 年代末，蒙巴萨港因效率不高而增多了延误现象。有时一艘 2.5万吨的轮船为一个泊位需等上 4 天，而卸货要花 12 天，以致有时每月只能处理 100 多个集装箱。为了提高效率，港务局除建设新设施和购置新设备外，还准备实行调整改革，包括缩编和实行私有化。港务局负责人认为，准备私有化的部门包括非集装箱货物的常规货物装卸、修船厂和医院，并以认定可靠的肯尼亚投资者为条件，避免落入外国人手中。同时，港务局给予内罗毕和基苏木集装箱仓储以半自治地位，使之更具商业性。为提高效率，2001 年港务局与南非一家公司签订了一项由后者承担信息技术工程的合同，使蒙巴萨港全部实行计算机化。

近年来，蒙巴萨港还面临邻国港口（如达累斯萨拉姆港）的竞争问题。另一问题是沿海有海盗为患，海上交通不太安全，此事已引起政府的重视。

6.6　社会发展

6.6.1　医疗卫生状况

根据肯尼亚投资指南资料和世界卫生组织统计，2009 年肯尼亚全国医疗卫生总支出占 GDP 的 4.3%，人均医疗健康支出 68.0 美元。2000～2010 年全国平均每万人拥有医生 1 人、护理和助产人员 12 人、药师 1 人、医院床位 14 张。2015 年，全国平均每万人拥有医生已达到 2.2 人，药师 2.4 人，护理和助产人员达到 25.5 人。政府每年投入医疗卫生的经费占政府财政预算的 5% 左右。对获得性免疫缺陷综合征（艾滋病）、结核等主要传染病实行免费治疗。

(1) 概况

肯尼亚独立以来，医疗卫生事业有了很大发展。医疗机构、医务人员和医疗设备都有明显扩大、增加和改善。政府在头 20 多年中曾实行免费医疗，1989 年开始实行医疗费用分担政策。政府的目标是要使每个公民都能在 10 公里内找到医疗机构。据最近数字，75% 以上的居民居住在这一距离内。同时，医疗设施和医院床位的增加大体上与人口增长同步。但许多农村，尤其是边远地区，仍缺医少药。实际上，80% 以上的居民生病并不去医院而依靠传统医药（包括使用草药的医生）。肯尼亚人的预期平均寿命已由 1969 年的 47 岁增至 1982 年的 57 岁和 1996 年的 59 岁（男 57 岁、女 60 岁）；但 1998 年和 1999 年又先后减为 51 岁和 48 岁。5 岁以下儿童死亡率也由 1980 年的 11.5% 降为 1996 年的 9%；同期婴儿死亡率则由 7.2% 降为 5.7%。1998 年这两项指标再度攀升。根据 2014 年的人口与健康调查报告显示，五岁以下儿童死亡率降为 5.2%，婴儿死亡率则降至 3.9%。另外，根据肯尼亚统计局数据显示，2015 年注册死亡人数为 20 万，其中约有 10.3% 人的致死原因为疟疾，死因为肺炎和癌症分别占 11.2% 和 7.8%，死因为获得性免疫缺陷综合征的人数也达到了 1 万左右。

(2) 卫生行政部门

政府设卫生部，政治首脑是部长，他对总统和内阁负责。部长由 1 名或数名助理部长协助。卫生部的最高行政和财务官员是常务秘书。负责医疗事务的最高官员是医务主任。各省和地区都有相应的医务官。

卫生部下属各大医务部门设首席官员，即首席护理官、首席药剂师、首席牙医官、首席临床诊断官、首席医院秘书、首席公共卫生官等。卫生部在行政上设有家庭卫生司、卫生教育司、媒介传染病司、实验服务司、心理卫生司，分别负责有关事务。

(3) 公立医疗机构

肯尼亚公立医院在行政上分国家、省、专区、分区和专科等几级。

肯雅塔国家医院设在内罗毕，是肯尼亚最大的医院，也是国内唯一的国家级医院。20 世纪 60 年代末该院扩建，并为内罗毕大学医学院提供教学条件。现有病床 1800 张。

除内罗毕外，其他 7 个省均设省立总医院（provincial general hospital）。它们多年来有很大发展，并为培训医务人员提供设施。在专区一级设专区医院为当地居民提供基本医疗服务，其中较大的专区医院也培训医务人员。有些分区也设有规模较小的医院（如在隆迪阿尼、莫洛、内瓦沙、洛基塘等）。

所有省立医院都拥有内科、外科、妇产科、儿科、病理科和放射科专家。有些较大的区立医院通常有 1 名内科医生（或 1 名儿科医生）和 1 名外科医生（或 1 名妇产科医生）。

各地卫生院是提供医疗服务的基本单位。政府一直在努力实现世界卫生组织的建议，即每个卫生院加上一两个诊疗所和一个卫生分院能为约 5 万居民服务。例如，内罗毕和蒙巴萨这些城市都有卫生院，如有需要，可将病人转院至政府办的有关中心医院。

2000 年，全国共有医疗机构 4355 个，其中医院 481 所，卫生院 601 所，诊所 3273 个。而在 1979 年，全国仅有 1547 个医疗机构，包括医院 226 个，卫生院 233 个，诊疗所 1088 个；20 年内医疗机构增加 1.8 倍多。同时，病床数目也由 1979 年的近 2.7 万张增加到 2000 年的 5.74 万多张，增加 1.1 倍。按 1986 年的数字，医院病床的 70% 在政府系统的医疗机构中，另外 20% 和 10% 分属于教会和私人的医疗机构。

（4）教会和私人医疗机构

基督教教会在肯尼亚独立前为传教目的，在殖民当局不关心的偏僻的"土著保留地"开设了若干医院和诊疗所。独立后，政府为整合医疗系统对教会医院的合并、统一和医疗标准化提出过不少建议，包括确定编制、职员交流、服务年限、医务人员参加预防保健工作等；政府还给教会医院一定的补助，使之与政府办的公立医疗机构同等收费和维持相应的服务水平。

如前所述，全国医院拥有的病床有 1/5 在教会医院。教会医院还参与各级护理人员的培训。

不少民办医疗组织、私人医院、社区医院、私人医生和私人药店的药剂师也为居民提供保健及与保健有关的服务，有些也培训保健人员。民办医疗组织和医院为数很多，主要有非洲医疗与研究基金会、阿迦汗医疗保健社、内罗毕医院、沙赫医院、肯尼亚盲人会社、肯尼亚聋哑儿童会社、肯尼亚残疾人会社、肯尼亚精神障碍者协会和肯尼亚计划生育协会等。

在肯尼亚提供医疗服务的最大民办组织是非洲医疗与研究基金会。它设有农村卫生部和卫生教育部，前者负责组织各科（尤其是外科、眼科和初期保健护理）的流动医疗组；后者主要会同政府卫生部负责培训公共卫生协调员，编写手册和有关文件以及组织医务人员进修班。该会的"医生飞行出诊服务队"享有盛誉，它的任务是将医生用飞机送到偏僻地区，或紧急出动飞机将病人从农村和出事地点运送到内罗毕医治。1972 年肯尼亚爆发霍乱时，它曾成功地协助政府采取紧急行动控制了疫情。20 世纪 80 年代，它定期派飞机将内罗毕大学医学院的教授和讲师送到东北省的农村从事医疗工作。这个组织的活动得到肯尼亚、坦桑尼亚和不少国家政府的支持。

民办组织中还应提到肯尼亚阿迦汗医疗保健社，它在内罗毕、基苏木和蒙巴萨办了 3 家医院，在基苏木和克瓦莱两地区还建立了初期保健护理站。

肯尼亚的医疗保健事业得到世界卫生组织和联合国儿童教育基金会多方面的支持，包括提供车辆、设备、培训、研究和医学的继续教育等。

（5）医务人员及其培训

肯尼亚独立时共有医务人员只有 5684 人（包括医生、药剂师和护士），其中医生 736 人（包括牙医 26 人）。2000 年，注册医务人员增至 55 732 人，其中包括医生 4506 人（牙医 746 人）、药剂师 1682 人、药物技师 1232 人、注册护士 9221 人、在编护士 27 900 人、门诊干事 4492 人、公共保健官 929 人等。

在 4506 名医生中，有包括麻醉科、内科、妇产科、儿科、病理科、精神病科、放射科、外科、耳鼻喉科、眼科和牙科等各科专家数百人。大多数专家都以肯雅塔国家医院为基础，并在内罗毕大学和莫伊大学的医学院任教。全部医生的约 1/3 在政府医疗系统工作，其余 2/3 属私人开业或在私人医疗机构从业。

肯尼亚医生在 1967 年以前主要由乌干达的麦克雷雷医学院培养，少数在海外学成。1967 年 6 月，内罗毕大学设立医学院，并于 1972 年培养出首批获得学士学位的毕业生（16 名）。之后每年毕业生达 100 多名。根据政府要求，内罗毕大学于 1973 年起还负责培训专科医生，每年有数十名毕业生（其中有来自其他非洲国家的学生）。1974 年，内罗毕大学还设立了牙外科和药物两个系，牙外科系后来发展为牙医学院，分别培养出一批牙科医生和药剂师。80 年代建立的莫伊大学现在也设有医学院。因此 20 世纪 70 年代以来，肯尼亚的医生（包括牙医）和药剂师主要由国内培养。

护理人员即护士分为注册护士和在编护士、在编接生员和在编社区护士等类。在编护士现已归入在编社区护士，既是一般护士，也负责接生和公共卫生。此外还有特种护士，如公共卫生护士、儿科护士、精神病护士等。注册护士由内罗毕的医务培训中心培养，还有一家私人医院——内罗毕医院也进行培训。其他护士由各省立和少数县立医院培训。有些教会医院也培训社区护士。1968 年，在世界卫生组织的帮助下，内罗毕大学开始培训高级护士，目的是培养一批护理行政官员和教员。

（6）主要流行疾病

根据来自全国各地卫生院和地区医院的疫情报告分析，直到 20 世纪 90 年代初，肯尼亚流行的疾病主要是疟疾、昏睡病、锥体虫病、包虫病、血丝虫病、肺结核病、麻风病、小儿麻痹、肠道寄生虫病、贫血等。其中发病率最高的 5 种病是疟疾、急性呼吸道感染、皮肤病、腹泻和眼感染（一说为肠虫疾患）。1994 年以来，艾滋病已上升为危害社会的最大的疾病。到 2000 年年底，全国约有 220 万成人（占成人总数 14%）染上了艾滋病病毒。有些城市（布西亚、梅鲁、基苏木、纳库鲁、锡卡等）感染率超过 20%。政府于 1999 年 11 月 25 日宣布艾滋病为"国家灾害"，并成立了全国艾滋病控制委员会，负责协调和管理政府和非政府组织、私人部门、宗教组织、社区和团体参与抗灾规划。根据政府制定的关于防治艾滋病的《战略规划》，肯尼亚的目标是在 2005 年前在 15～24 岁的人群中减少 20%～30% 的艾滋病发病率。

（7）医疗研究

肯尼亚独立初，医疗研究是在东非共同体的东非医疗研究委员会管理下，与坦桑尼亚和乌干达共同进行的。当时东非医疗研究委员会的 7 个研究中心，有两个设在肯尼亚（内罗毕的东非肺结核调查中心和阿鲁佩的东非麻风病研究中心）。1977 年东非共同体解体。

两年后（1979 年），肯尼亚政府成立了取代东非医疗研究委员会的两个研究机构——肯尼亚医疗研究所和肯尼亚锥虫病研究所。这两个研究所和内罗毕大学医学院是肯尼亚目前的主要医疗研究机构。近年肯雅塔大学也开始投入医药研究。

肯尼亚医疗研究所设有 9 个研究中心。它们是阿鲁佩麻风病和皮肤病研究中心（布西亚）、生物医药科学研究中心（内罗毕）、临床医学研究中心（内罗毕）、带病媒介生物学及其控制研究中心（基苏木）、病毒研究中心（内罗毕）、微生物研究中心（内罗毕）、医疗研究中心（内罗毕）、呼吸道疾病研究中心（内罗毕）、传统医疗和药物研究中心（内罗毕）。1987 年，肯尼亚医疗研究所共有科研人员 690 人。多年来，该研究所对疟疾、血吸虫病、锥虫病、腹泻病、急性呼吸道感染、病毒性肝炎、肺结核病、营养失调、性传染疾病、传统医药、麻风病和心血管病特别是高血压等，完成了多项研究。

肯尼亚医疗研究所还与肯尼亚锥虫病研究所一起每年共同组织科学会议，将研究项目的成果公之于众，以在更大范围内推广应用。这些会议也为来自肯尼亚和世界各地的科学研究人员提供了交流的论坛。

内罗毕大学医学院的教研人员除完成教学任务外，还与他们的研究生一起对各学科进行各种基础和应用研究。研究项目中最重要的有癌症、急性呼吸道疾病、药物化验、传统医学、肾病与肾移植、心血管与心胸疾病、镰状红细胞病、营养失调、牙齿氟中毒、新生儿疾病、生殖与不育证、计划生育方法与推广、社区医学（包括环境卫生、事故）、性传播疾病（包括艾滋病）等。1978 年，已故纳尔森·阿沃里教授成功地做了首例肾移植手术。

肯雅塔大学研制出了几种新药物，其中包括一种名叫 Atemisia annua 的抗疟疾制剂。

近年来，肯尼亚科学家在防治艾滋病研究方面取得了进展。内罗毕大学的科学家在研究中发现一些妓女虽然接触艾滋病病毒，但并未受感染。经化验表明，这些妇女带有很高含量的有毒细胞 T 细胞，它能刺激免疫系统杀死病毒。随后，内罗毕大学与牛津大学和国际艾滋病疫苗创新机构共同开发了一种试验性艾滋病疫苗。这是在非洲进行临床研究的第二种艾滋病疫苗。

肯尼亚的医疗卫生事业取得了很多成绩，但要做的事情仍很多。尤其是近 10 年来因经济衰退、财政困难，公共设施的建设和发展远远跟不上需要。目前全国能用上改善水源用水的人口在城市仅 67%，在农村仅 49%（1996 年数字）。环境污染也日益严重。

6.6.2　教育情况

（1）简况

肯尼亚政府注重对教育事业的投入，其年度教育经费约占政府财政预算的 20%，其中教师工资占教育部年度预算的 80% 以上。肯尼亚在教育体制上实行 8-4-4 学制，即小学 8年、中学 4 年、大学 4 年。现有小学 2.4 万多所，中学 6800 多所，教师培训学院 368 所，大学 31 所，职业技术学校和专科学校 51 所，青年科技专科学校 754 所。此外，还通过网络开办了现代远程高等教育。自 2003 年以来，免费小学教育计划的实施深得民众支持，也获得世界银行以及西方国家的大量援助。统计显示，2009 年小学生入学率为 92.9%，中学生净入学率为 35.8%。家长需要支付学生在中学阶段的部分教育费用，分担比例为：普通中学 46%，寄宿中学 63.8%。公立大学每学年学费为 12 万肯先令（约合 1500 美元，当时汇率），其中学生负担 5 万肯先令（约合 640 美元，当时汇率），而私立大学学费从 10 万~13 万肯先令不等。2010 年，85.1% 的 15 岁以上人口具备读写能力。

（2）发展历程

肯尼亚学校教育始于英国在肯尼亚建立殖民统治不久的 20 世纪初。最早面向非洲人的学校是基督教传教团所办，例如，1905 年教会传道社办的马赛诺学校。1930 年，肯尼亚全境约有 90 所教会学校，共有学生 8.5 万人。从 20 年代起，这些教会学校接受殖民政府资助并受其监督和进行某些改革，但教会保留独立管理权。同时，殖民政府也拨款办学。第二次世界大战后，肯尼亚学校教育（主要是小学）发展相对较快。独立前共有小学 6000 多所，中学 150 所；此外，1961 年开办了第一所高等学校——内罗毕大学学院，它与英国伦敦大学挂钩。总的来说，当时非洲人接受学校教育的机会很少。

1963 年肯尼亚独立时继承了殖民地时期的教育制度和格局。为了适应国家发展的需要和满足人民对教育的要求，政府一向重视教育的发展和改革。1964 年，政府成立了肯尼亚教育委员会，负责审查整个教育制度。1966 年，政府在克里乔召开教育、就业和农村发展会议。肯尼亚教育委员会和克里乔会议都强调需要迅速改革学校课程的性质和范围，使之符合肯尼亚发展的实际。它们对肯尼亚的教育政策一直起指导作用。此后，政府的一系列委员会，例如，1971 年的"恩德格瓦委员会"、1976 年的"噶恰蒂委员会"、1981 年的"麦凯委员会"、1983 年的"卡里伊蒂委员会"、1988 年的"关于今后 10 年及更久的教育与人力培训总统工作委员会"等，对教育结构、课程设置等教育制度的有关领域进行了多次审评。

为发展和改革教育，政府先后采取了许多重要措施。

1）1968 年根据新的教育法，正式将除盲人学校等特殊教育外的一切学校（包括教会学校）的管理权转交政府，也就是说，政府在法律上免除了教会对学校的管理权（教会人士仍有权参加校务委员会）。

2）1974 年和 1979 年，政府先后宣布取消小学头 4 年和其后几年的学费，促使初等教育迅速扩大。小学生人数由 1963 年的 89.1 万余人激增至 1974 年的 273.4 万人和 1979 年的 369.7 万人。由于人口增长过快和政府预算问题，20 世纪 80 年代政府改行费用分担政策，小学入学率增速减慢。

3）根据 1981 年麦凯委员会报告的建议，1985 年开始实行重大学制改革：由"英国式"的 7-4-2-3 制改为"美国式"的 8-4-4 制，即将小学学制由 7 年改为 8 年，将原 4 年制普通中学和 2 年制普通高中合并为 4 年制中学，将大学学制由 3 年改为 4 年。新学制及与之相应的课程设置强调技术和专业技能，使不同学制的毕业生除少部分人进一步深造外，其余大部分人能有广泛的就业机会。

4）除公立学校外，政府积极提倡和支持民间自办学校，主要是自办中学（"哈郎比"中学）。政府给予他们师资和教学设备等方面的支持。

5）与 20 世纪 80 年代初提倡的以专区为重心的农村发展战略相适应，政府将发展教育的职能下放各专区，以充分发挥地方办学的积极性。

6）重视发展高等教育，逐步增设高等院校，包括认可私立大学。为促进大学教育的发展，1985 年议会通过《肯尼亚大学法》，设立了高等教育委员会，同时认可私立大学的地位。莫伊总统曾在 1988 年指令各大学将招生人数由 3000 人增加到 7000 人，以加速高级人才的培养和满足更多青年对大学教育的需求。

7）2003 年初政府决定实行免费的小学义务教育政策，为此将筹款 50 亿肯先令。此项政策大大增加了小学生的人数。

（3）教育在国家中的地位

肯尼亚政府不仅把学校教育视为培养建设人才和为青年提供就业本领的园地，而且强调要通过它培养学生的民族团结精神和社会道德文化，为国家的全面发展做出贡献。政府每年都对教育给予较多投资。从肯尼亚独立到 20 世纪 90 年代初，教育经费在政府年度预算中历来占有较大比重——平均 20% 左右，有时高达 30% 以上。1994 年以来，教育经费在政府支出中的比例降至 20% 以下（1999～2000 年度除外），但仍高于国防、卫生、住房和交通通信等部门。

政府支出的教育经费，1998～1999 年度为 472.3 亿肯先令，1999～2000 年度为 474.9 亿肯先令（占当年政府总支出的 21%），2000～2001 年度为 507.4 亿肯先令（占政府总支出的 15.4%）。

教育的发展为肯尼亚提供了各方面需要的人才，提高了职工的素质，充实了公务员队伍（1978～1991 年，文职系统公务员由 13.3 万人增至 27.2 万人）。

肯尼亚公立大学都由共和国总统兼任校长，这反映了国家对高等教育的重视和大学教育在社会上的地位。2003 年年初，齐贝吉总统首次任命了几所大学的校长，自己不再兼任此职。

（4）教育体制

肯尼亚独立后中央政府设有教育部，负责全国的教育行政管理。此后，教育体制几经变化。例如，1999 年下半年政府改组后教育部与其他部合并为教育与科学技术部。教育与科技部部长以下设常务秘书和相关职能司，常务秘书负责具体的行政和财务；有关职能司，分管学前教育、初等教育、中等教育、高等教育、师范教育、职业教育及学校督导等事务。

在全国 8 个省、几十个专区和 7 个市都设有教育行政机构。省和专区教育局官员由教育部任命，市级教育官员由市政当局任命。专区以下每 30 所小学组成一个学区。省、专区和学区都有相应的职能部门，包括督导系统。

20 世纪 80 年代以后，肯尼亚成立教育规划执行署，负责执行教育发展项目并接受世界银行、非洲发展银行和欧洲共同体等在这方面的援助。此外，还有两个与全国教育有关的重要机构，即肯尼亚考试委员会和教师事务委员会。考试委员会负责各级学校学生完成学业后的毕业考试，以保证毕业生质量并给及格者颁发证书。教师事务委员会成立于 1967年 7 月，此前，肯尼亚教师受雇于不同雇主，包括中央政府、地方政府、教会等。教师事务委员会成立后，全国教师的受雇、分配和教历登记等事务便由它统一负责。

（5）各级教育的情况

学前教育。1979 年政府将学前（3～6 岁儿童）教育纳入国家教育系统。并将幼儿园在内的教育机构统称"学前学校"（pre-primary school）。

1968 年有幼儿园 4800 所。入园儿童 17.7 万余人、幼儿教师 5184 人。到 1986 年幼儿园已增至 12 085 所，入园儿童达 66.25 万余人（占适龄儿童总数的 20.3%），教师 16 681 人。2000 年有学前学校 26 294 所，在校儿童近 109.7 万人，教师 42 609 人。

学前教育规划由中央政府会同地方政府、教会、家长"哈郎比"自助委员会、志愿组织、私人企业和国外机构等合伙经办。中央政府提供专业指导和行政管理；合伙者提供教学设备、幼儿教师的工资，负责儿童的健康和营养。为执行学前教育规划，在中央和各专区设有"全国幼儿教育中心"和"专区幼儿教育中心"网络。全国幼教中心隶属于肯尼亚教育学院，主要负责为地区幼教中心培训干部，制定幼教课程和教师培训大纲，承担研究项目和咨询服务。地区幼教中心负责本地区幼儿教师在职培训、编写适合本地区的幼儿教材并进行指导，承担有关幼教的专项研究。目前，学前教育规划主要在经济较发达的地区执行。

初等教育（小学教育）。肯尼亚独立后小学教育的学制和课程曾几次变动。1983 年政府决定实行 8-4-4 教育体制后，小学学制为 8 年。正常学龄儿童为 6～14 岁。

政府的目标是普及小学教育。20 世纪 80 年代政府实行"费用分担政策"后，政府作为主渠道负责聘用教师、供应学生教材和提供监督及咨询；学生家长和所在社区通过"哈郎比"自助形式承担部分办学经费，用于修建校舍、置办设备。

从肯尼亚独立到 1969 年年底，初等教育由地方当局管理。1970 年，因初等教育迅速扩大，县政务会无力应付各种行政问题，此项职能由政府新成立的专区教育局接管。各专区教育局在中央政府教育部领导下，与社区家长委员会一起管理本专区的初等教育。

肯尼亚小学有走读小学、低费用寄宿小学、中等费用寄宿小学、高费用寄宿小学之分。低费用寄宿小学主要设在学生走读有困难的干旱和半干旱的游牧地区，20 世纪 90 年代初全国约有 145 所。中高费用寄宿小学则满足了有条件缴费的学生的需要。

如前所述，2002 年年底上台的新政府决定实行免费小学教育政策，小学学费被免除。

小学的课程设置，统一由肯尼亚教育研究所的全国专家组制定。经批准的课程共 11 门，即斯瓦希里语、英语、数学、科学与农业、家政、美术与手工、音乐、历史与公民、地理、宗教教育、体育。学生修业期满后参加肯尼亚初等教育证书考试。肯尼亚小学缺少数学、自然科学和英语教师。

肯尼亚独立以来，小学教育发展迅速。1963 年共有小学 6058 所，小学生 891 553 名，小学教师 22 772 人；2000 年小学已增至 1.86 万余所，在校学生 599 万余人，教师 178 900 人（1998 年最多时曾达 19.2 万余人，之后在政府裁员政策下连年减少）。

20 世纪 90 年代以后，由于家长负担不起学费等原因，适龄儿童的小学入学率有所降低，在校生完成学业的比例也降至不到 50%。各省的入学率很不平衡；中部省和西部省高达 90%，而东北省仅为 20%。

据教育部宣称，1997 年肯尼亚小学招生 442 262 人，1998 年增至 444 539 人，随着免费小学教育政策的实施，肯尼亚小学生入学率大大增加，2013 年净入学率高达 95.9%。

中等教育。肯尼亚独立后各类中学发展迅速，总数已由 1963 年的 151 所增至 2000 年的 3207 所，同期在校学生由 31 120 人增至 52 283 人，教师由 1602 人增至 4.3 万人（1999 年）。

中学大体分为 4 类：①公立中学。全部由政府提供经费和管理，这类学校约占 1/4。②公款补助中学。它由社会或宗教团体兴办，但政府在师资和经费上给予帮助，其中有些学校的全体教师都属政府雇员，有些则只有 1 名——通常是校长——由政府发薪，这类学校占中学总数的一半以上。③民办自助中学或称"哈郎比中学"。它由社区居民自建校舍和集资兴办。由于政府提倡"哈郎比"（当地语"一起用力拉之意"）精神，独立之初这类学校发展很快，20 世纪 70 年代初占中学总数的一半多。但这类中学在师资和教学设备等方面不如公立学校，不仅学费贵，而且教学质量也较差。④私立中学。由私人开办，通常以赢利为目的。

20 世纪 80 年代末，公款补助中学和"哈郎比中学"合计占全国中学总数的约 73%。这一比例在 90 年代没有大的变动。

根据 1985 年的改革，中学教育学制由 6 年减为 4 年，在课程设置上增加了非洲和本国的历史和地理，包括计算机技术在内的现代科学，以及实用商业和职业课程的教学。具体课程设置分为四类：第一类设英语、斯瓦希里语、历史、政治、地理、数学、生物、体育、化学、物理；第二类设宗教教育——伊斯兰教教育或基督教教育；第三类设家政、工艺设计、农业木工、金工、建筑、动力机械、电工、绘画制图；第四类设法语、德语、音乐、簿记、商业、打字等。学生必须从第一类课程中选修 7 ~ 8 门课程，从第二 ~ 四类课程中各选修 1 门。修业期满参加肯尼亚中等教育证书考试。

高等教育。肯尼亚独立时仅有一所大学，即构成东非大学一部分的内罗毕大学学院（另外两个是乌干达的麦克雷雷学院和坦噶尼喀的达累斯萨拉姆学院）。1970 年东非大学解散，肯尼亚正式成立内罗毕大学及从属于它的肯雅塔大学学院。之后，高等教育有很大发展。20 世纪 90 年代末，全国拥有 6 所公立大学、13 所私立大学（大都是外国大学附设在肯尼亚的学院）、29 所师范学院、1 所特殊教育学院和 4 所理工专科学院。公立大学在校人数 1963 年为 452 名本科生，1987 ~ 1988 年度增至 15 155 名本科生和 2200 名研究生，2000 ~ 2001 年度增至近 5 万人（包括公立和私立大学本科生和研究生）。大学毕业生 1963 年仅 18 人。从 1971 ~ 1987 年，内罗毕大学、莫伊大学和肯雅塔大学学院这三所大学共授予 29 931 名学生以各种学位和毕业证书（其中获博士学位的 218 名，获硕士学位和研究所毕业证书的 3395 名，获学士和大学毕业证书的 26 318 名）。

现有的 6 所公立大学共有学生 4.25 万人，其中本科生占 86.7%，攻读硕士学位的研究生占 6.8%。近年来公立大学学生增加的原因之一是其推行了双规与特别学位计划。

（6）主要大学概况

1）内罗毕大学。它是肯尼亚最大和最老的高等学府，前身为 1956 年建立的东非皇家技术学院，1961 年改称内罗毕皇家学院并获大学学院地位，1963 年成为东非大学学院，1970 年东非大学解散后，根据议会通过的法案，正式成立内罗毕大学。当年毕业生 605 人，1979 年增至 1761 人，1983 年取得学位和毕业证书的毕业生达 2727 人，2000 ~ 2001 年度在校本科生 11 817 人，占当年公立大学在校生总数的 27.8%，另有研究生 1400 人，教研人员 1600 人。

内罗毕大学拥有人文和社会科学、物理学、工程学、法学、医学、兽医学、农学、建筑学、商业、新闻等 40 个学科，在东非各大学中学科最为齐全，其中以医学和建筑学著称。学校下设 6 各学院，即成人和远程教育学院、农业和兽医学院、工程和建筑学院、卫生和科学学院、文理学院、物理和生物学院。主要附属科研机构有非洲问题研究所、成人问题研究所、计算机科学研究所、发展问题研究所、新闻学校等。

2）莫伊大学。建于 1984 年，为理工科大学，已经或即将开设的院系有：林业资源和野生动物管理系、自然科学系、技术系、农学系、兽医系、社会文化发展研究系、信息科学系、环境科学系、科学和技术系、继续教育系和研究生院。该校 2000～2001 年度有本科生 6713 人，占公立大学在校生总数的 15.8%；另有研究生 246 人。

3）肯雅塔大学。建于 1985 年，前身是内罗毕大学肯雅塔（教育）学院，现已发展为一所综合性大学。该校拥有教育研究局、基础教育资源中心、肯尼亚教育人才研究所和技术中心等科研机构。2000～2001 年度该校在校生 7474 人，占公立大学在校生总数的 17.6%；有研究生 714 人，其中有 550 人攻读硕士学位，26 人攻读博士学位。

4）埃杰顿大学。成立于 1987 年，前身是 1939 年创建的位于纳库鲁附近恩乔罗的一所农业学校。它接受美国国际开发署援助，现已发展为肯尼亚规模最大的农业科学技术教育研究和推广中心。学校下设农学院、教育与人力资源学院、人文科学与社会科学学院、自然科学学院、工程技术学院和环境研究与自然资源学院，共 6 院 30 多个系。此外还有妇女研究和分析中心、信息和文献中心、农业资源中心等附属机构。2000～2001 年度在校生 8086 人，占公立大学在校生总数的 19%，为肯尼亚的第二大高校。课程仍以农业和自然科学为主。

5）乔莫·肯雅塔农业与技术大学。原为肯雅塔大学的一个学院，90 年代末升格为大学。2000～2001 年度有在校生 4284 人，其中 99.4% 的学生攻读科技课程。

6）马赛诺大学。20 世纪 90 年代末建立，校址在尼扬扎省基苏木地区。分 4 个学院，即理学院设 4 个系：物理系、化学系、动物/生物医学科学技术系、数学系；人文和社会科学学院设 9 个系：音乐系、历史政治系、斯瓦希里语系、非洲语言系、宗教哲学系、法语系、地理系、文学系、英语系；教育学院设教育信息技术和课程研究系；家庭消费科学和技术学院设饭店和机构管理系。2000～2001 年度在校生为 4134 人，一半多本科生攻读双规/特别学位，在校研究生达 246 人。

肯尼亚全国现有约 13 所私立大学，其中最大的是设在内罗毕的美国国际大学非洲分校。该校除招收文科本科生外，还提供学士和硕士学位课程，前者包括企业管理、旅馆饭店经营、国际企业管理、旅游业管理、新闻学、国际关系、心理学和信息技术；后者包括咨询心理学、商业管理、国际商业管理、经营与组织发展及国际关系。2000～2001 年度有在校学生约 2300 余人。有报道称，前总统莫伊曾同意在尼扬扎省基苏木建立位于该区的第二所大学——非洲基督教大学，建设经费将由基地设在美国德克萨斯的基督教会社——"非洲统一网络"筹集。其他规模较大的私立大学有东非大学、晨星大学学院、东非天主教大学、巴拉敦大学和在 2000 年新建的卡巴拉克大学等，前三所大学 2000～2001 年度各有在校学生 1300～1800 人不等。

肯尼亚公立大学基本上靠政府补贴资助。20 世纪 90 年代初，开始实行费用分担制和大学贷款计划。公立大学学生每年要缴纳 7 万肯先令（包括学费、膳宿和书籍补贴费）。有困难的（公私立大学）学生可通过教育部所设高等教育贷款局获得商业银行的贷款。

限于经费设备等条件，肯尼亚每年只能吸收约 9800 名高中毕业生进入大学（其中进公立大学的约 8600 人，进私立大学的约 1200 人，另有约 3000 人出国留学）。

为了不加重政府财政负担和不增加对一般学生的收费，教育部已允许公立大学招收自费生和实行"双轨"学位计划。据 2000 年 11 月 23 日教育部公告：各公立大学自费读学位（称"Module Ⅱ 学位计划"）的学生在内罗毕大学有 8000 名，莫伊大学有 1189 名，埃杰顿大学 200 名，马赛诺大学 400 名。1998 年这类自费生每年要缴纳约 20 万肯先令的各种费用。

属高校范畴的，除以上公立和私立大学外，还有 4 所国立理工专科学院，即肯尼亚理工学院、蒙巴萨理工学院、基苏木理工学院和埃多雷特理工学院。2000 ~ 2001 年度在校生共 9000 余人，其中设在内罗毕的肯尼亚理工学院最大，在校生 4200 人（占这类学校学生数的 46.6%）。

（7）职业和技术教育

受殖民时期教育的影响，肯尼亚独立初年重视普通文化教育而轻视职业和技术教育。20 世纪 70 年代初，政府认识到这种教育制度使许多学校的毕业生缺乏可施展的技术和不适应社会工作的需要。之后，即加强了中小学校的技术和职业教育，目的是使学生学到实际技能和知识，以便他们在不能升学时具有谋生的本领。同时，政府在多所中高级技术院校（如内罗毕、蒙巴萨、埃多雷特的理工专科学院、乔莫·肯雅塔农业技术学院和肯尼亚技术师范学院等）培训中高级技术人才，以适应农业、医药、兽医、林业、合作社、航空、文秘、餐饮业、通信等行业发展的需要。学制为 2 ~ 5 年不等。在上述 5 所高等技术学院完成有关课程的学员可获得普通技术教育文凭、技术教育文凭和高级技术教育文凭。

此外，政府和民间机构还设有以下一些专门的技术教育学校和机构。

青年工艺专科学校。1966 年由政府开始在各地建立。1976 年共建立 167 所，在校学生 9000 人。1984 年增至 288 所，在校生 30 831 人。20 世纪 80 年代末又增至 326 所。

哈郎比科技学院。主要是为失业的中学毕业生所设，20 世纪 80 年代末共建 18 所，提供广泛课程。1986 年在校生 4582 人。

国民青年服务计划。根据这项计划，全国约有 14 所学校和培训中心，为 18 ~ 22 岁的青年提供以下各种职业训练：石工、木工、管子工、电焊装配、电机、喷漆、驾驶、电器安装、缝衣、家政、农业、餐饮、文秘等。1964 年开始实行，到 20 世纪 80 年代末共培养 64 864 人。之后，每年招收 2000 ~ 3000 人（1998 ~ 1999 年停招了 2 年），2000 年又招收 3500 人。经过此项培训后，有许多受过培训的人加入了劳动力市场，许多人同时还参加了开荒、植树、筑路、修建机场等各种发展项目。

技术培训机构（原技术中学）。全国共 19 所，培训期 2 ~ 3 年。20 世纪 90 年代初有在校生 5671 人，教职员 527 人。

职业再教育中心和其他工艺和技术培训机构，全国各地设有许多处。

成人教育。主要目的是在成人和青年中扫除文盲和推广斯瓦希里语。长期负责这项工作的是政府前文化和社会服务部成人教育司。过去，不少民间机构尤其是教会也从事扫盲活动，但成绩不大。1979 年后政府实施大规模扫盲计划。到 1988 年，全国参加过扫盲班的成人超过了 200 万。当年全国开办扫盲班 9612 个，教师 9612 人，参加者 158 234 人（约 2/3 是女性）。20 世纪 90 年代后期，每年参加成人教育班的仍有 10 万人左右。1996～2000 年共有 5.4 万余人通过及格考试，近 1.75 万人注册参加小学教育证书考试。

扫盲后的成人教育有两大内容，即传播改良农业和牲畜饲养方法的知识及传播保健卫生知识。

此外，内罗毕大学设有远程学习系并在国内不少地区设有校外中心，其目的是加强全社会对知识的掌握。

政府依靠社区，采取多种形式开展群众性"哈郎比"自助活动，并利用大众媒体的影响，创造了好的经验。为此，联合国教育、科学及文化组织曾授予其 1983 年国际扫盲奖。

(8) 师资培训和教育研究

小学师资培训。肯尼亚独立时有 37 所培训小学教师的初等师范学校，它们大多由教会控制。1968 年，政府依法接管了这些学校，逐步予以合并、改组并改进教学质量。1986 年，全国有这类师范学校 16 所，在校学生约 12 760 人，在职学生 4680 人。由于小学学生人数猛增，小学教师供不应求，政府不得不雇佣大批未经师范学校培训的教师。1987 年在 14.9 万名小学教师中，未受过培训的教师约占 30%。政府计划通过增建师范学校和扩大现有学校设备等措施，更多更快地培养正规小学教师，逐步取代未经培训的教师。2000 年，全国初级师范学校已增至 29 所、中级师范学校 3 所，小学教师（17.9 万人）中受过培训的占 96.7%。

1998 年，教育部为减少公共教育系统的教师人数以削减薪金支出，宣布暂停培训小学教师。这使当年在校学生减少了一半。1999 年 5 月，莫伊总统撤销了这一决定，因为国家需要更多教师以适应越来越多的学龄儿童的入学需要。

根据政府《1997～2010 年教育和培训总体规划》，肯尼亚小学教师与学生之比将由 1：29 变为 1：40。

中学师资培训。肯尼亚独立时，中学师资严重缺乏。公立中学和受政府补贴的中学到 1969 年时仍有 2/3 的教师是外籍人。为此，政府大力培训本国教师。最早专门培训中学师资的学校是 1971 年开办的肯雅塔大学学院。其后又陆续成立和提升了多所有权颁发文凭的师范院校：肯尼亚科学师范学院、肯尼亚技术师范学院（培训理科和技术教师）、卡古莫师范学院、锡里巴师范学院、基西师范学院（培训人文科学教师）、莫伊师范学院（培养理科和农科教师）。此外，肯雅塔大学、埃杰顿大学和肯雅塔农业与技术大学也为中学培养文、理、美术、家政和农业等科的教师。同时，肯尼亚教育职员学院也为从事教育的人员提供在职培训。目前，政府还聘用部分外籍教师，包括英籍教师以及来自美国、丹麦、德国、挪威、瑞典、日本的志愿人员，他们大部分在民办自助中学任教。

据肯尼亚教师服务委员会核查，2000 年肯尼亚全国有中学教师 4 万余人（1997 年曾达 4.44 万人），其中受过培训的 3.9 万人，占 97.3%，约有 62% 是大学毕业。另据《1997～2010 年教育和培训总体规划》的建议，中学教师与学生之比将由 1：16 变为 1：30。

大学师资培训。肯雅塔大学设有研究生教育专业。研究生取得哲学硕士和博士学位后可到大学任教。肯尼亚的大学教师有许多是在欧美和印度的大学学成回国的肯尼亚留学生，同时还有很大比重的外籍教师。

教育研究。政府为扩大和改进学校的教育质量，于 1964 年 4 月建立肯尼亚教育研究所。1968 年，该所与课程发展和研究中心合并，并根据《1968 年教育法》正式建所。1976 年，一向制作初等和中等教育广播节目的教育部学校广播处扩大为教育媒体服务局；同年，该局并入了肯尼亚教育研究所，该所的职能可归纳为三方面。

1）为学前教育、初等教育、中等教育、特殊教育、商业教育、技术教育及成人教育开展研究和制定课程。

2）开展研究并编写教学与鉴定资料、教科书、大众媒体节目和其他参考资料，以支持相应的教学大纲。

3）为教师和教育行政官员组织在职培训班、讨论会和情况介绍活动。

除肯尼亚教育研究所外，肯雅塔大学教育研究局也承担教育研究活动的组织、实施和协调工作。

（9）国际交流

肯尼亚积极参加非洲地区的教育合作。它是非洲课程组织创始成员国。肯尼亚教育研究所被指定为该组织的培训中心之一，也是非洲社会科学计划组织秘书处所在地。肯尼亚还加入了非洲理科教育计划组织。

肯尼亚每年有几千名学生到国外大学就读。据美国联合通讯社 2000 年 6 月报道的肯尼亚教育部人士说，尽管无法统计在国外留学的肯尼亚人总数，但已知在美国、英国和印度的肯尼亚留学生分别有 6345 人、1580 人和 7000 人。另据英国驻肯尼亚大使馆文化处官员说，到国外攻读学位的留学生比在国内攻读学位的学生还多。政府还接受世界银行有条件的优惠贷款，用于教育部门调整规划（如 1991～1996 年的"大学投资工程"，由国际发展协会贷款 6000 万美元）。

6.7　城镇化发展

6.7.1　发展过程及现状

肯尼亚的总人口在 1999～2009 年由 2870 万人增长至 3860 万人，2012 年总人口数已达到 4200 万，预计在 2030 年将达到 6500 万。其中，10～24 岁年龄段的人口占总人口的比例为 35% 左右。

肯尼亚的主要城市起源于 19 世纪晚期和 20 世纪早期的殖民城市。这些城市主要充任殖民者管理和贸易职能，也有部分城市是被殖民者选作长期居住地而建立的。殖民化运动中，铁路和公路网将内地和沿海贸易中心联系在一起，使殖民者能够维持政治和军事上的控制，并源源不断地将内地的矿产和农产品通过港口出口。在英国殖民时期，蒙巴萨到乌干达铁路的修建带动了铁路沿线的城镇发展。

2014 年肯尼亚的城镇化率为 25.20%，城镇人口已超过千万（表 6-10）。其中，内罗毕、蒙巴萨、基苏木、纳库鲁和埃多雷特五大地区的城镇人口占总城镇人口的三分之一。

肯尼亚将人口规模超过 2000 人的居住点定义为城镇。从历史数据上来看，近 20 年来，肯尼亚的城镇化速度激增。一般来说，城镇人口是伴随着经济的发展而增长的，但肯尼亚的城镇化趋势远远超过其经济增长趋势。这表明肯尼亚的城镇化增长是一种不合理的现象，城镇化的过度增长已严重制约了肯尼亚城镇体系的健康发展。城镇缺乏足够的基础设施和服务设施支撑，大量贫民窟形成，失业现象十分严重。在内罗毕、蒙巴萨、基苏木、埃多雷特和纳库鲁这五大城市，有超过一半人的居住条件相当简陋，缺乏基本的电力、供水、卫生和生活垃圾处理设施。

表 6-10　肯尼亚主要年份城镇化情况统计

年份	城镇化率（%）	城镇人口（人）	年份	城镇化率（%）	城镇人口（人）
1960	7.36	596 722	1990	16.75	3 926 774
1965	8.61	817 880	1995	18.26	4 999 137
1970	10.30	1 158 441	2000	19.89	6 179 613
1975	12.91	1 741 613	2005	21.68	7 661 904
1980	15.58	2 535 028	2010	23.57	9 505 787
1985	16.08	3 161 246	2014	25.20	11 304 277

6.7.2　存在的主要问题

肯尼亚的城市和城市体系是在殖民统治时期建立的，当时建设城市的主要目的是加强宗主国和殖民地的联系，并对殖民地的农业和政治进行控制。第二次世界大战前夕，肯尼亚的城镇化和工业化大致处于同一水平，但到了独立后城镇化率开始超过工业化，说明肯尼亚的城镇化不是以工业化、经济发展和技术进步为前提的，城市扩展的主要原因是人口膨胀，属于过度城市化。受殖民时期影响，肯尼亚一直推行土地私有化政策，一遇到天灾减收或疾病流行，农民们纷纷将土地廉价抛售，土地的流转处于自发状态。而政府将乡村人口向城市移民作为解决农村社会冲突的一种途径，没有进行调控和疏导，也没有探索适合本国国情的城市化道路，失去土地的大批农民只有向大城市集中。同时，首都等重要城市的首位度也过高，导致区域间经济发展的严重不平衡。在城市治理方面，肯尼亚的城镇化发展模式基本套用宗主国的发展模式和调控办法，忽视了本国原有的民族文化和基本国情，以至于乡村居民在不断流向城市的同时，经济却处于日渐衰落或停滞不前的状态。主要的问题就是：正规就业人数持续下降，城市贫困人口空前增加，城市必要的基础设施严重缺乏，城市环境恶化，贫民窟数量增多。

过度城镇化导致肯尼亚的城镇贫困问题较为严重，城镇贫困人口占总贫困人口的51.5%，性别不平等问题也较为严重，城镇贫民地区的女性失业率要比男性失业率高出 5倍左右。同时，由于缺乏必要的基础卫生设施，出生婴儿的死亡率居高不下。

造成这种现状的主要原因有两点：一是城市发展与经济发展阶段脱节，城市工业发展和产业结构的合理对完善城市发展历程、提供城市就业具有极其重要的作用。由于肯尼亚早期的工业发展源于宗主国的工业资本输入，政府没有利用好外资发展自身的民族工业。

一旦宗主国工业资本撤出，没有本国工业作支撑，仅靠第三产业的发展不能增加社会财富，也不能提升城市经济和物质文明，造成了城市经济的低迷。二是忽视传统农业的改造与广大农村地区的发展。在依靠外国资本发展的同时，忽视农业现代化和农村的建设，加剧了城乡差距，导致农村人口大量涌入城市，使城市就业、居住、环境和教育设施不足的问题进一步恶化。所以政府应对城市化和城市发展进行有效的计划和引导，否则就会失控，包括对外来资本的进入也不能只是简单的接受。同时，要注重城乡统筹、协调发展。不解决制约社会发展的根本性问题，尽管城市人口增长，却没有社会的持续与和谐发展。

6.7.3 城镇化发展战略沿革

20 世纪 70 年代到 80 年代，肯尼亚的发展战略规划更多的是关注农业经济，这是由国家经济结构和出口政策决定的，因为肯尼亚农业在经济中占重要地位，农产品为主要出口产品。由于缺乏适当的政策干预和调控，以农产品出口为主导的经济收益分配不合理，导致内罗毕和蒙巴萨两个城市成为出口经济的最大受益者。而小农场主从农产品出口中所获得的收益较少，肯尼亚的城乡之间仍是一种掠夺性的关系。

从历史上看，肯尼亚的城乡政策问题可以追溯到 20 世纪 50 年代初，这一阶段是肯尼亚城乡政策规划的起源。当时，肯尼亚开始实施第一个综合发展规划，旨在解决日益恶化的城乡差距问题，并在执行的过程中发布了一系列的政府报告。一些报告中提到了肯尼亚高地的农业问题，并提出增加往欧洲移民的设想。一些报告提出，应打破男性劳动力从农村到城市里打短工的传统工作模式，创造稳定的劳动队伍。政府应立法通过城市工作最低工资法，这意味着城市劳动力可以获得更多的收入，为他们在农村的家庭输送一些结余资金。还有一些报告提出，应实施土地保护制度，引进个人私有土地租赁制度，促进以出口为导向的商品化农业种植，主要是咖啡种植业，以增加农业产出。当土地资源集中在生产效率较高的生产商手里时，大量的农村剩余劳动力可以在城市就业。尽管该政策刺激了商品化的农业生产，但也进一步加剧了阶级分化，这是因为土地私有制和劳工法加剧了劳动力和生产资料的分离。新的土地制度固化了乡村阶级结构，更为富有的人支配了整个乡村地区。

到了 20 世纪 60 年代，肯尼亚正经历农村人口向城市迁移的进程。而政府未能在城市创造足够的工作岗位，于是，政府决定通过提高从事农业收入的手段，从源头上遏制人口迁移的趋势。1966 年，肯尼亚政府和国际劳工组织联合组织了一项关于就业的全国性会议。在会议结束后的 1967 年，肯尼亚政府制订了"农村特别发展方案"，但这个方案伊始仅是试验性的，仅在 8 个地区进行试点方案实施，这 8 个地区大概覆盖了全国 8% 的人口。该方案的主要目的有三点：一是增加农村收入和就业机会；二是创造一套引导农村自我发展的模式；三是通过该试点项目提高政府官员管理和执行能力。

为了实现这些目标，政府打算建立一个有效的农村计划与发展管理机构，并逐渐将临时性的管理机构转变为永久性的机构。财政部也组建了全国农村发展委员会，用以协调农村特别发展方案的执行工作。通过对应的省级和区级发展委员会，推行政府的政策和决定。省级和区级发展委员会联合形成地方论坛，供社区居民进行民意申述和表达。尽管存在这样或那样的问题，农村特别发展方案仍具有里程碑式的意义，为解决肯尼亚城乡问题提供了重要借鉴。

内罗毕和蒙巴萨的持续城市化导致了周边农村地区生活条件的恶化，越来越多的人移居到这两个城市。1974 年，为减少内罗毕和蒙巴萨这两个首位城市的影响，以及区域间存在的空间失衡问题，肯尼亚政府提出了一套新战略——增长中心和服务中心战略。新战略将关注点放在地方性的中心城镇的发展上，新战略将纳库鲁（Nakuru）、基苏木（Kisumu）、埃多雷特（Eldoret）、恩布（Embu）、涅里（Nyeri）、基塔莱（Kitale）和卡卡梅加（Kakamega）等城镇确定为新的增长中心，并加强在这些地区的基础设施投入。值得注意的是，锡卡（Thika）被确立为新的工业中心，这是唯一例外的城镇。

这些被确立为新发展中心的城镇，在人口、经济发展、服务和行政功能等方面具有相当大的潜力，考虑了居民和周边腹地人口对服务和商品的多层次需求。新发展中心还承担着信息交换的功能，新发展中心将把改革措施推进到各地农村地区。在推行该政策的过程中，由土地和住建部管理的一些国有单位在推进增长中心和服务中心形成的过程中起到了关键作用。例如，肯尼亚工业园区规划公司和公众股份公司带头实施了工业化发展，在这些中心进行工业用地的开发；国家住宅建设公司为低收入人群提供保障性住房。不仅如此，规划部和住建部还为大型农场的开发制订了详细的计划。尽管政府实行增长中心和服务中心的初衷是好的，但该战略在实施过程中仍受限于各种外在因素，如各地政府缺少必要的人力资源来执行这些计划；各地议会缺乏动力去推动该项计划，政府的执行力不够；缺乏必要的资金用于支持项目和工程的建设，尤其是在道路建设方面。然而，该项计划在某些方面还是取得了一些成效，如加强了各地区卫生、行政和教育设施，但这些还远未达到最初的目标，因此，还需制定一项长期性全国的战略。

20 世纪 80 年代，肯尼亚政府制订了"城乡平衡战略"，该战略由许多部分组成，它的实施也是分阶段进行的。第一部分是以地区（district）为单位的农村发展战略，其实质内容是政府部门的分权，把发展计划的管理功能下放到地区这一级。第二部分是关于农村贸易和生产中心的项目，该项目旨在促进地区的经济发展，将农村和小城镇的发展作为核心目标。与之前的"农村特别发展方案"相比，"城乡平衡战略"是在肯尼亚非洲国民联盟党领导下执行的，前者是实验性的方案，后者更注重解决当前面临的现实问题，重点要解决城乡之间的经济差距问题。城乡平衡战略的实施策略是将权力下放至地区，财政分配上给予农村更多的预算份额，提高农村地区的教育和卫生服务标准，向城市水平看齐。

"城乡平衡战略"的颁布标志着肯尼亚区域发展规划的新起点，它要求建立一套能够平衡城乡发展的体系，为此肯尼亚政府建立了地区级机构。1982～2001 年，以地区为单位的农村发展战略体制对全国的经济发展思路产生了巨大的影响，政府将财力和人力资源投放到设立的各地区政府机构中，将中央政府的具体执行人分配到各地区，以保障政策的贯彻实施，各级政府机构见表6-11。

为保障"城乡平衡战略"的实施，政府将中央政府部委中的一部分官员调至地区机构，在新成立的地区发展和指导委员会中担当领导职务。1983 年 7 月 1 日起，新成立的地区级政府机构是今后国家城乡发展战略的管理和执行中心。地区发展和指导委员会负责审批地方发展项目，在向中央政府申请资助前，地区发展和指导委员会需要对项目进行论证。所管辖的项目类别有农业生产、村庄发展项目，小规模产业和企业、合作协会、社区服务发展项目，社会事业项目，住房和城镇发展项目，技术培训和农民培训中心，小规模道路建设项目和地方自治项目。方案和预算在通过审批后，由财政部资助。

表 6-11　肯尼亚各级政府管理机构一览表

层级	管理机构	协调机构
中央政府	1）区域发展部（Ministry of Regional Development） 2）规划与国家发展部（Ministry of Planning and National Development） 3）土地与住建部（Ministry of Lands and Housing） 4）地方政府部（Ministry of Local Government）	发展协调办公室
省级	1）省办公厅（Provincial Offices） 2）区域发展机构（Regional Development Authorities）	1）省办公室 2）区域发展和指导委员会
地区级	1）地区（Districts） 2）乡村议会（Country Councils） 3）城市议会（City Councils, Nairobi and Mombasa City Councils）	1）地区办公室 2）乡村议会主席、议员，官员 3）城市议会和大都市委员会
次地区级	1）分区（Divisions） 2）居民点（Locations） 3）次级居民点（Sublocations） 4）乡村（Villages） 5）部落（Clan land or territories） 6）选区（Wards, Mtaa） 7）社区（Urban Neibouhood/Community） 8）城市住户/农村住户（Urban Residential Counts/Rural Homesteads）	1）分区办公室 2）主管 3）次级主管 4）村长 5）部落领袖 6）议员 7）社区团体负责人 8）多户或多户家庭

　　该项战略仍存在欠缺考虑的地方，如缺乏法律条款的保障，地区委员会的法律地位一直未被明确。同时，以地区为单位的农村发展战略缺少执行资金。自 1987 年 6 月以来，各地区以地区发展资金为名义的年均财政拨款只有 50 000 肯先令，且情况仍在恶化中。不仅如此，战略的实施没有给原有县级地方政府留下余地。县级政府受到了排斥，并被剥夺了它们在地方经济发展中的传统角色。尽管该战略是以农村基层单位作为重点，但在早期的政策制定中并未强化其行政地位。以地区为核心的农村发展意图是好的，但这个体制在设计之初便面临着夭折的命运。从省级政府到地区级政府，都缺乏人力和政治影响力。

　　在农村发展战略实施的三年后，政府在 1986 年的一号文件中又推出了"农村贸易和生产中心计划"，旨在恢复经济增长，主要计划重点放在大型城市基础设施、地方加工企业和地方销售市场，加强"农村发展战略"。该计划将中小城镇基础设施的建设作为载体，通过刺激扩大农产品生产和加工业来促进经济发展。新建设的城镇将作为产品的市场所在地，为其他城镇及其腹地提供市场地。在 1987～1989 年和 1989～1990 年的年度预算中，肯尼亚政府为该计划分配了 600 万肯先令的财政拨款。另外，美国国际开发署（USAID）为肯尼亚提供了 21.7 万肯先令的资助。1997 年大选后，财政和计划部负责监督"农村贸易和生产中心计划"的实施，在地方政府中新设立一个城市发展机构，负责监督该计划的准备工作，大多数项目为停车场和市场建设项目。

总的来说，农村地区是肯尼亚人口和经济发展的主体，但从城乡联系上来看，农村地区还是相当贫困和落后。从经济、政治、资源和国际市场地位来看，农村地区明显落后于城市地区，城乡发展战略仍然只具有象征意义，各项计划并没有落到实处。长期以来，中央政府下派的行政机构使地方政府不能够得到充分发展，地方政府的政治实力较弱，也缺乏配套的资金和人力资源。

第7章　对外贸易与投资

7.1　对外贸易

外贸在肯尼亚国民经济中占有特殊地位，因为肯尼亚大面积生产的经济作物几乎全部是为出口服务，而国家发展所需原油和机器设备等生产资料几乎全靠进口。

7.1.1　贸易概况

独立以来，肯尼亚外贸有很大增长，外贸总值 1964 年约 4.67 亿美元；2000 年达 50.77 亿美元；2011 年为 181.34 亿美元，2015 年增至 215.86 亿美元。在出口多样化方面也取得了可喜成就。但肯尼亚主要出口农产品而进口工业品的外贸结构一直没有改变，因而外贸条件处于不利地位。自独立以来，外贸几乎年年有逆差。1964 年外贸逆差 850 肯先令（约合 2380 万美元），1991 年 5.12 亿美元，2000 年达 14.9 亿美元，2011 年为 78.8 亿美元，2015 年已达 99.7 亿美元。

（1）出口

肯尼亚商品出口总值 1964 年为 7940 万肯先令（约 2.22 亿美元），2000 年达 67.26 亿肯先令（约 17.65 亿美元），2011 年为 51.26 亿美元，2015 年达 58.10 亿美元。主要出口商品是茶叶、咖啡、园艺产品和石油产品。其中前三种农产品的出口比重占出口总值的一半以上，加上石油产品则约占 63%。其他较重要的出口产品有鱼及鱼制品、纯碱、水泥、除虫菊精、剑麻、萤石等。

肯尼亚独立后，政府以外贸多样化为政策目标，力图改变独立时过分倚重咖啡一种商品的状况，并在这方面取得了不少成绩。最先是茶叶的地位在 20 世纪 70 年代末超过了咖啡，至今仍为最重要的出口商品，其出口值近几年（2011~2015 年）在 10 亿美元左右，约占出口总值的 28%。80 年代末，园艺产品（花卉、蔬菜、水果）异军突起，出口值逐年增长，1998 年以来其出口值远远超过了咖啡，2015 年园艺产品出口值已达 10 亿美元。

石油产品也是独立后迅速发展的重要出口产品，但因肯尼亚本国不产原油，故其发展受到制约。

20 世纪 90 年代后期，在内罗毕、蒙巴萨、阿蒂河和纳库鲁等地的出口加工区内，有 20 多家企业已开始生产棉纱、纺织品、药品、食品、计算机装配、剑麻抛光盘等出口产品。

肯尼亚的出口国家近 10 年有变化。1993 年前最大贸易伙伴是欧盟国家，自 1994 年起，肯尼亚对非洲国家或东部与南部非洲共同市场（主要是乌干达、坦桑尼亚、卢旺达、埃及、南非等）的出口值超过了对欧盟的出口值。2000 年前者占 46%，后者占 31%。到 2015 年，肯尼亚对非洲国家的出口比例已达 41.7%，对欧洲国家出口比例已降至 25.1%。

（2）进口

2011 年肯尼亚进口总额为 130.1 亿美元，2015 年增长至 157.8 亿美元。

主要进口商品大体可分为 4 类。

一是机器设备、汽车及其部件、钢铁和肥料等货物。

二是原油和精炼油。原油一向是肯尼亚花费最多的进口物之一。1994 年政府解除对石油业的控制后，精炼油也成为大宗进口商品。

三是粮食、油脂、食糖和其他食品。小麦是传统进口产品。玉米一向在灾年才进口。由于灾害不断，1994 年以来肯尼亚几乎每年都要花 1 亿美元以上巨额外汇进口玉米和小麦。

四是树脂、塑料、药品、纸张等日用工业品和中间产品。

肯尼亚的传统进口来源主要是英国、德国等欧盟国家，以及中东和日本。1994 年后，来自美国和南非的商品大幅增长，但英国仍是其最大的进口来源国，其次是阿联酋、美国、日本和南非。肯尼亚的原油主要来自阿联酋（其次是沙特阿拉伯）。英国的机电、化工、纺织品，美国的飞机，日本的汽车，南非的食品等，在肯尼亚都有很大的市场。2000 年，来自非洲（主要是南非）的商品值约占肯尼亚进口总值的 32%（而 1993 年仅占 2%），与来自欧盟的商品值（33%）大体相当。2015 年，来自非洲的商品值约占进口总值的 9.5%，中国已成为肯尼亚第一大进口国，约占其进口总值的 20.3%，其次为印度（16.0%）。

1994 年起肯尼亚实行的贸易自由化，导致汽车、食糖、加工食品等大量涌入，冲击了国内生产，已引起政府关注并采取了提高进口税等应对措施。

连年的外贸逆差是肯尼亚国际收支经常项目在多数年份有赤字的重要原因。为减少外贸逆差，肯尼亚政府采取了发展进口替代工业、鼓励出口工业、给予出口补贴、限制进口、实行货币贬值等措施；20 世纪 90 年代以来又建立了十多个实行优惠政策的出口加工区，同时努力开拓出口市场，积极参与建立东部和南部非洲贸易优惠区、东部和南部非洲共同市场及新的东非共同体，成效明显。但要减少以至消除外贸逆差，根本出路是改进出口商品结构。肯尼亚目前出口商品中农产品占比过大；而农产品价格低，世界市场价格波动，且易受灾害影响。从长远计划，外贸的增长要靠国家经济的发展，要逐步增加有科技含量和有竞争力的工业品的出口。

7.1.2　外国援助

肯尼亚是非洲接受外援（官方发展援助）最多的国家之一。自肯尼亚独立到 1977 年年底，受援（包括贷款和赠予）总额 14.5 亿美元，平均每年约 1.1 亿美元（减去还债部分，下同），之后逐年增加，1990 年达 10 亿至 11.87 亿美元。90 年代外援总体呈下降趋势，1999 年仅有 3 亿多美元，但 2000 年又增至 5.12 亿美元。1991~2000 年官方发展援助总额达 64.88 亿美元，其中 71% 是赠款。

外援对肯尼亚的社会经济发展有直接和重大的影响。在肯尼亚 3 个五年发展计划中，政府预算支出的 1/3 到 1/2 都依靠外援。随着经济发展和国力的增长，外援在肯尼亚预算中所占比例相对有所减少。早在 1979 年，政府财政只有 15% 来自国外。外援占国民生产总值的比重也趋下降，1990 年为 14.7%，1998 年降为 4.2%；人均所获外援 1978 年为 110 美元，1990 年为 50 美元，1998 年为 16 美元，1999 年为 10 美元。

外援来源有双边和多边两类。肯尼亚独立后的较长时期内，主要双边援助来自英国、联邦德国、瑞典、美国、荷兰、日本、加拿大、丹麦、挪威、法国。20 世纪 80 年代日援大幅增加，90 年代初日本便一跃成为肯尼亚最大援助国。此外，中国、沙特阿拉伯、西班牙、新西兰等国也给了数量不等的援助。总的来说，双边援助占援助总额的 60% 左右。1999 年的情况有异于往常，占 82%。

多边援助机构主要是世界银行、欧盟、国际货币基金组织、非洲发展基金、世界食品计划署、欧洲投资银行、石油输出国组织等。世界银行援额最多，据统计，1991~2000 年世界银行（通过国际开发协会）给肯尼亚的援助共约 12.46 亿美元，占同期肯尼亚接受多边援助的 47.8%；欧盟提供的援助为 4.03 亿美元，占 15.5%。另一大援肯大户——国际货币基金组织的援助主要用于财政预算、平衡国际收支和结构改革。80~90 年代，肯尼亚政府几乎每年都要动用国际货币基金组织提供的信贷：1980 年为 2.54 亿美元，1991 年达 4.93 亿美元，之后逐年减少，1998 年和 1999 年分别为 1.97 亿美元和 1.32 亿美元。

西方国家和国际援助机构对肯尼亚等国的援助一向是有条件的。冷战结束后，它们更露骨地把援助同受援国的政治经济改革挂钩，不顾国情和客观条件，任意干涉受援国内政。肯尼亚是受这种压力最大的国家之一。1991 年 11 月，它们以停援（约 3.5 亿美元）为手段迫使肯尼亚实行了多党制。1997 年 7 月，国际货币基金组织以肯尼亚政府惩罚腐败不力为由中止优惠贷款 2 亿多美元。德国、丹麦、日本等国也以肯尼亚存在政治经济管理问题为由削减或冻结援助。2000 年 8 月初国际货币基金组织决定有条件地恢复援助（约 2 亿美元），用以支持肯尼亚的 3 年减贫增利规划。但由于肯方未满足国际货币基金组织的要求（包括重建反贪局、制定经济犯罪法和加速国有企业如肯尼亚电信公司的私有化等），数月后国际货币基金组织就冻结了第二期援款，到 2001 年年底仍未恢复。世界银行、非洲发展基金和英国也随之扣发援款共 3 亿多美元。这使肯尼亚经济雪上加霜，2000 年国内生产总值下降 0.3%，不能说与此无关。

与外援伴生的是外债问题。肯尼亚对外公共债务增长很快，1970 年总额为 3.19 亿美元，1980 年增至 33.83 亿美元，1990 年又增至 70.58 亿美元，1991 年最高达 74.55 亿美元。1996 年后债务总额有所减少，但 1999 年仍有近 66 亿美元，占当年国内生产总值的 62.6%（1993 年最高达近 140%）。肯尼亚一向"借新债还旧债"，每年借债额相当可观，但实际净流入要少得多。例如，1983 年中长期贷款共 2.58 亿美元，还本金后，净流入仅 8000 万美元，不到贷款额的 1/3。20 世纪 90 年代，肯尼亚每年要偿还 6 亿~9 亿美元的债务本息，其中利息有 2 亿~3 亿美元。债务已减少的 1999 年应付本息 7.16 亿美元（利息 1.75 亿美元），占当年出口收入的 26.7%。2000 年 11 月，西方援助国与机构（"巴黎俱乐部"）同意重新安排肯尼亚所欠 3 亿美元债务的偿付时间，但不承认肯尼亚具有严重负债穷国的资格，拒绝免除其债务。

7.1.3　外国资本

（1）外资概况

肯尼亚独立时已存在一定数量以英资为主的外国资本。独立后，政府吸引外资的政策取得较大成绩，对发展经济发挥了积极作用。

目前，肯尼亚的外资总额缺乏可靠数据，估计约为 40 亿美元。总的来说，外资流入在 20 世纪 70 年代末以前增长较快（如 1965 年约 2350 万美元，1977 年增至约 8000 万美元）；80 年代继续平稳增长（1982 年的未遂政变一度打击了外资，一些公司如可口可乐、百事可乐、联合碳化物公司等甚至撤离肯尼亚，但多数年份流入外资估计仍有 5000 万美元左右）；90 年代外资流入（直接投资）明显减少，1990 年还有 5700 万美元，1992 年骤降至 600 万美元；1995 年、1996 年和 1998 年也仅 2000 万美元、1300 万美元和 1100 万美元，同时还有资本外流现象。

据英美报刊报道，20 世纪 70 年代末外国在肯尼亚投资总额约 12 亿美元，其中英国资本 5 亿美元，美国资本 3.12 亿美元，联邦德国资本 9600 万马克（约合 2 亿美元，当时汇率）；此外，瑞士、法国、意大利、印度和日本等国的资本合计约 1 亿美元。根据上述 80~90 年代外资流入的情况推算，90 年代末外国在肯尼亚直接投资总额为 30 多亿美元（据我国有关部门所提供的数字，80 年代初肯尼亚已吸收外资累计 32 亿美元），其中一半多（约 15 亿英镑）属英资。

（2）主要的外资领域

20 世纪 90 年代初，在肯尼亚的外资（包括合资）企业 4000 多家，其中 200 多家是规模较大的工业企业和多国公司的分支机构。这些外资企业大体有独资、与政府合资、与当地私人合资、与政府和私人合资、多国合资等形式，它们分布在各经济部门。

工业部门。外资对肯尼亚独立初期工业的迅速发展起了重要作用。制造业的外资比重 1967 年为 57%，20 世纪 70 年代保持在 65% 左右。90 年代初，制造业 70% 的增值仍来自外资。外资企业的特点是资本密集和技术密集，利润率也较高。从事制造业的著名外资或外资控股企业有东非工业公司（属英资尤尼莱佛集团）、布鲁克庞莱比克公司（英资）、邦布里波特兰水泥公司（英资）、东非烟草公司（属英美烟草公司）、特韦加化学工业公司（英资）、东非卡德伯里·韦普斯公司（英资）、东非伦罗公司（英资）、费尔斯通轮胎公司（美资）、巴塔制鞋公司（多国）等。

农业部门。肯尼亚一些大茶园、花卉蔬菜种植场和养牛场主要为外资企业所办。历史较长的布鲁克庞莱比克公司即以经营茶园著称。20 世纪 90 年代发展迅速的花卉蔬菜种植业以英国人办的霍姆·格朗公司最有名，它在肯尼亚有 9 个大规模种植场。

金融、旅游业。大约有一半左右的业务为外资所控制。肯尼亚最大的 4 家商业银行中有两家为英资，即巴克莱银行和标准渣打银行。1995 年两行资产合计为 734 亿肯先令（14.28 亿美元，当时汇率），已付资本 18.94 亿肯先令（3685 万美元，当时汇率）；1996

年共获税前利润 1.14 亿多美元。1999 年上述两行发放贷款 453 亿肯先令, 占四大商业银行发放贷款总额的 40%。此外, 美国、印度、法国、荷兰、瑞士、阿联酋等国也都在肯尼亚设有银行或银行分支。

较大的旅游公司有英资的联合旅游公司、德资的霍比旅馆公司等。内罗毕、蒙巴萨的一些五星级饭店和全国旅游景点的不少高档饭店也为外资所拥有。

外资在采矿业、进出口和运输业中也占优势。肯尼亚的主要矿产纯碱和盐的生产即为英资马加迪苏打公司所垄断。

还应指出, 一些大的外资（或多国）公司经营范围较广而并不局限于单一项目。例如, 伦罗公司兼营着汽车和农机的销售与装配、农业种植、公路运输、报纸出版和旅游业等; 布鲁克庞公司主要从事茶叶和咖啡的生产和销售, 但也经营罐头食品、包装、商业、仓储、旅游和饭店等行业。

（3）外资政策

肯尼亚自独立后政府一贯对外资采取保护、鼓励、利用和低度限制的政策。特别是 20 世纪 90 年代以来, 为了制止资本外流和吸引更多外资, 政府又陆续出台了一系列优待外资的政策, 主要如下:

1) 从法律上保护外国投资。早在 1964 年, 肯尼亚政府就颁布了《外国投资保护法》, 对取得"获准地位证书"的外资做了不予没收的保证, 并规定外资公司可按资本比例汇出利润、利息和国外借贷资本的本息。《肯尼亚宪法》也有保护财产不受剥夺的条款（第 75 条）, 如因国防、公共安全等需要而这样做则将给予立即和充分的赔偿。

2) 从 20 世纪 70~80 年代, 政府鼓励建立合资企业, 规定外商在肯尼亚的投资企业必须容纳一定比例的肯尼亚（公共或私人）资本, 同时要求有些多国公司将部分股份在内罗毕股票交易所上市并出售给国人。不过, 这一规定在 90 年代已不严格执行了。

3) 简化审批手续, 方便外商投资。1986 年肯尼亚政府设立"投资促进中心", 负责协调投资审批程序。但多年来外商开办企业仍要取得有关各部门 30 多种许可或执照, 手续烦琐。1992 年 6 月议会通过《投资促进中心法》修正案, 授权该中心颁布一种一步到位的综合许可证, 从而大大简化了审批程序。外商的投资在 1 个月内即可完成审批手续。

4) 为鼓励外资, 政府根据不同地区和行业给予不同额度的投资与出口等补贴和税收减免, 如有亏损, 可结转抵消下一年度的纳税利润。

投资补贴主要通过资本加速折旧的税收减让来实施, 补贴率在内罗毕和蒙巴萨地区为项目资金的 35%, 在其他地区为 85%, 在保税加工区为 100%。投资项目应纳税财产的账面价值每年可按财政部颁布的比率折旧, 如工业建筑 2.5%, 机器设备 12.5%, 汽车、拖拉机 25%~36.5%, 办公设施 30%, 等等。

税收减免方面, 在保税加工区内, 凡产品全部出口的制造业, 其进口的机械设备、原料、配件等均免征关税、增值税和出口税。在 20 世纪 90 年代设立的出口加工区内, 生产企业享有下列优惠: 10 年内免征所得税, 下一个 10 年只征收 25% 的所得税; 在头 10 年内免除所有红利预扣税和其他非居民支付的税款; 免除机械、原料和中间投入物的进口税; 免收印花税; 免收增值税。政府对小型工业投资也有优惠: 在主要城市以外的项目进口设备（不超过 4000 万肯先令），可免征全部关税和增值税；在内罗毕和蒙巴萨等大城市，进口设备免征 50% 关税和全部增值税。

此外，肯尼亚政府在 1994 年后取消了 1993 年 9 月开始征收的 25% 的附加税；取消全部出口税；开征反倾销税；将资本设备、原料等进口关税由 20% 降至 5%~10%。

5）加速国有企业的私有化，进一步向外资开放资本市场。肯尼亚政府自 1991 年实行私有化计划起，到 1998 年 4 月，在确定出售的 207 个公有企业中国家已从 162 个企业中脱股。有些盈利企业也将部分股权出售给私人，包括外资。1994 年政府规定外国投资者可通过证券市场购买该国公司不超过 25%（后增至 40%）的股份，可购买外国在肯尼亚公司不超过 20% 的股份。国有肯尼亚航空公司于 1996 年正式将 26% 的股份卖给了荷兰皇家航空公司，另有 14% 的股份被国际投资者通过股市购得。肯尼亚电信公司、肯尼亚铁路公司、穆米亚斯糖业公司等也都在吸引外资购买其股份。2001 年，肯尼亚政府一直在酝酿将肯尼亚电信公司 49% 的股份（3 亿多美元）出售给以南非资本为主的肯尼亚山财团。

6）逐步改变以至取消外汇管制。从前，外资企业虽有权汇出利润，但每次都要经肯尼亚央行许可。其他外汇付款，如原材料、中间产品、技术与管理服务费以及子公司向国外母公司交纳的各种费用的用汇，也须经肯尼亚央行批准。为了吸引外资，1992 年财政部宣布逐步放开对外汇的控制。1994 年 5 月，政府决定取消全部外汇管制，实行百分之百的外汇留成制度和浮动汇率，取消私人进出境外汇申报制度，允许外国居民在国内银行开设外币账户，解除外国公司在肯尼亚借贷的限制。

7.1.4　外资流入的影响因素

20 世纪 90 年代肯尼亚虽然采取了多种吸引外资的政策，但实际流入的外资并不多。1996~1999 年外国直接投资只有 1000 多万美元。内罗毕和蒙巴萨等地的出口加工区吸引了各国投资接近 1 亿美元。有些年的短期资本流入增长较多，但其目的主要是为赚取国库券的高利，属投机资金。

肯尼亚要吸引更多外资还需要进一步改善投资环境，包括改善基础设施，并在惩治腐败、改进治理、确保政局和社会安定以及实施国有企业私有化方面做出更大努力，以便增加外国投资者的信心和兴趣。

肯尼亚独立前外资以英资为主，1963 年独立后，肯尼亚政府对原英国殖民者的资本多采取保护和鼓励的措施，同时制定多种优惠政策吸引外资，取得较大成效，外资遍及肯尼亚的农业、工业和服务业等领域。但在 20 世纪 90 年代后，肯尼亚外资流入数量及流速均呈下滑趋势。

20 世纪 70 年代，基于相对优良的投资环境，肯尼亚的外资流入增长较快，1970 年为 1400 万美元，1977 年为 5700 万美元，1979 年增至 8400 万美元。由此，肯尼亚成为 70 年代东非地区吸引外资最多的国家。80 年代，受发达国家经济衰退的影响，外资对肯尼亚的投资势头减缓，但年均流入外资仍达 3040 万美元。90 年代，受国际组织援助及贷款时断时续，以及肯尼亚国内腐败状况加剧、治安形势恶化、投资政策不佳等诸多因素影响，使得肯尼亚的投资环境逐渐恶化，外资流入明显减少。1990 年为 5700 万美元，1991 年骤降到 1900 万美元，1992 年、1993 年和 1994 年又分别锐减至 600 万美元、200 万美元和 400 万美元。总体而言，90 年代肯尼亚外资年均流入额仅为 2100 万美元，远远低于 70 年代年均 3050 万美元的吸收外资水平。而且，一些外资或合资企业利用肯尼亚 "利润纳税后即可按照资本比例自由汇出" 的规定，通过合法或非法的途径汇出利润和转移资金，使肯尼亚在部分年份资本外流现象十分严重。

进入 21 世纪，随着肯尼亚经济走势止跌并微弱增长，流入肯尼亚的外国投资额有所恢复，2001 年和 2002 年分别为 5900 万美元和 5200 万美元。2002 年年底，齐贝吉就任肯尼亚第三任总统，新政府上台伊始就将根除腐败和振兴经济作为施政要务。国际货币基金组织和世界银行于 2003 年恢复对肯尼亚的经济援助，当年肯尼亚获得 8100 万美元的外资，外资流量上升，其部分原因是由于国际热钱为赚取肯尼亚国库券高利的短期流入，属金融投机行为和间接投资。2004 年肯尼亚外资流入又回落到 4600 万美元。当前，肯尼亚被联合国评为吸引外资较差的国家之一。联合国贸易和发展委员会的研究报告显示，在被调查的 140 个国家中，肯尼亚的外资吸引力 2004 年居第 127 位（倒数第 14 位）。在过去十年中，肯尼亚在东非吸引外国直接投资的垄断地位逐渐被乌干达和坦桑尼亚所取代。肯尼亚这 "失落" 的十年正是其周边国家快速发展的十年（坦桑尼亚在 1970～1992 年每年吸引外资平均只有 470 万美元，而自 1993 年后突飞猛进，1995～2004 年年均引进外资 3.35 亿美元）。周边国家的快速发展对肯尼亚吸引外资构成了挑战。

7.2 投资环境

肯尼亚的投资环境恶化、吸引外资能力减弱，有外部政治环境改变的原因，也有肯尼亚国内的原因。

(1) 国际政治环境

随着冷战的结束，肯尼亚对于西方世界的重要性减弱，因此外资及外援也随之减少。作为一个 "亲西方" 的国家，肯尼亚得到的西方援助常与政治挂钩，即援助同肯尼亚的政治和经济改革息息相关。1991 年 11 月，国际货币基金组织暂停了一项快速支付的援助，原因是 "捐赠者提高了对肯尼亚腐败状况的评级，认为肯尼亚政治改革步伐缓慢，未能为私企提供一个支持性的环境，缺少有责任心的公共事业，国企私有化进程缓慢等"。1992 年年底，当肯尼亚对谷物贸易重新征税时，世界银行则取消了对肯尼亚的第二笔结构调整贷款。鉴于肯尼亚政府财政收支对外援的高度依赖，肯尼亚政府不得不相继实行了一系列遵从援助者要求的政治和经济改革，包括在政治上改行多党制，经济上取消价格和汇率控制、国内贸易市场自由化、进口自由、定量的减少政府支出、金融改革、私有化、劳动力市场改革等。2003 年 11 月，国际货币基金组织和世界银行等国际金融机构才逐步恢复对肯尼亚政府的援助，但这一系列急速的政治、经济改革给肯尼亚经济的健康、平稳发展带来了障碍。

需要着重指出的是，外援与外国投资紧密相关，外援一旦停止，会极大地打击外国投资信心，紧接着外资流入急剧减少。例如，1997 年 7 月和 8 月，国际货币基金组织以肯尼亚国内腐败为由中止对肯尼亚发放贷款，投资者信心指数下降，致使肯尼亚的外资流入由 1997 年的 5300 万美元锐减至 1998 年的 1100 万美元和 1999 年的 1400 万美元。一些外国投机者趁机套汇，使肯尼亚金融市场急剧波动，肯先令大幅贬值，通货膨胀上升，经济滑坡，政局不稳，使得西方国家对肯尼亚投资进一步减少。

（2）经济增长乏力

20 世纪 90 年代，受世界经济形势影响，加之国际金融组织停止提供援助、体制上的痼疾，以及多年干旱，致使肯尼亚经济增长乏力，1990～1999 年年均经济增长 2.2%。近几年经济依然低迷不振，2000 年为负增长（-0.3%），2001 年以来，肯尼亚经济呈缓慢复苏势头，2002 年和 2003 年国内生产总值增长率分别为 1.1% 和 1.3%。而肯尼亚的外资流入情况与其经济发展状况呈正相关性。当经济增长势头强劲，且有活力时，便能吸引大量的外国投资。

（3）基础设施严重滞后

肯尼亚在基础设施方面除航空和移动通信部门发展较快外，供电、供水、电信、公路、港口管理水平落后，成为制约经济发展的瓶颈。其中电力、交通是最主要的问题。

肯尼亚的电力短缺相当严重，由于缺乏稳定、可信赖的电力供应，仅有 75.7% 的电力公司拥有发电机。自供电力不但大幅抬高了生产成本，更为关键的是企业规模无法做大，不能形成规模经济，从而影响了企业竞争力。

肯尼亚的交通基础设施长期以来未见显著改善。目前该国公路总长只有 15 万公里。由于长期缺乏修缮、工程质量差和车辆超载行使等原因，目前大多路况较差，难以满足运力要求。尽管如此，公路收费却在增加。另外，港口设备、内陆航道、电信等同样存在设施老化而收费偏高的情况。世界经济论坛 1999 年对非洲 24 国的问卷调查显示，肯尼亚的道路基础设施的质量、电信服务的收费、港口及内陆水运的价格等几项指标，投资者的满意度在 24 国中排名都是倒数第一。基础设施发展的严重滞后使许多投资者望而却步。

（4）艾滋病问题

艾滋病对肯尼亚投资环境的影响是投资者不得不面对的一个新问题。1994 年后，艾滋病成为危害社会的最严重的疾病，肯尼亚政府于 1999 年 11 月 25 日宣布艾滋病为"国家灾难"。据 2002 年肯尼亚官方公布的数据，2001 年底肯尼亚艾滋病感染率已达 13%，艾滋病患者达 250 万人。2003 年该国艾滋病毒携带者比例为 7.2%。另据肯尼亚《民族日报》2005 年 3 月 20 日报道，由于肯尼亚的艾滋病疫情已进入"高死亡阶段"，每年有 15 万人死于艾滋病，所以 2005 年肯尼亚艾滋病病毒感染人数降至约 140 万人。在艾滋病死亡者中，超过 80% 的人年龄在 20～59 岁，给其家庭带来极大的危害。许多艾滋孤儿失去家庭的关爱、抚养和学校教育，造成犯罪率上升等严重的社会问题。不断增加的艾滋病患者也使企业蒙受了巨大损失：对雇员健康保障的支出大幅度增加；提供给企业的人力资源质量下降；技术熟练工人的死亡迫使企业增加培训非熟练工人的费用；雇员脱岗照顾病人或参加葬礼，从而影响生产。艾滋病的蔓延还影响了企业的销售规模（许多患者丧失劳动力从而失去收入）。艾滋病增加了肯尼亚政治、经济和社会的不稳定性。

（5）治安状况恶化

近年来，肯尼亚的治安状况逐渐恶化，发生了多起针对外国人的袭击事件。1998 年 8 月，由国际恐怖组织策划、在肯尼亚首都内罗毕发生的针对美国大使馆的炸弹爆炸事件，造成 219 人丧生、5000 余人受伤；2002 年 11 月底，蒙巴萨天堂饭店遭到恐怖主义袭击。这些都严重动摇了外国投资。除恐怖袭击外，针对平民的抢劫案件也时有发生，内罗毕是全国犯罪率最高的地区，肯尼亚沿海还有海盗横行，危及货物运输。而警察提供安全服务不力甚至索贿，使外商颇有微词。

治安状况差使肯尼亚的外国投资下降 40%。肯尼亚公共政策研究和分析机构所作的研究报告指出，与犯罪有关的损失在过去十年中不断增多，形成对投资环境最大的障碍。报告估计企业每年由犯罪引起的财产损失和破坏为 4% ~ 10%。非直接成本，包括企业雇佣保安的成本估计在 2.7% ~ 7%。尽管肯尼亚政府在打击犯罪方面做出了很大的努力，但仍有很多需要改进之处。治安状况不佳会使投资回报不确定，并迫使金融机构提高利率，这最终会限制外部资金的进入，使得外部资金进入的成本增加。该报告还指出，在被抽查的企业中有 41% 在运送货物和服务时面临治安问题。94% 的企业称在货物运输过程中发生过丢失，90% 的损失是人为原因造成的。

（6）行政效能低下和腐败问题

肯尼亚独立后，逐渐建立起以经济发展为导向、以个人为领导核心、对政党和社会团体严加控制、政府权力高度扩张的威权主义政治体制。在这种体制下，官僚主义与腐败行为日盛，政府机构重叠、管理不善、办事效率低下，这也是肯尼亚逐渐失去对外投资吸引力的一个重要原因。

在行政方面，据世界经济论坛发表的报告显示，肯尼亚在进出口许可、税值估定、商业执照、市场准入、贷款申请，甚至警察保护等方面都存在一些腐败现象。企业在与政府进行商务往来时，必须支付平均 10% ~ 18% 的额外支出，方能确保一份合同。世界经济论坛对非洲 24 国的问卷调查显示，肯尼亚在法院体系的公正、政府法律法规的信用、法律保护商业合同的有效性，以及政府在提供服务时的腐败程度等方面，得分评价在这 24 国中排名靠后，特别在警察提供公共安全服务方面的得分更是倒数第一。肯尼亚的腐败现象还体现在司法领域，司法系统被认为是该国腐败现象泛滥的重灾区之一。2003 年 10 月，肯尼亚 45 名高级法官中有 23 人因腐败受到指控继而被停职审查。对这些高级法官的指控包括巨额受贿、滥用职权、缺乏职业道德、办事不公正等，由此肯尼亚被认为是世界上腐败现象最严重的国家之一。

在行政效能方面，肯尼亚一些公营企业办事效率同样低下。在 20 世纪 90 年代末，蒙巴萨港因效率低下而导致延误事件增多，极大地影响了进出口货物的流转，有些货物因此而腐烂变质。

7.3　金融环境

（1）当地货币

肯尼亚货币为肯尼亚先令（Kenya Shilling，Ksh），可与西方主要货币自由兑换。

2003～2007年，随着肯尼亚经济的快速发展，肯先令呈现连年升值态势。但自 2007 年年底肯尼亚大选引发骚乱以来，因受内乱、干旱、国际粮食危机以及美国金融危机等负面因素影响，肯先令与大选前相比贬值幅度超过 1/4。

肯尼亚没有外汇管制，在提供相关凭证和证明材料后，肯尼亚居民和非居民即可自由地开展以外汇作为支付手段的商品或服务（包括经常项目和资本项目）买卖活动，向特许银行申请获得外汇融资便利，任何公司和个人无须申请便可在商业银行开设外汇账户。外资利润汇出自由，外籍人员外汇收入在完税后可全部汇出。出入境人员携带外汇金额多少不限，但超过 5000 美元的需在海关登记。

（2）银行机构

肯尼亚拥有比较完善的金融服务体系，包括中央银行、49 家商业银行、4 家非银行金融机构、2 家抵押放款公司、6 家发展金融机构、4 家建房互助协会和 1 个资本市场管理局。商业银行主要有：肯尼亚商业银行有限公司、渣打银行肯尼亚有限公司、肯尼亚合作银行有限公司、巴克莱银行肯尼亚有限公司、肯尼亚股权银行。中国国家开发银行和中国进出口银行在肯尼亚皆驻有工作组。

（3）融资条件

在肯尼亚的外国企业可向当地银行申请融资业务，在融资条件方面，外国企业与当地的企业享受同等待遇。金融机构在对投资项目进行评估时将重点关注项目的商业可行性以及开发价值，如是否有利于推动肯尼亚国内企业发展、改善社会和经济环境、创造和保持外汇收入、促进本地原材料的使用、增加肯尼亚国民工作机会，以及有效使用国外和肯尼亚本国技术等方面。

7.4　投　资　政　策

面对周边国家吸引外资的竞争，以及外部世界的压力等，肯尼亚政府近年来采取了一系列吸引外资的新举措，努力改善吸引外资的环境。

（1）深化投资政策改革

为了重获西方世界的支持，肯尼亚政府按照国际货币基金组织和世界银行的建议，在经济领域进一步实行自由化，采取了一系列鼓励投资的措施。例如，在贸易部门取消进出口许可证，降低进口关税税率，取消出口关税；在工业部门建立出口加工区，简化投资审批程序，外商的投资在一个月内即可完成审批手续；在财政金融部门加强税收管理，控制财政支出，对外商开放金融市场，废除外汇管制；对国有企业实行私有化；政府根据不同地区和行业还给予不同额度的投资与出口等补贴及税收减免等。但联合国贸易和发展委员会的研究报告也批评了肯尼亚投资管理局关于外国直接投资项目最低限额 3.75 亿肯先令的规定，称这会阻碍新的投资流入。报告呼吁修改投资促进法案，取消投资项目最低限额规定，使外国投资者在肯尼亚投资享有更大的选择性。

（2）大力加强基础设施建设

为解决公路管理不善问题，肯尼亚政府于 2000 年决定成立肯尼亚公路委员会，负责管理整个公路部门的资源，交通部门也被列入了私有化的计划。为完善东非公路网，促进贸易和投资，肯尼亚政府还计划投入 500 亿肯先令，新建或整修该国境内 14 条主要公路。

为解决电力供需矛盾，政府启动了一项将耗资 8 亿~10 亿美元的电力发展计划，建设一系列火力、水力及地热发电站，力争实现电力的自给自足。1997 年议会通过《电力法》，允许私商参与电力生产与销售，并鼓励筹建私营发电站。随着电力需求的增加，肯尼亚的电力装机量提高了约 40%，约增加 42.3 万千瓦的装机容量，于 2006 年 7 月~2008 年 7 月安装完毕。为了实现电力来源多样化，2004 年肯尼亚耗资 14 亿肯先令（约合 1840 万美元）在裂谷区大力开发地热发电，预计到 2019 年，肯尼亚地热发电的比例将由目前的 10% 增至 39%。另外，2009 年肯尼亚和坦桑尼亚之间可以进行电力贸易。从发展背景看，肯尼亚、乌干达和坦桑尼亚三国电网联网后，可以期望获得更多电力。

（3）加大公共卫生投入，大力防治艾滋病

近年来，肯尼亚政府将医疗卫生确定为优先发展领域。为此，政府加大了用于公共卫生的财政支出，2003~2004 财政年度，肯尼亚卫生部门支出增长 9.2%。鉴于艾滋病蔓延的严峻现实，肯尼亚制订了关于防治艾滋病的战略规划。为加强宣传预防，肯尼亚政府规定全国所有学校必须把有关艾滋病的常识列入教学大纲。在组织机构方面，肯尼亚成立了全国艾滋病控制委员会，且在政府各部门都设有专门的艾滋病防控机构。在国际合作方面，肯尼亚与其他国家科研人员共同开展医疗研究工作，争取获得国际援助，尽量减免患者治疗费用，力争降低艾滋病感染者的比例。

（4）加强治安

肯尼亚新政府采取加强治安的一系列举措，努力改善国内社会治安状况。一方面，在全国的机场、饭店等重要场所设置了安检仪，加强与其他国家的反恐合作。另一方面，大力整肃警察队伍，2003 年以来对警察队伍进行了大换血，更换了一大批高级警官，并给警察加薪，大幅增加警力。这些措施在一定程度上遏制了肯尼亚国内治安不断恶化的趋势，但治安状况难以在短期内得以根本改观，对经济的影响还将持续一段时间。

（5）精简机构，提高行政效能，加大反腐败力度

肯尼亚于 1999 年 9 月将 27 个政府部门合并为 15 个，行政部门将取消 22 万个办事处，限制政府部门对电话和车辆的使用以节约开支。原总统莫伊在执政后期于 2000 年撤换了数名大贪官。2001 年莫伊加大了反腐败力度，不仅解除了涉嫌腐败的医疗服务部长职务，还公布了《反腐败和经济犯罪法案》和《公务员职业道德法案》。肯尼亚政府还实施了财务审计工作和账目公布制度，以减少贪污和欺诈行为。2003 年，齐贝吉总统上台伊始就表示要加强议会权力，增强司法系统的独立性，依法执政，打击司法腐败。肯尼亚政府依据根除腐败的施政要务，启动了反腐败五年计划，齐贝吉总统率先公布个人财产，并要求所有公职人员必须申报个人财产。肯尼亚政府还规定政府采购和重大项目招投标公开化，打击非法土地买卖，取得显著效果。此外，针对国营企业效率不高的问题，肯尼亚对包括电信公司、铁路公司、航空公司、商业银行和港务局等在内的 27 个国有大公司加快了私有化进程。

综上所述，肯尼亚吸收外国直接投资下降、投资环境有待改善是不争的事实，但从总

体来看，肯尼亚投资环境良莠参半。值得注意的是，该国的投资环境还有其非常亮眼的一面，肯尼亚是撒哈拉以南非洲政局最稳定的国家之一；至今仍是东非工业、金融业和航空业最发达的国家，具有东非最现代化的海港——蒙巴萨港；拥有东非地区相对较好的交通和通信网；在服务领域特别是高水平的人力资源方面具有较强的竞争力。肯尼亚政府经过持续努力，不断改善投资环境，从而增强投资者的信心，无疑将为吸引更多外资注入新的动力。

第8章 农业区划

农业是受气候影响最为敏感的产业部门，气候良好与否直接影响农作物的生长、发育和收成，这是导致农业生产地区差异的最重要自然因素之一。气候包含很多要素，划分气候类型和区划，主要采用温度、热量和降水等。

气候区划可以为多方面经济建设服务，其中专为农业服务的称为农业气候区划。由于农业生产的多样性和地区性，又可分为综合农业区划和各部门、各作物气候区划。综合气候区划就是综合考虑光、热、水分等的地区组合的分异规律，按区内相似性与区间差异性来划分各级区域的。针对各种作物，如水稻、小麦、棉花、大豆、甘蔗、柑橘、橡胶、茶树等专业的农业气候区划，既是为适应各作物布局而划分的，也是为综合农业气候区划和农业区划提供更确切的布局依据。

8.1 农业气候区划

农业生产区域性的形成与变动在很大程度上受气候条件的制约。因此，农业气候区划需根据农业气候条件的地区差异进行区域划分。一般是在分析地区农业气候条件的基础上，采用对农业生产具有重要意义的气候指标，遵循农业气候相似原则，将一个地区划分为若干个农业气候区域。

从农业生产部门的角度来看，农林牧各业分布的状况具有明显的区域性。水分是构成这些区域性差异的一个重要因素。从作物生产的角度来看，农作物要求一定的气候条件，气候条件又影响作物的布局，因而形成了作物生产的区域性。从种植制度的角度来看，种植制度的形成和发展主要是建立在农业气候区域性基础上的，种植制度的区域性主要取决于热量条件。从农产品品质的角度来看，农产品品质的好坏也有区域性，小麦中的蛋白质、甘蔗和甜菜的含糖量、苹果的品质、瓜果的含糖量等都与气温、气温日较差、气候大陆度、干燥度等的区域性有关。从农业生产技术的角度来看，农业生产技术措施也是与气候、农业生产的区域性相适应的。农时季节、灌溉与排水、抗旱与防湿、埋土与露地、镇压与松土等都是适应一定气候条件在农业生产中长期应用的结果，在一定的气候区域要采取与它相应的农业技术措施。

由此可见，农业生产的区域性是与一定气候条件相连的，这是进行农业气候区划的基本依据。当然，应当指出，品种的演变和种植界线的推移以及社会和经济需求等原因所引起的区域性变动，都会对农业区域有不同程度的影响，但农业气候区域性还是最基本的规律。

影响作物生长的主要气候因素有降雨强度和降雨历时、潜在蒸散量、年际降雨变化量。根据潜在蒸散量计算得出的湿度指数（代表潜在蒸散量的比率），可将肯尼亚划分为7 个农业区（Sombroek et al.，1982），具体见表 8-1。其中，湿度指数大于 50% 的地区（即 Ⅰ、Ⅱ、Ⅲ区域）适宜种植业，这些地区占整个国土面积的 12%；半湿润气候到干旱气候类型的地区的湿度指数小于 50%，即 Ⅳ、Ⅴ、Ⅵ、Ⅶ区域，这些地区的年降雨量在1100 毫米以下，仅适宜畜牧业，占国土面积的 88%（图 8-1）。

表 8-1　肯尼亚农业气候区域划分

农业气候区	类别	湿度（%）	年平均降雨量（mm）	面积占比（%）
Ⅰ	较潮湿	>80	1100～2700	12
Ⅱ	潮湿	65～80	1000～1600	
Ⅲ	次潮湿	50～65	800～1400	
Ⅳ	次潮湿–次干旱	40～50	600～1100	5
Ⅴ	次干旱	25～40	450～900	15
Ⅵ	干旱	15～25	300～550	22
Ⅶ	较干旱	<15	150～350	46

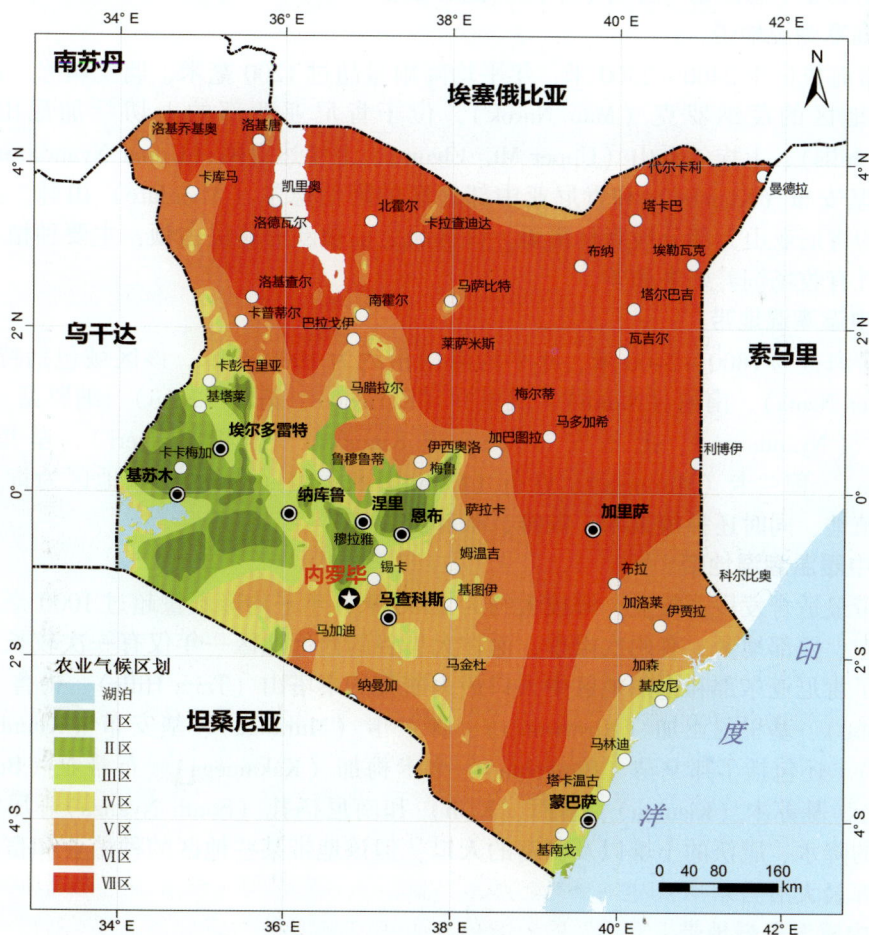

图 8-1　肯尼亚农业气候区划图

7 个大区还可根据年平均温度进一步细分，次级分区可作为肯尼亚主要粮食作物和经济作物种植的重要依据。其中，粮食生产潜力较高地区的海拔大多大于 1200 米且年平均气温低于 18℃。其余粮食生产潜力较低的区域占总面积的 90%，属于半干旱或干旱气候，其海拔低于 1260 米，年平均气温为 22~40℃。

8.2　农业生态区划

农业生态区划在性质上属于功能单元区划，它是根据自然环境结构、经济结构及其功能的地域分异规律，按区内生态结构的相似性和区际差异性，将特定的空间环境划分为不同的农业生态单元，并分析其间的农业生产条件、生产结构和生产布局，研究各级生态区域的形成过程和区域特征，进行当前生态系统的评价和对比，揭示各生态区农业生态系统的合理结构，提出各区的改造利用途径与措施，为合理利用农业自然条件与资源，发挥优势，扬长避短，建立良好的农业生态系统提供科学依据。

肯尼亚农业生态区划可分为 7 个区（图 8-2）。

（1）高寒潮湿地带

该地带海拔位于 2400~2500 米，年平均降雨量超过 1200 毫米，偶发霜冻。该区域包括大裂谷地区的茂纳罗克（Mau Narok）、位于肯尼亚西部的上切兰加尼山（Upper Cherangani hills）、上埃尔贡山（Upper Mt. Elgon）、上年达鲁阿（Upper Nyandarua）、涅里（Nyeri）、基安布（Kiambu）和肯尼亚中部地区的阿伯德尔（Aberdare）山脉。其中，位于该区域的肯尼亚山大部分被森林覆盖。该区域之前被欧洲移民占领，主要种植小麦和除虫菊，并且有牧场饲养奶牛和羊。

（2）中温潮湿地带

该地带海拔为 1800~2400 米，年平均降雨量约为 1000 毫米。该区域包括特兰斯-恩佐亚（Trans Nzoia）、南迪（Nandi）、凯里乔（Kericho）、基西（Kisii）、纳罗克（Narok）、年达鲁阿（Nyandarua）、上基安布（upper Kiambu）、涅里（Nyeri）、基里尼亚加（Kirinyanga）、穆兰卡（Muranga）、恩布（Embu）和梅鲁（Meru）。该地区为肯尼亚的重要奶牛养殖地，同时还种植玉米、咖啡、茶和除虫菊。

（3）中暖温潮湿地带

该地带最适合发展畜牧业，海拔大约为 2500 米，年平均降雨量超过 1000 毫米。在肯尼亚东、中、西部地区，有两次雨季，而在大裂谷的西部地区一年仅有一次较长雨季。该地带包括了肯尼亚东部和中部地区中人口最为密集的泰塔山（Taita Hills）、梅鲁（Meru）、恩布（Embu）、基里尼亚加（Kirinyanga）、穆兰卡（Muranga）、基安布（Kiambu）和涅里（Nyeri）。还包括了邦戈马（Bungoma）、卡卡梅加（Kakamega）、布希亚（Busia）、夏亚（Siaya）、基苏木（Kisumu）、基西（Kisii）和南尼扬扎（South Nyanza）。尽管该地带拥有充沛的降水、肥沃的土壤以及稠密的人口，但该地带某些地区的种植业和畜牧业生产力仍未发挥最大潜力。

（4）中暖温干燥地带

该地带海拔为 1000~1800 米，年平均降雨量为 500~760 毫米，包括基图伊（Kitui）

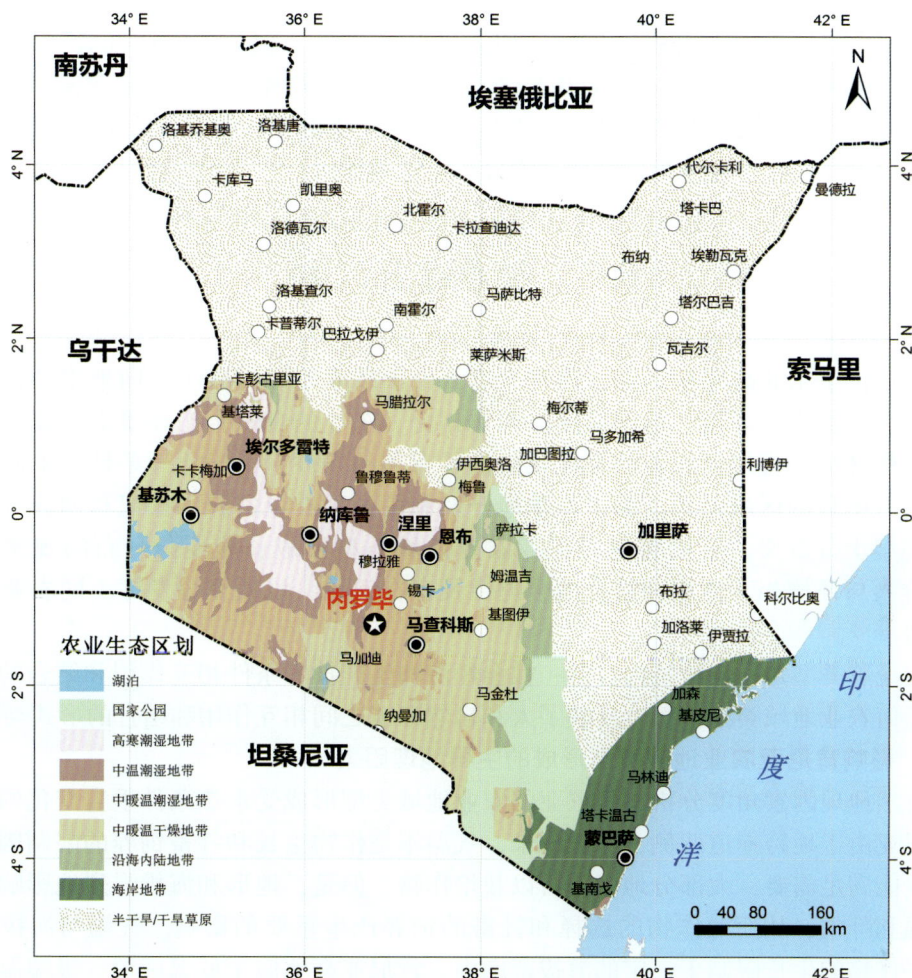

图 8-2　肯尼亚农业生态区划图

和马查科斯地区（Machakos district）的耕地部分，以及梅鲁（Meru）、恩布（Embu）、基里尼亚加（Kirinyaga）和伊西奥洛（Isiolo）。前者每年经历两次雨季，后者每年仅有一次雨季。

（5）沿海内陆地带

该地带气候较为炎热干燥，包括北部沿岸及南部内陆地区，年平均降雨量在 500～750 毫米，海拔在 1000 米以下。该地带的气候较干旱，种植业产量较低，不适宜进行奶牛养殖，大多饲养食用牛。

（6）海岸地带

该地带气候较炎热且潮湿，包括由蒙巴萨（Mombasa）至马林迪（Malindi）宽约 16 公里的海岸。该地区一年经历两次雨季，年平均降雨量在 760～1270 毫米，降雨量由南至北逐渐减少。该地区地势较为平坦，种植业以乔木类为主，如椰树、腰果树和芒果树，草本类植物一般生长在树荫或树木之间。

（7）半干旱/干旱草原

该地区占肯尼亚国土面积的 80%，但人口仅占 20%。包括了农业气候区划中的Ⅳ、Ⅴ和Ⅵ区，年平均降雨量在 300 ~ 800 毫米。该地区植被较稀疏，土壤易受侵蚀，易发大风。作物种类较为有限，但畜牧业较为发达，大多养殖骆驼、绵羊、山羊和牛。据估计，除国家公园以外，有将近一半的野生动物分布在这些地区。

8.3　农业综合区划

肯尼亚位于东非高原东北部，横跨赤道，由于高原地形打破了纬向地带性，肯尼亚不具有典型性的赤道环境。与同纬度的西非相比，东非的自然生态环境更加复杂。这种复杂的自然环境为肯尼亚农业的多样化提供了有利的条件。由于地理条件的不同，农业的分布具有明显的区域差异。为了科学地开发利用各种农业资源，认识和划分肯尼亚农业地域类型十分重要。下面将对肯尼亚农业地域类型形成、演变与分布的规律进行分析，评价人与环境相互作用和结合的合理性及存在问题，以便充分发挥不同农业地域类型的优势。

农业地域类型是一定地域内自然、社会经济和生产技术条件相互作用和结合的空间综合体，任何农业地域类型都综合反映了人和自然环境之间相互作用和结合的形式与特点。

（1）影响肯尼亚农业地域类型形成的主导地理因素

从自然地理因素角度分析，肯尼亚的农业地域类型形成受水热条件垂直变化的影响较大。肯尼亚由于地跨赤道两侧，一般说来，气温不是作物生长和牲畜饲养的限制因素，只要降雨量能满足需要，大部分地区都可以栽培作物。但是，地形和海拔强烈地影响着肯尼亚的气温和降雨，从而对作物的选择和牲畜的饲养产生重要的影响。气温与海拔密切相关，某些作物的生长限制于一定的海拔范围内。肯尼亚高地属于低温区域，极端温度限制了多种作物的生长和分布。海拔 2400 米以上的地区常出现地面霜冻，严格限制了许多热带作物的生长。降雨量随海拔的增加而增加，达到一定的临界高度，降雨量开始减少。例如，纳库鲁区降雨量受海拔的强烈影响。在海拔 1800 ~ 2400 米的地区，降雨量为 760 ~ 1279 毫米，适宜种植玉米、蔬菜及饲养奶牛和绵羊，而海拔 1500 ~ 1800 米的裂谷底部，降雨量在 760 毫米以下，适宜饲养肉牛和羊、种植玉米和小麦。实际上，水热条件随海拔的变化因地而异。从农业角度看，同一海拔水热条件的地域差异对作物的选择更具重要意义。最好的实例是东、西裂谷地带的地区差异，西部裂谷地区条件优于东部裂谷，茶树生长明显优于东部，因为茶树适宜生长在海拔 1500 ~ 2300 米、降雨量 1250 ~ 2000 毫米的地区。

地貌类型对农业地域类型的形成也有很大影响。肯尼亚的主要地貌类型一般可分为平原、高原和高地三类。各类型的特征和分布直接或间接地影响各地的水热条件。这种多样的自然环境为农业发展提供了多种选择。在高地和高原地区，坡向、坡位、坡度都直接或间接地影响水热条件，从而影响土地利用形式和作物分布。在同一海拔山区的不同地区，气候随坡向和盛行风向变化。例如，在肯尼亚山区，东坡和东北坡湿润，年降雨量为 1320

毫米，而西坡相对干旱，尼耶里区（Nyari）年降雨量只有737毫米。降雨的季节分配与农业活动之间有着直接的关系。例如，在南迪区（Nandi）的南部和中部地区年降雨量最少也有1500毫米，形成了茶树栽培带。而相对干旱的东部和东北部，年降雨量只有1200毫米，适宜种植玉米和向日葵。耕种常见于坡度平缓的地区，陡坡因土壤瘠薄且易发生水土流失，不宜农作。但有些地区也将陡坡筑成梯田进行耕种。

降雨对肯尼亚农业地域分异的影响主要表现在降雨的保证率和降雨的季节分配上。特别是降雨的保证率在一定程度上是土地利用类型的决定性因素。适宜种植业和畜牧业的年降雨量指标分别为762毫米和508毫米。肯尼亚72%的地区年降雨量不足508毫米，这些地区只能发展畜牧业，因为气候条件限制了种植业的可能性。年降雨量和畜群在一定程度上存在依存关系。肯尼亚北部沙漠和半沙漠地区，年降雨量在254毫米以下，只适宜饲养骆驼和山羊。牛通常在年降雨量达到500毫米的地区才能饲养。肯尼亚年降雨量超过762毫米的地区仅占国土面积的15%，包括肯尼亚高地、沿海地带、维多利亚湖周边地区。这些地区最重要的农业是种植业和畜牧业。肯尼亚13%的地区年降雨量在580~762毫米，可视为农牧业用地的边缘地带或中间过渡带。种植业具有典型的自给性，畜牧业是重要的辅助生计手段。根据土地潜力划分，肯尼亚80%的土地为干旱和半干旱地区，其中大部分适宜粗放的大牧场和畜牧。农业不仅受降雨量保证率的制约，而且也受季节分配的制约。降雨不仅表现出很强的季节变化，而且各地也有很大不同。肯尼亚显然具有三类雨量区：①西部（西部高地和维多利亚湖区），属于湿润区，无旱季，雨量可保证香蕉、茶树和咖啡的生长；②中部基本属于干旱区，有两个雨季，6~10月间隔2~5个月的干旱季；③沿海地带只有一个雨季，最大降雨量出现在5月，气候湿润，为热带水果生长提供了优越的条件。

植被也会对肯尼亚农业地域类型产生影响。肯尼亚的植被类型主要包括森林、草地、半荒漠和荒漠。森林面积很小，仅占国土面积的7%，主要分布在海拔1500米以上的高地和沿海地带。半荒漠和荒漠仅见于肯尼亚北部的最干燥区，降雨量减少至250毫米以下。刺灌木和灌丛退化为稀疏的金合欢属低矮灌木和矮草，这类植被覆盖肯尼亚国土面积的27%，只有半荒漠被游牧民用来放牧骆驼、山羊和绵羊。草地是肯尼亚最重要的植被类型，占国土面积的65%。包括矮树高草地、树丛草地、稀树草地和空旷草地。前两类草地可称为有树草地，后者称为灌丛草地。有树草地主要分布在肯尼亚高地维多利亚湖区和沿海地带。这类草地是肯尼亚人畜最集中的地区。肯尼亚高地是最重要的牧区，有些已被开发成最好的牧场。在海拔1000米以下的低地大都为灌木地，环境较为干旱，年降雨量在250~650毫米，由于地势低和降雨量不稳定，农业发展差且不稳定，居民大多从事游牧业或半游牧业。

从社会经济因素角度分析，种族和部族的构成对肯尼亚农业地域类型的形成起着重要作用。肯尼亚人口主要由四个种族集团组成，分别是班图族、尼罗族、尼罗-哈米特族和哈米特族。非洲人可分属于42个不同的部族，其中8个人口超过100万的部族是基奎亚（Kikwya）、卢亚（Luhya）、卢奥（Luo）、甘巴（Kamba）、卡兰吉（Kalenjin）、基希（Kissi）、梅鲁（Meru）和米吉坎达（Mijikenda）。最小的部族只有几百人。由于各部族生存的环境不同，形成了各自特有的生产和生活方式，积累了不同的资源利用和环境改造方面的经验。干旱地区只能养活低密度的游牧民，在自然条件较好、人口较密的地区，实施以种植业为主的混合农业，而环境条件较差的地区则以畜牧业为主。班图族是肯尼亚最重要的种族集团，主要分为 3 个地理族群，即西部族群（渔民）、中部族群和沿海族群，约占非洲人的 65%，主要分布在肯尼亚南半部；其中基奎亚、卢亚、甘巴、梅鲁和米吉坎达是肯尼亚最大的部族。他们在社会结构和土地利用制度上，已适应不同的自然环境和社会变革，大都是农民，以种植业为主，辅以牲畜饲养。尼罗–哈米特人占非洲人的 16%，分布在从肯尼亚西北向南延伸至中西部高地一带，包括裂谷带内的图尔卡纳（Turkana）、苏克（Suk）、伊特索（Itso）、南迪（Nandi）、基普希基斯（Kipsiqis）、埃尔格雅（Elgeye）、马克维特（Markwet）、萨包特（Sabot）、马赛（Masai）、萨布鲁（Samburu）、图久（Tugeu）、恩德罗博（Nderobo）、恩柬皮斯（Njemgs）等各部族。哈米特人占非洲人的 4.5%，分布在肯尼亚东北部向南至沿海地带的干旱和半干旱地区，由加拉（Rondible-Galla）和索马里人组成，饲养牛、骆驼和羊，以游牧为生，很少进行农耕。值得注意的是，当一个部落面临不同的自然环境时，往往采取各自不同的生计方式。在较干旱的地区以牧业为主，而在气候比较宜人的地区则以农耕为主，从而导致土地利用类型的多样性。

农业地域类型也是一定历史时期的产物，它是在农业的演变过程中形成的，并随着不同社会经济类型因素和技术因素的发展演变相应地从一种较古老的农业类型逐步演变成现代农业方式。同时，不同时期的政府政策在土地资源开发利用中起着重要作用。在被殖民以前，农业以自给自足型农牧业为主，主要从事粮食生产，商业性的农业生产活动有限。随着殖民政权的建立，农业部门发生了巨大且深刻的变化。英国殖民统治者实行了一系列殖民经济政策，将肯尼亚拖入宗主国经济轨道作为其经济附庸，以满足殖民主义需求。在殖民统治时期，英国殖民政权鼓励本国人到肯尼亚定居，以便开发利用宜耕地和廉价劳动力发展大规模农业，生产出口型农产品，如咖啡、茶、剑麻等。第二次世界大战后，商品性农业迅速发展。东部高地的金布（Kimbu）、希卡（Thika）、埃布（Embu）和梅鲁（Meru）成为咖啡的主产地，而茶主要产于海拔 1500 米以上的高地。克瑞乔（Kericho）成为最大的产茶中心。肯尼亚高地同时也发展了奶牛、肉牛和其他牲畜产品的现代商品农业。独立以后，肯尼亚政府收回了从前"白人高地"（white highlands）的土地使用权和所有权。但从整体上分析，肯尼亚农业地域类型至今未发生根本性的变化，实际上，现有的农业地域类型是在英国殖民统治时期形成的。

交通运输也是影响农业地域类型形成的重要因素之一。交通运输是商品生产必不可少的条件，它不仅影响土地资源开发利用的效率和规模，而且也影响农业商品化的程度。铁路是形成肯尼亚农业地域分异特征的最主要运输方式。商品农业的兴起和自给农业的衰落，大都出现在铁路沿线。在殖民统治早期，铁路是自然资源开发利用最重要的运输方式。因此，殖民统治的前半期，是铁路建设的主要时期，咖啡和剑麻等商品农业得以迅速发展，许多大农场也在这个时期兴起。例如，乌干达铁路的修筑和出口农业的布局反映了交通运输与农业地域类型的密切关系。

（2）肯尼亚农业地域类型划分的依据

自然、社会经济和技术条件对农业地域分异具有重要影响，因此，各地区的土地利用方式、农业部门结构以及作物组合和畜群组成呈现出明显的地域性。

自然条件是农业生产的基本条件之一。自然条件的地区差异是影响农业地域分异和布局的基本因素之一。但应认识到，条件的多样性仅为农业的地区差异提供可能，把这种可能性变成客观现实的决定性因素则是社会经济条件和技术条件。因此，在农业地域类型的划分中不仅要考虑农业条件的类似性和差异性，还要考虑这些因素在地域上的结合情况。

肯尼亚农业深受各族人民固有的社会组织和结构、传统习惯、生计方式和传统农作技术，甚至宗教信仰的影响，种族和部落的不同对农业的类型和形式有着重要的影响。各部族在漫长的历史发展进程中，通过发展自给性的动植物和引进优良的作物与畜种逐步形成了各具特点的农业类型。肯尼亚属于少数民族的其他种族也对肯尼亚的土地利用方式产生了深刻的影响，尤其是大型商品农业受其他民族的影响特别显著。

农业部门结构复杂，一般说来，农业由农、牧、林、渔部门组成，但其组织形式各地不同，具有明显的地域性。就部门本身来说，亦存在内部差异。例如，种植业有粮食作物和经济作物，畜牧业有牲畜饲养和牧场，林业有经济林和用材林，渔业有海洋渔业和淡水渔业。这些部门农业结构也有显著的地域差异性。因此在农业地域类型划分时，要特别注意区域内代表性的农业部门，优势作物或畜种及其在地域上的组合和分布特点，这在一定程度上反映了人与环境的最佳结合。在划分农业地域类型时，一级类型可根据大农业部门结构来划分，而亚类型可根据作物组合或畜群组成来确定。

农业的专门化和商品化是在生产力水平较高、商品生产发达的条件下形成发展起来的。它是农业生产地域分工的重要标志之一。集约化主要反映了生产力水平，特别是农业技术水平和经营特点。生产力水平包括各农业部门经营管理的方式和水平、牲畜的饲养方式、灌溉和水源保护、轮作、休耕、间种、施肥和机械化等。肯尼亚农业专门化是与英国殖民统治对土地资源的掠夺性开发分不开的。专门化主要限于大农场形式的主要出口作物和牲畜。大型农场和自给自足型的小农业对比明显。

（3）肯尼亚综合农业区划的标准和划界

实际上，任何农业地域类型都是各不相同的区域综合体。在类型划分时，定性的差异可通过地理因素分析来区分，而定量的差别可通过一定的指标来确定，在类型划分时，主要的困难之一是如何选择相关的统一标准。关于肯尼亚农业地域类型的等级，第一级可以根据农业部门的结构来划分，第二级可以根据作物组合和畜群组成来划分。

第一级类型划分标准：农业部门结构，包括土地利用结构各部门（如农、牧、林、渔业）的产值结构、农牧人口比重和人均牲畜数量。

第二级类型划分标准：优势作物（根据作物播种面积比重确定）、优势牲畜（根据畜群组成确定）、淡水渔业和海洋渔业、经济林和用材林。

肯尼亚综合农业区划中的地域类型可依下列因素为基础进行划分：降雨量保证率、植被分布、部族分布和农业分区统计资料。

综合农业区域划分的要点是如何划分满意的分界线。任何类型都占有一定的空间，需要划分"界线"将彼此分开。但是，从一种类型逐渐过渡到另一种类型时没有明显的分界线，显然两者之间有一个过渡地带。有时沿着自然特征如河流、山脉，或沿着文化边界如部落区域，划分出"边界线"。值得注意的是，人类的经济活动是在一定的行政区域单位内进行的，统计数据通常是以行政区为单位统计的。因此在划界时行政区界被作为类型划界的依据。但是客观上，农业地域类型的边界通常与现行的行政区界不一致，因此，划界时参考自然边界、文化边界进行调整。在这种情况下，野外实地考察常被视作重要的方法。毫无疑问，定界在一定程度上具有任意性，因而被视作是暂时性的。

根据上述几种因素，肯尼亚综合农业区域类型可划分为 4 个一级类型和 8 个二级（亚）类型，见表8-2。

表8-2　肯尼亚综合农业区域划分层次

一级类型		二级类型	地区
I	维多利亚湖—沿海农渔类型	I$_1$ 沿海混合农业-热带水果-海洋渔业亚类型	夸勒（Kwale）、基里菲（Kilifi）、拉穆（Lamu）、蒙巴萨（Mombasa）
		I$_2$ 维多利亚湖东沿混合农业-淡水渔业亚类型	霍马湾（Homa Bay）、基苏木（Kisumu）、米戈利（Migori）、夏亚（Siaya）、布希亚（Busia）
II	高地商品农业—林业类型	II$_1$ 东、西部高地集约型谷类作物（玉米、小麦）-出口作物（茶、咖啡）-商品性养牛业（奶牛、肉牛）-针叶林亚类型	基安布（Kiambu）、基里尼亚加（Kirinyaga）、穆兰卡（Muranga）、涅里（Nyeri）、恩布（Embu）、马查科斯（Machakos）、梅鲁（Meru）、塔拉卡-尼蒂（Tharaka Nithi）、内罗毕（Nairobi）、基西（Kisii）、尼亚米拉（Nyamira）、博美特（Bomet）、凯里乔（Kericho）、南迪（Nandi）、瓦辛基苏（Uasin Gishu）
		II$_2$ 裂谷带商品性混合农业（玉米、小麦、除虫菊-奶牛、肉牛）亚类型	纳库鲁（Nakuru）、年达鲁阿（Nyandarua）
III	高原混合农牧业类型	III$_1$ 半干旱高原自给性混合农业（玉米、高粱、小麦、豆类-牛、羊）亚类型	泰塔塔维塔（Taita Taveta）、基图伊（Kitui）、马瓜尼（Makueni）、巴林戈（Baringo）、埃尔格约-马拉奎特（Elgeyo Marakwet）、莱基皮亚（Laikipia）
		III$_2$ 西部高原混合型农业（玉米、豆类、甘蔗-牛、羊）亚类型	特兰斯-恩佐亚（Trans Nzoia）、邦戈马（Bungoma）、卡卡梅加（Kakamega）、韦希加（Vihiga）
IV	半干旱粗放游牧业类型	IV$_1$ 北部、东北部半干旱高原-骆驼-羊游牧业亚类型	塔纳河（Tana River）、伊西奥洛（Isiolo）、马萨比特（Marsabit）、加里萨（Garissa）、曼德拉（Mandera）、瓦吉尔（Wajir）、桑布卢（Samburu）、图尔卡纳（Turkana）、西波克特（West Pokot）
		IV$_2$ 马赛人地区牛羊游牧业亚类型	卡耶亚多（Kajiado）、纳罗克（Narok）

（4）综合农业区域类型划分评价与农业发展建议

农业区域类型划分是否具有实用价值，关键在于对影响农业地域类型地理因素的认识程度，这一探索性的划分主要是一种尝试而非定论。应强调的是，多样的农业地域类型是在漫长的历史过程中形成的，因此，每种类型都有其相对重要的特征，但并不是一成不变的。农业地域类型发展的趋势是随着科技进步和资源的深度开发利用而进行的，农业方式由传统类型向现代类型转变。因此，认识农业地域类型对于摸索如何进一步有效开发利用自然资源和人力资源具有重要的现实意义和科学意义。

肯尼亚的小农业约占农业总产值的 75%，农民基本上实行传统的粗放农业。约 93% 的牲畜由小农和牧民饲养。小农业正面临大量生态和社会经济问题的挑战。农业可持续发展战略的关键是，如何将传统的小农业转变为先进的现代农业。

生计方式是人地互动形成的经济文化模式之一，包括农牧民的需求结构、资源利用技术和社会结构形式。特别是在小农经济的国家，生计方式的改变和调整将影响可持续发展模式和农业现代化的途径。值得注意的是，一方面，居住在同一或类似自然环境的不同部落，其土地利用方式不同；另一方面，占据着两种不同自然环境的同一部落，往往采取不同的生产、生活方式。例如，在经济活动中，一个部落偏重畜牧业，而另一个部落偏重种植业，因此，在制定每一类型发展战略时，应重视他们生计方式的不同，同时，还应采取措施促进传统技术和先进技术的结合。

水资源缺乏是肯尼亚农业的主要限制性因素，可通过温室大棚、滴灌系统、地膜提高土地生产力。具有储水池的滴灌系统比浇灌系统能够大量省水，而地膜可大大提高作物产量。例如，中国的玉米生产，若利用地膜，产量可从 6 吨/公顷提高到 9 吨/公顷，大约提高 50%。

第9章 政治体制与对外关系

　　肯尼亚自独立40多年来，政治基本保持稳定，没有发生过严重的政变。2014年7月"大公国家信用评级"将肯尼亚共和国的主权信用评级展望由负面调至稳定，新宪法框架下总统大选的顺利举行使国内政局动荡风险有所下降，这将有助于国家发展战略和经济刺激计划的推进，预计短期国内经济增速将温和上升，经常项目逆差和财政赤字均将呈现缓慢下降趋势。近年来，大公对肯尼亚本、外币的主权信用评级展望由负面调至稳定。肯尼亚政府近年来致力于消除腐败，尽管仍然发生了几起重大腐败丑闻，但从整体看，该国的腐败问题在非洲国家中相对较轻。

　　肯尼亚还拥有有利的地理位置及地区运输枢纽地位。肯尼亚东部濒临印度洋，北部与苏丹、埃塞俄比亚、索马里相邻，西部连接乌干达，南边是坦桑尼亚。印度洋沿岸的蒙巴萨是肯尼亚第二大城市，也是非洲东海岸最重要的港口之一。乌干达、卢旺达等内陆国家进口的大部分物资，都经过蒙巴萨港进入。停火后的苏丹南部百废待兴，涌现众多商机，而肯尼亚与苏丹南部接壤，成为进入这一地区的重要通道。

9.1　政治格局及沿革

9.1.1　国家体制

　　直至19世纪末，肯尼亚尚没出现国家组织，因此当时也不存在一个统一的中央政府，在吉库尤等族，甚至没有固定的部落组织和全部落的首领，各部落权力掌握于"长者会议"，长者们既是法律制定者和解释者，又是部落决策者。各族自行其是，彼此相互独立。这种状态显然不能满足英国殖民统治的需求，于是，英国政府为肯尼亚"设计"了一整套社会管理体制，其主要架构如下：

　　由英国政府任命的专员（后改为总督）行使当地最高权力；1902年，在专员之下又设立农业部、林业部、公共工程部、贸易与关税部、司法部、卫生部和国库；1905年，成立行政会议，协助专员工作，其成员在各部部长中挑选组成；1917年成立立法会议，成员由总督指定。在中央政府之下，又设省和地区两级行政单位；在部落则设酋长，酋长由专员（或总督）任命当地土著担任，并从政府领取薪水。

　　殖民管理体制的建立，引起了肯尼亚社会权力结构的变迁。首先，肯尼亚出现了一个新的权力中心，这个权力中心的核心就是以专员（或总督）为代表的殖民政府，殖民政府的中上层官员，包括专员、各部部长、省和地区的行政官员，由清一色的英国殖民者组成，即便是设有若干名非官方代表名额的立法会议，直至 20 世纪 30 年代末，始终没有一名原住民入选。殖民政府以实现英国殖民利益为宗旨，因此与肯尼亚各族人民的利益是根本对立的。殖民政府的建立，结束了肯尼亚各族人民独立自由发展的历史进程，在政治上陷入了受压迫和受歧视的境地。其次，在肯尼亚土著居民中发生权力易位。由于在部落中设置酋长一职，使得昔日大权在握的"长者会议"已名存实亡，酋长基本上取代了昔日"长者会议"的职能，部落权力由长者们转移到了酋长手中，大权旁落的长者们"变得冷漠，无情的沉默，甚至抱敌视态度"。而原来默默无闻之辈一经殖民当局任命就任酋长，就唯当局指示和个人私利为重，随心所欲。以土著法院为例，长者们变得无足轻重，酋长则为所欲为，连一位西方人士都感叹道："土著法院执行的不是传统的土著法律……而是无法令人置信的、受过歪曲的法律。"

权力结构的变迁以及移民经济的形成和发展，加速了肯尼亚社会阶级分化的进程，确立了殖民社会的阶级构成。以总督为首的殖民政府，作为英国政府代表，掌握着当地最高权力，并对土著居民实行统治和管理，因此，以总督为代表的英国殖民官员无疑成为殖民地统治阶级的核心力量。大量移民的迁入和移民经济的发展，使肯尼亚形成一个移民地主集团。这个集团与殖民当局有着千丝万缕的联系，一方面，移民地主集团是英国殖民政策的产儿，在殖民当局的保护下发展成长；另一方面，英国殖民利益在许多方面须通过这个集团的活动才得以实现。因此，移民地主集团与殖民当局关系密切，他们的代表进入立法会议，并通过立法会议或其他渠道向政府反映自身的要求和建议，而政府则在政策上向他们提供帮助，两者在根本利益上的一致，使它们紧密合作，相得益彰。移民地主集团是殖民当局依靠的主要社会力量，亦是殖民地统治阶级的重要组成部分。

酋长是殖民当局为实行有效统治而设立的基层官员职务。因此殖民当局任命的酋长与非洲传统社会的酋长有着本质的区别。非洲传统社会的酋长是非洲社会历史发展的产物，酋长一般由公认为正派、在部落成员中享有很高威信的人担任，他对部落事务有决策权，并向部落全体成员负责。殖民当局任命的酋长则截然不同，他们是殖民地社会的产物，他们因殖民当局的任命而成为酋长，而挑选酋长的标准并非看其在群众中的威望或行政管理能力的强弱，只是审查其与英国当局的合作经历及亲英程度。无怪当时有人评议说，如果让吉库尤人自由推举，这些人决非当地人满意的人选。一般而言，殖民当局任命的酋长缺乏群众基础，也不具备公认的威望，他们的行为仅对殖民当局负责。酋长们一旦上任，就忠实执行殖民当局的各项指令，当局要求招募劳工，酋长就率部下"出发包围村庄，抓走了他们所能找到的所有的人"，反抗者将遭罚款、坐牢甚至没收财产的处罚；当局要求征税，酋长就威逼原住居民如数纳款，违者将挨鞭笞。在任职期间，酋长往往利用职权，扩充个人势力，迅速积聚个人财产。根据 1912 年法令，酋长可雇佣随员协助工作，以此为由，酋长（吉库尤族酋长尤为突出）上任后便建立武装力量，据报道，有些酋长掌握的武装力量竟达 200～300 人之多。酋长们通过敲诈、接受贿赂，获得大量钱财，吉库尤族最有势力的酋长金尼亚尤依占有姆戈格山区上万英亩土地，拥有达哥雷提一半的茅屋。酋长一般都是当地最有财有势的人物，他们有田产，有许多妻子，不少甚至拥有价值达400～600英镑的汽车。有人直言不讳地提出，"酋长在不适当的位置上工作……他在薪水之外又得到了许多"。土著居民说得更直截了当"酋长用百姓的贫困来建筑自己的富裕"。十分明显，作为殖民当局的基层官员，酋长在一定程度上也分享了权力和财富。当然，酋长在殖民政府中的地位是十分低下的，他们远离决策层，随时可能被撤换，还时常受到英国殖民官员和白人移民的歧视。可以说，酋长既是统治阶级的组成成员，却又是这个阶级中地位最低下的阶层，在社会生活中，酋长只是扮演了英国殖民当局的工具的角色。殖民统治使肯尼亚各族人民丧失了自由和土地，他们被打入社会最低层，成为殖民者统治和剥削的对象。肯尼亚各族居民失去土地后，一部分人仍留在原来土地上，成为租佃农。他们从移民农场主手中租得一块土地，但一年中必须为移民农场主服役 180 天，此外，他们还要经常承受农场主的各种盘剥，如延长服役时间，交纳牛奶、家禽和肥料之类的贡物等。据 1910 年统计，仅基安巴一地就有租佃农 11 647 人，其中 60% 以上的人在 1904 年前还是当地的土地占有者。必须指出，租佃农在 1918 年以前一直处于非法状态，他们随时可能被驱赶，只是在白人农场劳动力的需求不断增长的压力下，殖民当局才在 1918 年颁布的《居留土著法》中予以正式承认，并把土著与移民农场主之间的租佃关系明确为雇佣关系。

大部分失去土地的土著居民被赶入保留地。保留地都是一些地处边远、土质贫瘠的荒野或不毛之地，马萨伊人就曾一再抱怨他们的保留地"缺乏水源，没有树林，完全不适合游牧民族的需要"。就连英国著名殖民官员杰克逊（P. Jackson）也私下承认：保留地的条件太差，"在这样的地方，五十万英亩土地就是白给，也没有一个思想健全的欧洲人会要"。恶劣的生产环境和生活条件迫使大量土著居民离开保留地，进入移民农场或城市，依靠出卖劳动力维持生计，成为受雇劳工。据 1926 年和 1927 年的统计数据，在移民农场干活的男性受雇劳工占土著男性劳动力总数的 44% 和 39%，如果把其他行业（如铁路、城市服务业等）的受雇劳工计入，这个比例肯定要高得多。

土著居民生活得十分艰难，他们被剥夺了一切政治权利，却要承受殖民当局颁布的各种劳役和税收。在强迫劳动制下，成年男子每年须无偿服役 2 天，低酬服役 60 天，若当局需要，服役期限可随意延长。名目繁多的税收不断增加，1901 年税额为 2 卢比，1910 年为 3 卢比，1915 年为 5 卢比，1920 年为 10 卢比，1922 年已达 12 卢比。在残酷的殖民统治下，土著居民的生活条件日趋恶性化，租佃农和受雇劳工的处境同样悲惨。据殖民当局调查表明，受雇劳工人均每月生活费用（仅含食品和税收，尚不包括住房）的最低标准为 18 先令 50 便士，而他们的月均工资为 20 先令，这意味着受雇劳工的工资仅够个人开支，至于抚养其妻儿父母，那是不可能的。然而，为了这份微薄的收入，他们也得付出巨大的体力，长此以往，这些人的健康状况普遍下降。1911～1912 年对蒙巴萨种植园工人的调查，1.4% 的劳工患有严重疾病，而且从没得到过医疗。一些雇主惊叹道："劳工的体格损坏得如此迅速，以至没有多少人能坚持服役三个月，许多人甚至在最初几个星期内就无法劳动了。"据统计，受雇劳工死亡率达 8%，但实际死亡率肯定要高得多。

英国殖民统治引起了肯尼亚社会政治生活的重大变迁，传统社会政治体制的解体以及新的权力结构的产生，使阶级泾渭尚不明显的肯尼亚社会加剧分化，并迅速形成了殖民地社会阶级结构。以英国殖民官员和移民地主集团为代表的外部殖民势力，高居社会顶层，构成肯尼亚统治阶级的主要成分，他们依仗暴力，实行残酷的殖民压迫和剥削。原住居民内部发生分化，"长者会议"名存实亡，失去了昔日的权力，长者们已沦为普通社会成员。

酋长作为殖民当局的基层官员，其利益与殖民当局基本一致，紧密相连，从而成为殖民地统治阶级中的小伙伴。广大各族群众被剥夺了原有的政治和经济权利，大部分人成为一无所有的雇佣劳动者，被抛入劳动力市场，依靠出卖体力维持生计。如果把殖民统治下的肯尼亚社会阶级结构比喻为一座金字塔，那么英国殖民官员盘踞塔尖，移民地主集团位于其下，酋长再次之，而广大群众则被压于塔底。

第二次世界大战以后，肯尼亚人民开展了有组织的争取独立运动，1963 年 5 月举行大选，肯尼亚非洲民族联盟（简称肯盟，KANU）获胜，同年 6 月 1 日成立自治政府，12 月 2 日宣告独立，仍留在英联邦内。1964 年 12 月 12 日成立肯尼亚共和国。

1964 年肯尼亚共和国成立以后，乔莫·肯雅塔（Jomo Kenyatta）出任总统，并于 1969 年和 1974 年获连任，1978 年乔莫·肯雅塔病逝，副总统丹尼尔·阿拉普·莫伊（Daniel Arap Moi）继任总统，莫伊从 1979～1988 年连任总统。20 世纪 90 年代初肯尼亚迫于西方压力实行多党制，1992 年 12 月举行首次多党大选，执政党肯盟获胜，莫伊当选总统。1997 年 12 月第二次多党大选，肯盟再次胜出，莫伊连任总统。2002 年 12 月第三次多党大选，反对党全国彩虹联盟（NARC）获胜，姆瓦伊·齐贝吉（Mwai Kibaki）于 2002 年 12 月 30 日宣誓就任总统，政权平稳交接。肯盟结束长达 39 年执政历史并沦为反对党。2007 年 12 月第四次多党大选，姆瓦伊·齐贝吉以微弱优势领先莱拉·阿莫洛·奥丁加（Raila Amolo Odinga），奥丁加领导的"橙色民主运动党"（ODM）认为姆瓦伊·齐贝吉操纵选举委员会作弊，拒不承认结果，在全国组织大规模游行示威并引发暴力冲突，美、英、欧盟等西方国家和地区积极干预，非洲联盟授予联合国原秘书长安南为首的"非洲名人小组"进行调解，最终促成双方于 2008 年 2 月 28 日同意成立"大联合政府"，两大阵营平分权力。2008 年 4 月 13 日，齐贝吉任命大联合政府内阁，奥丁加出任总理，大选危机宣告结束。

2010 年 8 月 27 日，肯尼亚新宪法正式生效，其主要内容包括：维持总统制政体，不设总理职位；议会改为两院制，增设参议院；行政区由目前的五级改为中央和县级两级。

2013 年 3 月，肯尼亚举行新一届大选，"朱比利联盟"候选人乌胡鲁·肯雅塔（肯尼亚开国总统乔莫·肯雅塔之子）击败"改革与民主联盟"候选人奥廷加，当选肯尼亚第四任总统，并于 4 月 9 日宣誓就职。

9.1.2　政党

目前，肯尼亚正式注册的政党有 20 余个，主要政党和政党联盟如下。

（1）朱比利联盟

在议会参众两院均为第一大政党联盟。2013 年 1 月由全国联盟党、联合共和党、全国彩虹联盟和共和大会党联合组成。该联盟总统候选人乌胡鲁·肯雅塔和副总统候选人卢托在 2013 年大选中胜出。

（2）改革与民主联盟

在议会参众两院均为第二大政党。2012 年 12 月由橙色民主运动党、革新民主运动党-肯尼亚、恢复民主论坛-肯尼亚、联盟党、独立党、肯尼亚爱国党、人民民主党等多个政党联合组成。该联盟总统候选人奥廷加和副总统候选人穆西约卡在 2013 年总统选举中获 43.3% 的选票，名列次席。

9.2 对外关系

9.2.1 对外总体政策

肯尼亚奉行和平、睦邻友好和不结盟的外交政策，积极参与地区和国际事务，大力推动地区政治、经济一体化，反对外来干涉，重视发展同西方国家及邻国的关系，注意同各国发展经济和贸易关系，开展全方位务实外交，强调外交为经济服务。近年来，提出以加强与中国合作为重点的"向东看"战略。

肯尼亚是联合国、非洲联盟、不结盟运动、77 国集团成员国、洛美协定签字国成员之一，也是（东非）政府间发展组织、东部和南部非洲共同市场、东非共同体和环印度洋地区合作联盟等次地区组织的成员。联合国在内罗毕设有办事处，联合国环境规划署和联合国人类住区规划署总部设在内罗毕。截至 2008 年，肯尼亚同 107 个国家建立了外交关系。

肯尼亚认为现存的国际政治经济秩序对广大发展中国家不公正、不合理。西方推行霸权主义和强权政治，并利用现存的国际经济秩序从发展中国家渔利，客观上造成了发展中国家特别是非洲国家的贫困。肯尼亚主张政治上遵守《联合国宪章》，恪守主权平等和互不干涉内政等基本国际关系准则；经济上加大发展中国家在制定"游戏规则"中的参与程度，推动建立公正、合理的国际政治经济新秩序。

肯尼亚认为冲突、动荡是阻碍非洲发展最主要的因素，主张维护和促进非洲团结合作，以和平方式解决非洲国家之间的争端。非洲在经济全球化中面临进一步被边缘化的威胁，非洲国家应联合自强，通过经济一体化提高应对全球化挑战的能力。呼吁发达国家大幅度减免非洲债务，增加对非发展援助，向非洲产品开放市场。

肯尼亚自独立以来，为了实现维护国家利益这一根本外交目的，政府的外交政策的基本原则如下。

第一，捍卫国家的独立和领土完整。作为摆脱殖民统治不久的国家，肯尼亚珍惜来之不易的政治上独立自主和国家的领土完整。肯尼亚独立自主地制定对外政策，信守非洲统一组织宪章规定的非洲国家独立时边界不可更改的原则，不觊觎别国领土，同时坚决保卫本国的领土。

第二，睦邻与推进地区的和平与合作。肯尼亚推行睦邻政策，努力同周边领国建立友好合作关系。其积极主张并推动恢复 1977 年解体的东非共同体，积极参加政府间发展管理局及其前身的活动，用和平磋商方式解决与邻国的争端，如 20 世纪 60 年代的肯尼亚、索马里两国的领土争端，80 年代和 90 年代初的肯尼亚、乌干达边境冲突以及同苏丹的领土纠纷；积极调停索马里、苏丹的内战。

第三，不结盟和广交朋友。早在冷战时期，肯尼亚采取不结盟政策，愿同东、西方国家建立友好关系。由于肯尼亚同西方尤其是英国有传统关系，也由于它需要西方国家继续给予投资和援助，它同西方国家尤其是英国的关系一向较为密切。但它同时还发展同东方国家（包括苏联、南斯拉夫、罗马尼亚和中国）的外交、经济、贸易和政治关系，接受它们的援助。内罗毕大学的一位学者说，肯尼亚的不结盟政策并不寻求东西方的绝对平衡，而是一种"等距离"外交，而具体的距离则由肯尼亚的国家利益决定。尤其是 20 世纪 90 年代以来，肯尼亚在保持同西方国家密切关系的同时，积极开展同中国在各方面的交往，无疑是其不结盟政策的重要体现。

第四，不干涉别国内政，也不允许别国干涉肯尼亚的内政。作为一个发展中的小国，肯尼亚不干涉也没有力量干涉别国内政，同时对别国干涉其内政的言行也会做出强烈反应，为此它曾同挪威和利比亚一度断交。20 世纪 90 年代以来，美国等西方国家和国际援助机构一再借援助之名干涉肯尼亚内政，肯尼亚政府十分不满，并多次提出批评或抗议。不过，由于经济困难，肯尼亚有时不得不屈服于西方的压力。

第五，支持非洲的解放、合作和统一事业。当年肯尼亚对待南部非洲的解放运动，虽然不像"前线国家"那么激进，但一向在物质上和道义上予以支持。它是向非洲统一组织解放基金定期缴款的少数成员国之一，主张对种族主义政权实行外交和经济制裁；允许南非非洲人国民大会等解放组织在肯尼亚设定办事处，并给予外交礼遇；主张非洲统一和地区合作，支持成立非洲联盟代替原非洲统一组织，积极参加"非洲发展新伙伴"的活动；它也是东南非贸易优惠区——东部和南部非洲共同市场的积极成员；它主张和平解决非洲国家间的冲突，并努力发挥调停作用，如调停埃塞俄比亚–厄立特里亚战争和大湖地区的冲突。

第六，积极参与联合国和其他国际事务，主张通过联合国解决国际问题。肯尼亚在独立后的第五天（1963 年 12 月 6 日）就加入了联合国。首都内罗毕先后成为联合国环境规划署（UNEP）和联合国人类住区规划署（HABITAT）两个机构的总部所在地；还有不少联合国机构（如联合国开发计划署、联合国教育、科学及文化组织、联合国儿童基金会、联合国难民事务高级专员署、联合国信息中心等）在肯尼亚都设有办事处。肯尼亚军队多次被派往国外参加联合国的维和行动，有些高级军官还被委以维和部队的要职。同时，肯尼亚主张对联合国进行必要的改革，增加其透明度和代表性；认为非洲在联合国安全理事会中至少应有 2 个常任理事国席位，并支持日本和德国谋求常任理事国的地位。肯尼亚也是不结盟运动、77 国集团和环印度洋地区合作联盟等国际组织的成员。

此外，肯尼亚反对国际恐怖主义，支持国际社会的反恐斗争。1998 年和 2002 年在内罗毕和蒙巴萨先后发生造成严重伤害的恐怖主义爆炸事件无疑加强了它的这一立场。

总的来说，肯尼亚捍卫独立、和平、睦邻、不结盟和地区合作的外交政策，为它在国际上赢得了许多朋友，营造了较好的国际环境，获得了多方的援助，促进了国家经济发展。

9.2.2 与美国的关系

肯尼亚地处印度洋西岸，靠近中东和海湾地区，其地理战略位置一向受美国重视，加上独立后对内发展混合经济，对外寻求西方援助和投资，因而很快得到美国的青睐。美国政府通过美国国际发展署和"和平队"提供经济援助，同时也鼓励企业家到肯尼亚投资。莫伊总统为寻求美援，在 1979~1987 年 3 次访美。到 1987 年 5 月，美国对肯尼亚的援助已达 9 亿美元，最多的是在 1984 年，有 1.1 亿美元。在肯尼亚投资的美国公司约 300 家（一说为 125 家），共投资约 3.5 亿美元。此后几年因美国削减财政预算而使美援有所减少，但每年也有 5000 万美元左右。1980 年 2 月莫伊总统访美时，美国总统卡特称肯尼亚是"自由和安定的堡垒"。期间，两国签署了一项条约，其中规定美国可使用肯尼亚的海空设施（蒙巴萨港和南纽基机场）。此后，美国军舰经常光顾蒙巴萨。1987 年 3 月，莫伊总统第三次访美期间，同里根总统就双边关系进行全面讨论，还讨论了南部非洲和苏丹问题。莫伊敦促美国采取进一步措施迫使南非白人政权结束种族隔离政策。1987 年 1 月，美国国务卿舒尔茨访肯，他与莫伊总统就南非、乍得局势和双边关系问题交换意见。舒尔茨称赞肯尼亚是政治上稳定的国家，美国重视它同肯尼亚的关系。他还同莫伊讨论了发展合作的问题。随着世界范围冷战的结束和美国对外政策的变化，美国开始公开对肯尼亚内政（"民主"和"人权"问题）进行粗暴干涉，并把美援与肯尼亚的政治经济改革挂钩，致使两国关系出现多次摩擦。但因肯尼亚有求于美国，不得不对美国妥协，而美国的目的无非是更有效地控制和利用肯尼亚，虽然继续给肯尼亚经济技术援助。

肯美两国间最大的一次摩擦发生在 1990~1991 年。当时西方挑起的"多党民主"之风刮到肯尼亚，美国政府、议员和美国驻肯尼亚大使馆接连干涉肯尼亚内政。1990 年 5 月，美国驻肯大使亨普斯通鼓吹多党民主，并在一次集会上说，美国国会出现了一种强烈的政治倾向，即美国要集中对那些促进民主、捍卫人权和实行多党制的国家提供援助。亨普斯通还与肯尼亚政府反对派人士进行频繁接触。7 月初，美国使馆对肯尼亚政府逮捕反政府人士和镇压非法集会的行动公开表示"关切"，并接受 1 名从事反政府活动的肯尼亚著名律师（库里亚）到使馆避难。7 月 9 日，美国国会人士主张冻结和停止对肯尼亚的援助。11 月，5 名美国议员访问肯尼亚，要求肯尼亚政府对所有在押政治犯进行审判，恢复独立的司法制度和言论自由，以换取美国的经济援助。1991 年 3 月，内罗毕《法律月刊》主编伊曼亚拉因发表反政府文章被捕，美国政府和美国驻肯尼亚大使馆发表新闻公报，要求肯尼亚政府立即释放伊曼亚拉并纠正其他侵犯人权的行为。

针对美国一系列干涉内政的言行，肯尼亚政府领导人多次声明，肯尼亚是主权国家，不是任何国家的"卫星国"，不许外人指手画脚，不会根据外国政府的意志处理国务。7 月 8 日，执政党党报《肯尼亚时报》发表社评《住嘴，大使先生》（指美国驻肯大使）。肯尼亚政府和外交部先后于 1990 年 7 月 9 日和 1991 年 3 月 4 日发表声明，抗议美国干涉内政。国民议会副议长穆西约卡也批评美国的经援条件是美国政府干涉非洲国家内部事务。执政党总书记在议会发言，要求赶走美国大使。1991 年 11 月 19 日，肯尼亚议会正式要求美国政府更换其驻肯大使史密斯·亨普斯通，指责亨普斯通在任期内行为粗暴、傲慢并支持肯尼亚反政府分子，同日，蒙巴萨数千人举行了反美示威。

在此前后，美国对肯尼亚实行"又打又拉"的政策。1991 年 9 月，美国驻肯尼亚大使馆宣布，美国免除肯尼亚 1 亿美元的债务。同时，美国继续给肯尼亚以有条件的经济技术援助，但数额有所减少。据 1999 年 9 月美国国际发展署称，自 1992 年以来，美国政府每年给肯尼亚的援助减少了近 50%，即由约 3800 万美元减至 1999 年的 2000 万美元，以此表示美国对肯尼亚的不满。

20 世纪末，肯美两国关系趋向改善。1998 年 5 月肯尼亚外长戈达纳访美时，与他会谈的美国国务卿奥尔布赖特肯定了肯尼亚所在地区对美国的战略重要性，称美国一直把肯尼亚视为朋友，并将继续鼓励和支持肯尼亚正在进行的政治改革和经济自由化，她称赞肯尼亚在解决地区冲突中的带头作用和莫伊总统个人对促进和平进程的兴趣与主动精神。1999 年 10 月，奥尔布赖特在访问非洲 6 国时到了肯尼亚，总的目的是推进美国的目标——"民主"、"人权"、解决地区冲突的地区机制、使非洲融入世界经济。2000 年 2 月，莫伊总统赴美参加非洲国家高级会议并顺访美，7 月他亲自出席美国驻肯尼亚使馆举行的国庆招待会，11 月，美国助理国务卿苏珊·赖斯访肯。当年美国对肯尼亚的援助达 1.34 亿美元。

1999 年，鉴于肯尼亚持续旱灾，联合国在 7 月紧急呼吁为肯尼亚 330 万灾民提供 8800 万美元的食品援助，美国宣布它愿提供总援款的 1/3；美国政府还捐款 700 万美元帮助肯尼亚发展基础设施和增强防治艾滋病的能力。2000 年 1 月，美国国会通过《非洲增长和机会法案》（*Africa Growth and Opportunity Act*，AGOA），允许 33 个撒哈拉以南非洲国家的货物自由和不受限制地进入美国市场，为期 8 年。美国政府一位助理贸易代表称肯尼亚是参加这一计划的第一个非洲国家。该计划将为肯尼亚的纺织品和服装制造商提供机会，其他多种商品也将因此受益。

肯美两国间的贸易一向是美方顺差。肯尼亚从美国的进口 1995 年为 3.23 亿肯先令（合 1.25 亿美元，当时汇率），1998 年增至 8.25 亿肯先令（合 2.73 亿美元，当时汇率），1999 年减为 6.63 亿肯先令（合 1.74 亿美元，当时汇率），2000 年又减为 5.04 亿肯先令（合 1.32 亿美元，当时汇率），而肯尼亚向美国出口额估计仅三四千万美元。2001 年，受惠于《非洲增长与机会法案》，肯尼亚对美国的纺织品出口倍增，当年获利 7000 万美元，而 2000 年仅为 3000 万美元。

此外，美国政府还决定为肯尼亚军队提供 4 亿肯先令用于购买军事装备和进行有关维和技术特别训练，为期 2 年。肯尼亚空军装备的飞机主要是美制飞机。2000 年 4 月美国参加了东非 3 国在肯尼亚举行的联合军事演习。

9.2.3　与英国的关系

从建立"东非保护地"算起，肯尼亚曾受英国殖民统治近 70 年之久。它在政治、经济、文教、法律等方面受英国的影响很深。肯尼亚独立后，同英国仍保持多方面的密切关系，尤其是在经济上。乔莫·肯尼亚首任总统肯雅塔以"亲英"著称。莫伊继任总统后，他访问的第一个国家是英国。1979 ~ 1987 年，莫伊总统到英国进行了 4 次访问。1988 年 1 月初，英国首相撒切尔夫人访肯并与莫伊总统会谈。撒切尔赞扬肯尼亚在人权问题上的"良好"记录，双方在制裁南非问题上则存在分歧，但双方"同意保留不同意见"，并同意加强双边合作。1991 年 9 月 11 ~ 12 日，英国外交大臣赫德访肯尼亚，他与莫伊总统会谈时，双方一致认为非洲的任何问题都必须根据非洲的历史背景和文化现状来解决。赫德还表示，解决非洲问题的方案不能来自外部，并强调要维护肯尼亚的统一。但同年 11 月，英国与其他援助国和机构一起以停援手段迫使肯尼亚进行政治和经济改革。1995 年 8 月初，英国海外发展大臣琳达·乔克访肯期间，在记者会上公开声称：她"在对政治改革及经济改革和人权状况感到满意前不再宣布更多援助"，明显地暗示她对肯尼亚在这些方面的不满。肯尼亚政府在一次措辞严厉的声明中指责琳达·乔克对肯尼亚"持敌视态度"，称她在会见莫伊总统前发表以上观点是"违背外交礼仪"，并批驳了英国利益受威胁和关于肯尼亚改革的言论。英国驻肯尼亚高级专员赫曼斯随即做了修补工作，强调英国对肯尼亚怀有善意并继续援助肯尼亚，今后将不再提出突然的和急剧的改革建议，一场外交口角渐告平息。2000 年 1 月莫伊总统访问了英国。

英国是肯尼亚最大的外国投资者。肯尼亚独立前，英国人就在该地投资。肯尼亚独立后，英国在肯尼亚的投资继续增长，经营范围包括金融、制造业、农业、贸易、旅游等各大行业。投资总额账面价值到 1994 年年中已超过 10 亿英镑。2002 年有 60 多家英国公司在肯尼亚驻有代表。主要公司企业有巴克莱银行、标准渣打银行、东非工业公司（属尤尼莱佛集团）、布鲁克庞莱比克公司、邦布里波特兰水泥公司、特韦加化工公司、东非凯德伯里施维普斯公司、东非伦罗公司和联合旅游公司等。这些公司获利颇丰。以巴克莱银行为例，仅在 1993 年和 1994 年的税前利润即分别达 23 亿肯先令和 34 亿肯先令（约合 3966 万美元和 6061 万美元，当时汇率）。

进入 20 世纪 90 年代后，英国对肯尼亚仍有新投资，如 1994 年 3 月，英国一家证券印刷公司的子公司（托马斯德拉鲁公司）在肯尼亚开业，资本为 1000 万英镑。1999 年 9 月，两国政府还签订了《促进与保护投资协定》。

英国对肯尼亚的投资不但有私人资本，国有的英国海外金融发展机构——联邦发展公司也在肯尼亚进行了广泛的投资和经营活动，投资总额在 1994 年 6 月已达 3300 万英镑。

贸易方面，英国一向是肯尼亚最大的双边贸易伙伴。肯尼亚独立以来，肯、英两国贸易额超过肯尼亚与任何国家的贸易额。至今英国仍是肯尼亚最大的进口来源国和仅次于乌干达的第二大出口对象国。以 1998 年为例，肯、英贸易总额 6.70 亿美元，占当年肯尼亚对外贸易总额 52.18 亿美元的 12.8%。其中肯尼亚从英国进口值近 4.02 亿美元，占肯尼亚进口总值的 12.2%（主要进口产品是机器与运输设备、化学产品、纺织纤维、金属制品等）；肯尼亚向英国出口值近 2.69 亿美元，占肯尼亚出口总值的 14%（主要出口产品是茶叶、咖啡、水果、蔬菜、牲畜等）。英国也重视促进对肯尼亚的贸易。1998 年年初，一个由 17 家英国公司组成的贸易代表团访问肯尼亚，寻求贸易伙伴和投资机会。2002 年两国双边贸易额约达 4 亿英镑，其中肯尼亚对英国出口 2.16 亿英镑，从英国进口 1.59 亿英镑，顺差达 5700 万英镑，这是少有的现象。

英国是肯尼亚主要双边援助国之一。从肯尼亚独立到 20 世纪 80 年代末，英国是肯尼亚的最大援助国。到 1994 年 6 月，英援总额达 7 亿英镑。但在 80 年代末，日本和德国每年对肯尼亚的双边援助逐渐超过英国。1990～1997 年，英国对肯尼亚官方发展援助净额（减去支付的债务）共 3.9 亿美元，占这一时期肯尼亚所获发展援助总额的 6.1% 或双边援助总额的 10.1%，明显少于日本和德国。1998～2000 年英援再度领先，先后达 5410 万美元、5500 万美元和 7130 万美元，分别占这 3 年肯尼亚所获双边援助总额的 19.6%、

21.7% 和 24.9%（仅 1999 年略低于日本）。英援中有较大比例属无偿赠予，英援的具体项目涉及土地垦殖、水利、农村发展、家庭、交通、卫生、教育、城市住房建筑等方面。90年代中期以来，英援的重点转向小企业发展、金融服务、农业研究、卫生保健（包括艾滋病防治）和城市扶贫等项目。

英国已不止一次宣布取消肯尼亚的债务。最近一次是 1999 年 12 月 21 日宣布的，条件是同意国际货币基金组织和世界银行的（改革）规划。

英国长期为肯尼亚提供军事装备和军队训练支持。1964 年肯、英签订了防御协定，1976 年双方又订立为期 15 年的军援协议，后又续订。根据这些协议，英国帮助肯尼亚组建和装备陆海空三军并协助三军的训练，英国海、空军则可使用肯尼亚军事基地，英军也可在肯尼亚北部进行训练。据英国《外事报道》（1980 年 1 月 9 日）消息，英国一次就同意向肯尼亚提供价值 1 亿英镑的军事装备，包括坦克、飞机和导弹。至今，肯军的武器装备大部分来自英国，肯军的有些高中级军官在英国受过培训。近年，英军还帮助训练肯尼亚工兵以便派往厄立特里亚执行排雷任务。

英国驻内罗毕的"英国委员会"（又译作"文化处"）在组织文化活动方面很活跃。英国每年向肯尼亚提供约 500 个奖学金的留学名额，牛津大学还登广告吸引肯尼亚优秀学生到该校读学位。目前约有 5000 名肯尼亚学生在英国留学。

9.2.4　与德国、日本、法国的关系

(1) 肯尼亚与德国的关系

肯尼亚独立后不久即与联邦德国建交。两国经济关系密切。德国一向是肯尼亚的重要贸易伙伴和主要双边援助国。1982 年联邦德国占肯尼亚对外贸易的第二位（仅次于英国），其中占肯尼亚出口的 10%，占肯尼亚进口的 8%。1996~1998 年，肯尼亚对德国的出口额下降。1999 年比 1998 年稍增，出口总值达 2.9 亿肯先令，位居第五（少于肯尼亚对乌干达、英国、坦桑尼亚和巴基斯坦的出口）。

自 20 世纪 70 年代以来，德国一直是肯尼亚第二大双边援助国（70~80 年代仅次于英国，80 年代末至 90 年代仅次于日本）。1990~1998 年德国对肯尼亚的官方发展援助净额约 5.56 亿美元，占肯尼亚所获双边援助总额的 13.6%。1989 年，作为当时肯尼亚最大双边债权国的德国宣布取消总额为 4.35 亿美元的肯尼亚债券，以换取肯尼亚增加对旨在保护环境的工程投资。80 年代是肯、德两国关系最热的时期。科尔总理和莫伊总统先后在 1987 和 1989 年进行互访。科尔访肯时，两国签订了 6 项关于德国向肯尼亚提供总值为3200 万美元援助的协定。莫伊访德的主要目的是争取德国企业家到肯尼亚投资。莫伊访德期间，德国宣布同意肯尼亚延期还债，不久又决定免去肯尼亚所欠债券。

1991 年以后，德国公开支持肯尼亚政府反对派的活动并不断干预肯尼亚内政。1992年 3 月初，德国政府发表声明，指责肯尼亚当局武力镇压"合法抗议活动"——肯尼亚警察同要求释放"政治犯"而举行绝食的一群妇女的支持者发生的冲突。肯尼亚政府随即发表声明，称德国的声明是怂恿和煽动暴力行动。同年，德国弗里德里希·诺曼基金会出资为肯尼亚反对党拟订竞选纲领。1992 年 12 月肯尼亚大选后，该基金会又帮助反对党制定

选举后的行动纲领，并参与其他活动，引起肯尼亚政府的反感，该基金会代表于 1994 年 6 月被肯尼亚驱逐出境。1991 年和 1995 年德国还先后以冻结和减少经济援助的形式对肯尼亚政府表示不满，压迫其进行改革。1994 年 3 月，德国和其他西方国家蛮横坚持派员"监督"肯尼亚的一次地方补缺选举。莫伊总统为此点名批评德、英、美 3 国"不停地干涉肯尼亚内政"，指责他们从事颠覆活动。莫伊总统对当时的德国驻肯大使米策尔贝格宣称"肯尼亚的主要问题是缺乏道德规范"感到恼火，批驳说非洲和肯尼亚的道德水平比欧洲高很多；并说米策尔贝格对肯尼亚的道德水平看不惯，可以叫其政府将其召回。米策尔贝格的继任迈科尔·盖茨大使（1995~1999 年）多次在各类团体（包括对政府持批评态度的法律协会和宗教团体等）组织的集会和讨论会上，就肯尼亚的政治和经济问题发表看法。

多年来，德国有不少半官方的基金会在肯尼亚活动，并与肯尼亚前执政党非洲民族联盟有合作关系。但自肯尼亚实行多党制后，它们已改变态度。除了以上提到的弗里德里希·诺曼基金会外，亲德国基督教社会联盟的汉斯–赛德尔基金会在 1991 年年底终止了与肯尼亚执政党的合作，而对进行超党派政治宣传的教区委员会提供财政援助。

（2）肯尼亚与日本的关系

肯尼亚同日本有密切的经济技术合作关系。肯尼亚积极寻求与日本合作。日本也把肯尼亚视为它向非洲扩展的重点。肯尼亚独立后不久，日本就开始援助肯尼亚，从 20 世纪 70 年代到 80 年代末，日本一直是肯尼亚的第六至第三大双边援助国，而自 1991~1997 年，日本跃为肯尼亚的最大援助国，每年援助额远超其他国家。自 1991~1998 年，日本对肯尼亚的双边官方援助净额（扣去还债），超过 10 亿美元，占同期肯尼亚所获双边援助总额（净额）的 30.1%。对日本而言，肯尼亚则是它在撒哈拉以南非洲最大的受援国。自 90 年代中期起，日本像其他西方国家一样，把政治改革同经济援助挂钩。1995 年，日本宣布冻结它原定的 440 亿肯先令的贷款，"直到我们看到（肯尼亚）政府改进了行为为止"。同时，援助数额也连年趋减：1998 年日援净额 5260 万美元，仅为 1995 年日援（净额 2 亿美元）的 26.5%，1999~2000 年日援分别为 5860 万美元和 6690 万美元，与英援差不多。

2001 年 1 月，日本首相森喜朗率领 200 多人的代表团访问肯尼亚，并同莫伊总统进行会谈。莫伊称赞日本政府是肯尼亚发展项目的主要投资伙伴，他特别感谢日本对肯尼亚防治艾滋病、疟疾和肺结核等领域的资助。日本首相代表政府向肯方捐献了价值 2.36 亿肯先令的各种车辆，用于赈济活动。

多年来，日本保持为肯尼亚的最大双边债主。截至 1999 年 6 月，肯尼亚政府欠日本债务 26.09 亿肯先令（约合 7.99 亿美元，当时汇率），占肯尼亚政府所欠外债总额的 16.8% 和双边外债总额的 44.8%。

日本也是肯尼亚主要贸易伙伴之一，但贸易很不平衡。在 20 世纪 90 年代，日本一直是肯尼亚第二至第四大进口国。1999 年肯尼亚从日本进口值 7.63 亿肯先令（约合 2.17 亿美元，当时汇率），比前两年有所下降，占当年肯尼亚进口总额的 7.8%，仅次于英国而居第二位。肯日两国之间贸易的突出问题是肯尼亚对日本出口仅一两千万美元，存在很大逆差。

日本在肯尼亚进行生产性投资的公司很少，20 世纪 80 年代末，仅三洋电子康采恩一家。但不少企业如本田、三菱等在肯尼亚建立了贸易代办机构和汽车零件提供站。

（3）肯尼亚与法国的关系

肯法两国早有经济和文化合作关系。法国在非洲的外交重点一向在法语非洲国家，20 世纪 80 年代中期以后才开始有重点地向英语非洲国家扩展，肯尼亚是目标之一。1989 年 2 月，莫伊总统访问法国，会见了法国总统密特朗，并同法国总理和财长就债务等问题进行会谈。同年 4 月，法国总理罗卡尔访问肯尼亚，这是法国政府首脑对肯尼亚的首次访问，在政治和经济上推进了两国关系。1990 年 2 月，法国经济、财务和预算国务部长皮埃尔·贝雷戈瓦在内罗毕会晤肯尼亚副总统乔治·赛托蒂后，宣布法国政府取消肯尼亚所欠的 2.34 亿美元的债务。

20 世纪 90 年代初，法国曾与美、英等国一起以停援为手段，要挟肯尼亚实行政治经济改革。但此后，法国的态度较为缓和。1998 年法国驻肯大使著文称，法国决心加强同肯尼亚的关系，并称赞肯尼亚为促进地区稳定所做的努力。

法国除通过欧盟提供援助外，其与肯尼亚的双边经济合作（法援）总额在 1985～1995 年达 23 亿法郎。法国对外援助机构——法国开发署在内罗毕设立的地区分署在 1998 年已向肯尼亚提供新援助 6000 万法郎，并考虑新的援助项目。2000 年 7 月，肯法两国商定一项信贷协议，法国开发署将资助 6.3 亿肯先令用于农村电气化工程。截至 1995 年 6 月，法国是肯尼亚政府的第二双边债权国（债额 9.79 亿肯先令，占肯尼亚政府债务总额的 8%）；到 1999 年 6 月，法国仍保持这个地位（债额 5.45 亿肯先令，占肯尼亚政府债务总额的 3.5%）。肯法经济合作项目中影响较大的有 20 世纪 70 年代法国公司为肯军建造的通信联络系统、80 年代建造的特克韦尔水坝等。

法国也是肯尼亚的重要贸易伙伴。1994 年两国的贸易额超过 1.14 亿美元，1996 年增至 1.84 亿美元，增幅 61%。肯法两国贸易一向是肯尼亚进口多而出口少（如 1996 年进口近 1.45 亿美元，而出口仅 3940 万美元）。肯尼亚从法国的进口中除一般机电产品外，还包括民航客机（"空中客车"）、雷达及导弹等武器装备。

法国驻肯尼亚的文化机构（主要是设在内罗毕的法国文化中心及在蒙巴萨的法文协会）经常组织展览和演出等活动。

9.2.5　与其他西方国家的关系

除以上西方大国外，肯尼亚还与其他西方国家建立了外交关系，并得到它们的经济技术援助。其中对肯尼亚援助较多的国家有荷兰、瑞典、加拿大、丹麦、挪威等。

荷兰自 1974 年后一直是肯尼亚第四大双边援助国。1990～1998 年，荷兰给肯尼亚的官方发展援助净额（扣去还债）达 3.75 亿美元。到 1995 年 6 月，荷兰是肯尼亚的第三大双边债权国，肯尼亚欠荷兰债务 4.63 亿肯先令，占肯尼亚双边债务总额的 3.8%。荷兰政府曾数次取消肯尼亚所欠债务（如 1986～1989 年共取消 3100 万美元）。荷兰资本也在向肯尼亚挺进。1996 年皇家荷兰航空公司正式取得肯尼亚航空公司 26% 的股份，超过肯尼亚政府所持股份的 23%。肯荷关系友好，但荷兰有时也对肯尼亚施压，干涉其内政。1999

年 9 月, 荷兰驻肯使馆宣布, 由于肯尼亚 "治理不良、侵犯人权和民主化受阻", 荷兰在今后 3 年内停止对肯尼亚的援助。

瑞典在 20 世纪 70 年代初曾是肯尼亚第三大双边援助国, 1970～1974 年援助额达 9100 万美元, 占同期肯尼亚所获外援总额的 10%。1974 年～1984 年, 瑞典仍是第五大双边援助国。瑞典还曾数次取消肯尼亚所欠部分债款。80 年代中期后, 瑞典改变政策, 援助明显减少。80 年代末, 瑞典因不满肯尼亚政府镇压反对派而一度终止援助。1995 年, 瑞典答应在 2 年内援肯 6.4 亿肯先令 (约合 620 万美元, 当时汇率), 用于卫生项目。在投资方面, 瑞典的国际黄金勘探公司在肯、坦边境的特兰士马拉地区开采黄金, 1999 年下半年生产出首批 60 千克黄金并获出口许可。

肯尼亚同丹麦每年都会协商合作事宜。从肯尼亚独立到 1993 年 9 月, 丹麦共向肯尼亚提供发展援助 30 多亿克朗, 合 290 亿肯先令 (约合 5 亿美元, 当时汇率), 绝大部分为赠款。丹麦援助主要为项目援助。1990 以后, 丹麦为表示对肯尼亚的政治经济管理的不满, 多次削减原定援款或威胁终止援助。例如, 1995 年 5 月丹麦表示, 是否发放它答应的为肯尼亚预算提供的 13 亿肯先令, 要视肯尼亚政治经济记录的改善而定。1999 年年初, 丹麦又暂时停止对肯尼亚卫生部门改革计划的援助, 理由是肯尼亚当局未充分保证政府参与和缺乏完成项目的能力以及卫生部门普遍的腐败无能。但一年后丹麦政府官员宣布, 因肯尼亚政府满足了所提条件, 决定于 2000 年 1 月恢复此项援助——第一年给 2000 万克朗 (约 2 亿肯先令, 当时汇率), 用于改善农村卫生系统。

肯尼亚同挪威本来关系良好。挪威也曾给肯尼亚不少经济援助 (1970～1981 年挪威援助达 9000 多万美元)。1986 年肯尼亚反对派人士科伊吉·瓦·瓦姆韦莱在挪威获政治避难权, 并在挪威从事反对肯尼亚政府的活动。肯尼亚政府几次要求挪威政府将科伊吉·瓦·瓦姆韦莱引渡, 均遭拒绝, 从而严重影响了两国关系。莫伊总统曾取消原定对挪威的访问。同时, 挪威政府多次批评肯尼亚的人权状况, 使两国关系更趋紧张。1990 年, 科伊吉·瓦·瓦姆韦莱潜回国内不久, 于 10 月初因携带枪支被捕, 他和另外两名律师被指控犯有 "叛国罪"。挪威驻肯大使尼尔斯·达尔提出抗议说, 肯尼亚当局既不给科伊吉·瓦·瓦姆韦莱接近律师的机会, 也不准当地挪威官员去看望他。挪威政府声称要将 1991 年对肯尼亚援助削减 40% (4500 克朗, 折合 750 万美元), 抗议肯尼亚 "对人权的践踏"。同年 10 月 22 日, 肯尼亚政府以挪威政府采取敌视肯尼亚的态度为由宣布与挪威断交, 数年后两国才复交。

作为英联邦内的伙伴, 肯尼亚和加拿大关系一向友好。肯尼亚不断得到加拿大的经济援助, 从 1970 年到 20 世纪 80 年代初, 加拿大对肯尼亚的经济援助 (包括贷款和赠款) 已超过 1 亿美元, 其后的加援数额缺乏统计数字, 但有资料说, 1989 年加拿大出资 880 万美元帮助肯尼亚发展能源项目。

20 世纪 70 年代, 3 家加拿大石油公司曾在肯尼亚的加里萨、瓦鲁和马林迪附近寻找石油未果。自 90 年代后期以来, 肯、加两国在能源和采矿业等方面加强了合作。1997 年年中, 加拿大的托纳多资源公司与肯方签订了两项勘探石油和天然气的协议, 勘探地点一处在靠近埃塞俄比亚的边界的陆上, 另一处在靠近坦桑尼亚的近海。同年 8 月, 加拿大的国家蒂奥明资源公司宣布它将在一个出口加工区投资 1 亿美元开采和加工它在滨海省可瓦莱地区发现的钛矿。这项工程虽因当地人有争议而受阻，但肯尼亚政府和加拿大公司都表示要实现这项为期 21 年的合作项目。2000 年年初，加拿大的阿齐莫特勘探公司与另一家外国公司达成协议，购买肯尼亚维多利亚湖附近两处黄金地产的 50% 的股权：一处是卡卡梅加以南 5 公里的亚拉地区，面积为 125 平方公里，另一处是基苏木东北约 75 公里的布西亚地区，面积为 624 平方公里。阿齐莫特公司将在今后 4 年花费 250 万美元负责勘探事务，另一家外国公司负责开发和采矿业务。

此外，有两家加拿大公司分别为肯尼亚政府就肯尼亚铁路公司私有化模式提供咨询服务，以及帮助内罗毕证券交易所实行自动化。

肯加之间也有贸易往来，主要是肯尼亚从加拿大进口。1994 年进口值为 964 万多美元，1996 年增至约 3138 万美元。肯尼亚对加拿大出口很少。

9.2.6 与欧盟的关系

肯尼亚是 4 次《洛美协定》（1975 年、1979 年、1984 年和 1989 年）的签字国。根据这项协定，肯尼亚享有欧盟给予的贸易优惠和经济援助。贸易优惠主要有两项：①肯尼亚向欧盟国家的出口（主要是农产品）可削减 16% 的进口关税；②根据出口收入稳定计划，肯尼亚主要农产品出口因价格和产量下降而受的损失可获得一定补偿。肯尼亚独立后，欧盟的前身欧洲共同体一直是肯尼亚最大的贸易伙伴，1996～1999 年每年贸易总额均超过 50 亿肯先令。据官方统计，1996 年欧盟购买了肯尼亚出口总额的 33%，同时它是肯尼亚 38% 进口物的来源地。不过，作为地区集团，1994 年以来欧盟作为肯尼亚最大出口市场的地位已被东部与南部非洲共同市场取代，但仍然是肯尼亚最主要的贸易伙伴。1998 年和 1999 年，肯尼亚对欧盟出口分别为 26.80 亿肯先令和 26.72 亿肯先令；从欧盟进口分别达 32.19 亿肯先令和 31.98 亿肯先令，而从非洲共同市场进口仅 1.25 亿肯先令和 1.79 亿肯先令。肯尼亚政府担心，第四次洛美协定在 2000 年 2 月到期后会失去减税优惠，从而打击肯尼亚对欧盟的出口（主要是棉花、鲜菜、牛肉和鱼）。1999 年年初，欧盟以维多利亚湖受灭虫药物污染为由，禁止从肯尼亚等国进口鱼产品，这一禁令直到 2001 年年初在欧盟认为肯尼亚生产的鱼已符合卫生和植物检疫标准后才被解除，此前多家肯尼亚鱼厂已因此项禁令而关门或大大减产。2000～2001 年，肯尼亚与欧盟的贸易继续增长，尤其是从欧盟的进口增长更快，先后达 37.83 亿肯先令和 38.73 亿肯先令，比 1999 年分别增长 18% 和 21%。

欧盟也是肯尼亚第二大多边援助机构（仅次于世界银行）。自 1990 年至 1998 年，欧盟给肯尼亚政府的净援助（扣除还债）共计 4.13 亿美元，平均每年约 4500 万美元，占同期肯尼亚所获多边援助的 14.8%。欧盟对肯尼亚的多边援助主要通过欧洲发展基金及欧洲投资银行进行，前者大部分属捐款，后者属商业贷款。20 世纪 90 年代，欧盟先后强调要以实行经济改革和善政为授援条件。例如，它曾以肯尼亚旅游局管理不善、市场战略欠佳等为由冻结它给该局的资助达数年之久，直到该局同意任命欧盟提出的一名总经理和一名财务经理等条件后，才于 2000 年 7 月准许该局使用 1.4 亿肯先令以促进旅游业发展。1999 年以来欧盟的几项援助包括：1999 年同意为肯尼亚等东非 3 国的地区性光纤传送网络工程提供 62.5% 的风险资金（工程总额金额 5680 万美元）；2000 年欧洲投资银行向肯尼亚电灯电力公司提供 30 亿肯先令贷款，用于建设奥卡里亚热电力工程，贷款在 15 年内偿还，利率 3%；同年，欧盟提供 4 亿多肯先令帮助肯尼亚消灭维多利亚湖滨一些地区的采采蝇，以改善农业经营。

9.2.7　与中东国家的关系

中东地区在肯尼亚的对外关系中占重要地位。肯尼亚所需原油几乎全部来自中东，这里也是肯尼亚的重要出口市场。

（1）肯尼亚与以色列的关系

肯尼亚独立后最初 10 年同以色列的关系良好，并从以色列得到贸易优惠和发展援助。1973 年第四次中东战争爆发后，根据非洲统一组织的决议，肯尼亚与大多数非洲国家一起同以色列断交，但两国仍保持商业来往，以色列继续参与肯尼亚的一些大型的建设项目。以色列民航有航班直飞肯尼亚，还有一些以色列人在肯尼亚经营旅游、夜总会等行业。1988 年 4 月，莫伊总统访问埃及，肯埃两国发表联合公报，谴责以色列在加沙地带和约旦河西岸打死 130 多名巴勒斯坦人的暴行，双方确信召开一次由联合国主持的有关中东问题的国际和平会议可为全面、公正、持久的解决中东和平问题打下良好基础。同年 12 月，肯以复交。1998 年 8 月 7 日，内罗毕发生针对美国驻肯使馆的炸弹爆炸事件后，以色列曾派救援小组到现场参加救援。2002 年 8 月，以色列人在蒙巴萨开设的一家夜总会遭恐怖主义分子炸弹袭击，死伤多人（同时一架以色列民航班机从蒙巴萨机场起飞不久遭导弹袭击，幸未中）。肯以两国政府都对这一恐怖暴行进行了谴责。

（2）肯尼亚与阿拉伯国家的关系

肯尼亚政府重视同阿拉伯各国的关系。20 世纪 70 年代末 80 年代初，莫伊总统访问了沙特阿拉伯、阿布扎比和伊拉克，以寻求石油优惠、财援和贸易。肯尼亚同伊拉克达成了石油供应协议，后因爆发两伊战争该协议被停止执行。迄今，阿联酋和沙特阿拉伯一直是肯尼亚原油的主要供应国。1998 年肯尼亚共进口价值 5.72 亿美元的原油和石油产品，其中来自阿联酋的进口值为 2.67 亿美元（占 46.7%），来自沙特阿拉伯的进口值为 1.92 亿美元（占 33.6%），两国共占肯尼亚石油进口值的近 80.3%；2000 年来自阿联酋的进口值高达 6.33 亿美元，占当年石油进口值的 75.7%，占进口总值的 19.5%。在 90 年代的多数年份，阿联酋是肯尼亚进口贸易总支出的第二大收益国（仅次于英国），而 1999～2000 年其已远超英国而跃居第一。

肯尼亚同埃及关系友好。1988 年莫伊总统访问了埃及并与穆巴拉克总统发表了两国联合公报，表达了两国对中东问题的相似立场。90 年代以来，两国贸易也有较快发展，不过存在着有利于肯方的较大的不平衡。1990 年两国贸易总额为 5.79 亿肯先令，其中肯尼亚向埃及出口值为 5.78 亿肯先令，从埃及进口值仅为 140 万肯先令。1996 年两国贸易总额增至 46.6 亿肯先令（约合 8160 万美元，当时汇率），从埃及进口值 3.6 亿肯先令。另有资料称，1996 年肯尼亚对埃及出口值由 1994 年的近 4620 万美元增至 1996 年的 7520 万美元。埃及是肯尼亚茶叶的第三大进口国（仅次于巴基斯坦和英国）。两国都是东部和南部非洲共同市场的成员，但贸易上存在一些关税方面的争端。

　　肯尼亚同利比亚的关系发生过波折。20 世纪 80 年代后期有传闻说，利比亚训练了肯尼亚的反政府分子。1987 年 4 月 23 日，肯尼亚宣布驱逐"从事间谍活动"的利比亚驻肯尼亚大使馆临时代办阿里·迈瑟拉迪和另外 4 名外交官，限令他们在 14 天内离境。此前，据当地报纸报道，迈瑟拉迪曾收买肯尼亚大学生搜集有关肯尼亚大学联合会领导人和犯了错误的政治家的情报。莫伊总统对利比亚的间谍活动进行了不点名的谴责和警告。同年 10 月，肯利关系转缓。当时利比亚派特使到肯尼亚会见莫伊总统，并就乍得、利比亚冲突和肯利关系等问题举行会谈。特使把卡扎菲的一封信转交莫伊总统，卡扎菲在信中表示愿改善同肯尼亚的关系。莫伊提到了利比亚外交人员的间谍活动，但称此事只是两国关系中的"一件小事"。未久，肯利关系又急转直下。同年 12 月 18 日，肯尼亚外交部的一项声明指责利比亚"严重干涉肯尼亚的内部事务"，同时通知利比亚驻肯使馆代办阿里·沙班立即关闭利比亚大使馆。由此两国断交达 11 年之久。1998 年 6 月初，肯尼亚外交部宣布两国已解决分歧，恢复邦交。

9.2.8　与俄罗斯及东欧国家的关系

（1）肯尼亚与苏联/俄罗斯的关系

　　肯尼亚独立初期，政府外交存在亲西方和亲东方两派。1964 年，亲东方的副总统奥金加·奥廷加率团访问苏联，并与苏联签订了贷款、技术援助和武器转让等协议。不久，一批苏联武器运抵蒙巴萨后，由于被认为是第一次世界大战期间的产品，肯尼亚当局未予接收。加上当时苏联也在向与肯尼亚有领土纠纷的索马里供应武器，亲西方的乔莫·肯雅塔总统决定疏远东方，但不拒绝苏联的经济技术援助，包括苏联在基苏木修建的一座大医院。在奥廷加失势后，肯苏关系更趋冷淡。到 1975 年，苏联给肯尼亚的 5000 万美元贷款基本上没有动用。

　　20 世纪 70 年代末，苏联入侵阿富汗。肯尼亚政府为表示抗议，在 1980 年 1 月宣布抵制莫斯科奥林匹克运动会，并谴责苏联是印度洋和平的威胁。同年 8 月，由于肯尼亚不满美国同索马里缔结军援性协议，莫伊总统宣布接受 1981 年访问苏联的邀请。之后，肯、苏两国一直维持一般外交关系。

　　苏联解体后，20 世纪 90 年代大部分时间内肯尼亚同俄罗斯来往不多。90 年代末，处于相互需要，两国有更多接触。1999 年 9 月初，肯尼亚外交与国际合作部常务秘书萨利·科斯盖博士访俄，并同俄罗斯外长及其他官员会谈，讨论了有关肯俄合作、联合国、非洲和平与安全等问题。两国在国际事务方面有许多相似的观点，如联合国安全理事会要改革和联合国成员国都应遵守国际法等。

（2）肯尼亚与东欧国家的关系

　　肯尼亚同波兰、罗马尼亚、匈牙利、捷克、斯洛伐克等东欧国家都建有大使级外交关系。20 世纪 80 年代后期，肯尼亚同罗马尼亚和南斯拉夫的关系呈发展趋势。1987 年 9 月，莫伊总统正式访问罗马尼亚，双方达成要进一步发展两国在工、农、矿业等方面的合作，决定尽早设立两国经济合作混合委员会，并签订了长期发展经济合作和贸易往来的纲领性协定。1988 年 1 月双方达成协议，决定两国将相互发放出口许可证；罗方同意帮助肯尼亚建立一座玻璃厂和针织企业；两国还拟合作修建鲜鱼冷冻库、屠宰厂和皮革加工厂等。后由于罗马尼亚政局剧变，两国关系的发展受到影响。肯尼亚同南斯拉夫也有外交关系。1985 年 1 月两国签署了一项总额 1350 万美元的贸易协定（比 3 年前增加 14 倍）。访肯的南斯拉夫贸易代表团负责人称，南肯将在食品工业方面进行合作，两国的联合企业将加工浓缩水果汁、速溶咖啡和鱼精并向南出口。南斯拉夫分裂后，两国外交关系中断。

9.2.9 与乌干达、坦桑尼亚的关系及东非共同体

肯尼亚与乌干达、坦桑尼亚地域毗邻，独立前都属英国殖民地，经济上关系很密切。英国人曾建立 3 地的"共同服务组织"。3 国独立后，1967 年在该组织基础上正式建立"东非共同体"，最高组织是由 3 国总统组成的最高管理局。其下设共同体议会和若干实业公司及银行与研究机构（其中航空公司、邮电公司设在内罗毕，港口和铁路公司设在坦桑尼亚，研究所设在乌干达）。主要由于肯、坦领导人政治见解和政策不同，同时坦、乌认为经济上吃亏，以致肯尼亚与两国不断发生摩擦和口角，最终导致共同体于 1977 年解体。肯尼亚与两国的关系也进一步冷却。20 世纪 80 年代中期，肯尼亚与两国的关系转暖，逐步恢复了合作关系并重建了新的东非共同体。

（1）肯尼亚与乌干达的关系

无论是历史上还是当代，肯乌关系相对更密切。殖民地时期，肯尼亚的现西部领土（图尔卡纳湖以西）属于英国统治下的乌干达保护国（东方省），1926 年才划归肯尼亚。从蒙巴萨延伸到基苏木和乌干达边境的铁路主干线当年就称为"乌干达铁路"。至今，这条铁路和蒙巴萨港仍是乌干达最重要的商品进出口门户。乌干达一向是肯尼亚制成品的重要出口市场，近十多年来已成为肯尼亚商品的最大进口国。1990 年肯尼亚对乌干达的出口值为 6400 万肯先令，1995 年增至 7.67 亿肯先令，2000 年再增至 12.09 亿肯先令（远远超过对英国的出口值 9.33 亿肯先令和对坦桑尼亚的出口值 5.55 亿多肯先令）。乌干达的欧文水电站还是肯尼亚电力的重要供应来源。两国还同意修建从肯尼亚的埃多雷特到乌干达首都坎帕拉的耗资 8000 万美元的 320 公里输油管，每年可向乌干达输送 1 亿立方分米石油。30 多年来，肯乌关系经历过一些波折。20 世纪 70 年代初伊迪·阿明统治乌干达时，曾扬言要收回从前划归肯尼亚的领土，但他并没有把这当作政策，所以两国关系紧张一阵后，不久就缓和了。乔莫·肯雅塔总统曾不惜得罪坦桑尼亚而允许推翻奥博特的伊迪·阿明政府经肯尼亚转运武器到乌干达。奥博特于 1980 年再次掌权后，莫伊总统曾同他和赞比亚总统卡翁达会商改善 3 国间的交通、贸易和联合反走私等事宜。乌干达爆发内战后，莫伊总统在 1986 年初进行了调停，他对穆塞维尼领导的全国抵抗军夺取乌干达政权曾表示支持，但在 80 年代末，由于传说双方支持对方的反对派，加上 1987 年肯尼亚驱逐包括乌干达公民在内的"非法移民"等举动，两国关系逐渐恶化。肯方曾一度对乌干达关闭蒙巴萨港和肯乌边界，乌方则切断对肯尼亚的电力供应。1987 年 12 月，双方发生了边境武装冲突，互有军民伤亡，接着又相互驱逐外交官。1988 年和 1989 年，又发生了几次边境纠纷，相互召回高级专员（大使）。但两国政府和领导人都认识到两国并不存在根本的利害

冲突，愿尽快制止关系恶化。早在 1987 年 3 月初，两国在乌干达的恩德培达成一项协议草案，同意建立联合行动常设委员会，以加强两国在政治、社会、文化和经济方面的关系。同年 12 月发生边境冲突后，两国政府当即发表声明，愿停止冲突，谋求和平。接着，两国总统又在肯尼亚边境的马拉巴镇举行会谈，一致同意采取具体措施，使交界地区局势正常化，如两国士兵撤离边界地区，只留少数警察和军事人员，两国边境官员定期会晤讨论边境情况等。1988 年新年前夕，约 120 名乌干达反政府武装"圣灵运动"成员非法越过肯尼亚边境时被肯方逮捕，这表明肯尼亚不允许乌干达反政府武装把自己的领土作为活动基地。1990 年 8 月中旬，莫伊总统访问乌干达，两国发表联合公报，决定全面改善关系，并重新互派高级专员。两国领导人强调睦邻、安全和经济合作的重要性，同意保持边境官员的接触，成立常设部长委员会以促进和加强经济合作。1993 年 11 月，莫伊总统在两周内两次访乌，他与乌干达总统穆塞维尼会谈时，再次强调肯尼亚加强两国间兄弟友谊的愿望。两国总统还就两国间的货运、乌方向肯方出售电力的价格及边界安全等问题进行了讨论。1993 年肯、乌、坦 3 国在阿鲁沙签署的关于建立永久性三方委员会的协议，将肯、乌的睦邻和合作关系推向了新的阶段。1998 年 10 月，莫伊总统到乌干达主持第六届乌干达制造商国际贸易博览会的开幕式，他在讲话中重申必须使"已经强有力和富有成果的两国贸易联系"多样化。

肯尼亚同乌干达经贸关系密切，乌干达是肯尼亚最大商品出口国，肯尼亚为乌干达最大的外国投资商。2004 年 12 月，两国签署直达铁路运输协议。2006 年 4 月，齐贝吉总统赴乌干达出席穆塞韦尼总统就职仪式，7 月穆塞韦尼总统访肯。2008 年 1 月，担任东非共同体轮值主席的穆塞韦尼总统赴肯尼亚调解肯尼亚大选争端。肯尼亚与乌干达就米金戈岛归属存在争议，肯尼亚重申坚决维护国家领土完整但坚持以外交手段和平解决问题。2009 年 4 月，齐贝吉总统和穆塞韦尼总统在东非共同体首脑峰会上会晤，双方同意通过联合勘界委员会解决争端，5 月双方正式启动联合勘界。

（2）肯尼亚与坦桑尼亚的关系

肯坦两国人民在争取独立期间相互支持。两国领导人在独立前后曾酝酿成立东非联邦。但在 20 世纪 60 年代中期，尤其是坦桑尼亚公布《阿鲁沙宣言》后，两国政府的政策各行其是，政治思想相左，以至于通过媒体相互指责（坦方指责肯方搞剥削的资本主义，肯方讽刺坦方搞饥饿的社会主义）。坦桑尼亚认为肯尼亚从东非共同体多沾了光，对肯方允许伊迪·阿明经肯尼亚将武器和军事装备运到乌干达也大为不满。1977 年年初，两国就东非共同体债务和服务业务等问题彼此指责后，坦方断绝了与肯尼亚的经济关系并关闭了它与肯尼亚的边界，坦方还扣留了肯尼亚的几架小飞机和其他财产，肯方也进行了报复，共同体随之解体。为了改善关系，莫伊和尼雷尔总统在 1979～1982 年会晤了 3 次。1983 年，肯、坦两国边界重新开放，一度严重受阻的肯、坦贸易逐步恢复。1986 年 6 月新任坦桑尼亚总统姆维尼到肯尼亚进行国事访问，两国总统重申将致力于实现东非地区的团结和更密切的合作。1988 年，莫伊总统对坦桑尼亚进行回访。1991 年第一季度，莫伊总统接连两次访坦，两国总统发表了联合公报，重申要加强各领域如旅游和电力等方面的合作，同意为两国边境居民的合法贸易和相互到对方定居提供方便；两国总统还讨论了有关莫桑比克和卢旺达局势问题。1996 年 1 月，中断近 20 年的肯坦铁路（由肯尼亚东南部的沃伊经坦桑尼亚北部的莫希到达累斯萨拉姆）正式恢复客运。同年 3 月，肯、坦、乌三国总统在坦桑尼亚的阿鲁沙成立东非合作组织——东非合作三方委员会。经数年磨合，最终于 2000 年 7 月正式成立新的共同体，将肯、坦关系带入了新的阶段。

20 世纪 90 年代，肯坦贸易（主要是肯尼亚对坦桑尼亚出口）达到了一定水平，坦桑尼亚已成为肯尼亚工业品的重要进口国，肯尼亚对坦桑尼亚出口每年 6 亿~8 亿多肯先令（仅次于乌干达，近几年略少于英国）。不过，坦桑尼亚向肯尼亚的出口相对较少，这是进一步发展两国贸易需要解决的一个问题。但两国领导人均强调加强双边合作的重要性。双方同意建立联合委员会促进双边贸易和合作，并简化移民程序，为两国人员往来和物资交流提供便利，促进地区一体化进程。2006 年 3 月，坦桑尼亚总统基奎特访肯。12 月，齐贝吉总统出席坦桑尼亚独立 45 周年庆典。2008 年 2 月 26 日，担任非盟轮值主席的坦桑尼亚总统基奎特赴肯调解肯尼亚大选争端，为争议双方最终签署《关于联合政府伙伴关系原则的协议》发挥了关键作用。2009 年 5 月，肯尼亚副总统穆西约卡访坦，双方同意在本地区印度洋海域联合打击索马里海盗，7 月齐贝吉总统访坦。2013 年 2 月，齐贝吉总统访坦。

（3）肯尼亚与东非合作组织——东非共同体的关系

肯尼亚、坦桑尼亚和乌干达 3 国（东非 3 国）早在 1927 年就曾缔结海关同盟，此后又相继以东非高级委员会、东非共同服务组织、东非合作组织等联合方式尝试过地区经济一体化。坦、肯、乌 3 国于 1967 年成立东非共同体，后因出现政治分歧和经济摩擦于 1977 年解体。2001 年肯尼亚、乌干达和坦桑尼亚在坦桑尼亚的阿鲁沙重新成立东非共同体，其宗旨是加强成员国在经济、社会、文化、政治、科技、外交等领域的合作，协调产业发展战略，共同发展基础设施，实现 3 国经济和社会可持续发展，逐步建立关税同盟、共同市场、货币联盟，并最终实现政治联盟，建立东非国家政治联邦。

20 世纪 80 年代末，肯尼亚与坦桑尼亚通过总统的互访，关系迅速改善；肯乌之间虽然发生了多种冲突，但经过两国领导人的努力，最终走向了和解。90 年代初，面对世界经济形势的挑战，东非 3 国都认识到恢复和加强地区合作对争取经济生存和发展的重要性，并为此进行接触。1993 年 3 国在阿鲁沙签署了一项关于建立永久性三方委员会的协议，目的是加强 3 国间的合作。1994 年 11 月，3 国总统在坎帕拉举行恢复东非合作第二届首脑会议。莫伊总统呼吁 3 国间取消非关税壁垒和消除移民障碍。他还呼吁加速筹建东非经济合作组织的办事机构。1996 年 3 月 14 日，3 国建立东非合作组织，表示将在贸易、投资、工业、旅游及基础设施等领域加强合作，促进地区经济一体化。1997 年 5 月在阿鲁沙举行的一周年会议上，3 国同意使用共同护照和旗帜，并将原来为期 10 年的合作协定升级为东非合作条约。1999 年 11 月 30 日，3 国元首在阿鲁沙签署了这项条约。条约规定以建立 3 国共同市场、货币联盟以及政治联盟为目标。关于减少 3 国间关税壁垒问题，条约规定今后 4 年内协商解决。自签订合作协定以来，3 国在地区合作方面已取得不少具体成果与进展，如协调财政货币政策，避免双重征税和防止逃税，实现了 3 国货币的自由兑换；3 国财长间进行预算前后的磋商并将预算日定在同一天；3 国中央银行间设立货币事务委员会，进行资金与保险方面的合作，3 国央行行长定期开会，协商金融政策、汇率和对银行业的监督；3 国的贸易和农业部长在坎帕拉开会，讨论面临的共同问题和对策，一致批评世界贸易组织对发展中国家农产品的贸易政策存在歧视，要求给予更多的保护；1997 年建立的东非证券协调局到 1998 年 11 月已召开六次协调会议，决定采取一系列加速 3 国资本市场一体化和现代化的措施，3 国私人工商业界已成立"东非事业理事会"，目的也是实现单一资本市场。1999 年 1 月，3 国外长签订了一项协调外交政策的正式协议，要求 3 国在国际政治讲坛上采取一致立场。1999 年《东非共同体条约》签定以来，3 国总检察长、法律专家和司法官员会晤多次以协调法律和司法制度。1997 年 11 月，3 国总参谋长在阿鲁沙开会，讨论了加强军事合作问题，1998 年 3 国军队在肯尼亚西北部举行了首次联合演习。3 国还考虑在电力、公路和铁路运输方面从事合作项目。此外，还有放宽越境流动、在划定的 3 国公路上撤出不必要的警察路障（临时安全目的除外）、批准发放东非护照和协调交通法等。

2001 年 1 月 15 日，3 国总统在阿鲁沙举行仪式正式启动新成立的东非共同体。卢旺达和布隆迪的总统出席了仪式，并再次表示愿意加入这个组织。坦桑尼亚总统说，两国安全状况长久稳定后才能解决这个问题。

新的东非共同体的机构包括：最高权力机构是 3 国峰会（总统会议）；日常事务由设在阿鲁沙的秘书处负责；指导秘书处工作的是部长理事会，它每季度至少开一次会议以审查（合作）进展情况；地区议会，由每个成员国各 9 名代表组成，定于 2001 年 8 月成立。

2009 年 11 月 20 日，东非共同体成员国在坦桑尼亚北部城市阿鲁沙举行的首脑会议上正式签署一份关于建立东非共同市场的协议。协议签署后，东非共同市场于 2010 年 7 月正式启动。共同市场协议签署后，东非 5 国将在共同市场机制下形成一个拥有 1.2 亿人口和 600 亿美元经济总量的单一市场，实现 5 国间商品、服务、资本和人员的自由流动。2015 年 1 月，东非共同体签署了货币同盟协议，确定了建立货币同盟的路线图。

9.2.10　与索马里、埃塞俄比亚和苏丹的关系及政府间发展管理局

由于北部人烟稀少、交通不便和经济结构等原因，肯尼亚同北方邻国经济交往不多，关系一般。与索马里一度因历史遗留的民族和领土问题而发生过战争，至今仍时有边界冲突事件。但自 1986 年以来，肯尼亚与这些国家都是"政府间抗旱和发展管理局"（现名"政府间发展管理局"）成员，交往增多，尤其是外交上，肯尼亚多年来在调停索马里和苏丹内战方面发挥了积极作用。

（1）肯尼亚与索马里的关系

肯尼亚东北省在英国殖民统治时期称"北部边境地区"，其东部与意属索马里毗邻。20 世纪初英国和意大利瓜分非洲之角时，这个地区就居住着许多索马里族人。1960 年意属索马里独立后对这片地区提出了领土要求。当地大多数索马里居民也赞成脱离肯尼亚而同索马里共和国合并。索马里政府与英国（及肯尼亚自治政府）举行了几次谈判，未果。1963 年 12 月肯尼亚独立不久，非洲统一组织通过了非洲国家独立时边界不得改变的决议，对索马里的领土要求不予支持。在这前后，索马里支持肯尼亚境内的索马里族人组织武装团伙——"希夫塔"，从事袭击警察所等叛乱活动。1965 年 12 月，肯索两国总统在坦桑尼亚总统尼雷尔的倡议和主持下在阿鲁沙会谈，因索方坚持其领土要求，会谈陷于僵局。

1967 年 5 月，肯尼亚政府表示愿在索方停止对肯尼亚的颠覆活动和不向"希夫塔"提供武器的条件下，与索马里政府进行直接谈判。此举遭索方拒绝，索马里政府还重申"支持为反对外国统治而进行合法斗争的一切索马里人，以便使他们的自决权得到承认"。同年8 月，经大选后上台的索马里新政府（总统舍马克、总理埃加勒）宣布愿就"北部边境"问题同肯尼亚政府谈判；9 月，两国政府在金沙萨发表联合声明，宣布双方已达成协议，包括表示互相尊重对方的主权和领土完整，保证在边界两侧维持和平和安全，双方决定停止敌对宣传。1967 年 10 月 28 日，肯、索两国在阿鲁沙签署了一项议定书，除确认在金沙萨采取的措施外，两国政府还决定恢复外交关系，成立一个由索马里、肯尼亚和赞比亚 3 国组成的委员会，定期开会检查协议执行情况并研究解决肯索两国间大小纠纷的途径和办法。

1981 年，肯索两国政府举行会议，索马里宣布不再对肯尼亚领土提出要求，从而大大改善了两国关系。1984 年，莫伊总统访问了摩加迪沙。1987 年，两国发表联合公报，对边境居民跨界活动的监督和规则做了规定。

但肯索边境事件仍时有发生。1991 年 1 月，索马里西亚德政府被索马里联合大会的武装推翻，索马里南部陷于军阀混战和饥荒，几十万索马里难民越境涌入肯尼亚。1992 年 4 月底，西亚德率残部 1200 余人也逃到肯尼亚，但他不久病故，他在肯尼亚的流亡没有引起肯、索两国间大的纠纷。

1993 年 12 月底，莫伊总统在内罗毕会见来访的索马里全国联盟领导人艾迪德，双方就索马里和平问题进行了长时间讨论。艾迪德要求莫伊在实现索马里和平进程中发挥作用。早在 1991 年 7 月中旬，莫伊总统曾到吉布提主持索马里全国和解会议，呼吁各方和解。

1999 年 6 月 29 日，索马里一派武装民兵数百人潜入肯尼亚东北省，抢走肯尼亚边境部队两辆军车和一批武器弹药。莫伊总统在 7 月 1 日发出严重警告，要求立即归还。肯尼亚军方派战斗机飞入索境并扬言要进行军事报复。次日，索马里武装民兵交还了所抢物资。7 ~ 8 月，肯尼亚政府两次宣布关闭肯、索边界，以阻挡索马里难民潮和遏制非法武器流入肯尼亚境内与日益猖獗的边境犯罪活动。1999 年 7 月初，肯尼亚海军的 5 艘舰艇奉命在肯、索边境附近海域巡逻警戒，准备随时堵截索马里民兵的"怀有敌意的"船只；边界线一带的部队也处于戒备状态，以防再次发生敌对行为。

2001 年 10 月底 11 月初，莫伊总统邀请索马里各派领导人在内罗毕举行了为期一周的和谈，他表示希望索马里成立一个强大的政府，以制止非法贸易、武器扩散、难民潮和人口贩卖。在肯尼亚的推动下，索马里各派同意在 2002 年 9 月在埃多雷特召开和解会议，讨论成立一个基础比现过渡政府更广泛的政府等问题。

肯尼亚积极推动索马里和平进程。2002 年 10 月，肯尼亚在东非政府间发展组织授权下在肯尼亚西部城镇埃尔多雷特主持召开新一轮索马里和会。2004 年 1 月，索马里各派在肯就索宪章修正案和建立新国民议会签署协议。8 月后，索马里和会先后产生过渡联邦议会、政府和总统。2005 年 6 月起索马里过渡政府从内罗毕迁回索马里境内。2006 年 9 月齐贝吉总统在出席伊加特内罗毕特别首脑会议期间，会见了索马里过渡联邦政府总统优素福、埃塞总理梅莱斯，共同讨论了在索马里部署伊加特和平支助团等议题。2007 年 8 月，齐贝吉总统会见来访的优素福总统。2009 年 6 月，奥廷加总理会见索马里过渡联邦政府总理舍马克。2011 年 10 月，肯尼亚出兵索马里协助索马里过渡联邦政府清剿反政府武装"沙巴布"（又称索马里青年党），并于 2012 年 6 月将在索马里部队并入非盟驻索马里特派团。2012 年 8 月以来，索马里产生新领导人和新政府，肯尼亚予以大力支持。2013 年 9 月 21 日至 24 日，多名恐怖分子对内罗毕西门购物中心发动袭击，劫持人质并与肯尼亚军警对峙交火，造成 67 人死亡，240 余人受伤。索马里极端反政府武装组织"沙巴布"宣称对事件负责，目的是报复肯尼亚出兵帮助索马里政府清缴反政府武装。

（2）肯尼亚与埃塞俄比亚的关系

肯尼亚北部与埃塞俄比亚约有 860 公里的共同边界。肯尼亚获内部自治后，出于对两国都有领土要求的索马里的共同担心，肯尼亚和埃塞俄比亚签订了共同防御协定（1963 年 7 月签订，同年 12 月批准）。1964 年 2 月，两国代表团在达累斯萨拉姆举行的非洲统一组织部长理事会上，共同控告索马里的扩张主义目标。肯、埃两国曾计划建立密切的经济关系，修建了一条从内罗毕到亚的斯亚贝巴的公路，但因商务不多，很少使用。

1974 年，与乔莫·肯雅塔总统建立了个人友谊的埃塞俄比亚皇帝塞拉西一世被推翻，两国关系一度冷淡，但很快又恢复了正常关系。1977～1978 年爆发埃、索战争前后，大批苏联和古巴部队来到埃塞俄比亚，一时令肯尼亚感到疑虑。埃塞俄比亚门格斯图军政权私下向肯尼亚保证愿与之和平共处，并说苏、古军队只是因必要而暂时留驻。由于两国都有防索心理，并同意严格维持边界现状，故两国关系保持正常。1979 年肯尼亚外长韦亚基曾表示肯方对埃塞俄比亚有苏、古驻军"并不感到担心"。

20 世纪 90 年代初门格斯图政权被推翻，接着建立的埃塞俄比亚联邦政府继续对肯尼亚持睦邻政策，尤其在厄立特里亚独立和埃、厄交兵后，埃塞俄比亚政府重视它同肯尼亚的联系，希望利用蒙巴萨港作为它的一个出海口，以部分地取代现已向其关闭的厄立特里亚的阿萨布和马萨瓦港。1999 年埃塞俄比亚政府贸易代表团访肯，并与肯方讨论了在埃、肯边境的莫亚莱建立集装箱仓库，由此将其货物经公路直运蒙巴萨等问题。

两国偶尔也发生边境事件。1999 年 3 月，埃塞军因追击反叛者越境进入肯尼亚并与肯尼亚治安部队多次交火。肯方在表示抗议的同时采取低调处理；对埃塞方关于肯尼亚庇护其反叛分子的指责，总统府负责治安和省行政的国务部长马多卡少校重申肯尼亚"不支持任何试图使我们邻国不稳定的人"。2001 年年初，肯尼亚边境保安人员与埃塞俄比亚武装人员在莫亚莱地区发生枪战，肯方有 10 人死亡。1 月 16 日双方高层官员在边境会晤后同意通过外交方式解决这场边境冲突。次日，肯尼亚外长戈达纳和埃塞俄比亚驻肯大使馆发言人阿亚洛再次会谈，双方都认为这次边境争端"十分敏感，应予彻底调查"，如哪一方发现有错的话，将根据国际公认的程序给予对方以赔偿。显然双方都愿和好并保持正常关系。

（3）肯尼亚与苏丹的关系

肯尼亚西北部与苏丹接壤，边界线约 330 多公里。这里是苏丹南部重要进出口和交通要道。在苏丹由尼迈里总统当政时期，肯、苏两国关系基本和好。20 世纪 80 年代初，两国缔结一项为期 5 年的分享农业和开发旱地用水技术的协定，并成立了一个联合电讯委员会，两国交换新闻报道。

尼迈里总统倒台后，苏丹政局不稳，南部内战激化，内罗毕与此后 3 届苏丹政府关系不够和谐。后者认为，肯尼亚允许武器和其他军事装备随救济品一起运给苏丹南部的反政府武装，同时，两国对边境的埃勒米三角带的所有权产生了争议。20 世纪 90 年代初，苏丹巴希尔政府威胁要为肯尼亚持不同政见者提供庇护地，以报复肯尼亚向苏丹人民解放军提供援助，不久，肯方停止了这种援助。但苏丹人民解放军在内罗毕仍设有办事处。

肯主张和平解决苏丹内部冲突，曾先后十余次主持苏丹和谈。自 1993 年以来，肯尼亚积极推动苏丹政府同其南方反政府武装进行对话。内罗毕已多次接待巴希尔总统，并为苏丹政府和反政府各方提供对话场所。2002 年 7 月 20 日，在肯尼亚特使森贝沃将军主持下，苏丹政府和苏丹人民解放军在肯尼亚的马恰科斯经 5 周谈判达成谅解协议，即马恰科斯协定书。8 月，在莫伊总统斡旋下，巴希尔总统与苏丹人民解放军领导人加郎在内罗毕达成和平协议，表示要结束长达 20 年的苏丹内战。2005 年 1 月苏丹政府与南方反政府武装在肯尼亚内罗毕签署全面和平协议。7 月，齐贝吉总统出席苏丹过渡宪法签署及苏丹新政府成立仪式。2006 年 7 月，苏丹第一副总统、南方政府主席马亚尔迪特访肯。2007 年 5 月和 2009 年 5 月，苏丹第一副总统兼南方政府主席基尔访肯。肯多次斡旋苏北南双方，支持苏丹南部公投独立结果。南苏丹独立建国后，积极调停南北苏丹冲突。

2013 年年底南苏丹冲突爆发后，肯尼亚即推动"伊加特"召开南苏丹问题特别峰会，乌胡鲁·肯雅塔总统两次亲赴南苏丹斡旋。

（4）政府间发展组织——"伊加特"

1986 年 1 月在吉布提总统古莱德倡议下由 6 个东部非洲国家（吉布提、埃塞俄比亚、肯尼亚、索马里、苏丹和乌干达）组成"东非政府间抗旱发展组织"，其宗旨是共同努力和出资防止旱灾和沙漠化及发展农业。实际上，这方面的项目进展缓慢，但它在地区政治方面却有作为，如 1988 年推动索马里与埃塞俄比亚的和解。1993 年 9 月，厄立特里亚独立后也加入这个组织。1996 年 3 月，该组织在内罗毕举行的首脑会议上改名为"政府间发展组织"（Inter-Governmental Authority on Development，IGAD），简称"伊加特"。并通过新章程，宣布以解决冲突为首要宗旨，同时也重视经济一体化。可惜 1998 年 5 月埃塞俄比亚与厄立特里亚爆发了持续战争，两国还支持内战中的索马里的不同派别；而苏丹则与厄立特里亚和乌干达存在尖锐矛盾。也就是说，"伊加特"多数成员国间相互存在争端，这势必影响它调停冲突的能力和经济合作的实施。但其成员国仍定期磋商地区经济一体化和基础设施连接等问题；同时它还通过肯尼亚等成员国积极推进苏丹和索马里的和平与和解进程。2000 年 5 月，在它倡议下，索马里各派经数月谈判后终于召开和解会议，并成立了"流亡议会"作为重建政府的第一步。同年，索马里在吉布提斡旋下成立了过渡政府。2002 年 7~8 月，苏丹内战双方在肯尼亚达成和平协议；同年 9 月，索马里各派在肯尼亚召开和解会议，也是"伊加特"支持和倡议的结果。

第 10 章　武装力量与国防政策

10.1　武装力量

肯尼亚最早的现代化军队是 19 世纪末期英国殖民建立的东非步枪队，1963 年后才出现单独指挥主权的军事力量。1963 年肯尼亚独立后就着手建立自身的武装力量——肯尼亚国防军，即军队属于国家，并实行志愿兵役制。肯尼亚军队为国家军队，走职业化道路，具有不参政传统。1982 年，肯军成功粉碎了肯尼亚独立以来唯一一起未遂政变，在维护国家稳定中发挥了重要作用。

目前，肯尼亚现役军队总数 2.44 万人，其中陆军为 2 万人，海军 1400 人，空军 2500 人，另准军事部队即武装警察部队 5000 人。总统兼任国家武装部队总司令，同时组成由总参谋长，陆、海、空三军司令，省级管理和国家安全国务部长及主管军队财政拨款的总统府副常务秘书 6 人组成的国防委员会，国防委员会是最高军事决策机构，由总统负责；肯尼亚内阁不设国防部，总统府国务部长中有一名负责国防事务，总参谋部为国家最高军事指挥机构，总统通过总参谋长统帅三军。现任武装力量总参谋长为卡兰吉（Julius Karangi）将军。肯尼亚陆军总部与总参谋部在首都内罗毕合署办公，海军、空军及武装警察部队总部相对独立，分别设在蒙巴萨和内罗毕。

1998 年 5 月，肯政府改组军队指挥与管理系统，在保留三军建制的同时，成立西部、东部两个军区，以及中央行政与后勤指挥中心。军队由国家财政供养，2002 ~ 2003 财年国防预算支出 140 亿肯先令，占国家财政预算支出总额的 4.3%；2005 ~ 2006 财年国防预算为 266.52 亿肯先令，2000 ~ 2011 财年国防预算为 503.27 亿肯先令，2015 ~ 2016 财年为 1141 亿肯先令。

肯尼亚重视军官培养和训练工作，设有国防学院、国防参谋学院、武装部队训练学院、武装部队技术学院四所军事院校。其中，国防学院于 1997 年成立，学制 3 年，每年招收一期约 18 名学员，主要承担培养上校和准将级军官，以及高级警察和文职官员等职责。

10.2　军事条约与维和事务

1964 年肯尼亚独立之初，就与原殖民宗主国英国政府签订了共同军事防御合作协定。

1964 年年底，原有的英军撤离肯尼亚后，肯军内部的英国顾问数量也逐步减少，1976 年肯、英两国又签订了为期 15 年的军事援助协议。据此，英国帮助肯尼亚组建和装备三军并协助肯尼亚三军进行军事训练；作为交换条件，英国海、空军则可使用肯尼亚的军事基地，仍保留军用飞机过境肯尼亚的自由，并在肯尼亚进行某些项目的训练，皇家海军东印度舰队可在蒙巴萨港停泊维修，并继续使用当地的通信设施。直到今天，英军仍有权每年在肯尼亚境内举行两次实兵实弹演习。

1980 年，肯尼亚与美国签订军事合作协议，肯方允许美军使用肯尼亚的海空设施（主要指蒙巴萨海港和南纽基空军基地），而美方则承诺增加对肯尼亚的军事和经济援助，军援中包括提供装备和帮助训练。美军主要是要利用蒙巴萨港为其在西印度洋活动的海军舰只提供补给和维修的方便，并供美军机起飞监视在印度洋上游弋的苏联舰队。也有人认为，美国与肯尼亚缔约是其在波斯湾——东南亚扇形面扩大其快速反应能力战略的一部分；而肯尼亚因经济困难和非洲之角的局势紧张也需要美国援助。

除了与英美订有军事条约外，肯尼亚与几个非洲主要国家也签定有军事性合作条约。1963 年肯尼亚与埃塞俄比亚两国签订共同防御条约；1979 年双方续约，主要是为了对付对其东北部有领土要求的索马里，埃塞俄比亚方面也是对付索马里对其东部领土奥加登一带的要求。2000 年 8 月底，肯尼亚与卢旺达在两国总统莫伊和卡加梅会晤后，双方的高级军官代表两国政府签订了一项军事合作协议。该协议规定：肯尼亚派出至少 40 名军事教官，帮助训练卢旺达爱国军掌握先进作战技术，为期 6 个月。

近年来，肯尼亚武装力量积极参与联合国在波黑、东帝汶、塞拉利昂、埃塞俄比亚和厄立特里亚的维和行动，并在联合国在非洲的维和行动中发挥积极作用。例如，联合国塞拉利昂特派团司令和联合国埃塞俄比亚和厄立特里亚特派团副司令均由肯尼亚的军官担任。

10.3　武器装备与武器进口

由于肯尼亚工业化程度较低，军队的武器装备基本源自进口与受援，呈现出武器装备来源多元化的特征，且主要来自英国、美国、法国等西方国家。苏联及之后的俄罗斯与中国等国家也是肯尼亚武器装备进口的重要来源国。

由于历史原因，英国是肯尼亚军事装备（尤其是陆军和海军）的传统供应国。例如，陆军装备的英制作战坦克（"维克斯" MK-3 型），海军装备的英制导弹快艇（沃斯伯型和布罗克·马林型）以及空军的霍克喷气教练机等，均购自英国。

肯尼亚空军的主要作战飞机主要来自美国，如 F-5E 型、F-5F 型战斗机，休斯 500MD 型、休斯 500ME、休斯 500M 型武装直升机等。导弹（空对地 AGM-65 式即陶式反坦克导弹和空对空 AIM-9 响尾蛇式导弹）、陆军使用量较大的 M-16A4 自动步枪和 M-4 卡宾枪均来自美国。

肯尼亚还从法国和德国等欧洲国家采购武器，包括装甲车、火炮等。

进入 21 世纪后，性价比较高的中国武器装备也开始获得肯尼亚军方的青睐。2000 年

7 月，肯尼亚空军还从中国购得 6 架运-12 型飞机；2010 年以来从中国进口近 10 架直 9-WE 武装直升机；2013 年开始引进中国生产的 7.62 毫米 56-2 型自动步枪；2016 年肯尼亚政府从中国进口 30 辆 VN-4 型新型反恐装甲车，主要用于提升肯尼亚武装警察部队反恐能力。

此外，南非、以色列等国家也是肯尼亚军队武器装备来源进口国家。

10.4　外国军事援助

肯尼亚长期从英国取得军事援助。两国间有防御协定（1964 年）和军事援助协定（独立初和 1976 年）。根据这些协定，英国帮助肯尼亚组建和装备三军，协助三军进行训练。从肯尼亚独立后到 20 世纪 70 年代，肯尼亚每年从英国获得军事援助 220 万英镑，常规武器弹药也主要靠英国供应。1980 年年初，英国又同意向肯尼亚提供约 1 亿英镑的军事设备，作为回报，英国海、空军可使用肯尼亚军事基地。80 年代后至今，英国对肯尼亚军事援助的具体数额不详。由于历史原因，肯尼亚在建军之初，参谋长、陆军司令等高级军官还曾由英国人担任，到 70 年代中期肯军中还有英国官兵 160 余人，包括不少英国顾问。肯军也不断派官兵到英国军校受训。至今英国等国还是有协训肯尼亚士兵。

20 世纪 70 年代后期，美国开始向肯尼亚提供军事援助。1976 年，由于肯、乌关系紧张和非洲之角危机加剧，肯尼亚从美国获得 500 万美元贷款用于购买美制喷气战斗机。1980 年肯、美双方订立军事协议后，美国增加了对肯尼亚的军事援助（和经济援助），用于购买武器和训练。例如，1980 年美国向肯尼亚提供军事援助 2060 万美元（比 1979 年多 97%）；1983 年提供 2000 万美元；1984 年猛增到 1.11 亿美元，1987 年为 5700 美元。冷战结束后，肯尼亚的战略地位下降，美国对肯尼亚军事援助也相应减少。但在 1998 年 8 月美国驻肯尼亚大使馆（美国驻坦桑尼亚大使馆）遭到"基地"组织策划的恐怖主义炸弹袭击后，美国政府再次在军事上提高了对肯尼亚的关注。2000 年 10 月初，美国政府决定为肯尼亚军队提供约 4 亿肯先令（约合 500 万美元，当时汇率），用于提供军事装备和特别训练。继英国之后，美国从 21 世纪初开始加强对肯尼亚等东非国家的军事渗透力度，美国陆军特种作战行动司令部每年都会派遣百余名特种作战教官赴肯尼亚工作，他们拥有使用方便且易于携带的战区调查与学习器材，可满足在非洲进行反恐行动的特种兵的需要。

第 11 章　中肯交流与合作

肯尼亚同中国在历史上就有交往。中国明朝永乐年间，马林迪国曾遣使明廷。明朝郑和几次率船队访问了肯尼亚。

1963 年 12 月 12 日肯尼亚独立时，中国副总理兼外长陈毅应邀参加了内罗毕的独立庆典。1963 年 12 月 14 日，肯中建交。1964 年周恩来总理原定对肯尼亚的访问因肯方误会而被临时取消。1967 年肯尼亚一度关闭其驻华使馆。20 世纪 70 年代后期，尤其是莫伊总统执政以后，两国关系开始稳步发展。肯尼亚政府一贯奉行"一个中国"的政策，不与台湾建立官方关系，在西藏和人权问题上也支持中国。1999 年 5 月 11 日，肯尼亚政府强烈谴责以美国为首的北约集团用导弹袭击中国驻南斯拉夫大使馆的暴行。中国则积极评价肯尼亚奉行的睦邻友好与不结盟的外交政策和反对强权政治与外来干涉、维护国家主权与尊严及致力于和平解决地区冲突的立场与努力。中肯两国在许多国家问题上持相同或相似观点，并相互支持。在经济上，中国给了肯尼亚力所能及的援助。到 20 世纪 90 年代末，两国关系进入了真诚友好和全面合作的发展阶段。

11.1　政治合作

20 世纪 80 年代以来，中肯两国高层领导人的互访巩固和加强了两国的友谊和各方面的合作。莫伊总统于 1980 年 9 月、1988 年 10 月和 1994 年 5 月 3 次访问中国。他称中国为肯尼亚可靠和真正的朋友，希望加强两国在各领域的密切合作，欢迎中国企业家到肯尼亚投资办企业。1996 年 5 月，中国国家主席江泽民到肯尼亚进行了国事访问，在这之后，1999 年 11 月，中国全国人大常委会委员长李鹏访肯。在中国领导人访肯期间，中、肯两国政府签订了经济技术合作协定与文化合作协定。2002 年 4 月 23～26 日，中国政府总理朱镕基访问肯尼亚，两国政府签署了农业合作谅解备忘录和经济合作协定等文件。多年来，两国政府、议会、执政党、军方、工会、妇女团体也进行了友好互访，推进了两国的友谊。

近年来，中肯两国政府高层交往频繁，层次高，互信不断增强。2014 年 5 月，李克强总理对肯尼亚进行了成功的访问，进一步推动落实了习近平主席与乌胡鲁·肯雅塔总统2013 年 8 月达成的中肯共建全面合作伙伴关系的重要共识，成果非常丰硕，双方签署了17 项合作协议和谅解备忘录。2014 年 7 月，中共中央政治局委员、北京市委书记郭金龙率中共中央代表团访肯，加强了两国执政党党际交流与合作，分享了治国理政经验，同时拓展了中、肯在城市可持续发展、影视制作及野生动物保护执法等方面合作。2015 年 1

月，王毅外长延续了中国外交 20 多年的传统，新年首访非洲。第一站访问肯尼亚，与阿明娜外长共同签署谅解备忘录，成立中肯双边指导委员会，推动双方在农业现代化、基础设施建设、产业转移、可再生能源、生态环保、人文旅游及维护和平与安全 7 个重点领域加强合作，为未来中肯重点领域合作搭建了新的重要平台。同时，肯尼亚参议长埃苏罗2014 年成功访华，参加了中肯友好协会成立 60 周年活动；副众议长拉波索、旅游部长坎迪等也相继访华。2015 年，双方有 20 多位部级以上官员实现互访。

11.2 经 济 合 作

在经济技术援助方面，自两国建交到 20 世纪末，中国共向肯尼亚提供各种援助 5.6亿多元。其中自 1964 ~ 1996 年初，中国向肯亚提供援款 21 项，总金额达 2.97 亿元，包括无息贷款 2.7 亿元和无偿援助 2205 多万元。1996 ~ 1999 年 3 年内中国对肯援助增幅较大——占总援款的 47%。中国已帮助肯尼亚建成几十个工程项目，其中著名的有莫伊国际体育中心、通往马赛马拉野生动物保护区的公路、莫伊全国医疗咨询中心、莫伊大学教学医院等。据英国刊物《非洲研究公报》政社文篇 2002 年 6 月 22 日报道，中国最近援助肯尼亚 3 亿肯先令，用于道路建筑、农业和电信。

中国公司自 1985 年起在肯尼亚从事工程承包业务。到 20 世纪 90 年代末，已有 10 多家公司共承建了 144 个项目，涉及写字楼、饭店、住宅、仓库、医院、旅游设施、公路、灌溉工程等，合同金额逾 6 亿美元。到 2000 年 10 月已在肯尼亚承揽 10 多个项目，年营业额达 3000 多万美元，完成了工程合同金额 1 亿多美元，在建工程也超过 1 亿美元，其中最大的是内罗毕—蒙巴萨 A109 国道翻修改造工程（150 公里，合同金额为 4000 多万美元）。

在中肯贸易方面，自 1978 年 5 月 23 日两国政府签订贸易协定以后，双边贸易稳步发展。1995 年贸易额突破 1 亿美元；2000 年增至 1.37 亿美元，其中中方出口 1.33 亿美元，进口 385 万美元；2001 年又增至近 1.45 亿美元，其中中方出口 1.389 亿美元，进口为 585万美元。中国主要出口轻工业产品及食品加工、运输、机电、电子通信设备，近年还出口轻型飞机。肯尼亚主要出口红茶、咖啡、腰果、纯碱。

20 世纪 90 年代后半期，到肯尼亚从事商贸活动的中国民营企业家和个体经营者激增。到 2000 年 10 月已有 2000 余人，占在肯华人的一半。有些商家已由单纯推销国内产品逐步转向在当地从事加工生产。

在中国投资和中肯合资方面，自 1994 年以来，肯尼亚总统和政府部长一再表示，希望中国公司、企业家到肯尼亚投资，中国政府自 1995 年起采取新的优惠贴息贷款方式提供资金，发展合资和合作企业。1995 年 9 月 29 日，两国签署了总金额为 1.3 亿元的贴息优惠贷款框架协议。1996 年 5 月 9 日，两国政府又达成一项谅解协议，双方同意在上述框架协议项目下，由中国进出口银行提供一笔总额不超过 13 005 万元的政府贴息优惠贷款，用于由中国四川国际合作股份有限公司与肯尼亚甘尼基玻璃有限公司合资经营的平板玻璃项目。1998 年 12 月初，山东省投资贸易代表团访肯，并同肯尼亚工商企业界人士就农业、食品加工、纺织、农药和陶瓷生产等方面的合作进行了广泛协商。

2001 年 7 月 16 日，中国外经贸部副部长访肯期间，双方除签订了经济技术合作协定外，还签订了关于鼓励、促进和保护投资协定及关于免除肯尼亚政府部分债务的协定书。

目前，中国已成为肯尼亚第一大贸易伙伴和第一大直接投资来源国。2014 年，两国贸易额达 50.09 亿美元，同比增长 53.0%；中国对肯协议投资额为 5.92 亿美元，同比增长 10.2%；中国在建工程承包项目 34.72 亿美元，同比增长 67.7%，均创历史新高。投资 38.04 亿美元的蒙巴萨—内罗毕标准轨铁路于 2015 年 1 月 1 日全线开工，这是肯尼亚百年以来最大的基础设施建设项目，建成后将升级肯交通运输网络，降低物流成本，创造大量就业，带动地方经济发展，为东非乃至非洲"三网一化"建设打下坚实的基础。在中国公司和机构的参与帮助下，肯尼亚国家青年服务队工程机械设备采购项目稳步推进，1.5 万名当地年轻人实现就业；非洲最大地热电站——奥卡瑞 140 兆瓦地热电站投入运行，推动肯尼亚电价下降 30%，缓解了全国电力供应紧张局面。

11.3　文化教育合作

早在 1980 年，中肯两国政府就签订了文化合作协定。20 世纪 90 年代文化交流不断加强。1994 年 5 月初莫伊总统访华期间，两国政府签署了 1994～1996 年文化合作协定和教育交流合作议定书。肯尼亚教育部长同中国国家教委负责人就进一步加强两国高层教育人员的交流与合作进行了会谈。根据协定，中方向肯尼亚埃杰顿大学提供教学科研仪器并派遣教师。自 1982 年起，中方每年向肯方提供至少 10 个奖学金名额；1999 年肯尼亚在华留学生 33 人。中方也向肯尼亚派出多名学者和进修人员。1996 年 8 月中国文化代表团访肯时两国在内罗毕签署了文化合作协定 1997～1999 年执行计划协定书，其中规定两国政府继续加强文化代表团、体育代表团、艺术家和医生的互访，并在新闻、出版、广播、电影和电视等领域进行交流与合作。1999 年 7 月，两国政府签署《2000～2005 年教育交流和合作协议》和《关于两国高等教育领域的合作协议》。近年来，南京农业大学和埃杰顿大学的园艺技术合作项目进展顺利；西安体育学院向肯雅塔大学派遣了教练。1997 年肯尼亚歌舞团访华并演出成功。1999 年，中国成都木偶剧团的访肯演出和中国天津杂技团在肯雅塔大学文化节期间演出都备受欢迎。

在增进高层政治交往、推进重大工程项目、拓展经济合作领域、加强合作创新的同时，中肯在军事交流、安全领域、教育、文化、旅游及两国人民往来等方面的合作也更加活跃。2014 年 1 月，中国海军第十五批护航编队对肯尼亚进行友好访问。这是 2008 年中国海军护航编队执行索马里海域护航任务以来，中国护航编队首次访肯。2014 年 10 月，作为中非合作论坛——"中非联合研究交流计划"的重要活动，中非和平与安全合作研讨会在内罗毕举行，就中非和平与安全合作的形势、机遇挑战以及对策建议等进行了深入探讨，为中非及有关各方积极应对和平与安全挑战、妥善解决非洲和平与安全问题提供平台，加深了理解，扩大了共识。另外，两国在野生动物保护领域也加强了有效合作，举办野生动物讲座，彰显了中国政府对野生动植物非法贸易零容忍的态度，显示了与肯共同打击非法盗猎行动的意愿和决心。目前，中国已成为肯尼亚在亚洲的第二大旅游来源国。2014 年 8 月，中肯互免外交、公务人员签证协定正式生效，极大地便利了双方人员往来。

　　2013 年 5 月，中国科学院批准成立了境外科教机构——"中–非联合研究中心"。这是中国政府在境外建设的首个综合性科研和教育机构，其主体建筑和附属植物园由中国商务部援助。项目建成之后，该中心将成为中国与肯尼亚及东非地区开展科教合作的重要平台。中国科学院为该中心配备实验设备和仪器，并与肯尼亚乔莫·肯雅塔农业技术大学等肯尼亚和东非地区科研机构共同利用这一平台，在生物多样性保护、现代农业应用与示范、荒漠化防治、生态环境、地理信息与遥感等多方面开展互惠合作，提升非洲的科研能力和可持续发展能力。中–非联合研究中心实行理事会领导下的主任负责制，由学术委员会指导中心的研究工作。中–非联合研究中心以武汉植物园为依托单位，设立管理和协调机构全面负责各项工作，以乔莫·肯雅塔农业技术大学、中国科学院大学、中国科学院昆明动物研究所、中国科学院武汉病毒研究所、中国科学院地理科学与资源研究所、中国科学院南京地理与湖泊研究所、中国科学院遥感与数字地球研究所、中国科学院新疆生态与地理研究所、中国科学院遗传与发育生物学研究所农业资源研究中心（石家庄）、中国科学院水生生物研究所等为中心的核心单位，并吸纳中国科学院上海辰山植物科学研究中心、中国科学院植物研究所、中国科学院昆明植物研究所、深圳仙湖植物园等单位的对非研究力量，共同开展对非科技研究合作。中–非联合研究中心以肯尼亚、坦桑尼亚、埃塞俄比亚等技术需求强烈并与我国有着长期友好关系的国家为合作基点，有重点、分层次地建设了 5 个分中心，分别为非洲生物多样性保护与利用分中心、非洲生态与环境研究分中心、非洲地理与遥感联合研究分中心、非洲微生物及流行病控制研究分中心及现代农业研究与示范分中心。

参 考 文 献

阿里克斯，高均凯．1994．肯尼亚的土壤保持．水土保持应用技术，（1）：42-43．

东非裂谷考察团．1983．东非裂谷地质矿产及地球物理考察报告．

高晋元．2004．列国志：肯尼亚．北京：社科文献出版社．

霍维克·奥蒂诺，约瑟夫·阿旺．2014．东非能源资源：机遇与挑战．北京：经济管理出版社．

姜忠尽，甄峰，刘成富．2014．非洲农业与农村发展：非洲九国野外实地考察研究．南京：南京大学
    出版社．

李海英，崔荣国．2010．肯尼亚矿业投资环境分析．国土资源情报，（11）：27-29．

李文刚．2014．伊斯兰教与肯尼亚政治变迁．亚非纵横，（3）：95-108．

刘丹丹．2014．基于地域特征的国家公园体制形成以肯尼亚国家公园为例．风景园林，（3）：120-124．

罗伯特．H. 贝茨．2009．超越市场奇迹——肯尼亚农业发展的政治经济学．长春：吉林出版社．

罗晓丽．2014．肯尼亚主要作物潜在分布区及未来变化趋势分析．兰州：兰州大学硕士学位论文．

骆高远．2010．当代非洲旅游．北京：世界知识出版社．

Mwangi I K，叶齐茂．2005．加强城乡联系的区域发展战略：肯尼亚地方经济发展的经验．提高城乡联系
    与协调经济发展国际会议．

普里查德．1976．东非地理．江苏省地理研究所译．南京：江苏人民出版社．

舒运国，张惠杰．2009．肯尼亚旅游业发展探析．西亚非洲，（2）：56-61．

宋宝华，程伟．1996．非洲卷东非诸国–肯尼亚–野生动物的乐园．北京：军事谊文出版社．

万秀兰．2009．肯尼亚高等教育研究．北京：中国社会科学出版社．

王宁，南忠仁，何磊，等．2014．2001–2011 年肯尼亚植被与降水时空变化特征及其相关性分析．兰州大
    学学报（自然科学版），50（4）：534-540．

Wanjogu S N，Mbuvi J P．1993．肯尼亚半干旱地区土壤退化：以 Mukogodo 流域为例．干旱区资源与环境，
    （Z1）：58-58．

张建萍．2003．生态旅游与当地居民利益——肯尼亚生态旅游成功经验分析．旅游学刊，18（1）：60-63．

张永蓬．2002．肯尼亚农业投资信息．西亚非洲，（3）：66．

赵立涌．1998．肯尼亚伊斯兰教概况．中国穆斯林，（1）：39-40．

周倩．2012．当代肯尼亚国家发展进程．北京：世界知识出版社．

周倩，刘鸿武．2006．肯尼亚的外国投资与投资环境评析．西亚非洲，（5）：16-20．

朱明德．2004．肯尼亚外向型农业的特点与问题．世界农业，（7）：35-37．

CIA．2010．The World Factbook．

Fordham P，Kinyanjui P．1967．The Geography of Kenya．Nairobi：East African Literature Bureau．

Frenken K．2005．Irrigation in Africa in figures：AQUASTAT Survey，2005．Italy：Food & Agriculture Org．

Hermunen T．2004．Land use policy in Kenya：Experiences from Taita Taveta district．University of Helsinki，
    Department of Geography．

Kenya Central Bureau of Statistics，Ministry of Finance and Planning．2011．Economic Survey Nairobi：Government
    Printer．

Kenya Central Bureau of Statistics，Ministry of Finance and Planning．2012．Economic Survey Nairobi：Government
    Printer．

Kenya Central Bureau of Statistics，Ministry of Finance and Planning．2013．Economic Survey Nairobi：Government
    Printer．

Kenya Central Bureau of Statistics, Ministry of Finance and Planning. 2014. Economic Survey Nairobi: Government Printer.

Kenya Central Bureau of Statistics, Ministry of Finance and Planning. 2015. Economic Survey Nairobi: Government Printer.

Kenya Central Bureau of Statistics, Ministry of Finance and Planning. 2016. Economic Survey Nairobi: Government Printer.

Kenya Ministry of Information and Broadcasting. 1989. Kenya: An Official Handbook. Nairobi: East African Publishing House.

Kiplagat J K, Wang R Z, Li T X. 2011. Renewable energy in Kenya: Resource potential and status of exploitation. Renewable and Sustainable Energy Reviews, 15 (6): 2960-2973.

Mogaka H. 2006. Climate Variability and Water Resources Degradation in Kenya: Improving Water Resources Development and Management. Washington, D C: World Bank Publications.

Mumma A, Lane M, Kairu E, et al. 2011. Kenya groundwater governance case study. World Bank Other Operational Studies, NO17227.

Mwagore D. 2003. Land Use in Kenya: The Case for a National Land-use Policy. Nairobi: Kenya Land Alliance.

Ngayu M N. 2011. Sustainable urban communities: Challenges and opportunities in Kenya's Urban Sector. International Journal of Humanities and Social Sciences, (4): 70-76.

Omitoogun W. 2003. Military Expenditure Data in Africa: A Survey of Cameroon, Ethiopia, Ghana, Kenya, Nigeria and Uganda. Sipri Research Reports.

Omitoogun W, Hutchful E. 2006. Budgeting for the Military Sector in Africa: The Process and Mechanisms of Control. Oxrord: Oxford University Press.

Oparanya W A. 2009. Population and Housing Census Results. Kenya Census: 1-40.

Otiso K M, Owusu G. 2008. Comparative urbanization in Ghana and Kenya in time and space. Geo Journal, 71 (2-3): 143-157.

Pulfrey W, Walsh J. 1997. The geology and mineral resources of Kenya. Neurochemical Research, 13 (5): 493-498.

Sombroek W G, Braun H M H, van der Pouw B J A. 1982. Exploratory soil map and agro-climatic zone map of kenya, 1980. Scale 1 : 1 000 000. Kenya Soil Survey.

United Nations Development Program-Enhanced Security Unit. 2004. Kenya Natural Disaster Profile. http: //docplayer. net/36411056-kenya-natural-disaster-profile-united-nations-development-program-enhanced-security-unit. html.

World Water Assessment Programme. 2006. Kenya National Water Development Report. 2nd UN World Water Development Report "Water: A shared responsibility". Paris: VNESCO-WATER.

附件　肯尼亚地理资源环境考察影集

1. 动物（狮子、河马、鳄鱼、白犀牛、大象、野牛、角马、斑马、长颈鹿、豪猪、牛铃、羚羊等）和鸟类以及典型植物
2. 基础设施（航空、铁路、公路等）
3. 社会经济（种植业、畜牧业、制造业、旅游及人物风情等）
4. 学术交流（高校、研究中心及研讨）

马赛马拉–树底下雄狮（2013 年 8 月 10 日摄）

马赛马拉–雌雄狮群（2013 年 8 月 10 日摄）

纳库鲁–树上狮群（2015 年 6 月 20 日摄）

纳库鲁–狮子捕食（2015 年 6 月 20 日摄）

马赛马拉–游客与狮子（2013 年 8 月 9 日摄）

马赛马拉–公狮护卫母狮（2013 年 8 月 10 日摄）

马赛马拉–马拉河边河马群（2013 年 8 月 10 日摄）

马赛马拉–马拉河边猛兽（2013 年 8 月 10 日摄）

纳库鲁–白犀牛（2015 年 6 月 21 日摄）

纳库鲁–白犀牛（2015 年 6 月 21 日摄）

纳库鲁–白犀牛（2015 年 6 月 21 日摄）

纳库鲁–白犀牛群（2015 年 6 月 21 日摄）

察沃公园–大象（2015 年 6 月 22 日摄）

察沃公园–大象（2015 年 6 月 22 日摄）

察沃公园-大象群（2015 年 6 月 22 日摄）

察沃公园-大象群（2015 年 6 月 22 日摄）

马赛马拉-非洲野牛（2013 年 8 月 10 日摄）

马赛马拉-角马（2013 年 8 月 10 日摄）

马赛马拉-角马大迁徙（2013 年 8 月 10 日摄）

马赛马拉-角马和斑马（2013 年 8 月 10 日摄）

安博塞利公园-长颈鹿（2015 年 6 月 23 日摄）

察沃公园-河马（2015 年 6 月 22 日摄）

马赛马拉-长颈鹿（2013 年 8 月 10 日摄）

阿伯德尔树顶酒店（Toptrees Hotel）-豪猪
（2015 年 6 月 19 日摄）

纳库鲁-动物群（2015 年 6 月 20 日摄）

乞力马扎罗山下-安博塞利长颈鹿
（2015 年 6 月 22 日摄）

马赛马拉-羚羊（2013 年 8 月 9 日摄）

马赛马拉-牛羚（2013 年 8 月 9 日摄）

纳库鲁-狒狒（2015 年 6 月 20 日摄）

纳库鲁-鬣狗（2015 年 6 月 20 日摄）

马拉河–鸟中鬣狗–非洲秃鹳（2013 年 8 月 10 日摄）

马赛马拉–老鹰（2013 年 8 月 10 日摄）

马赛马拉–鸵鸟（2013 年 8 月 10 日摄）

肯尼亚山–羚羊（2015 年 6 月 19 日摄）

肯尼亚山–金丝猴（2015 年 6 月 19 日摄）

纳库鲁–灰冠鹤（卢旺达国鸟）（2015 年 6 月 20 日摄）

纳库鲁–火烈鸟（2015 年 6 月 20 日摄）

马赛马拉–客机（2013 年 8 月 10 日摄）

安博塞利公园–蒙内老铁路

（2015 年 6 月 22 日摄）

马赛马拉–改装加固的越野车

（2013 年 8 月 9 日摄）

蒙内公路–中资企业运输（2015 年 6 月 21 日摄）

蒙内公路–繁忙的货运（2015 年 6 月 22 日摄）

内罗毕–国家博物馆（2013 年 8 月 6 日摄）

马赛马拉–公园大门（2013 年 8 月 9 日摄）

东察沃公园–大门（2015 年 6 月 22 日摄）

蒙巴萨–耶稣堡（2015 年 6 月 23 日摄）

基马纳–清真寺（2015 年 6 月 22 日摄）

蒙巴萨–耶稣堡肯尼亚国家博物馆
（2015 年 6 月 23 日摄）

内罗毕–JKUAT（2013 年 8 月 9 日摄）

埃马利–蒙巴萨水泥厂（2015 年 6 月 21 日摄）

纳罗克–东非大裂谷中农业
（2013 年 8 月 9 日摄）

纳罗克–东非大裂谷中畜牧业
（2013 年 8 月 9 日摄）

东非大裂谷–全景（2015 年 6 月 21 日摄）

东非大裂谷–火山口地貌（2013 年 8 月 10 日摄）

马赛马拉–东非大裂谷中的公路
（2013 年 8 月 10 日摄）

蒙巴萨–海边（2015 年 6 月 23 日摄）

蒙内公路–安博塞利公园落日（2015 年 6 月 21 日摄）

东察沃公园–落日（2015 年 6 月 22 日摄）

蒙内公路–安博塞利公园落日（2015 年 6 月 21 日摄）

东察沃公园–面包树（2015 年 6 月 22 日摄）

安博塞利公园–与肯尼亚人合影
（2015 年 6 月 22 日摄）

马赛马拉–坦、肯两国边界合影
（2013 年 8 月 10 日摄）

马赛马拉–马赛儿童（2013 年 8 月 10 日摄）

内罗毕–中非中心研讨会专题交流
（2013 年 8 月 7 日摄）